本书由陕西师范大学出版基金资助出版

陕西师范大学国家重点学科建设项目

张懋镕　主编

中国古代青铜器整理与研究

青铜鬲卷

乔美美　著

科学出版社

北京

内 容 简 介

本书收集、整理了传世和出土的先秦青铜鬲共计一千余件，通过对铜鬲的定名、功能、类型学、墓葬组合关系、区域分布特点以及铭文内容反映的时代背景等方面的梳理和研究，力求总结青铜鬲的发展脉络，探明青铜鬲在整个青铜礼制范围内的地位和价值，进一步深化对中国青铜时代特征的总体认识。

本书可供考古学、历史学、艺术学及相关专业的专家学者参考阅读。

图书在版编目（CIP）数据

中国古代青铜器整理与研究. 青铜鬲卷 / 张懋镕主编；乔美美著. —北京：科学出版社，2024.6.
ISBN 978-7-03-078782-8

Ⅰ. K876.414

中国国家版本馆CIP数据核字第2024GV8897号

责任编辑：郝莎莎 / 责任校对：邹慧卿
责任印制：肖　兴 / 封面设计：北京美光设计有限公司

科学出版社 出版
北京东黄城根北街 16 号
邮政编码：100717
http://www.sciencep.com
北京中科印刷有限公司印刷
科学出版社发行　各地新华书店经销
*
2024年6月第　一　版　开本：787×1092　1/16
2024年6月第一次印刷　印张：24
字数：560 000
定价：268.00元
（如有印装质量问题，我社负责调换）

多卷本《中国古代青铜器整理与研究》编写缘起

经过十几年的准备工作，多卷本的《中国古代青铜器整理与研究》即将出版。回顾往事，真是百感交集。

30年前，我的处女作《释"东"及与"东"有关之字》发表，从那时候起，青铜器的学习与研究注定成为我一生的追求。

29年前，我开始师从李学勤先生研习古文字。中国古文字有很多分支，如甲骨文、金文、战国文字、简牍帛书文字。先生告诉我："你在陕西，陕西有很多青铜器，你就做金文研究吧。"在先生的指导下，我受到严格的学术训练，这令我终生受益。我的硕士学位论文是《周原出土西周有铭青铜器综合研究》。所谓综合研究，就是从青铜器、古文字、历史文献三方面来研究。从此综合研究成为我研究青铜器遵循的准则与方法。

1989年，西北大学文博学院成立新的专业——博物馆专业，大概考虑到我本科学的是考古，于是把我从文献专业调到博物馆专业。除了继续讲古文字，又开了一门新课"青铜器鉴定"。自此之后，我开始系统研习青铜器，包括没有铭文的青铜器。

在长期的教学与研究工作中，我渐渐对中国古代青铜器有了新的认识。

概而言之，中国古代青铜器的研究，自两宋以来，已有一千多年的历史，取得了丰硕的成果。尤其是近百年来的研究，在青铜器的分期、分区系、分国别、分器类诸方面卓有成效，为世人所瞩目。

回顾历史，也毋庸讳言，我认为就青铜器基础性工作而言，其资料的整理还远远不够。且提一个最基本也是最简单的问题：迄今为止究竟有多少件中国古代青铜容器（尚且没有涉及兵器、工具、车马器、钱币、铜镜等）？几万还是十几万？恐怕连一个非常粗略的估计都没有，专家也说不清楚。家底不清，研究对象模糊，研究很难继续深入。由于中国古代青铜器资料十分庞杂，其收集、整理并非易事，所以这一部分的工作非常重要。说到研究，比如青铜器的定名，鼎、鬲、簋等各类器物的分类研究，它们之间的相互关系，各类纹饰的分类研究，纹饰和器物之间的相互关系，各个阶段铭文的特点，器物、纹饰、铭文三者之间的互动关系以及对断代的作用等，其研究或不够系统，或不够深入，有些方面甚至是空白。

20多年来，我一直在进行这方面的研究工作，写了《西周方座簋研究》《两周青铜盨研究》《西周青铜器断代两系说刍议》《试论中国古代青铜器器类之间的关系》《青铜器自名现象的另类价值》等文章，希望从器类、断代、地域、定名等多个角度和层面对青铜器进行探索。

同时我也十分关注国内外青铜器研究专家的成果，他们的论著是我案头的必备书籍，我经常反复阅读，受益无穷。

在研究中，我深感个人力量的有限。从1999年招收青铜器方向研究生起，就逐渐形成了一个构想：如果研究生本人没有更好的研究题目，我就请他（她）来做青铜器中的某一部分，整理、研究某一类青铜器，或某一类纹饰，或某一时段的铭文，等等。经过十多年的积累，已经完成了20多篇硕士和博士学位论文。其中分器类的整理与研究完成多半，某一地区、某一时段的铜器的整理与研究正在进行，纹饰与铭文的分类、分时段研究也做了一部分。这些为多卷本《中国古代青铜器整理与研究》的编撰奠定了基础。同时，我注意到其他先生也在指导研究生做类似的学位论文，对我们也很有启发与帮助。

前几年，在编写《青铜器论文索引》的过程中，与北京线装书局的刘聪建先生多有接触。他听了我的上述介绍后，很感兴趣，遂与我商定，在原有研究生论文的基础上，由我主编，各专题作者分别著述，形成一套多卷本《中国古代青铜器整理与研究》。但由于种种原因，在线装书局只出了三卷。如今，在科学出版社的大力支持下，计划得以重新实现，拟在今后的若干年里，陆续完成和出版20卷以上的著作。

写作多卷本《中国古代青铜器整理与研究》的目的拟在全面、系统整理青铜器资料，在充分吸取古今中外研究成果的基础上，对青铜器的形制、纹饰、铭文、组合关系等方面做全方位考察和研究，并试图总结出关于中国古代青铜器产生、发展、消亡的基本途径、规律、特点及其原因。这是一个遥远的目标，但我们有信心一步一步地走近它。

由于这套多卷本《中国古代青铜器整理与研究》的作者都是毕业不久的研究生，眼界有限、文字青涩也在所难免。我的指导也很有限，很多问题我也不懂或知之甚少。当时做学位论文时，我希望他（她）们放大胆子去写，因此他（她）们的观点与我也不尽一致。但无论如何，在阅读他（她）们的学位论文时，在与他（她）们的反复讨论、交流中，我也有很多的收获，这是最令人快乐的事情。我将阅读后的感想写出来，作为序言放在书前，就是希望继续与大家讨论，将《中国古代青铜器整理与研究》延续下去。而随着一本本书稿的出版，这一批年轻的作者也正在走向成熟，这或许是比书稿的出版更有意义的事情。

最后要感谢参加我的研究生学位论文答辩以及审阅论文的诸位先生，并希望今后继续得到你们的批评与帮助。感谢陕西师范大学暨历史文化学院给予的大力支持，感谢科学出版社郝莎莎编辑的辛勤工作，让我们十几年来的梦想终于得以实现。

乙未年立冬后二日张懋镕写于
陕西师范大学中国青铜文化研究中心

目　　录

第一章 青铜鬲的著录与研究

中国的青铜时代自公元前21世纪开始至公元前5世纪，即历史研究领域内的夏、商、西周、春秋时期。青铜器在这一历史阶段内经历了起源、发展、鼎盛的发展历程。进入战国时期后，青铜器并没有完全消亡，部分器类（包括青铜鬲）还有延续和存在。中国的青铜文化不同于世界其他地区古代文明的青铜文化，青铜作为贵重金属，被铸造成各种器类的青铜礼器。这些青铜礼器主要用于宗庙祭祀礼仪环节和政治秩序的维护和强化中，成为青铜礼制文化的物质体现。

从目前的统计情况看，青铜鬲的发现和使用具有沿用时间长、分布范围广的特点。考古出土发现的青铜鬲从二里岗下层的商代早期一直到战国晚期，分布于陕、豫、晋、鲁、鄂、赣、甘、京、冀、苏、湘、皖、青13个省、市地区，尤其以陕、豫、晋、鲁、鄂为多，这些地区是商周时期的政治、文化中心地。青铜鬲的形制、铭文、纹饰与其他器物的组合关系等代表了不同阶段、不同地域内青铜礼制文化的发展和演变，从侧面印证了先秦社会的文化变迁和历史演进。

对青铜鬲的著录和研究从赵宋金石学发端以来，虽有间断，但未曾终止。尤其是中华人民共和国成立后，文化事业的大发展，青铜器的著录和研究取得了丰富的成果。青铜鬲的研究从最初的著录、描摹、铭文记录到名字的考订、器型的分类、功能的考察，再到青铜礼制文化的发展和演变，既有通论性的研究，也有个别器物研究，研究的深度和广度均是前所未有的。

第一节 北宋—清代铜鬲的著录与研究

中国古代金石学盛于宋，衰于元、明，复兴于清。"金石者，往古人类之遗文，或一切有意识之作品，赖金石或其他物质以直接流传至于今日者，皆是也。"[①]。金石学是一门研究以青铜器、石碑等为载体的"遗文"的学问，尤注重文字的著录和考订。

---

① 马衡：《中国金石学概要（上）》，《凡将斋金石丛稿》卷一，中华书局，1977年。

一、吕大临《考古图》

关于青铜鬲的研究著录迄今所见文献最早始于北宋吕大临的《考古图》一书。《考古图》收录秘阁、太常、内府以及三十七家私人藏家的商周青铜器148件。其中收录青铜鬲11件，每器均摹画器物图像、款识，隶考释铭文，记录出土时间、地点、大小尺寸、容积、流传经过和收藏情况，并断代①。吕氏一书对器物的著录体例十分完备，成为后世金石著录之典范。这11件铜鬲分别为：丁父鬲、弇口鬲、父己鬲、虢叔鬲、某父鬲、亻二旅鬲，方乳曲纹大鬲（2件）、垂环鬲、直耳鬲、四足鬲。

吕氏在丁父鬲（图1-1）的释文中引李公麟说："尔雅款足曰鬲，此器自腹所容通，足间若股脾然，三体合为一，丁父所作，商器也。"且言"虢叔鬲及秘阁所藏二周高鬲，有阔足为款者，有自下空为款者，皆圜而不分三体，与此少异"。认识到了周代铜鬲不同于商代铜鬲，形制乃是我们今天称之为的联裆鬲。这是我们见到的最早对商代铜鬲和周代铜鬲形制区分的研究文本。

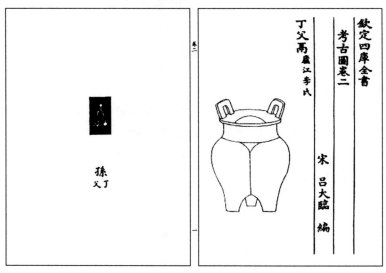

图1-1 丁父鬲

弇口鬲（图1-2）和垂环鬲（图1-3），从描摹的图形看，应为东周时期分体甗的下半部分，尤其是弇口鬲上口部似甗之箅。

父己鬲（图1-4），从图形看归为分裆鼎更为合适。

亻二旅鬲（图1-5）和四足鬲（图1-6），形制均为有流有鋬的盉。

---

① （宋）吕大临：《考古图》，清乾隆四十六年四库全书文渊阁书录钱曾影钞宋刻本。

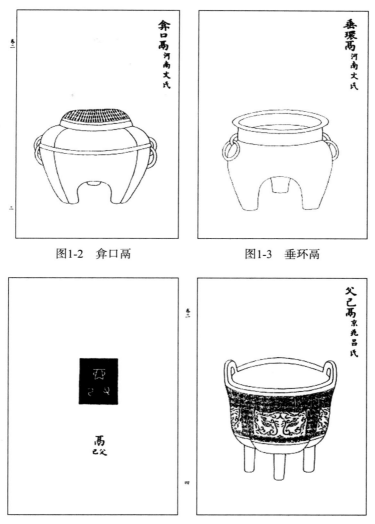

图1-2 弇口鬲　　　　　图1-3 垂环鬲

图1-4 父己鬲

这五件非鬲器物，吕氏归之为鬲，可知当时对青铜器的研究尚未成熟，有形制不辨、器名不定的模糊和混淆。

虢叔鬲（图1-7），从器物图形来看是与西周的联裆鬲形制相同，但是腹部有四个环耳则不见于传世和出土的周代铜鬲，推测可能是当时描摹器物时出现的错误，四个环形耳应该是铜鬲腹部所起的扉棱。铭文曰："虢叔作尊鬲。"同形制的鬲还见于薛尚功著录的"虢叔作叔殷穀尊鬲"[1]。

_____

① （宋）薛尚功：《历代钟鼎彝器款识法帖》，民国二十四年海城于省吾影印明崇祯六年朱谋㙉刻本。

图1-5　𠄠旅鬲

图1-6　四足鬲

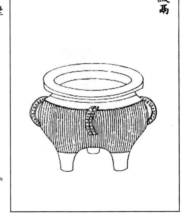

图1-7　虢叔鬲

　　某父鬲（图1-8）是西周晚期的环带纹蹄足鬲。直耳鬲（图1-10），形制是商代晚期—西周早期这一阶段内的分裆鬲式样。

　　方乳曲纹大鬲（图1-9），无铭文。吕氏在图后也有考订之语："按《周礼》陶人为甒鬲，实五觳，又豆实三而成，觳四升为豆，觳容斗二升五之则六斗，皇祐中诏定大乐有司较之，皆与周官不合。"可见吕氏也对此二器存疑。今观之，形制与商末周初铜鬲接近。上腹部装饰的方乳未见于任何传世器和科学发掘出土器。

图1-8　某父鬲

图1-9　方乳曲纹大鬲

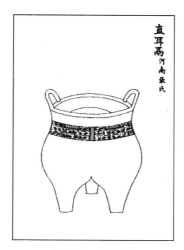

图1-10　直耳鬲

二、吕大临、赵九成《续考古图》

　　《续考古图》共五卷，共收录140件古代青铜器，并分类列置，其中收录铜鬲3器。体例与《考古图》同，摹画图形、铭文，记录尺寸、流传收藏情况。这三件铜鬲分别是：兽面纹鬲（图1-11）、母乙鬲（图1-12）和中鬲（图1-13）[①]。从描摹图形看，年代大概都在商末周初之际。

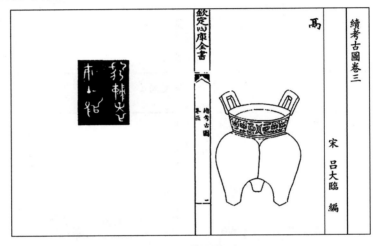

图1-11　兽面纹鬲

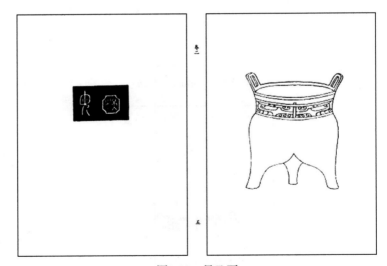

图1-12　母乙鬲

---

　　①　（宋）吕大临、赵九成撰：《续考古图》，清乾隆四十六年四库全书文渊阁书录钱曾影钞宋刻本。

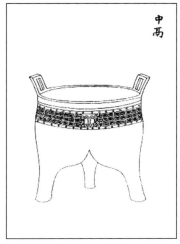

图1-13　中鬲

三、王黼《博古图》

北宋宣和年间王黼奉敕编撰《博古图》三十卷，收录北宋宣和年间内府所藏青铜器839件。每器绘器物图像、摹写铭文，记录器物尺寸、容量和重量等，并附考释。其中收录青铜鬲16件，在其卷十九《鬲甗总说》开篇就详细地讨论了鬲的命名、功能、形制特征等。

王氏认为铜鼎是"祀天地、礼鬼神、交宾客"的宗庙礼器，铜鬲则是"常餁"，并肯定"空足曰鬲"的说法，进而解释"盖自腹所容，通于三足，其制取夫爨火，则气由是而易以通也"，即便于日常加热蒸煮①。

《博古图》对收录的16件铜鬲进行了断代，其中商代铜鬲2件，周代铜鬲14件（图1-14～图1-29）。图后附文中，记录器物的尺寸、重量、体积，对器物铭文、纹饰布局、具体使用场景也有观察和讨论。如：

慧季鬲（图1-21）的记述中言道："铭三字，慧与惠通，虢姜敦款识有惠仲，春秋有惠伯、惠叔，而此鬲铭之为惠季，岂非惠为氏，而伯仲叔季者乃其序耶。"考证了文字、人名、姓氏等历史信息。

商雷纹饕餮鬲（图1-15）中言道："所受稍大三股各作一饕餮形，下啮其足，饕餮之间错以雷纹，纯缘而下，复环以夔三分其体，而分之以鼻，左右纵横视之皆成兽形，考诸商器类多似此。"对铜器上的饕餮纹饰作了描述和分解，并指出饕餮纹是商代器物主要装饰纹样。

① （宋）王黼编：《博古图》，明万历二十八年吴万化宝古堂刻本。

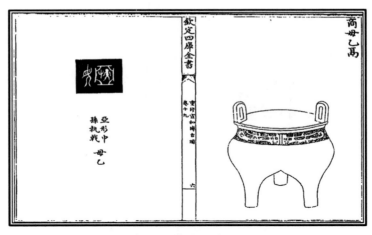

图1-14　商母乙鬲

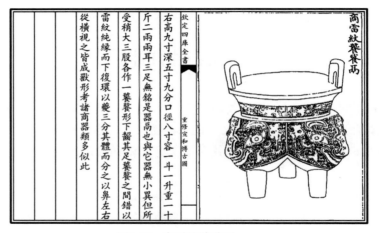

图1-15　商雷纹饕餮鬲

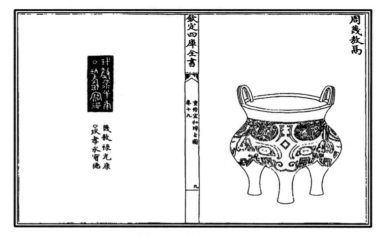

图1-16　蒐敖鬲

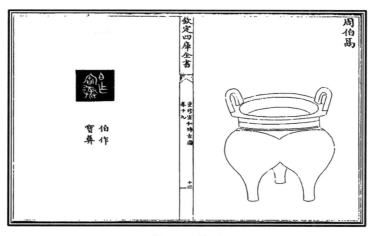

图1-17　伯鬲

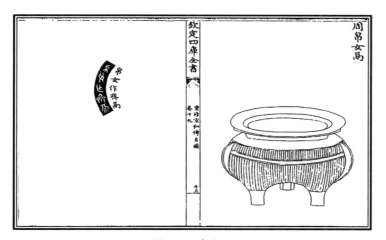

图1-18　帛女鬲

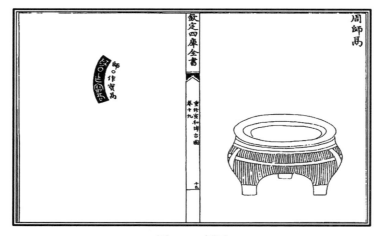

图1-19　师鬲

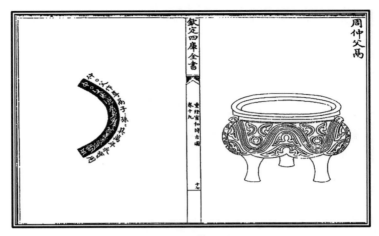

图1-20　仲父鬲

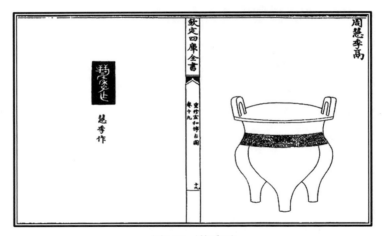

图1-21　慧季鬲

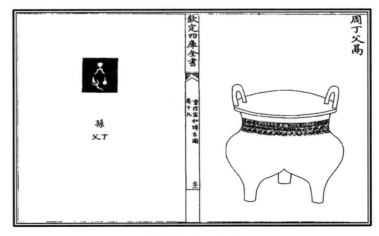

图1-22　丁父鬲

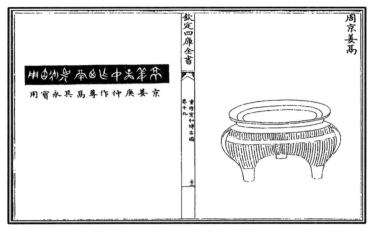

图1-23　京姜鬲

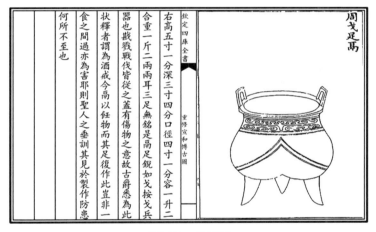

图1-24　戈足鬲

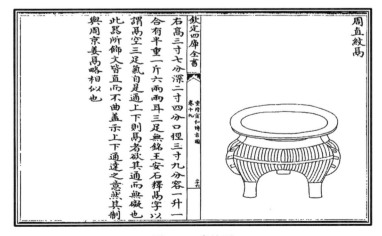

图1-25　直纹鬲

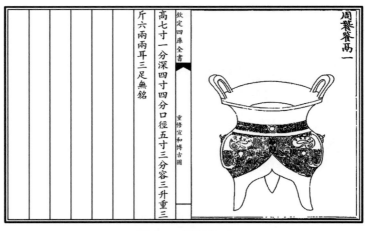

图1-26　饕餮纹鬲

高七寸一分深四寸四分口徑五寸三分容三升重三

斤六兩兩耳三足無銘

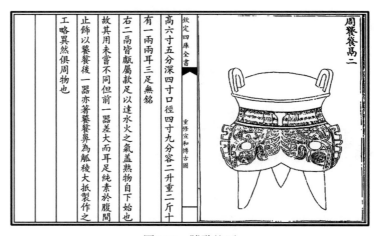

图1-27　饕餮纹鬲

高六寸五分深四寸口徑四寸九分容二升重二斤十

有一兩兩耳三足無銘

右二鬲皆廦屬款足以達水火之氣蓋熟物自下而始也

故其用未嘗不同但前一器差大而耳足純素於腹間

止飾以饕餮後一器亦著饕餮鼻為舳艫大抵製作之

工略異然俱周物也

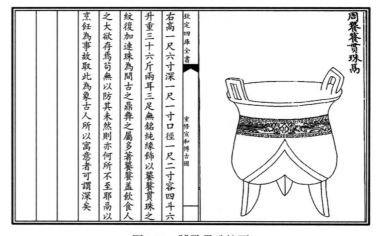

图1-28　饕餮贯珠纹鬲

右高一尺六寸深一尺一寸口徑一尺二寸容四斗六

升重三十六斤兩耳三足無銘純緣飾多著饕餮蓋飲食人

紋復加連珠為間古之鼎彝之屬多著饕餮貫珠之

之大欲存焉苟無以防其未然則亦何所不至耶鬲以

烹飪為事故取此為象古人所以寓意者可謂深矣

帛女鬲（图1-18）的记述中言道："其曰盏鬲盖于祭祀之盏而所用之器也。"指出了铜鬲的祭祀使用功能。

王黼的《博古图》是北宋时期金石学之大成，对器物命名、断代、纹饰、功能研究均是前人未曾论及的，代表了北宋金石学的高度。但是也存在对器物年代判定不清的情况，如收录的且判定为周代的五件铜鬲：戈足鬲（图1-24）、饕餮纹鬲（图1-26）、饕餮纹鬲（图1-27）、饕餮贯珠纹鬲（图1-28）、素鬲（图1-29）。从绘图看，形制较早，尤其是饕餮贯珠纹鬲，与二里岗时期出土铜鬲类似。

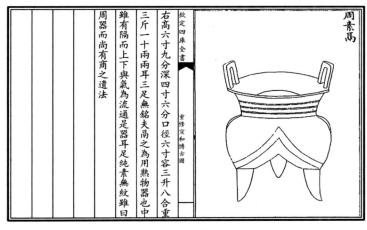

图1-29 素鬲

四、薛尚功《历代钟鼎彝器款识法帖》

南宋薛尚功的《历代钟鼎彝器款识法帖》二十卷，成书于1141年，摹录商周至秦汉铜器铭文511件。全书以时代为次，再依器类分排。卷五收录商代铜鬲铭文5条（⫯鬲、告鬲、⫯父已鬲、⫯父已鬲、⫯母乙鬲）；卷十六收录周代铜鬲铭文15条（慧季鬲、师鬲、伯鬲、丁父鬲、帛女鬲、蒦敖鬲、仲父鬲、京姜鬲、某父鬲、仲斯鬲、诸旅鬲、虢叔鬲一、虢叔鬲二、聿逮鬲、亦鬲），共20条。均描摹铭文，次列释文，再附考证[①]。

此书是宋代青铜彝器款识类中收集最为完备的一部，是宋代金石文字的集大成之作。其中也有不足之处，如：⫯鬲的描摹字形与后文叙述有误（图1-30方框标注处）；丁父鬲（图1-31方框标注处）的第一字释读为"孙"。

① （宋）薛尚功撰：《历代钟鼎彝器款识法帖》，中华书局，1986年。

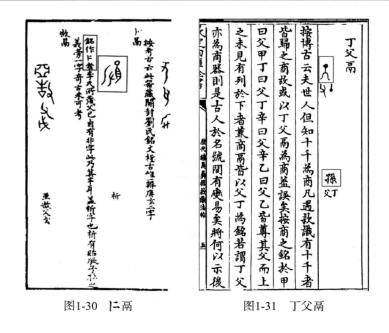

图1-30　匚鬲　　　　　　　　图1-31　丁父鬲

五、西清四鉴

两宋以后，金石学走向低潮。清代乾嘉时期，随着考据学的兴起，金石研究逐渐复苏。由乾隆皇帝敕，梁诗正等人编撰的《西清古鉴》《西清续鉴甲编》《西清续鉴乙编》《宁寿鉴古》四书，合称"西清四鉴"。"西清四鉴"的编撰，直接推动了金石学的复兴。

（1）梁诗正、蒋溥、汪由敦与内廷翰林奉敕编纂的《西清古鉴》四十卷，成书于乾隆二十年，仿效《考古图》《博古图》体例，将清宫内府所藏商周至唐代的1529件青铜器收之。容庚先生评价道："元、明两朝彝器之学中衰，清代之复兴，此书实导其先路，其功不可没也。"①

全书四十卷，并附钱录十六卷，其中卷三十一《鬲、鍑、盉、冰鉴》中按时代次序收录商祖癸鬲、周太公鬲（应为芮公鬲）、尊鬲二年、蚩鬲、伯鬲、仲鬲、瞿鬲、四足鬲3件、象鬲、饕餮鬲2件、素鬲3件，共计青铜鬲16件②，其中9件有铭铜鬲。每件器物拓印铭文、隶定文字、绘制器型、记录尺寸。

从描摹器型看，其中周瞿鬲应是铜簋，文字释读也有谬误（图1-32）。周太公鬲的铭文释读错误，从附铭文图片看，应是芮公作鬲（图1-33）。四足鬲二和素鬲三，应该是铜甗的下半部分（图1-34、图1-35）。

---

① 容庚：《商周彝器通考》，上海人民出版社，2008年，204页。

② （清）梁诗正等编：《西清古鉴》，清乾隆二十年内府刻本。

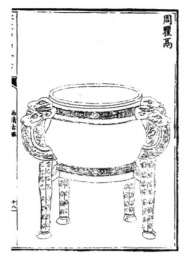
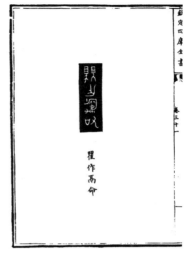

图1-32　瞿鬲及铭文拓片

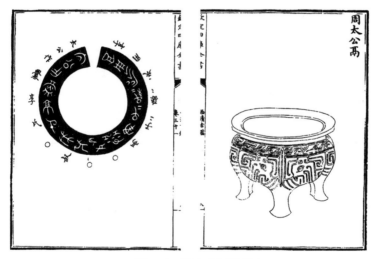

图1-33　周太公鬲及铭文

（2）王杰等奉敕编纂《西清续鉴甲编》二十卷，附录一卷，成书于乾隆五十八年。收录内府续得商周青铜器844件、铜镜100件，附录收唐以后31件器。卷十四收录姬姞鬲、子縣鬲、师鬲、癸鬲、父鬲、宝鬲、饕餮鬲一、饕餮鬲二、饕餮鬲三、雷纹鬲、弦纹鬲一、弦纹鬲二、环纹鬲一、环纹鬲二、带纹鬲一、带纹鬲二、素鬲，共计17件[①]。

① 　（清）王杰等编：《西清续鉴甲编》，清宣统三年涵芬楼石印宁寿宫写本。

其中收录的弦纹鬲二和素鬲（图1-36），从描摹的形制看与出土的二里岗时期的早期铜鬲式样相同，年代较早。收录的饕餮鬲一和带纹鬲一（图1-37），从形制看，应是铜鼎，且都形制较早，时代应该在商代早期。

（3）敕编《西清续鉴乙编》二十卷，编纂与甲编同时，所收之器皆藏于盛京行宫，卷十四收录周车鬲、周母鬲、周夔凤鬲、夔云鬲、象鬲一、象鬲二、夔纹鬲一、夔纹鬲二、弦纹鬲、永鬲、素鬲一、素鬲二、汉带纹鬲、汉素鬲，共14件[①]。

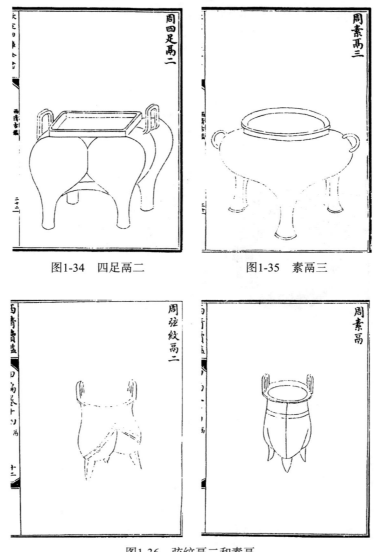

图1-34　四足鬲二　　　　　　　　图1-35　素鬲三

图1-36　弦纹鬲二和素鬲

① （清）王杰等编：《西清续鉴乙编》，民国二十年北平古物陈列所依宝蕴楼钞本石印本。

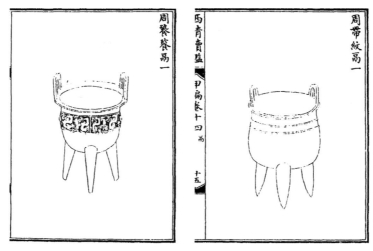

图1-37　饕餮鬲一和带纹鬲一

其中周车鬲（图1-38），现藏台北故宫博物院，铭文仅一字，《乙编》释读为"车"，《殷周金文集成释文》释读为"东"[1]，学者多从之。

周夔凤鬲图形不甚清晰，可能为四足方鼎（图1-39）。

周永鬲应为扁足方鼎（图1-40）。

汉带纹鬲（图1-41），形制作分裆袋足，耳部与河南三门峡虢国墓地M1704∶14（图1-42）的类似。所饰的纹样与西周时期的伯庸父鬲（图1-43）装饰的直棱纹相似，从器型到纹饰都不应是汉代之物。

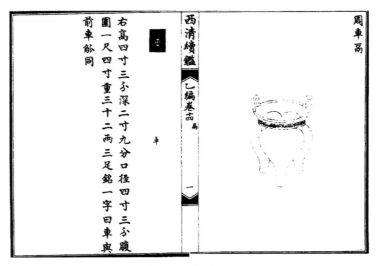

图1-38　周车鬲

---

①　中国社会科学院考古研究所：《殷周金文集成释文》第一卷第三册四四二，香港中文大学中国文化研究所，2000年。

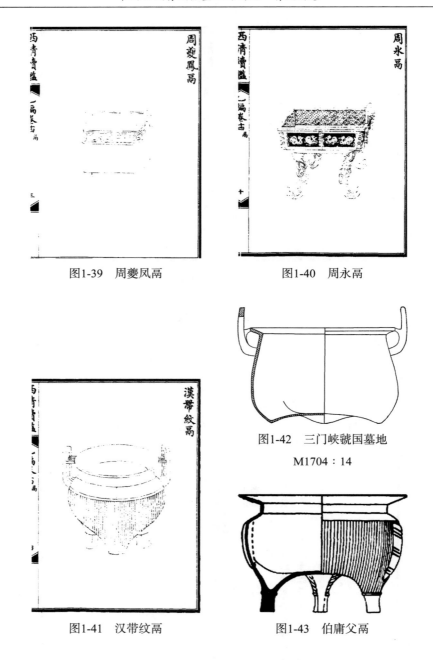

图1-39　周夔凤鬲　　　　　　　　图1-40　周永鬲

图1-42　三门峡虢国墓地

M1704：14

图1-41　汉带纹鬲　　　　　　　　图1-43　伯庸父鬲

　　汉素鬲（图1-44）应是方甗的下半部分，形制类似传出河南三门峡虢国墓地的虢姜甗（图1-45）。且据我们收集整理的出土铜鬲看，铜鬲在战国以后足跟缩短，已逐渐演化为与釜类似，汉代不可能有足跟如此之高的铜鬲。

　　（4）敕编《宁寿鉴古》十六卷，体例与《西清古鉴》同，不明成书年月，容庚考证此书编纂在《西清续鉴甲编》之前。卷十二收录康侯鬲、父辛鬲、异鬲、云雷鬲、雷纹鬲一、雷纹鬲二、雷纹鬲三、凤纹鬲、象鬲、四足鬲、素鬲一、素鬲二，共

12件[①]。

　　其中周云雷鬲、雷纹鬲一形制为锥足、不见分档，应为商代铜鼎（图1-46）。

　　周异鬲（图1-47）形制与1961年陕西长安张家坡窖藏出土的伯庸父鬲形制相近（图1-48）。

　　周四足鬲应为铜甗的下半部分（图1-49）。

　　周素鬲二（图1-50）与2012年出土在山东沂水纪王崮的铜鬲（图1-51）器身相同，时代也应不远。

图1-44　汉素鬲

图1-45　虢姜甗

图1-46　周云雷鬲和雷纹鬲一

---

① （清）梁诗正等编：《宁寿鉴古》，民国二年涵芬楼依宁寿宫写本石印本。

图1-47　周异鬲

图1-48　伯庸父鬲

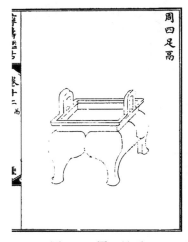

图1-49　周四足鬲

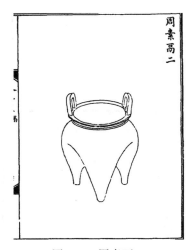

图1-50　周素鬲二

图1-51　沂水纪王崮K1：1鬲

六、阮元《积古斋钟鼎彝器款识》

清代学者阮元编录考释传世铜器铭文的著作，是清代金石文字研究的代表性成果。成书于嘉庆九年（1804年），体例仿宋人薛尚功《历代钟鼎款识彝器法帖》。全书共十卷，按时代先后收录商器173件、周器273件、秦器5件、汉器92件、魏器3件、晋器4件，共550件[①]。书中每段铭文附释文，并结合经史进行考证。其中卷二收录商代铜鬲铭文4条，卷七收录周代铜鬲铭文12条（13器）（图1-52）。

阮氏对收录的铭文材料进行了再释读，重新考订了一些字和称谓。例如：在帛女鬲（图1-53）的考订中言道："帛女即伯女。左传隐二年传：纪子帛公，公羊谷梁作子伯，史记伍子胥传伯嚭，论衡作伯喜，古字通借也。薛氏谓帛女宫女之有职者，非也。"

在郑叔获父鬲的考订中言道："说文：羞，进献也……又吴侃叔云：古文羞与敬相似……"这些文字的解读为我们研究器物功能提供了帮助。

此外，对铭文中涉及的族氏、国别也作了考订：

如番改鬲："按番古潘字，古国名，路史潘故县，属上谷，有虞氏之后。"

戲伯鬲（图1-54）："戲国有二，一为炎帝后姜姓，国骊山之北，水名，今新丰有戲亭。幽王死焉，或云幽褒戲此，而名妄也，正音希。一为商世侯伯。武王克商，命吕佗伐戲方。戲，郑地。按郑之戲即左成十七年传之戲童。水经注所谓：氾水，出浮戲之山是也。此戲伯未详何国。"

图1-52　《积古斋钟鼎彝器款识》目录

① （清）阮元编：《积古斋钟鼎彝器款识》，清嘉庆九年自刻本。

图1-53　帛女鬲释文

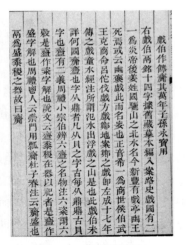

图1-54　戏伯鬲释文

七、吴大澂《恒轩所见所藏吉金录》

《恒轩所见所藏吉金录》①，初刻于同治十一、十二年间（1872～1873年），后十余年未印成书，至光绪十一年（1885年）方始印行。所录器物以吴大澂家藏以及潘祖荫所藏青铜器为主。分二集，一为所藏吉金录；一为所见吉金录。共著录三代铜器132件，摹录文字，绘制图形，有尺寸说明和部分释文，无考证文字，其图尽出吴氏本人手绘。

收录铜鬲4件，召仲鬲、齐妇鬲、芮公鬲、祭姬鬲（图1-55～图1-58）。其中祭姬鬲铭文释读与其他文献有差别。刘心源《奇觚室吉金文述》中将前两字释读为"宿妃"，言"宿"是国名，风姓②。吴镇烽《商周青铜器铭文暨图像集成》中前两字释读为"鄩祁"③。

---

① （清）吴大澂编：《恒轩所见所藏吉金录》，清光绪十一年自刻本。

② （清）刘心源：《奇觚室吉金文述》卷八·二，清光绪二十八年自刻本。

③ 吴镇烽编著：《商周青铜器铭文暨图像集成》卷6，上海古籍出版社，2012年，247页。

图1-55　召仲鬲

图1-56　齐妇鬲

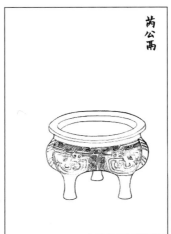

图1-57　芮公鬲

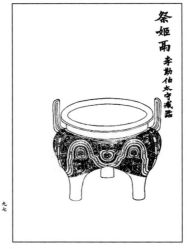

图1-58　祭姬鬲

八、端方《陶斋吉金录》和《陶斋吉金续录》

　　端方的《陶斋吉金录》成于光绪三十四年（1908年），八卷，收录自三代、秦汉以下之彝器及六朝以来的造像，凡三百五十九条。其中收录伯夏父鬲、孟辛父鬲、赞母鬲、伯家父鬲、伯姜鬲、姬芳母鬲、同姜鬲、中姞鬲，共8件。每件都描摹器型、拓印文字、记录尺寸，对铭文没有释读①。

　　《陶斋吉金续录》文体同《陶斋吉金录》，二卷，收88器，为前录所无，补充收录了樊君鬲、举肇家鬲、伯鬲，共3件②。

　　端方收藏的这11件铜鬲，多不见于之前著录。从描摹的器型看，举肇家鬲、伯鬲为立耳分裆鬲，时代应在西周早期。其余9件均为联裆鬲，西周晚期至春秋早期器。具体见图1-59～图1-69。

---

① （清）端方：《陶斋吉金录》，清光绪三十四年石印本。

② （清）端方：《陶斋吉金续录》，清宣统元年石印本。

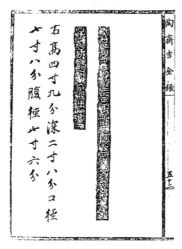

图1-59　伯夏父鬲

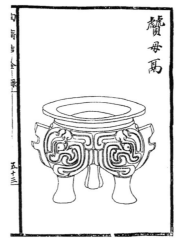

图1-60　赞母鬲

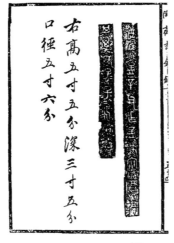

图1-61　孟辛父鬲

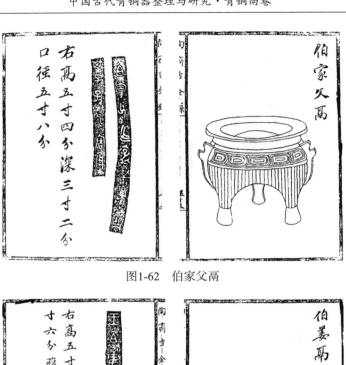

图1-62　伯家父鬲

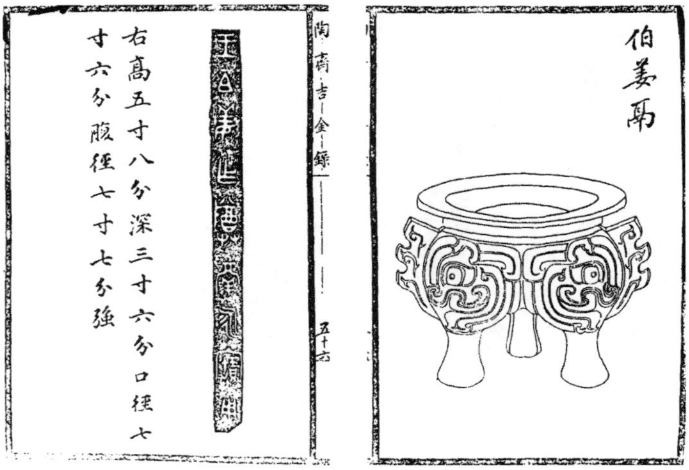

图1-63　伯姜鬲

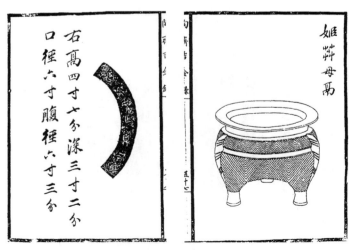

图1-64　姬艿母鬲

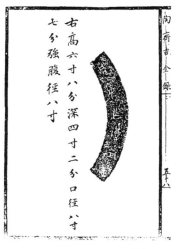

图1-65　同姜鬲

图1-66　中姑鬲

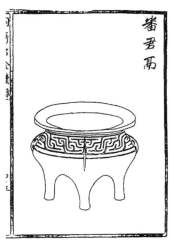

图1-67　樊君鬲

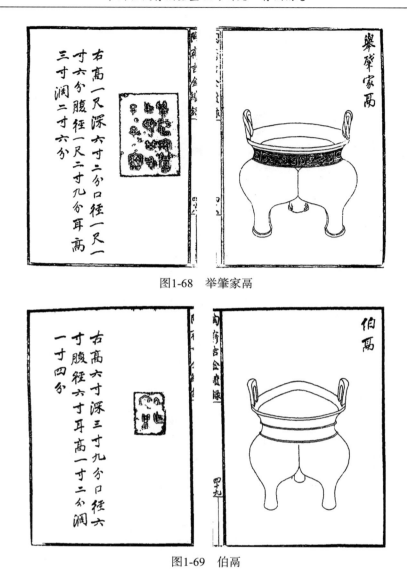

图1-68　举肇家鬲

图1-69　伯鬲

九、吴式芬《攈古录金文》

　　吴式芬的《攈古录金文》成书于光绪二十一年（1895年），全书分三卷，共九册[1]。按铭文字数的多少为序，收集商周钟鼎彝器款识1334器。每一器先摹录铭文，铭文多据原器精拓本及相传旧摹本收入。然后是释文，最后是考证。并非每器均有考证。此书收集铜器铭文丰富，选器较严谨，摹刻精善，为当时金石文字考证之精华。其后清末学者孙诒让为校订此书，曾撰有《古籀余论》，重新考证了吴氏著作中较为

---

　　①　（清）吴式芬：《攈古录金文》，光绪二十一年吴氏家刻本。

重要的105器。

吴氏的著作中收录铜匜铭文37条。其中对个别器物进行了考证，如晋姬匜中言道：

> 许印林说：叓即杞字。《说文》：叓读若杞。《类篇》：叓古国名。卫宏说：与杞同……薛书款识有杞公匝，铭文作叓。薛云按叓者，古国名……疑宋时官犹有传本，故人知其义。至《博古图·尹卣》有叓字，释为杞。杨鉤《增广钟鼎篆韵》入杞字，下又引卫宏叓与杞同。则据官书误本，而又不辨已巳之不同也。考晋悼公夫人杞国女。晋姬疑悼夫人女，为其外家女兄弟作器。

吴氏考证了叓之传误，为我们研究叓国铜器及东周杞国的历史厘清了线索。在郳伯匜铭文考释中言道：

> 徐籀庄说：郳，曹姓。邾挟後夷父颜之子友初封郳，为附庸。后进爵为子，称小邾子。伯，从女从白，长女之谓。妫，舜後氏，周初封虞。

友父匜（图1-70），与2002年山东枣庄小邾国墓地出土的邾友父匜铭完全一样，吴氏言道：

> 许印林说此器是邾国媵女器也，礼女亦称子媵……近新泰出杞伯器多种，其敦铭曰：杞伯每□作邾媵宝敦。其壶铭曰：杞伯每□作邾媵宝壶……定为邾女适杞，字媵，故杞为其作器。今得此铭乃恰与郇说相证明……则此两国造器在春秋前矣。

论证了邾友父匜乃是媵女之器，将器物功用、两姓关系、器物时代言之甚明。

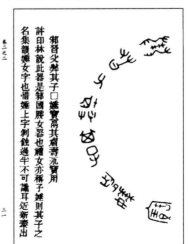

图1-70　友父匜铭及释读

十、其　　他

　　除以上金石学研究的图录外，另有陈经编《求古精舍金石图》收录商父癸铜鬲1件①。曹载奎编《怀米山房吉金图》收周虢仲鬲1件②。刘喜海的《长安获古编》收录单伯鬲、召仲鬲2件器物，摹绘图形和铭文，不记录尺寸③。丁麟年编《栘林馆吉金图识》，采用器物全形拓，缩小石印，收录庚姬鬲1件④。吴云的《二百兰亭斋收藏金石记》收录眚盨鬲1件⑤，描摹器型和铭文。潘祖荫著《攀古楼彝器款识》收录召仲鬲1件，与《长安获古编》收录的为同一件器物，摹绘器型、文字，并做考释⑥。毕沅、阮元编《山左金石志》卷一收录四足鬲1件。

　　文字考释类的著作另有吴荣光的《筠清馆金石录》，收录铜鬲铭文6条。吴大澂撰《愙斋集古录》，第十七册收铜鬲铭文拓片27条⑦，文字墨拓精良，甄选、考释确当，大大提高了之前摹录铭文类著作的准确性。方濬益《缀遗斋彝器款识考释》卷二十七收录铜鬲铭文32条⑧。方濬益的《诂籀吉金彝器款识》收录铜鬲铭文2条⑨。张廷济著《清仪阁所藏古器物文》收录铜鬲铭文拓片3件⑩。刘心源《奇觚室吉金文述》收录铜鬲铭文拓片6条⑪。盛昱《鬱华阁金文》收录铜鬲铭文22条⑫。这些都是清代金石学研究的主要成果，继承了宋代金石学研究的方法，在金石文字考释研究方面取得了很大的成果。

　　北宋至清代这个阶段的研究重在器物的著录和铭文的考释，初步涉及铜鬲的形制和功用研究，奠定了中国古代青铜器研究的基础。研究领域有些狭窄，缺乏对器物纹饰、断代及先秦历史文化等方面的综合研究。这个阶段是青铜鬲研究的初始阶段。

---

① （清）陈经编：《求古精舍金石图》，清嘉庆十八年说剑楼木刻本。
② （清）曹载奎编：《怀米山房吉金图》，日本明治十五年文石堂翻木刻本。
③ （清）刘喜海编著：《长安获古编》，清光绪三十一年刘鹗补刻标题本。
④ （清）丁麟年编：《栘林馆吉金图识》，清宣统二年石印本。
⑤ （清）吴云编著：《二百兰亭斋收藏金石记》，清咸丰六年吴让之写刻本。
⑥ （清）潘祖荫：《攀古楼彝器款识》，清同治十一年滂喜斋木刻本。
⑦ （清）吴大澂：《愙斋集古录》，涵芬楼，1930年。
⑧ （清）方濬益编：《缀遗斋彝器款识考释》，商务印书馆石印本，1935年。
⑨ （清）方濬益：《诂籀誃吉金彝器款识》，商务印书馆，1935年。
⑩ （清）张廷济：《清仪阁所藏古器物文》，涵芬楼石刻本，1925年。
⑪ （清）刘心源：《奇觚室吉金文述》，清光绪二十八年自写刻本。
⑫ （清）盛昱：《鬱华阁金文》，有正书局，1905年。

第二节　民国时期青铜鬲的著录与研究

　　本阶段是青铜鬲研究的发展阶段。民国时期受传统金石学的影响，仍然有相当数量的有关收录图录和考释文字的著作问世。近代考古学思潮、理论、方法的传入，使得金石研究开始向器物学研究的方向转变，不仅重视器物类别的分类研究，而且看重流传。此阶段的学者们采用近代西方考古学的研究方法，利用各种地下出土材料，结合多学科进行综合研究，开始重视纹饰、地域和文化的关系，关注到流失海外的古代青铜器的收集和整理（罗振玉《海外吉金录》、容庚《海外吉金图录》）。随着照相技术的通行和印刷技术的进步，著作中图像大多采用黑白照片替代摹画，实物还原性更高，纹饰更加清晰可辨，为研究提供了可靠的基础资料，并且出现了综合研究的通论性著作《商周彝器通考》[①]，为近现代青铜器研究奠定了深厚的基础。

一、图　录　类

1. 邹安《梦坡室获古丛编》

　　邹安编次的《梦坡室获古丛编》十二卷，是著名收藏家周庆云所藏古器物的图谱。囊括周氏收藏三代青铜器259种，分礼器、乐器、实用器、制定器、明器、兵器、佛像、杂器八类，有图形和考释，其中收录子荷贝父丁鬲、虢仲鬲、谗公鬲共3件[②]，拓印器型与铭文，记录器物来源、尺寸、考证文字。

2. 孙壮《澄秋馆吉金图》

　　陈子良藏，孙壮编《澄秋馆吉金图》二册，收录陈氏家藏商周至元明铜器85种，以全形拓本影印，有尺寸说明及孙壮的释文，间收王国维、罗振玉、吴大澂、丁佛言诸家考证。此书收录作尊彝鬲、作宝彝鬲共2件[③]。

3. 容庚《宝蕴楼彝器图录》《颂斋吉金图录》《颂斋吉金续录》《英武殿彝器图录》《善斋彝器图录》《海外吉金图录》

　　《宝蕴楼彝器图录》二册，是从盛京故宫旧藏的798件中挑选形制、纹饰特殊的92件青铜器编成。《西清续鉴乙编》多有收集，每件著录均有图形照片、铭文拓片，并

---

　　①　容庚：《商周彝器通考》，哈佛燕京学社，1941年。

　　②　邹安编：《梦坡室获古丛编》，周氏梦坡室所藏，1927年石印本。

　　③　孙壮编：《澄秋馆吉金图》，北平商务印书馆分馆，1931年。

记录尺寸、重量、色泽等，其中收录周郑鬲1件①，即《西清续鉴乙编》第十四卷第二页收录的周母鬲。

《颂斋吉金图录》一册、《颂斋吉金续录》二册，前者收录容庚先生自己收藏的商周青铜器39件，其中收录党玉琨盗宝鸡戴家湾出土的商齿父已鬲1件。先附器型照片，后附铭文和纹饰拓片、尺寸、锈色、考释、购买经历，是较早注意青铜器纹饰的青铜器图录之一。后者收录商周青铜器134件，其中收饕餮纹鬲、郏祁鬲、孟辛父鬲、卫姒鬲、伯上父鬲、仲姬鬲共6件②。每件器物皆有器型照片、摹拓铭文和花纹，图册后附文字考释、尺寸、颜色、描述纹饰、出土地、时代、前人收藏、著录等信息。

《武英殿彝器图录》二册，选录清室奉天行宫旧藏三代青铜器100件。有器物照片、摹拓铭文和花纹，附文字考释，记录尺寸、铭文位置、颜色等信息。其中收录鱼鬲、举母鬲、伯禾鬲凡3件③。

图1-71　《海外吉金图录》收录的蟠虺纹鬲

《善斋彝器图录·西清彝器拾遗》三册，从刘体智《善斋吉金录》中挑选铜器175件，其中商周青铜器168件。每件器物附有照片、器物说明、简要考证、尺寸大小，有铭文者附文字拓片、释文、文字考证、器物著录。其中收录铜鬲2件④。

《海外吉金图录》三册，考释一卷，收录流失到日本的商周至秦汉青铜器155件，主要采自《支那古铜器集》《泉屋清赏》等日文著录。每件器物皆有照片、铭文拓片，记录尺寸及简单说明，后有考释。其中收录中姑鬲、戏伯鬲、蟠虺纹鬲凡3件⑤，其中蟠虺纹鬲形制比较特殊（图1-71），可能为铜甗的下半部分。

4. 于省吾《双剑誃吉金图录》

《双剑誃吉金图录》共二卷，上卷收录三代青铜礼器，下卷收录兵器和秦汉器，共收录商周青铜礼器53件。主要为自藏器物，每件器物后有器型照片、尺寸说明、摹拓铭文及花纹，卷末附有考释。其中收录大作敄鬲1件⑥，现藏辽宁省博物馆。

---

① 　容庚编：《宝蕴楼彝器图录》，北平京华印书局，1929年。

② 　容庚编著：《颂斋吉金图录》，燕京大学考古学社，1933年；容庚编著：《颂斋吉金续录》，燕京大学考古学社，1938年。

③ 　容庚编：《武英殿彝器图录》，燕京大学哈佛燕京学社，1935年。

④ 　容庚编：《善斋彝器图录·西清彝器拾遗》，燕京大学哈佛燕京学社，1936年。

⑤ 　容庚编：《海外吉金图录》，燕京大学考古学社，1935年。

⑥ 　于省吾：《双剑誃吉金图录》，北京来熏阁，1934年。

5. 商承祚《十二家吉金图录》

《十二家吉金图录》二册，收录于省吾、方焕经、方若、王辰、周进、孙壮、孙政、张玮、张允中、黄濬、商承祚、叶恭绰共十二家所藏商周至秦汉青铜器，共169件，每件均有器物照片、摹拓铭文和花纹，并附考释。其中收录邾伯鬲、季右父鬲、虢叔鬲、父丁鬲、方鬲、曾子郑伯鬲6件①。

6. 靳云鹗《新郑出土古器图志》、孙海波《新郑彝器》、关百益《郑冢古器图考》和《新郑古器图录》

以上四书，均是1923年新郑大墓出土器物的相关图录。其中《新郑出土古器图志》一卷，收录新郑大墓91件出土器物，碎片635件，按照器物类别和纹饰编次，这是首次按照一个遗址单元进行系统整理的著作，有着重要的学术意义②。关百益《郑冢古器图考》十二卷，收录新郑出土古器物127件，分类编次，其中铜器113件，每件器物皆有考释，末卷载有《发现郑冢源流记》③。《新郑古器图录》二卷，收录新郑出土器物93件。上册为图录，有器物照片，分乐器、礼器和兵器三类，每类再分若干属，每属之器先以甲乙分组，再以子丑为序；下册为附录，分史略、正名、分类、修补、度量、释文、疑年七章，是比较早的系统研究出土青铜器的著录之一④。《新郑彝器》二册，收录1923年新郑大墓出土的铜器95件，分为乐器、烹饪器及食器、酒器、用器、杂器、兵器等大类，每器皆有器型照片、尺寸大小、并附重要纹饰拓本⑤。以上四本书收录了新郑大墓出土的铜鬲9件。

7. 陈梦家《海外中国铜器图录》

此书是1944～1947年陈氏在美国讲学期间，收集的部分藏在欧美的中国古代青铜器资料。全书有三集，送香港印刷出版，因日军占领香港，仅于1946年出版了第一集⑥，其他两集下落不明。今在国家图书馆发现了陈梦家第二集手稿和第一集、第二集全部的图版照片原件。由中华书局和陈梦家家人再整理，于2017年再版，共二册⑦。

上册附有《中国铜器概述》，对青铜器的时期、地域、国族、分类、形制、文

---

① 商承祚编：《十二家吉金图录》，燕京大学哈佛燕京学社，1935年。

② 靳云鹗编著：《新郑出土古器图志》，1923年影印本。

③ 关百益编著：《郑冢古器图考》，中华书局，1940年。

④ 关百益编著：《新郑古器图录》，商务印书馆，1929年。

⑤ 孙海波编：《新郑彝器》，考古学社专刊第十九种，1937年。

⑥ 陈梦家：《海外中国铜器图录》，国立北平图书馆，1946年。

⑦ 陈梦家：《海外中国铜器图录》，中华书局，2017年。

饰、铭辞、文字、铸造、鉴定共十方面进行了系统论述，并附有藏品目录、说明和英文摘要，建立了科学的器物分类系统，将器物的名称以及器物各部位的名称固定下来。

书中对鬲的形制原理作了阐述和解释，言道："鬲，源自陶鬲，安特生以为鬲系合三个尖足之瓶而成，学者从之。此说纯属理想。鬲与鼎皆属缶叔之改造，缶属而用作炊器者或支高度之实足，是为鼎。或于缶底安置三泥块或石块，而犹觉其不易受火，乃于制缶时将其底依三泥块之足分三股而向内（即向上）凹，此为款足之由来。"①

还将铜鬲的发展分为前、后两期："前期有耳，与鼎相似，铭在腹内，自名曰'彝''鼎''鬵'，时期较早……后期无耳，口缘甚宽，铭在口之上缘内，自名曰'鬲'，时期较晚。"②

陈梦家先生对铜鬲形制发展的大致规律总结比较准确，但是对铜鬲款足的解释则不够全面。

二、铭文考释类

1. 邹安《周金文存》

此书正文六卷，补遗六卷，附说六卷。收录邹氏自藏铜器铭文拓本1545条，以清末为断，辛亥以后所见不录。按照器物类别排列，各类再以铭文字数由多至少编排，每卷后系以附说，其中收录铜鬲铭文拓片52条③。

2. 于省吾《双剑誃吉金文选》

《双剑誃吉金文选》二卷，附录一卷，收录三代青铜器铭文469条，其中铜鬲铭文2条④。

3. 罗振玉《贞松堂集古遗文》《三代吉金文存》《海外吉金录》

《贞松堂集古遗文》十六卷，补遗及续编各三卷，收录三代至元铜器铭文1525条，补遗收录335条，续编收录350条，共计2210条，铭文摹写，后附有考释。《贞松

① 陈梦家：《海外中国铜器图录》，中华书局，2017年，16页。
② 陈梦家：《海外中国铜器图录》，中华书局，2017年，16页。
③ 邹安编著：《周金文存》，仓圣明智大学，1916年。
④ 于省吾：《双剑誃吉金文选》，北京来薰阁，1934年。

堂集古遗文》收录铜鬲铭文411条①，《贞松堂集古遗文补遗》收录铜鬲铭文7条②，《贞松堂集古遗文续编》收录铜鬲铭文7条③。《三代吉金文存》二十卷，收录商周青铜器铭文拓片4831条，按照器类分卷，没有释文，收录铜鬲铭文121条④。《海外吉金录》收录海外流散的三代至晋的青铜器物205件，其中收录铜鬲6件，记录收藏地和铭文字数⑤。自罗振玉《海外吉金录》始，国人才有收集海外流散青铜器之自觉。

4. 武树善《陕西金石志》

民国初年，武善树参与编纂《续修陕西通志稿》，对旧志中无金石文字深为痛心，盖在续修陕西通志中予以补入，经广泛征集，详加考证，成《陕西金石志》三十卷，补遗二卷，共三十二卷。以朝代编排，每器皆摹画铭文，并作释文、说明，详细记载其源流，其中收录铜鬲铭文2条⑥。

5. 徐乃昌《安徽通志金石古物考稿》

《安徽通志金石古物考稿》八卷，分为金器、石器、陶器、石刻、古物、杂识、补遗、存真。收录铜鬲（白家父鬲）1件，摹写铭文，并作释文和说明⑦。

6. 郭沫若《两周金文辞大系图录考释》

共八册，分为图编、录编和考释三类，是系统研究两周时期传世有铭青铜器的集大成之作。图编收录器型263件，录编收录铭文拓片（摹本）511件，上卷西周部分收250器，下卷东周部分收261器，收铜鬲7件（杜伯鬲、郑登伯鬲、宋眉父鬲、邾友父鬲、邾伯鬲、鲁伯愈父鬲、戴叔庆伯鬲）⑧。郭氏以古文字考释为基础，西周以王世，东周以国别为顺序，结合文献记载，将青铜器文字研究同历史研究结合，使得器物研究成果成为史料的一部分。他所建立的标准器断代法对后世学者影响巨大，至今在青铜器断代研究上仍有参考价值。

————————

① 罗振玉编：《贞松堂集古遗文》，蟫隐庐石印本，民国十九年，1930年。

② 罗振玉编：《贞松堂集古遗文补遗》，蟫隐庐石印本，民国二十年，1931年。

③ 罗振玉编：《贞松堂集古遗文续编》，蟫隐庐石印本，民国二十三年，1934年。

④ 罗振玉编：《三代吉金文存》，中华书局，1983年。

⑤ 罗振玉编：《海外吉金录》，永丰乡人亲著本，1922年。

⑥ 武树善编：《陕西金石志》，陕西通志单行铅印本，1934年。

⑦ 徐乃昌编：《安徽通志金石古物考稿》，安徽通志馆，1936年。

⑧ 郭沫若编：《两周金文辞大系图录考释》，东京文求堂印本，1935年。

三、综合研究类

1. 容庚《商周彝器通考》

全书共二册。上册分两编，上编十五章，通论中国青铜器之源起、发现、类别、时代、铭文、花纹、铸法、价值、去锈、拓墨、仿造、辨伪、销毁、收藏和著录；下编四章，论述食器、酒器、水器和杂器、乐器，对57种青铜礼器逐一论述用途、制作、形状、名称等。下册分器类收录器物1009件，其中收铜鬲30件[①]。第一次对中国青铜器进行了全面系统的考述，一举突破了千年以来的金石学研究传统，将青铜器的本体作为主要研究对象，而不再仅仅将其视为铭文的载体。采用了考古学的研究方法，尤其在器物的分期和分类上做出了创新，材料丰富，内容系统，在青铜器研究史上具有划时代意义。

2. 陈梦家《中国铜器综述》

本书是对《海外中国铜器图录》中《中国铜器概述》一文的扩展。由于时代原因，当时未能出版。幸运的是，中国社会科学院考古研究所一直保存着该书的英文书稿。近年来，王世民先生邀请王睿等人翻译，并经张长寿、王世民先生对译稿反复校阅，《中国铜器综述》得以重新出版[②]。全书共十五章，从研究方法与材料、研究简史、重要出版物、考古发掘与发现、地域分布、术语、器形分类、类型学、文字学、铭文、作伪与铸造、文化背景、年代学、风格与纹饰、断代十五个角度对古代铜器进行了科学研究。

第三节　1949年以来青铜鬲的著录与研究

本阶段是青铜鬲研究的繁荣阶段，各类成果汗牛充栋，为青铜鬲的综合研究提供了更丰富的基础材料，学者们对青铜器的研究也更加科学化、专业化。现将青铜鬲相关材料叙述如下：

---

① 容庚：《商周彝器通考》，哈佛燕京学社，1941年。
② 陈梦家：《中国铜器综述》，中华书局，2019年。

一、考 古 材 料

中华人民共和国成立以后，考古学方法和理论得以在全国范围内建立和使用，田野工作大规模展开，出土了数量可观的商周青铜器。青铜鬲在全国十余省市范围内屡有发现，发表出土青铜鬲的报告和简报也被大量刊印。这些简报和报告中详细记录了出土铜鬲墓葬或窖藏的基本情况，以及铜鬲的形制、大小、出土位置、尺寸、图像、组合情况等，为我们科学研究青铜鬲打下了坚实的基础。

1956年中国科学院考古研究所编著出版的《辉县发掘报告》是新中国第一本田野发掘报告，2017年科学出版社再次出版以纪念出版一甲子。通过科学发掘，琉璃阁商代墓葬M110出土铜鬲1件，M148出土铜鬲1件，被故意打破放置在尸骨右侧。战国墓葬赵固M1出土铜鬲1件①。

1955～1956年《寿县蔡侯墓出土遗物》公布蔡侯墓出土春秋铜鬲8件②。

1959年《山彪镇与琉璃阁》公布山彪镇M1出土战国铜鬲1件，琉璃阁甲墓、乙墓、M55、M60、M80出土春秋铜鬲27件③。

1959年《上村岭虢国墓地》公布在上村岭墓地中的M1810、M1820、M1704、M1706、M1631、M1052、M1062、M1777出土西周晚期铜鬲22件④。

1963年《扶风齐家村青铜器群》公布了齐家村附近青铜器窖藏的发现情况和出土器物，出土伯邦父鬲1件。

1965年《长安张家坡西周铜器群》公布伯庸父组鬲8件，斜角云纹鬲2件⑤。

1976年陕西扶风庄白一号窖藏发现青铜器103件，其中5件微伯鬲，10件伯先父鬲，2件斜角云纹鬲⑥。

1978年曾侯乙墓出土9件曾侯乙鬲，1件仿陶绳纹铜鬲⑦。

1988年《宝鸡强国墓地》公布在宝鸡纸坊头M1、竹园沟M4、茹家庄M1、M2出土西周早期至西周中期的铜鬲9件⑧，包括2件夨伯鬲，1件强伯鬲，1件夌姬鬲，1件微仲鬲。

---

① 中国科学院考古研究所：《辉县发掘报告》，科学出版社，1956年。
② 中国科学院考古研究所：《寿县蔡侯墓出土遗物》，科学出版社，1956年。
③ 郭宝钧：《山彪镇与琉璃阁》，科学出版社，1959年。
④ 中国科学院考古研究所：《上村岭虢国墓地》，科学出版社，1959年。
⑤ 中国科学院考古研究所：《长安张家坡西周铜器群》，文物出版社，1965年。
⑥ 陕西周原考古队：《陕西扶风庄白一号西周青铜器窖藏发掘简报》，《文物》1978年3期。
⑦ 湖北省博物馆：《随县曾侯乙墓》，文物出版社，1980年。
⑧ 卢连成、胡智生：《宝鸡强国墓地》，文物出版社，1988年。

1991年《淅川下寺春秋楚墓》公布M1、M2各出土铜鬲2件，共4件①，其中有铭铜鬲2件（荐鬲、江叔鬲）。

1994年《上马墓地》公布M11、M13、M5218出土春秋中晚期铜鬲5件②。1995年《高家堡戈国墓》公布被盗的M2出土铜鬲1件③。

1995年《琉璃河西周燕国墓地（1973—1977）》公布M251、M253、M50、M255、M52、M53、M209七座西周早期的墓葬中出土铜鬲10件，包括著名的伯矩鬲、麦鬲④。

1996年《太原晋国赵卿墓》公布出土春秋晚期铜鬲5件⑤。

1997年《新干商代大墓》公布大墓出土商代晚期铜鬲6件⑥。

1999年《三门峡虢国墓》公布了虢国贵族墓葬M2001出土虢季鬲8件，M2011、M2012出土铜鬲各8件。M2118、M2008出土铜鬲各1件，追缴8件，共计34件⑦。《张家坡西周墓地》公布M136、M194两座西周早期墓葬各出土1件铜鬲⑧。

2000年《鹿邑太清宫长子口墓》公布长子口墓出土西周早期铜鬲2件⑨。《天马—曲村（1980—1989）》公布M6197、M6069、M6210、M6195、M6197、M6123、M6231、M6080、M6214、M7104出土西周铜鬲10件⑩。

2001年《盘龙城：一九六三年——一九九四年考古发掘报告》公布盘龙城杨家湾M6、M7、H6，李家嘴M1、M2，王湾M4，楼子湾M4、M7共出土商代早期铜鬲9件⑪。

2002年河南洛阳体育场东周墓葬M10122出土2件王作鬲⑫。这座墓葬是一座有四条墓道的亚字形大墓，可惜被盗严重。

---

① 河南省文物研究所、河南省丹江库区考古发掘队、淅川县博物馆：《淅川下寺春秋楚墓》，文物出版社，1991年。

② 山西省考古研究所：《上马墓地》，文物出版社，1994年。

③ 陕西省考古研究所：《高家堡戈国墓》，三秦出版社，1995年。

④ 北京市文物研究所：《琉璃河西周燕国墓地（1973—1977）》，文物出版社，1995年。

⑤ 山西省考古研究所、太原市文物管理委员会：《太原晋国赵卿墓》，文物出版社，1996年。

⑥ 江西省博物馆、江西省文物考古研究所、新干县博物馆：《新干商代大墓》，文物出版社，1997年。

⑦ 河南省文物考古研究所、三门峡市文物工作队：《三门峡虢国墓》，文物出版社，1999年。

⑧ 中国社会科学院考古研究所编：《张家坡西周墓地》，中国大百科全书出版社，1999年。

⑨ 河南省文物考古研究所、周口市文化局：《鹿邑太清宫长子口墓》，中州古籍出版社，2000年。

⑩ 北京大学考古学系商周组、山西省考古研究所：《天马—曲村（1980—1989）》，科学出版社，2000年。

⑪ 湖北省文物考古研究所：《盘龙城：一九六三年——一九九四年考古发掘报告》，文物出版社，2001年。

⑫ 洛阳市文物工作队：《洛阳体育场路东周墓发掘简报》，《文物》2011年5期。

2002年山东枣庄小邾国墓地发现，M1、M2、M3均出土大量青铜器，铜鬲发现15件，有邾友父鬲、倪庆鬲、秦妊鬲、华妊鬲等有铭铜鬲[①]。

2003年《荆州天星观二号楚墓》出版，详细发表了墓中出土的5件铜鬲[②]。

2003年陕西宝鸡眉县杨家村窖藏发现，出土西周晚期青铜器27件，其中单叔鬲9件[③]。

2004～2007年，山西横水西周倗国墓地发现，其中横水M1出土1件铜鬲[④]，M2158出土2件铜鬲（1件太保铸鬲）[⑤]，M2531出土2件铜鬲（1件倗姬鬲）[⑥]。

2005年《滕州前掌大墓地》公布M38出土铜鬲2件，M120出土铜鬲1件，西周早期铜鬲共计3件[⑦]。

2005年《枣阳郭家庙曾国墓地》公布出土东周青铜器，M17出土春秋早期铜鬲1件[⑧]。

2005年陕西韩城梁带村芮国墓地发现，其中M19、M26、M28出土13件铜鬲，包括芮伯鬲和芮太子鬲[⑨]。

2006年《新郑郑国祭祀遗址》公布祭祀坑K2、K6、K3、K10、K15出土春秋中期铜鬲各9件，共计45件[⑩]。

2007年山西翼城隆化镇大河口西周早期的霸国墓地发现，2007～2011年间M1出土

① 枣庄市博物馆、枣庄市政协台港澳侨民族宗教委员会：《小邾国遗珍》，中国文史出版社，2006年。

② 湖北省荆州博物馆：《荆州天星观二号楚墓》，文物出版社，2003年。

③ 陕西省考古研究所、宝鸡市考古工作队、眉县文化馆：《陕西眉县杨家村西周青铜器窖藏》，《考古与文物》2003年3期。

④ 山西省考古研究所、运城市文物工作站、绛县文化局：《山西绛县横水西周墓地》，《考古》2006年7期。

⑤ 山西省考古研究所等：《山西绛县横水西周墓地M2158发掘简报》，《考古》2019年1期。

⑥ 山西省考古研究所等：《山西绛县横水西周墓地M2531发掘报告》，《考古学报》2020年1期。

⑦ 中国社会科学院考古研究所：《滕州前掌大墓地》，文物出版社，2005年。

⑧ 襄樊市考古队、湖北省文物考古研究所、湖北孝襄高速公路考古队：《枣阳郭家庙曾国墓地》，科学出版社，2005年。

⑨ 陕西省考古研究所、渭南市文物保护考古研究所、韩城市文物旅游局：《陕西韩城梁带村遗址M19发掘简报》，《考古与文物》2007年2期；陕西省考古研究所、渭南市文物保护考古研究所、韩城市文物旅游局：《陕西韩城梁带村遗址M26发掘简报》，《文物》2008年1期；陕西省考古研究院：《陕西韩城市梁带村芮国墓地M28的发掘》，《考古》2009年4期。

⑩ 河南省文物考古研究所：《新郑郑国祭祀遗址》，大象出版社，2006年。

7件铜鬲[①]，M1017发现1件铜鬲[②]，M2002发现2件铜鬲[③]。

2008年河南洛阳东周王城附近润阳广场附近发掘了20余座东周墓葬，其中C1M9934出土2件铜鬲，C1M9950出土4件铜鬲[④]。

2011年湖北随州叶家山西周早期曾国墓地发现，M1、M2、M7、M27、M28、M54、M65、M107八座墓中出土了包括曾侯鬲在内的8件铜鬲[⑤]，此墓地的发现不仅出土了大量西周早期的青铜器，而且出土铜器铭文材料证明了西周早期的姬姓曾国是周王朝经略南方的重要方国。

2012年湖北随州文峰塔东周墓地发掘墓葬66座，M1出土2件铜鬲，M29、M33、M35各出土4件铜鬲，共14件铜鬲[⑥]。

2012年山东沂水纪王崮春秋大墓及车马坑发掘，共出土了9件铜鬲[⑦]。

2012～2014年间，国家南水北调工程河南南阳夏饷铺干渠发现两周墓葬群，从出土器物铭文中，可知是鄂国贵族墓地。其中M1出土鄂侯鬲3件[⑧]，M5出土铜鬲2件鄂姜

① 山西省考古研究所大河口墓地联合考古队：《山西翼城县大河口西周墓地》，《考古》2011年7期。

② 山西省考古研究所、临汾市文物局、翼城县文物旅游局：《山西翼城大河口西周墓地1017号墓发掘》，《考古学报》2018年1期。

③ 山西省考古研究所、临汾市文物局、翼城县文物旅游局：《山西翼城大河口西周墓地2002号墓发掘》，《考古学报》2018年2期。

④ 洛阳市文物工作队：《河南洛阳市润阳广场C1M9950号东周墓葬的发掘》，《考古》2009年12期；山西大学历史文化学院、洛阳市文物工作队：《河南洛阳市润阳广场东周墓C1M9934发掘简报》，《考古》2010年12期。

⑤ 湖北省文物考古研究所、随州市博物馆：《湖北随州叶家山M65发掘简报》，《江汉考古》2011年3期；湖北省文物考古研究所、随州市博物馆：《湖北随州叶家山西周墓地发掘简报》，《文物》2011年11期；湖北省文物考古研究所、随州市博物馆：《湖北随州市叶家山西周墓地》，《考古》2012年7期；湖北省文物考古研究所、随州市博物馆：《湖北随州叶家山M28发掘报告》，《江汉考古》2013年4期；湖北省文物考古研究所、随州市博物馆：《湖北随州叶家山M107发掘简报》，《江汉考古》2016年3期。

⑥ 湖北省文物考古研究所、随州市博物馆：《湖北随州市文峰塔东周墓地》，《考古》2014年7期。

⑦ 山东省文物考古研究所、临沂市文物考古队、沂水县博物馆：《山东沂水县纪王崮春秋墓》，《考古》2013年7期。

⑧ 河南省文物局南水北调文物保护办公室、南阳市文物考古研究所：《河南南阳夏饷铺鄂国墓地M1发掘简报》，《江汉考古》2019年4期。

鬲[①]，M16出土带铭（铭文漫漶不清）铜鬲4件[②]。

2015～2017年间，湖北省文物考古研究所等单位对湖北京山苏家垄的一百余座春秋墓葬进行了发掘，其中M79出土了4件曾伯桼鬲，M88出土5件铜鬲[③]。

另有大量的考古简报发表在各类考古学学术期刊上，在此就不一一列举了，详见文后参考文献。

二、图录类著作

随着照相技术的进步，印刷出版业的发展，彩色铜版纸高质量地印刷，青铜器图册从黑白走向彩色画面，制作日益清晰精美。代表性的著作有：

1962年8月，陈梦家先生主编的《美帝国主义劫掠的我国殷周铜器集录》，收录我国流散国外的铜鬲14件[④]，对每件器物的器名、前人著录情况、尺寸、年代、所藏之处、器物铭文均作了记录。

1979～1984年，陕西省考古研究所、陕西省文物管理委员会、陕西省博物馆三家单位合作编著四册《陕西出土商周青铜器》，收录陕西地区出土商周铜鬲43件[⑤]，每件都有清晰的黑白照片，文后标注所属遗址单元编号及器物编号，叙述出土遗址单元情况和同出器物。

1981年河南出土青铜器编辑组编著《河南出土商周青铜器（一）》，收录河南地区出土的12件铜鬲[⑥]。图版中收录清晰的黑白照片并命名，文后说明器物出土单位的详细信息、时代、尺寸、器型特点、纹饰、铭文、同出器物等信息。

1984年中国社会科学院考古研究所编著《殷周金文集成》，第一册共收录青铜鬲铭文拓片资料314条，每条拓片后对铭文字数、时代、著录、现藏地、拓片来源做了说

---

①　河南省文物局南水北调文物保护办公室、南阳市文物考古研究所：《河南南阳夏饷铺鄂国墓地M5、M6发掘简报》，《江汉考古》2020年3期。

②　河南省文物局南水北调文物保护办公室、南阳市文物考古研究所：《河南南阳夏饷铺鄂国墓地M7、M16发掘简报》，《江汉考古》2019年4期。

③　方勤、胡长春等：《湖北京山苏家垄遗址考古收获》，《江汉考古》2017年6期。

④　中国科学院考古研究所：《美帝国主义劫掠的我国殷周铜器集录》，科学出版社，1962年。

⑤　陕西省考古研究所、陕西省文物管理委员会、陕西省博物馆：《陕西出土商周青铜器（一）》，文物出版社，1979年；陕西省考古研究所、陕西省文物管理委员会、陕西省博物馆：《陕西出土商周青铜器（二）》，文物出版社，1980年；陕西省考古研究所、陕西省文物管理委员会、陕西省博物馆：《陕西出土商周青铜器（三）》，文物出版社，1980年；陕西省考古研究所、陕西省文物管理委员会、陕西省博物馆：《陕西出土商周青铜器（四）》，文物出版社，1984年。

⑥　河南出土青铜器编辑组：《河南出土商周青铜器（一）》，文物出版社，1981年。

明和介绍[①]。

1985年出版的《殷墟青铜器》收录1件父丁鬲[②]。

1995年李学勤、艾兰先生编著《欧洲所藏青铜器遗珠》，收录三羊鬲和史秦鬲2件[③]，有清晰照片，附有时代、尺寸、藏处的记录，并描述形制和花纹，注释铭文。

1996年中国青铜器全集编辑委员会编著《中国青铜器全集》共16卷，收录商至战国青铜鬲47件[④]，每件器物附精美的彩色照片，文后对其出土地、尺寸、形制、花纹、所藏地做记录，有铭文者附铭文拓片。

1999年故宫博物院编《故宫青铜器》收录馆藏商周青铜器340件，按时代编次，记录尺寸、来源和说明，并附有彩色照片和铭文拓片，收录铜鬲3件[⑤]。

2001年河南博物院、台北历史博物馆主编的《新郑郑公大墓青铜器》收录铜鬲9件[⑥]，记著录情况、尺寸、收藏地，描述器型、铭文，纹饰和铭文附放大彩色照片。

2002年刘雨、卢岩编著《近出殷周金文集录》，仿《殷周金文集录》凡例收录铜鬲铭文拓片30条，并附器物照片，记录出土地点、现藏地、发表简报、释读，并断代[⑦]。

2004年陈佩芬著《夏商周青铜器研究》全六册，按照时代分为夏商篇上下册、西周篇上下册、东周篇上下册。共收录铜鬲7件，另有025、026兽面纹鼎从形制判断应是铜鬲，均有清晰照片，并附时代、尺寸、重量、器型描述、流传历史、铭文拓片等信息。

2005年曹玮编著《周原出土青铜器》，全书共10卷，以窖藏、墓葬、零散出土为顺序，收录1949～1998年间出土在周原地区的17处窖藏和39座墓葬以及零散所见的青铜器，其中收录铜鬲37件[⑧]。首先对窖藏、墓葬发掘情况进行简述，并对每件器物记录清楚的尺寸、重量、容积及器型描述，清晰照片和线图，同出器物均有详细资料，为我们研究周原青铜器提供了很大便利。

2005年中国社会科学院考古研究所刘庆柱等主编的《金文文献集成》将北宋至今的金石研究成果、科学考古发掘报告，以及日本学者的研究成果汇总集结，共四十七册，也是我们研究青铜器的重要参考资料[⑨]。

———————————

①　中国社会科学院考古研究所：《殷周金文集成（第一册）》，中华书局，1984年。

②　中国社会科学院考古研究所：《殷墟青铜器》，文物出版社，1985年。

③　李学勤、艾兰编著：《欧洲所藏青铜器遗珠》，文物出版社，1995年。

④　中国青铜器全集编辑委员会：《中国青铜器全集》，文物出版社，1996年。

⑤　故宫博物院：《故宫青铜器》，紫禁城出版社，1999年。

⑥　河南省博物院、台北历史博物馆：《新郑郑公大墓青铜器》，大象出版社，2001年。

⑦　刘雨、卢岩编著：《近出殷周金文集录》，中华书局，2002年。

⑧　曹玮主编：《周原出土青铜器》，四川出版集团巴蜀书社，2005年。

⑨　中国社会科学院考古研究所：《金文文献集成》，线装书局，2005年。

2006年钟柏生、陈昭容、黄铭崇、袁国华编著《新收殷周青铜器铭文暨器影汇编》①。收录2005年之前新出土的青铜器铭文，以及在《殷周青铜器铭文集成》中未收录的部分，分上、下两编。共收录8件虢季鬲，2件国子硕父鬲，1件虢宫父鬲，1件应姚鬲，1件侯氏鬲。每件器物附有器型小图片、铭文拓片、器物说明，以表格形式呈现编号、器名、尺寸、出土地、现藏地、时代、国别等信息。

2006年由安徽大学、安徽省文物考古研究所主编的《皖南商周青铜器》一书出版。书中共收录皖南出土商周青铜器150件，其中收录西周1件绳耳鬲，1件弦纹鬲，每件器物均附高清照片、尺寸、出土单位等资料②。

2007年湖北省文物考古研究所编著的《曾国青铜器》，将曾国地域范围内出土的青铜器和曾国范围之外的曾国青铜器均作了详细的尺寸记录和描写，涉及16件铜鬲，每件均有正面和底部清晰照片和线图、铭文和纹饰拓片③。

2008年，陕西省考古研究院、宝鸡市考古研究所、眉县文化馆三家编著的《吉金铸华章：宝鸡眉县杨家村单氏青铜器窖藏》，收录2003年宝鸡眉县杨家村窖藏出土的27件青铜器。其中9件单叔鬲均记录详细尺寸、重量，附有清晰照片和线图，并就窖藏年代、性质、铭文反映的问题，及周原青铜器窖藏的发现和研究均做了讨论④。

2009年，曹玮编著的《陕北出土青铜器》，收录延长县出土的2件铜鬲⑤。同《周原出土青铜器》体例一样，器物出土环境、形制、花纹、尺寸、重量、容积、铭文、照片、线图等信息一应俱全。

2012年故宫博物院编著《故宫青铜器馆》收录铜鬲3件⑥，分别为师趛父鬲、杜伯鬲和刖人守门鬲，每件均附有高清照片，描述形制和花纹，记录尺寸。

2012年吴镇烽先生编著《商周青铜器铭文暨图像集成》共三十五册，其中第六册收集有铭铜鬲439件⑦。每件器物记录时代、收藏地、形制花纹、著录记录、铭文释文、器物照片和铭文拓片。2016年《商周青铜器铭文暨图像集成续编》四册出版，补充有铭铜鬲30件⑧，体例同前，给古文字研究者以及考古、历史学者，提供了一份较为完整的数据，对商周史和古文字研究很有裨益。

① 钟柏生、陈昭荣、黄铭崇、袁国华编著：《新收殷周青铜器铭文暨器影汇编》，台北艺文印书馆，2006年。

② 安徽大学、安徽省文物考古研究所：《皖南商周青铜器》，文物出版社，2006年。

③ 湖北省文物考古研究所：《曾国青铜器》，文物出版社，2007年。

④ 陕西省考古研究院、宝鸡市考古研究所、眉县文化馆：《吉金铸华章：宝鸡眉县杨家村单氏青铜器窖藏》，文物出版社，2008年。

⑤ 曹玮主编：《陕北出土青铜器》，四川出版集团巴蜀书社，2009年。

⑥ 故宫博物院：《故宫青铜器馆》，故宫出版社，2012年。

⑦ 吴镇烽编著：《商周青铜器铭文暨图像集成》，上海古籍出版社，2012年。

⑧ 吴镇烽编著：《商周青铜器铭文暨图像集成续编》，上海古籍出版社，2016年。

　　2015年齐国故城遗址博物馆编著《齐国故城遗址博物馆馆藏青铜器精品》出版，将临淄地区近年来出土部分精美青铜器汇集成册，其中收录目雷纹鬲、弧裆鬲、素面袋足鬲3件铜鬲[①]。

　　2018年虢国博物馆编著《虢国墓地出土青铜器（一）》出版，对虢国墓地20世纪90年代第二次发掘出土的部分（已经出版过发掘报告的）青铜器进行整理编纂，按照礼器、乐器、兵器、工具、车马器、杂器进行分类，图文并茂地对虢国墓地出土青铜器进行展示和解读，并总结出虢国墓地出土青铜器的艺术特色、铸造工艺、有铭铜器的特点，其中收录M2001、M2011、M2012等单元出土的部分铜鬲。

　　2018年天津博物馆编著《天津博物馆藏青铜器》，收录春秋早期兽面纹鬲1件，照片清晰度高，记录尺寸、藏品来源[②]。

　　总之，随着时代的进步，采用现代印刷技术，图册纸质愈加优良，色彩还原度愈加高；随着照相技术的进步，纹饰愈加清晰，配上人工绘制的线图，将每件器物的形制、纹饰、文字、铸造痕迹、残损情况完整记录下来，可谓文物之幸，学者之幸。

三、综 合 研 究

　　1981年郭宝钧先生的《商周铜器群综合研究》一书中，将商周青铜器划分为中商、晚商、西周、东周初年及春秋时期、战国铜器群五个器群，各群以出土地点为单位对遗址单元内的出土器物的形制演变、纹饰特征、器物组合关系、青铜礼器制度做了统计、分析和考证，开创了青铜器研究的新局面[③]。其中对中商青铜器群的统计中白家庄M3出土的2件鬲，琉璃阁M110、M148的2件鬲，盘龙城遗址出土的PLWM4：3铜鬲均也划为鼎。

　　1984年容庚、张维持先生的《殷周青铜器通论》中论述了铜鬲的器型来源、发展脉络、时代特征。将铜鬲分为直耳鬲属、无耳鬲属、附耳鬲属、方鬲属四类。每类举证实物，每件器物都标明尺寸、描述纹饰、著录，并对其作出时代判断，附器物图，有铭文者记其铭文[④]。

　　1988年马承源先生在国家文物局的支持下，为提高文博人员业务素质而编著的《中国青铜器》出版。将青铜鬲划归为饪食器，简单论述了铜鬲的形制特点、功能与自名，梳理了铜鬲发展演变的时代特点。把商代的铜鬲分为六式，西周中期以后的铜

①　齐国故城遗址博物馆：《齐国故城遗址博物馆馆藏青铜器精品》，文物出版社，2015年。
②　天津博物馆：《天津博物馆藏青铜器》，文物出版社，2018年。
③　郭宝钧：《商周铜器群综合研究》，文物出版社，1981年。
④　容庚、张维持：《殷周青铜器通论》，文物出版社，1984年。

鬲分为十四式，春秋战国的铜鬲分为四式，并列出参照标本①。马先生的论著着眼于青铜器通识研究，是青铜器研究的入门参考。

1995年朱凤瀚先生的《古代中国青铜器》由南开大学出版社出版，并在2009年增补修订出版《中国青铜器综论》一书。朱先生论述了鬲的命名和形制区分，指出其功能是烹煮的炊器，并借用田野考古出土的陶鬲分类法，用19件铜鬲作为各型式标本器，把青铜鬲分为分裆鬲和联裆鬲两大类。分裆鬲下再划分A、B二型：A型铜鬲再依据颈部变化分为Aa、Ab、Ac三亚型，A亚型下又分为三式；联裆鬲分为A、B、C、D四型，A型又分四式，每型式下列标本作例证，并对器物进行描述，标注尺寸及年代，附图作参考，有铭文者记其铭文②。

20世纪80年代日本学者林巳奈夫著《殷周青铜器综览》，2017年由上海古籍出版社翻译、重新出版。上编对商周铜器进行了系统的类型学的研究，下编是器物图录。收录青铜器鬲95件，按器物耳部、足部、裆部特征将其分为四型，另单列地方型，梳理各时代发展特点，并断代分期③。

2018年路国权先生出版《东周青铜容器谱系研究》全二册，将东周铜鬲根据裆、足部的不同划分六个类型：联裆鼓腹鬲、分裆折肩鬲、高柱足联裆鬲、方唇卷沿柱足联裆鬲、方唇窄沿锥足联裆鬲、铲足鬲。在A型联裆鼓腹鬲下又依据足部分为二亚型：Aa型锥足和Ab型蹄足，又将这两亚形依据耳部形态分次亚型。并论述了铜鬲空间分布和文化属性，指出A型联裆鼓腹鬲属于周文化系统，它的分布范围反映了周文化的控制力和影响力变迁④。春秋初期A型联裆鼓腹鬲分布最广，主要是在周王室和虢、郑、鲁、齐、芮等诸侯国势力范围内。从春秋早期到战国中期，铜鬲的数量逐渐减少，分布空间逐渐收缩，主要分布在晋、郑、蔡、曾等姬姓封国领域内和歆慕周文化的楚、中山等高级贵族墓葬中。B型分裆折肩鬲主要分布于沂水—淮河一线，核心分布区属于淮夷领域。C型分裆折肩鬲、D型方唇卷沿柱足联裆鬲、E型方唇窄沿锥足联裆鬲发现数量较少，主要分布于楚国范围内。F型则属于秦系西戎文化。

综合研究类著作将考古类型学原理及方法应用于青铜鬲的器类分析，明确了铜鬲的发展变化线条，将不同时期的铜鬲进行归纳类比，总结各时代的不同区域的所流行的铜鬲式样及变化特点，开启了青铜鬲研究的科学之路。

①　马承源主编：《中国青铜器》，上海古籍出版社，1988年。

②　朱凤瀚：《古代中国青铜器》，南开大学出版社，1995年；朱凤瀚编著：《中国青铜器综论》，上海古籍出版社，2009年。

③　〔日〕林巳奈夫：《殷周青铜器综览》，吉川弘文馆，1984年。

④　路国权：《东周青铜容器谱系研究》，上海古籍出版社，2018年，70～74页。

四、分类研究著作

（一）铭文与断代研究

（1）1955年开始，陈梦家先生以长篇论文的形式在《考古学报》上连载《西周铜器断代》一文，后因"文革"文稿未能刊载完毕。2004年中华书局在之前发表论文基础上，增补陈先生遗稿，编辑出版《西周铜器断代》一书。陈先生从金文考释入手，将西周铜器年代分为早、中、晚三期，结合标准器断代法，再将形制相近器物划归各王世。其中涉及鲁侯熙鬲、尹姞鬲、公姞鬲、伯庸父鬲、荣伯鬲、中义父鬲、它鬲的年代王世划分[①]。

（2）1979年李学勤先生在《中国历史博物馆馆刊》上发表《西周中期青铜器的重要标尺——周原庄白、强家两处青铜器窖藏的综合研究》一文，涉及庄白窖藏诸器，言道："伯先父鬲10件，属西周晚期。伯先父是否癫的字，或者是这一家族的第八世，不能定论。"[②]

（3）1982年杜廼松先生在《故宫博物院院刊》上发表《青铜器的分期与断代》，一文，将中国青铜时代分为五期：滥觞期、勃古期、开放期、新式期、衰落期。并分述了各期铜鬲的时代特征[③]。

（4）1986年唐兰先生出版《西周青铜器铭文分代史征》，全书二册，收录周公时期的伯矩鬲，康王时期的鲁侯熙鬲，恭王时期的公姞鬲、尹姞鬲共4件具有断代意义的铭文资料，并结合史书记载分析铭文涉及的历史人物和背景事件[④]。

（5）1999年王世民、陈公柔、张长寿三位先生出版《西周青铜器分期断代研究》一书，按器类、分形制将西周铜器划分早、中、晚三期。其中依据耳部将20件铜鬲划分为立耳鬲、附耳鬲、无耳鬲三型，并梳理了西周各期发展特征[⑤]。

（6）2003年彭裕商先生的《西周青铜器年代综合研究》将西周铜鬲主要依据耳部分型划式，分为双耳鬲、无耳鬲和袋足鬲三型，双耳鬲下又划分为Aa、Ab、Ac三亚型，并隶定年代[⑥]。

（7）2005年张懋镕先生发表《西周青铜器断代两系说刍议》一文，认为西周铜器

①　陈梦家：《西周铜器断代》，中华书局，2004年。

②　李学勤：《西周中期青铜器的重要标尺——周原庄白、强家两处青铜器窖藏的综合研究》，《中国历史博物馆馆刊》1979年1期。

③　杜廼松：《青铜器的分期与断代》，《故宫博物院院刊》1982年4期。

④　唐兰：《西周青铜器铭文分代史征》，中华书局，1986年。

⑤　王世民、陈公柔、张长寿：《西周青铜器分期断代研究》，文物出版社，1999年。

⑥　彭裕商：《西周青铜器年代综合研究》，巴蜀书社，2003年。

大致可分为器主以殷遗民为代表的商系统和以姬周贵族为代表的周系统，商系统的基本特点是保守，而周系统则是创新，从商系统向周系统转变的完成在西周中期。文中收集、整理了商、周两个系统的代表铜鬲①。

（8）2014年严志斌先生出版《商代青铜器铭文分期断代研究》，全书二册，第一编对商代青铜器分器类，对有铭青铜器进行了分期断代（设食器断代与分期篇幅）；第二编为有铭铜器器型综览；第三编为商代铜器的铭文汇编②。第二编中对商代的有铭铜鬲做了汇总与研究。

（9）2019年曹锦炎出版《披沙拣金——新出青铜器铭文论集》，其中《齐子仲姜鬲小考》一文中，考证了此件铜鬲的铭文内容以及铭文背后的历史信息③。

（二）区系青铜器研究

（1）1981年高明先生在《考古与文物》杂志上连载三期《中原地区东周时代青铜礼器研究》。文章整理中原地区东周各期墓葬出土铜鬲，总结了东周铜鬲形制的发展演变特征。

（2）1995年刘彬徽先生的《楚系青铜器研究》，将东周楚墓中出土的30件铜鬲分为中原式铜鬲和楚式铜鬲两种讨论，时代分别划归入东周二期至六期④。

（3）2003年施劲松先生的《长江流域青铜器研究》将江西新干大洋洲的5件铜鬲分为分裆鬲、联裆鬲和折肩鬲三型，类比了各型铜鬲的形制相近器物、花纹、判定时代和器型来源⑤。

（4）2009年张昌平先生《曾国青铜器研究》探讨了曾国遗址范围内出土的16件铜鬲的分期、年代、纹饰、特征和铭文⑥。

（5）2015年张闻捷先生《楚国青铜礼器制度研究》一书分别从楚国用鼎、粢盛器、酒器、盥洗器使用制度以及不同地区墓葬器物组合等角度，总结了楚国的青铜礼制，也论及了器物组合中铜鬲的地位⑦。

（6）2016年陆勤毅、宫希成《皖南商周青铜器研究》，在2006年出版的图录基础上，概述了皖南商周青铜器的研究现状，分容器、兵器、乐器、杂器四类，从纹饰、铸造、文化因素三方面论述了皖南商周青铜器的特点，包括铜鬲的特点⑧。

---

① 张懋镕：《西周青铜器断代两系说刍议》，《考古学报》2005年1期。
② 严志斌：《商代青铜器铭文分期断代研究》，社会科学文献出版社，2014年。
③ 曹锦炎：《披沙拣金——新出青铜器铭文论集》，浙江人民美术出版社，2019年。
④ 刘彬徽：《楚系青铜器研究》，湖北教育出版社，1995年。
⑤ 施劲松：《长江流域青铜器研究》，文物出版社，2003年。
⑥ 张昌平：《曾国青铜器研究》，文物出版社，2009年。
⑦ 张闻捷：《楚国青铜礼器制度研究》，厦门大学出版社，2015年。
⑧ 陆勤毅、宫希成主编：《皖南商周青铜器研究》，文物出版社，2016年。

　　（7）2019年毕经纬《问道于器：海岱地区商周青铜器研究》，收集整理了海岱地区出土的青铜鬲，并对器物进行了分型分式，划分时代和国别，探讨墓葬组合关系等，进而论述了海岱地区青铜文化的内涵和特征[①]。

　　这个阶段是青铜器研究的全盛时期，不仅出土材料增多，而且研究成果多、研究角度多样，从青铜鬲铭文研究、形制著录到青铜鬲器型的考古学研究、器物组合、功能研究、纹饰研究、铸造工艺研究，甚至扩展至整个青铜礼器文化的研究上。既有对民国时期青铜器研究成果的继承，又有创新和发展。研究成果显著，研究的广度和深度也在不断扩大，各家学者百家争鸣、各抒己见，使得青铜器学术研究领域呈现出一片欣欣向荣的局面。

　　吾师张懋镕自2000年开始，指导研究生做青铜器某一器类的系统研究，如今也已完成20多篇硕士和博士论文，本书即是其中一本，如有不足之处，还请各位专家、学者批评指正。

---

　　①　毕经纬：《问道于器：海岱地区商周青铜器研究》，上海古籍出版社，2019年。

第二章　青铜鬲的定名与功能

文献中对鬲的记载和解释是这样记录的。《尔雅·释器》云："款足谓之鬲。"郭璞注曰："款足，曲脚也。"[①]《汉书·郊祀志》云："鼎，空足曰鬲。"苏林注曰："足中空不实者名曰鬲。"[②]许慎《说文解字》卷三下曰："鬲，鼎属，实五觳斗二升，曰觳，象腹，交文，三足。"[③]秦汉文献对鬲的形制、器类、纹饰和容积做了简要的记录，为我们勾勒了青铜鬲大概的形状。

宋代金石学兴起，金石学家结合文献，与实物一一对应命名。最早对鬲命名的是吕大临，在其《考古图》一书中收录《丁父鬲》，结合文献中的"款足曰鬲"将其定名为鬲。吕氏注意到了空足的特点，故而将一件空足盉误定为鬲（《〢鬲》），从吕氏附录的图形看，这是一件有流口，有鋬的空足盉[④]。之后王黼在《博古图·鬲鍑总说》论道：

"《周官》三百六十各有司，存陶人之职，所司之物而鬲居其一。夫鬲与鼎，致用则同。然祀天地、礼鬼神、交宾客、修异馔，必以鼎，至于常饪则以鬲。是以语夫食之盛，则必曰鼎盛；语夫事之革，则必曰鼎新；而鬲则特言其器而无义焉，亦犹簠所盛者稻、粱，簋所盛者黍、稷而已。故王安石以鼎、鬲之字为一类释之，以谓鼎取其鼎盛，而鬲言其常饪，其名称、其字画莫不有也，今考其器信然。且《尔雅》以'鼎，款足者谓之鬲'，而《博雅》复以鼒、镂、鬲、鍑、鬵皆为鬴，则鬲、鼎属又鬴类也。然而五方之民言语不通，则名亦随异。故北燕、朝鲜之间谓之錪，或谓之鉼；江淮陈楚之间谓之锜，或谓之镂；惟吴扬之间乃谓之鬲；名称虽异，其实一也。《汉志》谓：'空足曰鬲，以象三德'，盖自腹所容，通于三足，其制取夫爨火，则气由是而易以通也。若鍑之为器，则资以熟物，而许慎谓：'似釜而大口'，盖是器特适时所用，非以载礼。今考其所存则熔范以成者似异乎许

---

① （晋）郭璞注，（宋）邢昺疏：《尔雅注疏》，北京大学出版社，1999年，161页。
② （东汉）班固：《汉书·郊祀志》，中华书局，1962年，1225～1226页。
③ （东汉）许慎：《说文解字》，中华书局，1963年，62页。
④ （宋）吕大临：《考古图》，清乾隆四十六年文渊阁书录钱曾影钞宋刻本。

氏之说，岂非不必拘于形制，徒取诸适用而然乎！”①

从以上王黼的论述中可知：其一，王氏认为鬲是常饪食器，属于鼎的一种，但是与鼎的具体使用功能不同，鼎用于祭祀；其二，肯定了王安石将鼎、鬲二字归为一类解释的做法，认为鬲只是一件器物的名称，并无太深的含义；其三，认为各地语言系统的差别性，导致了古人对同类器物的称呼不同；其四，解释鬲制作成空足是为了蒸汽易于烹煮熟食物。王氏之说是文献中所见到的最为详尽的对此种器物的阐述，之后各家均沿用此说，并无创新。

近代以后，中国金石学研究开始和西方的考古学结合，对古器物的研究走向科学化。容庚先生在《殷周青铜器通论》中说道："出土器物和《周礼》所载的差别很多，而间与《仪礼》所载相符合，故以古籍来定名也很困难。最可靠的是从器物本身的铭文来考定。"②王国维在《观堂集林·说觥》一文中言道："凡传世古礼器之名，皆宋人所定也，曰钟，曰鼎，曰鬲，曰甗，曰敦，曰簠，曰簋，曰尊，曰壶，曰盂，曰盘，曰匜，皆古器自载其名。"③

在青铜器的分类研究中，关于器物的定名是研究的首要问题。定名的方法有三：一是依据古代典籍，尤其是秦汉文献的记载；二是根据青铜器铭文记录，即自名；三是依据器物的形制特征结合文献记载推测。

在庞大的青铜器类中，所幸青铜鬲存在自名现象，这为我们定名提供了参考依据。现阶段，出土青铜鬲和传世铜鬲数量较多，有千余件，其中铸有自名的青铜鬲占404件，是我们现阶段收集铜鬲总数的39%。自名的种类有共名和专名，专名为"鬲"的数量在294件，占自名铜鬲比例的75%，故而青铜鬲的定名不存在太大争议。

第一节　青铜鬲的自名现象

文字出现在青铜器上，最初只是身份和家族的标识。从商代晚期开始，器物上的铸铭不仅仅标识族氏徽号，开始记人（父丁、祖己、母乙之类）、记事、记时、记器物名称，此时出现在器物上的名称尚未见专名。从西周早期开始，自名铜鬲出现。西周早期的自名称"鼎""齍""旅"等专名和"彝""尊""宝尊彝""宝彝""尊彝"等共名。西周中期以后专门现象复杂，不仅是鼎、鬲两种，尚有甗、鬻、隔、鬴等几种。与此同时共名开始减少，至春秋早期以后不见。我们在此一一做出分析，并整理了青铜鬲自名统计表（表2-1）。

---

①　（宋）王黼：《博古图》卷十九，清乾隆十八年天都黄晟亦政堂修补明万历二十八年吴万化宝古堂刻本。

②　容庚等：《殷周青铜器通论》，文物出版社，1984年，21页。

③　王国维：《观堂集林》，中华书局，2004年，147页。

表2-1　青铜鬲自名统计表

		商代	西周早期	西周中期	西周晚期	春秋早期	春秋中期	春秋晚期	战国
共名	彝	1	10						
	宝彝		8	2					
	尊彝		9					8	
	宝尊彝		11	1					
	宝		1						
	宝尊		2						
	旅尊		1						
	旅			1					
	尊彝				2	2			
	行器					2			
	尊器				9				
鼎	鼎		3	2	1	1			
	宝鼎		2		1	3			
	旅鼎		2						
	宝尊鼎		1						
	盨鼎		2	1					
盨	盨			1	2				
	宝盨		2	2					
	尊盨		1						
	饙盨				2				
鬲	鬲		1	11	10	15			
	盨鬲			12	9	1			
	旅鬲		1	1	5				
	羞鬲				17	20			
	行鬲					3		4	
	饙鬲					1			
	尊鬲			12	74	15			
	宝鬲			10	12	29	1		
	宝尊鬲			1	5				
	塍鬲				5	5			
	塍羞鬲					6			
	豐鬲					1			
	薦鬲				3	2		1	
	鬲彝						1	5	
	羅			3					
总数		1	58	59	158	108	2	18	

从表2-1中我们可以看到：

一、共名现象

（一）彝、尊、尊彝、宝彝、宝尊彝

诸有此类共名的铜鬲大约有55件，占总数的5%。"尊彝、宝彝、宝尊彝等"之类的共名最早出现。彝，《说文》言："彝，宗庙常器也"，字形表现为反束双手或双翅的牺牲，杀戮牺牲以祭祀，表示杀牲祭祀之仪式，进而表示祭祀之祭器。尊，有广义和狭义之分。广义的尊，字形表现为双手捧酒具之状，奉酒以祭祀。如四祀邲其卣铭文曰："乙巳，王曰：尊文武帝乙宜，在邵大廷。"此处的"尊"即为祭祀之意。狭义的尊，《说文》曰："酒器也"，表示祭祀所用之酒器具。青铜器研究领域中，现阶段我们仍将大口喇叭状的盛酒器命名为尊，还有一些动物形象的酒具命名为牺尊。

在考察青铜器铭文的过程中，我们发现，很多非酒器类铭文中，也言"作尊彝"之类，可知"尊"也并非特指酒器，而是青铜礼器的共名。出现在青铜礼器上的"彝""尊"字，作为祭祀礼器之统称，其他器物也当用。在青铜时代早期，青铜礼制文化尚未定型和成熟的背景下，新器类不断出现，器类功能也有交叉使用的情况下，使用共名将每件器物以"尊""彝"等冠之更为便利，更契合历史实际。

共名的铜鬲自商代晚期出现（1件），西周早期使用最多（42件），西周中期（3件）逐渐较少，西周晚期不见，春秋晚期偶见几例（8件），使用间期贯穿整个青铜时代。从表中我们可以看到，西周中期始，自名大多为"鬲"。

从大量的甲骨文献中，我们知道商人重祭祀，无论是祭祀范围还是祭祀频率都相当之高。"彝""尊"这类共名的出现是青铜文明与商代神权祭祀的政治文化相互成就的具体表现。它在西周中期铜鬲的专有名称出现之后，逐渐消失，是青铜礼制文化逐渐成熟的表现。

（二）鼎彝

鼎，《金文常用字典》解释为："从鼎将声，声符多从刀作劮，于省吾谓劮象祭祀时陈列肉类于几案之形……"，做了四种解释，其一为煮；二为奉；三通"将"，资也；四为人名。每种解释后还列举相关铭文或文献材料[①]。容庚《金文编》将出现此字的青铜器类收集起来，并解释：鼎，说文所无。历鼎："用夕鼎享"，即诗"我将我享"之将（《诗经·我将》，作者注）[②]。自名为"鼎"的青铜器不单有青铜鬲。据

①　陈初生编：《金文常用字典》，陕西人民出版社，2004年，709～711页。

②　容庚编：《金文编》，中华书局，1985年，495～497页。

《金文编》，鬻字出现在47件青铜器上，器类有青铜鼎、簋、卣、爵。故而"鬻"并非鬲的专称，应该表示器物具体的使用场景或功能。

自名为"鬻彝"的铜鬲共有4件，均与王有关，或是王自作器物，或是王为他人作器。

2件出土于河南新郑唐户西周墓M3，形制、大小相同，铭文皆为："王作額王姬□鬻彝"（图2-1，1）[①]。M3竖穴土坑墓，无墓道，无腰坑，墓坑最大长3.96米，宽3.36米，最小长2.34米，宽1.02米，残存深度2.65～1.1米。为中型墓，一棺一椁，墓葬规制非王的级别，出土的随葬品除2件铜鬲之外，还有铜铃1件，陶鬲1件，小件玉器23件，石蚌器19件，海贝21枚，铜鬲还残留有烟炱痕迹，未见其他铜礼器，推测此墓出土的铜鬲应是赏赐之物。

1件出土于河南洛阳体育场东周墓M10122，墓葬规格很高，是迄今发现的唯一一座有四条墓道的亚字形两周墓葬，主墓道南墓道长37.2米，口大底小，墓室长7.5米，宽6.7米，深13.1米，并有陪葬的车坑和马坑，发掘者推测是春秋早期周平王的墓葬[②]。因盗扰，器物组合不全，但仍然出土了200余件随葬品，青铜礼器仅存鼎1件，鬲2件，爵1件，鼎、鬲皆铭："王作鬻彝"（图2-1，2）。

1件是传世器，铭文作"王作序鬻赞母宝鬻彝"（图2-1，3）[③]。

这四件器物形制相近，纹饰也相差不大，均做平沿、束颈，腹部饰卷体夔龙纹，月牙形扉棱或牙形扉棱，蹄足（足跟外撇程度稍不同），时代相距不远（西周晚期至春秋早期）。

图2-1　自名为"鬻彝"的铜鬲

1. 王鬲（唐户M3：2）　2. 王鬲（M10122：96）　3. 王鬲（陕西金石志，端方旧藏）

① 开封地区文管会等：《河南省新郑县唐户两周墓葬发掘简报》，《文物资料丛刊（第二辑）》，文物出版社，1978年，45～65页。

② 洛阳市文物工作队：《洛阳体育场路东周墓发掘简报》，《文物》2011年5期。

③ 吴镇烽编著：《商周青铜器铭文暨图像集成·卷6》，上海古籍出版社，2012年，204页。

（三）尊器、行器

这一类的共名出现较晚，约在西周晚期出现，流行于整个春秋战国阶段。器类有食器、酒器、水器，故非铜鬲专属名称，铜鬲计有11件。

2003年陕西宝鸡眉县杨家村青铜器窖藏出土9件单叔鬲，铭文（图2-2）："单叔作孟祁尊器，其万年子子孙孙永宝用"[1]。李学勤先生隶定为"犬"[2]，董珊先生释为"彖"，读作鬲[3]。黄盛璋先生释为"豸"，读为器[4]。此后又有学者将之释为"墜"的，有释为"巍"的，有释为"彝"的[5]。我们认为读为"器"更为合理。

1983年河南信阳光山宝相寺春秋黄孟君夫妇墓葬出土的2件黄夫人鬲，其中一件铭"黄子作黄夫人行器，则永祜福，儒终儒後"（图2-3），另一件自名"黄子作黄夫人孟姬器则"[6]，两件铜鬲形制、大小、纹饰相同，应为同时制作的器物。

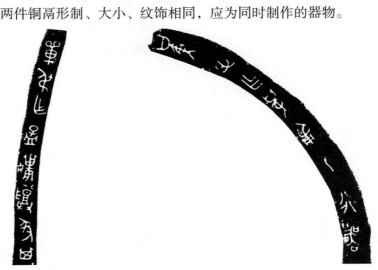

图2-2　单叔鬲铭文　　　　　　　图2-3　黄夫人鬲铭文

①　陕西省文物局、中华世纪坛艺术馆：《盛世吉金——陕西宝鸡眉县青铜器窖藏》，北京出版社，2003年，30页。

②　《考古与文物》编辑部：《宝鸡眉县杨家村窖藏单氏家族青铜器群座谈纪要》，《考古与文物》2003年3期，13页。

③　董珊：《略论西周单氏家族窖藏青铜器铭文》，《中国历史文物》2003年4期，40～41页。

④　黄盛璋：《眉县杨家村逨家窖藏铜器解要》，《中国历史文物》2004年3期，37页。

⑤　陈剑：《金文"彖"字考释》，《甲骨金文考释论集》，线装书局，2007年，253页；王蕴智：《释"豸"、"希"及与其相关的几个字》，《字学论集》，河南美术出版社，2004年，313页；罗卫东：《单叔鬲"▣"字及相关问题考释》，《古文字研究（第29辑）》，中华书局，2012年，303～310页。

⑥　河南信阳地区文管会、光山县文管会：《春秋早期黄君孟夫妇墓发掘报告》，《考古》1984年4期。

自名"行器"的器型不仅有鬲，还有鼎、钟、盨、壶等。其功能和用途学术界存在两种解释：一种为巡守征行之用，专门为贵族出行制作的用器[1]；另一种为专门为墓主人制作的随葬品。张昌平先生在统计曾国青铜器时发现，作为大行之器的器物铭文之末多会配有"永祜福"的固定嘏辞[2]。还有学者指出自名"行器"的青铜器，大多没有使用痕迹、存在制作不精、范缝未经打磨、圈足内浇筑不足、范芯未清理、铭文字迹模糊等现象，倾向认为此类行器非墓主人生前常用之物[3]。从我们收集的铜鬲来看，确有部分制作粗糙之物，应是专门为陪葬制作的明器，但从黄夫人鬲来看，制作精美，应是礼器。

二、专名现象

专名有以下几种：

（一）自名为"鼎"

这一现象自西周早期开始出现，西周早期11件，西周中期3件，西周晚期2件，春秋早期4件，此后不见，总计20件，占铜鬲总数的1.8%，占有铭铜鬲的4.8%。铜鬲自名为鼎，也可证明文献中所言的鬲为鼎之属。有"鼎""宝鼎""宝尊鼎""旅鼎""尊鼎""齍鼎"六种称法。其中以"鼎""宝鼎"为多（表2-2）。

表2-2　自名"鼎"的铜鬲统计表

序号	器物	铭图序号	时代	铭文	出土地点或收藏地
1	叔鬲	02664	西周早期	叔作鼎	山西洪洞永凝堡M14：11
2	父辛鬲	02682	西周早期	作父辛鼎	山西曲村M6197：12
3	寏鬲	02686	西周早期	寏作宝鼎	私人藏
4	伯作鬲	02687	西周早期	伯作宝鼎	原藏端方
5	夨伯鬲	02700	西周早期	夨伯作旅鼎	陕西宝鸡纸坊头M1：11
6	夨伯鬲	02701	西周早期	夨伯作旅鼎	陕西宝鸡纸坊头M1：12
7	□伯鬲	02709	西周早期	□伯作齍鼎	1927年党玉琨陕西宝鸡戴家湾盗掘
8	辙伯鬲	02738	西周早期	辙伯作齍鼎◇	日本奈良宁乐美术馆

---

①　张亚初：《殷周青铜鼎器名、用途研究》，《古文字研究（第18辑）》，中华书局，1992年；陈英杰：《西周金文作器用途铭辞研究》，线装书局，2008年，534页。

②　张昌平：《曾国青铜器研究》，文物出版社，2009年，155页。

③　邹芙都：《铜器用途铭辞考辨二题》，《求索》2012年7期，109～111页；张闻捷：《楚国青铜礼器制度研究》，厦门大学出版社，2015年，296～303页；杨华：《"大行"与"行器"——关于上古丧葬礼制的一个新考察》，《湖南大学学报》（社会科学版）2018年2期，88～97页。

序号	器物	铭图序号	时代	铭文	出土地点或收藏地
9	楷叔鬲	02742	西周早期	楷叔矧父作鼎	洛阳博物馆
10	遣鬲	02846	西周早期	遣作宝尊鼎，其万年用享各	山东滕县姜屯
11	强伯鬲	02689	西周中期	强伯作鬳	陕西宝鸡茹家庄M1乙：33
12	公姞鬲	03035	西周中期	唯十又二月既生霸……用作盨鼎	旧金山亚洲美术博物馆藏
13	鼎鬲	02634	西周中期	□鼎	陕西宝鸡竹园沟M4：9
14	颖姞鬲	02723	西周晚期	颖姞作宝鼎	传世器
15	陈侯鬲	续0254	西周晚期	陈侯作□鼎，其万年子子孙孙永宝用	私人藏
16	邾来佳鬲	02885	春秋早期	邾来佳作鼎，其眉寿万年无疆用	传世器
17	番君鬲	02990	春秋早期	佳番君酊伯自作宝鼎，万年无疆，子子孙永宝	故宫藏
18	番君鬲	02991	春秋早期	佳番君酊伯自作宝鼎，万年无疆，子子孙永宝	原藏刘体智
19	番君鬲	02992	春秋早期	佳番君酊伯自作宝鼎，万年无疆，子子孙永宝	传世器
20	兑鬲	续0252	西周早期	兑乍厥考日癸宝尊鼎	私人收藏

（二）自名为"盨"

据统计只有西周存在自名"盨"的情况，西周早期3件，中期3件，晚期4件，数量共10件，有"宝盨""尊盨""饙盨"等命名情况。另有"盨鼎"（2件，均为西周早期）、"盨鬲"（22件）这样的使用情形。"盨"，《说文》曰："粟稷在器以祀者。"《周礼·春官·世妇》："共盨盛。"应是周代祭祀活动中，盛放粟稷等粮食祭品的盛器。金文多作 或 （省略鼎的象形），可以看出是盛放粮食的鼎类器具，青铜鼎中也有自名为"盨"的，以此可以推测自名为"盨"的铜鬲，应是祭祀礼仪情境下，放置宗庙中，盛粟稷等祭品的盛器或炊煮器。

在我们收集到的34件自名有"盨"的器物中有17件出自陕西，这一现象值得关注，其余18件或为传世器，或为私人收藏，并没明确出土地点，一定程度上也反映了周人对食器的重视（表2-3）。

表2-3　自名"盨"的铜鬲统计表

序号	器物	铭图序号	时代	铭文	出土地点或收藏地
1	夌姬鬲	02715	西周早期	夌姬作宝盨	陕西宝鸡茹家庄M2：12
2	又季鬲	02711	西周早期	又季作宝盨	私人藏
3	苟鬲	02732	西周早期	苟作父丁尊盨	陕西扶风云塘M13：17
4	尹姞鬲	03039、03040	西周中期	穆公作尹姞宗室于瑶林……用作宝盨	一件藏纽约诺克斯美术馆，一件不明

续表

序号	器物	铭图序号	时代	铭文	出土地点或收藏地
5	宋姜鬲	02693	西周中期	宋姜作盨	私人藏
6	幽王鬲	02776、02777	西周晚期	幽王作姜氏盨	陕西眉县
7	戲伯鬲	02893	西周晚期	戲伯作饋盨，其万年子子孙永宝用	上博藏
8	戲伯鬲	02894	西周晚期	戲伯作饋盨，其万年子子孙永宝用	日本泉屋博古馆
9	□伯鬲	02709	西周早期	□伯作盨鼎	1972年党玉琨陕西宝鸡戴家湾盗掘
10	轍伯鬲	02738	西周早期	轍伯作盨鼎，◇	日本奈良宁乐美术馆
11	微伯鬲	02702~02706	西周中期	微伯作盨鬲	陕西扶风庄白一号窖藏
12	帛女鬲	02725	西周中期	帛女作盨鬲	传世器
13	弭叔鬲	02772~02775	西周中期	弭叔作犀妊盨鬲	陕西蓝田县窖藏
14	伯沢父鬲	02913	西周中期	伯沢父作大姬盨鬲	原藏吴式芬
15	荀侯鬲	续0238	西周中期	荀侯为盨鬲	私人藏
16	伯邦父鬲	02744	西周晚期	伯邦父作盨鬲	陕西扶风齐家村窖藏
17	中彰父鬲	02745	西周晚期	中彰父作盨鬲	原藏程瑶田、罗振玉
18	姬芳母鬲	02761	西周晚期	姬芳母作盨鬲	原藏端方，现藏国博
19	伯姜鬲	02804	西周晚期	伯姜作盨鬲，永宝用	传世器
20	王鬲	02870	西周晚期	王作番改盨鬲，其万年永宝用	原藏叶志诜
21	荣有司鬲	02873	西周晚期	荣有司禹作盨鬲，用塍龙嬴母	陕西岐山董家村一号窖藏
22	吕佳姬鬲	02878	西周晚期	吕佳姬作盨鬲，其子子孙孙宝用	陕西永寿好畤河
23	相姬鬲	续0241、0242	西周晚期	相姬作盨鬲	私人藏
24	司工单鬲	02993	春秋早期	慶大司工单铸其盨鬲，子子孙永宝用之	传世器

（三）自名为"鬲"

自西周中期始出现，西周晚期时达到顶峰，沿用至春秋晚期阶段。数量有304件之多，占铜鬲总数的28%，周人为这种形制的器物给予"鬲"这种专名。另一方面，西周中期开始共名（尊、彝等）的现象逐渐减少（仅有3例），到西周晚期共名现象基本不存。自打有"鬲"这一专名后，这种不辨形制的共名失去了存在的意义。

在我们收集整理铜鬲铭文和自名的过程中，发现青铜鬲的定名前有形容性的定语，如"盨鬲""羞鬲""丰鬲""塍鬲""行鬲""旅鬲""薦鬲""饋鬲"等情形。细究这些自名，猜测这些定语主要用于表明器物用途或适用场合。

（1）"尊鬲"，最为常见，所见多达101件，集中使用在西周中期至春秋早期，尤其西周晚期多达74件。"尊鼎"仅见一件。西周早期的鬲，"尊"字写法有多种，作 ![字]、作 ![字]、作 ![字]、作 ![字] 等，从酉从手。张亚初先生解释为"双手捧抬酒尊之形"，有尊贵之义[①]。也有学者解释为动词，有奉献、登进之意。还有学者认为，将"尊"释为器名前的修饰语更为合理[②]。我们认为尊之字形是礼制场合中的动态体现，从而指代祭祀行为，用于表明器物用途或修饰语词。

（2）"宝鬲""宝尊鬲"，所见48件，使用时间段从西周早期到春秋中期。"宝"字最为常见的用法见于铭文文末"子子孙孙永宝用"。"宝"意为珍贵、宝贝之意，子孙后代将之放置宗庙中，世代永存，祈求祖先庇佑，以续本宗血脉世系。

（3）"羞鬲"，所见37件，均是西周晚期器（17件）和春秋早期器（20件）（表2-4）。"羞"作 ![字]。从羊从手，意为进奉羊牲[③]。《说文》曰："羞，进献也。从羊，羊，所进也。"陈初生《金文常用字典》中认为羞有三义，其一为进献之义，其二为"进"之义，其三为人名[④]。张亚初释为进献之义[⑤]。

表2-4　自名"羞鬲"的铜鬲统计表

序号	器物	铭图序号	时代	铭文	出土地点或收藏地
1	仲姞鬲	02746～02758	西周晚期	中姞作羞鬲，华	分藏各地或遗失
2	郜伯鬲	02797～02799	西周晚期	郜伯作叔母□羞鬲	山东滕州安上村
3	己侯鬲	02892	西周晚期	己侯作羞鬲，子子孙孙永宝用之	山东黄县
4	国子硕父鬲	03023、03024	春秋早期	国子硕父作季嬴羞鬲，其万年子子孙孙永宝用享	河南三门峡虢国墓地
5	鲁伯愈父鬲	02901～02906	春秋早期	鲁伯愈父作邾姬![字]媵羞鬲，其永宝用	山东凤凰岭，现藏上海博物馆二件

---

① 张亚初：《殷周青铜鼎器名、用途研究》，《古文字研究（第18辑）》，中华书局，1992年，275页。

② 杨秀恩：《殷周金文"尊"字用义新考》，《兰台世界》2015年33期，47、48页。

③ 关于古代的祭祀，《礼记·王制》："天子社稷皆太牢，诸侯社稷皆少牢"。《礼记·少仪》："其礼，大牢则以牛左肩、臂、臑折九个，少牢则以羊左肩七个，牷豕则以豕左肩五个。"《国语》："乡举少牢"。《大戴礼记·第五十八·曾子天圆》："诸侯之祭，牲牛，曰太牢；大夫之祭，牲羊，曰少牢；士之祭，牲豕，曰馈食。"《左传·襄公九年》："祈以币更，宾以特牲。"杨伯峻注曰："款待贵宾，只用一种牲畜。一牲曰特。"《国语·楚语下》："大夫举以特牲，祀以少牢。"韦昭注："特牲，豕也。"中国古代的祭祀礼仪距今已相去甚远，虽有历代文献记载，也与西周祭祀制度有差距。对于文献记载中的太牢、少牢、特牲的注解不少，区别在于用牲数量和种类的不同。

④ 陈初生编：《金文常用字典》，陕西人民出版社，2004年，1164、1165页。

⑤ 张亚初：《殷周青铜鼎器名、用途研究》，《古文字研究（第18辑）》，中华书局，1992年，281页。

续表

序号	器物	铭图序号	时代	铭文	出土地点或收藏地
6	邾秦妊鬲	02762、02763	春秋早期	邾秦妊作羞鬲	山东枣庄小邾国墓地
7	邾庆鬲	02782	春秋早期	邾庆作秦妊羞鬲	同上
8	郳庆鬲	02866~02868	春秋早期	郳庆作秦妊羞鬲	同上
9	郑叔蒦父鬲	02783	春秋早期	郑叔蒦父作羞鬲	积古云见于山左
10	郑邢叔鬲	02810	春秋早期	郑邢叔蒦父作羞鬲	故宫博物院
11	郳伯鬲	02813	春秋早期	郳伯争母铸其羞鬲	原藏陈介祺
12	祝姬鬲	02825	春秋早期	祝姬作孟妊姑兹羞鬲	山东泰安龙门口遗址
13	鄂姜鬲（2件）		春秋早期	鄂姜作羞鬲	河南南阳夏饷铺M5

（4）"齍鬲"（22件）、"齍鼎"（3件），上节已有论述，可知是盛放粟稷粮食作物的器具。此种情况，齍作"齍鬲"解释为祭祀礼仪中专门用于盛放粮食作物的鬲。

（5）"媵鬲"，所见19件，西周晚期6件，春秋早期13件（表2-5）。西周婚俗"同姓不婚"，诸侯贵族间以"结两姓之好"的形式加强彼此间的政治联盟。"媵鬲"作为陪嫁之物随出嫁女子到夫家，体现出嫁女子的身份和地位。

表2-5　自名"媵鬲"的铜鬲统计表

序号	器物	铭图序号	时代	铭文	出土地点或收藏地
1	会妸鬲	02724	西周晚期	会妸作媵鬲	故宫博物院
2	予叔赢鬲	02743	西周晚期	作予叔赢媵鬲	陕西洋县黄安镇张堡
3	宋眉父鬲	02811	西周晚期	宋眉父作豊子媵鬲	上海博物馆
4	伯家父鬲	02900	西周晚期	伯家父作孟姜媵鬲，其子孙永宝用	故宫博物院
5	芮公鬲	02989	西周晚期	芮公作铸京氏妇叔姬媵鬲，子子孙孙永用享	美国旧金山亚洲美术博物馆
6	芮公鬲	03012	西周晚期	芮公作铸京仲氏妇叔姬媵鬲，其子子孙孙永宝用享	原藏金兰坡
7	邾伯鬲	02909	春秋早期	邾伯作媵鬲，其万年子子孙孙永宝用	国家博物馆
8	鲁宰驷父	02927	春秋早期	鲁宰驷父作姬雕媵鬲，其万年永宝用	山东邹县
9	鲁伯愈父鬲	02901-02906	春秋早期	鲁伯愈父作邾姬孚媵羞鬲，其永宝用	山东凤凰岭，现藏上海博物馆二件
10	陈侯鬲	02975-02976	春秋早期	陈侯作毕姬为媵鬲，其万年子子孙孙永宝	国家博物馆
11	国子硕父鬲	03023、03024	春秋早期	虢仲之嗣国子硕父作季赢羞鬲，其万年子子孙孙永宝用享	三门峡博物馆，深圳博物馆
12	杞伯双联鬲	续0262	春秋早期	杞伯作车母媵鬲，用享于其姑公，其万年子子孙孙永宝用	国家博物馆

（6）"旅""旅鼎""旅鬲"，所见10件。西周早期4件，西周中期1件，西周晚期5件，此后不见（表2-6）。"作旅鬲"（铭图02629）1件，铭文仅2字"作旅"。"旅鼎"2件，见于西周早期的"矢伯鬲"（铭图02700、02701），旅作。另作、作、作（郑铸友父鬲02925）。从车从旗，也有省略旗的，或从人从旗。

容庚先生曰"旅象聚众人于旗下形"。陈初生先生解释有四种含义：一为军旅；二为陈列；三同"卢"，黑色之义；四为人名[1]。黄盛璋先生《释旅彝》一文专门对"旅器"做了详细的分析，黄先生解释有两种意思：一为祭祀名称，二是旅行之义，并言"作旅鬲"等语式是表示出行时使用的器物[2]。还有学者认为金文中的"旅"字要看具体使用情形，有旅祭、陈列、旅酬、征旅四个含义[3]。从铜鬲自名来看，黄盛璋先生的解释可从。

表2-6　自名"旅"的铜鬲统计表

序号	器物	铭图序号	时代	铭文	出土地点或收藏地
1	作旅鬲	02629	西周早期	作旅	上海博物馆
2	矢伯鬲	02700、02701	西周早期	矢伯作旅鼎	陕西宝鸡纸坊头M1
3	微仲鬲	02707	西周早期	微仲作旅鬲	陕西宝鸡竹园沟M4
4	姬妊鬲	02692	西周中期	姬妊旅鬲	上海博物馆
5	旅鬲	02636	西周晚期	旅鬲	陕西延长县安沟乡
6	芮伯鬲	02708	西周晚期	芮伯作旅鬲	陕西延长县安沟乡
7	芮叔鬲	02741	西周晚期	芮叔作旅鬲	陕西延安
8	许姬鬲	02778	西周晚期	许姬作姜虎旅鬲	原藏端方
9	郑铸友父鬲	02925	西周晚期	郑铸友父作幾姜旅鬲，其子子孙孙永宝用	集成00684

（7）"行鬲"，所见9件，均为春秋器（表2-7）。虢宫父鬲（铭图02823），三门峡虢国墓地M2008：13铜鬲，铭文作："虢宫父作行鬲，用从永征"，行作形。卫夫人鬲（铭图02863~02865），河南浚县辛村卫国墓地M5出土，铭文作："卫文君夫人叔姜作其行鬲，用从遥征"，行作。樊夫人龙嬴鬲（铭图02889、02890）："樊夫人龙嬴用其吉金自作行鬲"，行作，应是巡守征行之用。

---

① 陈初生编：《金文常用字典》，陕西人民出版社，2004年，685页。
② 黄盛璋：《释旅彝——铜器中"旅彝"问题的一个全面考察》，《历史地理与考古论丛》，齐鲁书社，1982年，345~365页。
③ 查飞能：《商周青铜器自名疏证》，西南大学博士学位论文，2019年，24页。

表2-7　自名"行器"的铜鬲统计表

序号	器物	铭图序号	时代	铭文	出土地点或收藏地
1	虢宫父鬲	02823	春秋早期	虢宫父作行鬲，用从永征	河南三门峡虢国墓地
2	黄夫人鬲	02945	春秋早期	黄子作黄夫人行器，则永祜福，令终令後	河南信阳光山宝相寺
3	卫夫人鬲	02863~02865	春秋早期	卫文君夫人叔姜作其行鬲，用从遥征	河南辛村
4	樊夫人鬲	02889、02890	春秋早期	樊夫人龙嬴用其吉金自作行鬲	河南信阳平西M1
5	行鬲	续0236	春秋早期	行鬲	湖北随州文峰塔M1
6	曾侯鬲	续0240	春秋早期	曾侯與之行鬲	湖北随州文峰塔M1

（8）"薦鬲"，所见6件。郑登伯鬲（铭图02794~02796）：西周晚期器，现藏故宫博物院，铭文"郑登伯作叔嬬薦鬲"，薦作 ▨ ，从鸟从手，似四只手进奉一只有着大眼睛的鸟（抑或是鸡，考古发掘有鸡骨残留的青铜鬲出土）。薦鬲（铭图02931）：淅川下寺M2出土，铭文作："□□□自作薦鬲，子子孙孙永宝用之。"其中薦作 ▨ ，似四只手进奉一只鸟形牲品，与 ▨ 应是异体字。薦有进献、祭祀之义，应是祭祀时进献祭品之礼器[1]。

（9）"饙鬲""饙盨"，所见4件。郑邢叔鬲（铭图02809，图2-4），现藏故宫博物院，《集成》和《铭图》均定为春秋早期器，不明形制，铭文"郑邢叔㪺父作饙鬲"，饙作 ▨ 形。另一件郑邢叔鬲（铭图02810），铭文"郑邢叔㪺父作羞鬲"。两件铜鬲铭文书体相似，应为同一人同时代之物。戲伯鬲（铭图02893、02894，图2-5），铭文"戲伯作饙盨，其万年子子孙孙永宝用。"饙作 ▨ ，从食从粟，与 ▨ 异体同意。比较两件戲伯鬲的形制，形制接近，《说文》曰"饙，滫饭也。"杨树达以饙用作动词，乃宴享之义。

（10）"豐鬲"，所见1件。右戲仲夏父鬲（铭图02883）："右戲仲夏父作豐鬲，子子孙孙永宝用"，豐作 ▨ ，案上陈列奉祭之物，仍有奠之意。

（11）"逵鬲"，所见1件。邿季鬲（铭图02935）："邿季作孟姬庙母逵鬲，其万年子孙用之。"逵，作 ▨ 。清金石学家方濬益释为"追"，言："追，送也。与媵同。送与媵同义，追鬲犹媵鬲也。"[2]

自名前面的各类形容词，或指示功用，或表明使用场合，将器物的用途指示更为清晰。

---

① 朱凤瀚：《中国青铜器综论》，上海古籍出版社，2009年，113页。

② （清）方濬益编：《缀遗斋彝器款识考释》卷二十七，商务印书馆石印本，1935年。

图2-4　郑邢叔鬲　　　　　　图2-5　戯伯鬲

除以上自名为"鼎""鬲""盨""尊彝"等称谓外，还有其他不常见的称呼，如"鬴""鎘"" ""鬶"等。

（四）自名为"鬴"

共3件（图2-6）。

琱生鬲（铭图03013），出土于陕西永寿好時河，铭文字体为 ，懿王时期的标准器。《玉篇》曰："鬴，大鼎也"。陈佩芬先生在《中国青铜器辞典》中也说：鬴，即鬴，是大鬲的别称①。西周晚期的琱生鬲通高26厘米，在同时期的铜鬲中属于形体比较大。

师趛鬲（铭图03025），西周中期，通高50.8厘米，铭文字体为 。学界也多将之释读为鬴。

曑鬲（铭图02847），原藏端方。西周中期，高10寸（清代一尺与今相同，一尺约32厘米），自名 ，《殷周金文集成》和《商周青铜器铭文暨图像集成》也都释读为鬴。

从器物形制照片看，三者形制近似，二立耳一附耳，一挡部曲线不甚明显，二挡部曲线明显（图2-6）。纹饰装饰风格基本相同，除曑鬲腹部素面外，三者颈部装饰图案结构相似：琱生鬲颈部装饰简化的夔龙纹带——窃曲纹，师趛鬲颈部装饰双首龙纹带，曑鬲颈部装饰"S"状的顾首龙纹带。

细究三者的铭文书体，《琱生鬲》从鬲从辰，《师趛鬲》从手从辰，《曑鬲》从辰从手从火。三者器型相近，时代相近，对一种器物的称呼不可能相距甚远，应是可以一同释读为鬴的。

---

① 陈佩芬编著：《中国青铜器辞典（第一册）》，上海辞书出版社，2013年，28页。

图2-6　自名为"鬺"的铜鬲

1. 瑂生鬲　2. 师趛鬲　3. 嬰鬲

朱凤瀚先生考证音韵，认为辰通脤，并引用《春秋谷梁传》定公十四年："脤者何，俎实也，祭肉也。"说明自名为鬺的铜鬲是烹祭肉之器①。

我们在考古发掘中，偶见铜鬲中残存肉类食物的遗存，如1976年陕西扶风云塘M20中出土的弦纹鬲，内部残留鸡肋骨，此鬲器型不大，通高12.5厘米②。另有1985年陕西蓝田泄湖镇西周车马坑中发现的铜鬲腹内也残存鸡肋骨两根，通高19厘米。还有陕西泾阳高家堡戈国墓地M2，出土铜鬲通高16.7厘米，内残留兽骨，发掘报告未言明是何种兽骨③。

（五）自名为"鎘"

季真鬲（铭图02717，图2-7），西周晚期器。应是鬲的异体字，从金，表示器物质地。有学者从同类型的鼎和鬲将这种形制的方鬲认定为温煮鬲④。

（六）自名为"鬲"

虢文公子鬲（铭图02987）和国子硕父鬲（铭图03023、03024）3件（图2-8、图2-9），均为虢国墓地出土，形制相近，铭文中鬲作上鬲下鼎之形，应是鬲的异形字，也说明了鬲与鼎关系密切。

（七）自名为"鬴"

所见7件。均为春秋晚期器。鄬子受鬲（铭图02764）铭"鄬子受之鬴鬲"，出土于河南南阳徐家岭M9。其中字字，从字形看，为两鬲对扣而成，也应是鬲的别体字。

①　朱凤瀚：《中国青铜器综论》，上海古籍出版社，2009年，113页。

②　陕西周原考古队：《扶风云塘西周墓》，《文物》1980年4期。

③　陕西省考古研究所：《高家堡戈国墓》，三秦出版社，1995年。

④　刘树满：《青铜鬲自名与分类研究》，《考古与文物》2017年2期，66～68页。

图2-7　季真鬲及铭文　　　　　　　　图2-8　虢文公子鬲铭　　图2-9　国子硕父鬲铭

相似的例子还有景孙旂也鬲（铭图03036，图2-10方框标示），河南上蔡郭庄M1出土，共5件。曾仲夷鬲（铭图02862），私人藏家收藏。吴振武先生释为"瀝"，训为列，陈列之义①。

（八）自名为"鬺"

作尊鬲（铭图02817），西周中期器，私人藏。自名作鬺，也是鬲的异体字。

（九）自名为"銼"

水姬鬲（铭图续0247），西周中期偏晚器，私人藏。铭文"水姬作宝銼，永宝用"。吴镇烽先生《说文·金部》：銼，鍑也，从金，坐声。北宋王黼已说明"以敲、镂、鬲、鍑、皆为鬴，则鬲、鼎属又鬴类也"。

（十）自名为"鑃"

齐子仲姜鬲（铭图续0260），春秋晚期器，器铭与器型不符，这是青铜器铭文中偶见的现象。

图2-10　景孙旂也鬲铭文

---

① 吴振武：《释鬺》，《文物研究（第6辑）》，黄山书社，1990年，218～223页。

综上所述，青铜鬲的自名有共名和专名之分，它们为我们研究器物名称、器物功用以及青铜礼制范围内铜鬲的地位和社会功能，甚至是青铜礼器之间的相互关系都提供了可参考的依据和佐证，便于我们进一步理清青铜礼制下器与用的关系问题。

第二节　青铜鬲的功能与地位

一、文献记载的使用功能

文献中对鬲功用的记载主要见于"三礼"之中。《周礼·冬官·陶人》记载："陶人为甒，实二觳。厚半寸，唇寸。盆实二觳，厚半寸，唇寸。甑实二觳，厚半寸，唇寸，注量六斗四升曰鬴。鬲实五觳，厚半寸，唇寸，庾实二觳，厚半寸，唇寸。"①

《仪礼·士丧礼》记载："新盆、盘、瓶、废敦、重鬲皆濯造于西阶下。"郑玄注曰："此瓦器五种者，重死事。盆以盛水；盘承溎濯；瓶以汲水也。废敦，敦无足者，说以盛米也。重鬲，鬲将悬于重者也。"②

《礼记·丧大记》曰："甸人为于西墙下，陶人出重鬲，管人受沐乃煮之。"王文锦在《礼记译解》中解释道：重，乃是把三尺长的木棍砍削后，在其首端凿孔，孔中贯以竹篾，竹篾两端悬鬲，因悬于两侧，故曰重鬲③。文献中的"鬲"，主要是丧礼环节中使用，并且是陶质的瓦鬲。具体使用时，两件瓦鬲悬挂于"重"之两端，置于西墙之下，煮淘谷米水以为死者净发。

北宋王黼的《博古图·鬲𨭖总说》又言："周官三百六十各有司，存陶人之职，所司之物而鬲居其一。夫鬲与鼎，致用则同。然祀天地、礼鬼神、交宾客、修异馔，必以鼎，至于常饪则以鬲。"并引用王安石的说法云："王安石以鼎鬲之字为一类释之，以谓鼎取其鼎盛，而鬲言其常饪。"进而解释鬲的袋足之形："汉志谓'空足曰鬲，以象三德'，盖自腹所容通于三足其制，取其爨火，则气由是而易以通也。"④认为陶鬲是日常生活使用之物，与鼎功用相同，只是使用场合不同而已。

综上，文献中认为鬲有两种功能：一是丧礼环节中，煮淘谷米水以为死者净发之器具，这种功能的鬲应是陶质的；二是日常生活烹煮食物之锅具，具体烹煮何物尚不能断言。

① （清）孙怡让：《周礼正义》，中华书局，1996年，3367页。

② （东汉）郑玄注，（唐）贾公彦疏：《仪礼注疏》卷三十五，上海中华书局，1936年，6页。

③ 王文锦：《礼记译解》，中华书局，2001年，642页。

④ （宋）王黼：《博古图》卷十九，万历二十八年吴万化宝古堂刻本。

二、铭文中体现的实用功能

（一）煮肉、鱼腊之物

前文我们梳理了铜鬲的自名，其中有自名为"鬻"。《玉篇》曰："鬻，式羊切，煑也。"于省吾谓将象肉类于几案之形，右上从刀，用于割肉。《金文常用字典》依据青铜器铭文，解释有四种意思：一是煑；二是奉；三是通"将"，资也，送之义；四是人名[1]。《徐王量鼎》铭："徐王量用其良金，铸其鬻鼎，用煑鱼腊。"张亚初解释"鬻"是祭祀名称，铸铭于青铜礼器上是指用于煮肉、鱼腊或肠、胃、肺之类的腥物[2]。我们理解为用于烹煮祭祀礼仪用祭肉的鼎类器物，进而泛指祭祀用礼器。

（二）盛放或烹煮粮食作物

青铜鬲自名为"齍""齍鬲""齍鼎"等情况有27例。"齍"，《说文》曰："粟稷在器以祀者。"《周礼·春官·世妇》："共齍盛。"朱凤瀚先生也指出齍是盛食器[3]。金文多作 ![字形] 或 ![字形]（省略鼎的象形），以此可以推测自名为"齍"的铜鬲，应是祭祀礼仪情境下，放置宗庙中，盛粟稷等祭品的盛器或炊煮器。

三、铭文中体现的社会功能

（一）陪嫁品

在我们整理铜鬲的铭文过程中，发现其中一部分是父亲为女儿作器，即媵器。媵器是青铜礼器中功能比较特殊的一类，是女子父家对出嫁女子的赠送之物，用于表达对出嫁女子的祝福和两姓友好关系延续的期许。

媵器上的铭文反映了两周时期的婚姻制度和政治地缘互动关系。两周时期"同姓不婚"，婚姻是维持两姓间友好关系的重要手段。春秋时期，社会孕育着变革，诸侯贵族间外向型的社会互动较之宗族内等级秩序的维持变得更为重要。婚姻便是维系诸侯间同盟关系的最佳途径和渠道之一，据统计这一阶段的媵器数量接近三百件。

关于青铜器铭文上的"媵"字，张政烺先生曾言："媵字著之于铭文皆比较

---

① 陈初生编：《金文常用字典》，陕西人民出版社，1987年，709～711页。

② 张亚初：《殷周青铜鼎器名、用途研究》，《古文字研究（第18辑）》，中华书局，1992年，276页。

③ 朱凤瀚：《中国青铜器综论》，上海古籍出版社，2009年，88页。

晚……今日所见最早的为《番匊生壶》……这可能是在周宣王二十六年，再早未见
媵字。”①

　　关于媵器，陈昭容女士在《两周婚姻关系中的"媵"与"媵器"》一文中将《新
收殷周青铜器铭文暨器影汇编》和《殷周文献集成》收录的媵器做了统计，并分析总
结了从西周中期开始到春秋晚期这一阶段内，贵族间的婚姻关系。从陈女士的文章
中，我们可以知道，媵器在西周晚期和春秋早中期的青铜礼器中常见。媵器的器类涉
及饪食器、盛食器、酒器、水器、乐器，包括钟、鼎、甗、簋、盨、簠、豆、敦、
尊、壶、盘、盉、匜、钟等，其中食器最多②。

　　据她的数据，铜鬲中媵器的比率是44/279，少于盘、簠、匜的比率，但是却大于
鼎、簋、甗的比率，即对于饪食器来说，铜鬲被用作媵器的比例更大③。先秦时期，由
炊器的鬲、盛食器的簠、水器的盘和匜组成了两周时期贵族女子出嫁的主要陪嫁物。

　　青铜器的铭文中有自名"媵"的媵器，也有部分没有明确标示嫁女之用的媵器。
通过我们对女性称谓的研究分析，可以确知一部分是媵器的。

　　（1）伯猎父鬲（铭图02830），西周晚期器，铭"伯猎父作井姬、季姜尊鬲"。
此铭比较特殊，为一器媵二女。这涉及先秦时期的媵妾婚制。据学者研究，先秦存在
"同姓媵""异姓媵""姪娣媵"这三种媵婚④，此鬲铭表明姬姓邢氏、姜姓两位姑娘
同时出嫁，为"异姓媵"。关于伯猎父到底是哪位新娘的父亲，有学者从对两位新嫁
娘的名字称谓方式上推测很可能是季姜的父亲⑤。

　　（2）王鬲（铭图02891），西周晚期器，铭"王作姬𡤾母尊鬲"。此处女性的称
谓为姓+名字，吴镇烽先生言父亲区分女儿不需要夫氏排行⑥。

　　（3）鲁侯鬲（铭图02735），西周晚期器，铭"鲁侯乍姬番鬲"。是姬姓鲁国国
君为其女儿姬番所作。

　　（4）虢伯鬲（铭图02983），西周晚期器，铭"虢伯作姬大母尊鬲"。是姬姓虢
国国君为其女儿姬大母所作。

　　① 张政烺：《夨王簋盖跋——评王国维〈古诸侯称王说〉》，《古文字研究（第13辑）》，中
华书局，1986年，177页。
　　② 陈昭容：《两周婚姻关系中的"媵"与"媵器"——青铜器铭文研究中的性别、身份与角色
研究》，《"中研院"历史语言研究所集刊（第七十七本第二分）》，2006年。
　　③ 陈昭容：《两周婚姻关系中的"媵"与"媵器"——青铜器铭文研究中的性别、身份与角色
研究》，《"中研院"历史语言研究所集刊（第七十七本第二分）》，2006年。
　　④ 曹兆兰：《从金文看周代的媵妾婚制》，《深圳大学学报》（人文社会科学版），2001年
6期。
　　⑤ 刘丽：《"一器媵二女"现象补说》，《古文字研究（第31辑）》，中华书局，2016年。
　　⑥ 吴镇烽：《再谈所谓的"周代女性称名原则"——答李峰教授》，武汉大学简帛网简帛文库
2017年10月21日。

（5）杜伯鬲（铭图02955），西周晚期器，铭"杜伯作叔祁尊鬲"。杜国，祁姓。杜伯为其女作器。

以上五件铜鬲铭文中没有明确说明是媵器，但是我们从作器者对受器者的称谓（父亲对自己女儿的称呼为姓+名字或排行+姓两种方式）可以知道是媵器。

（二）祭祀礼器

上文关于青铜鬲的自名现象的论述中，对青铜鬲的自名中存在附加定语的自名情况，如"尊鬲""鸎彝""盥鬲""羞鬲""豐鬲""薦鬲""饙鬲"等情形的讨论，我们可以推测这些器物用于祭祀。

四、考古材料体现的实用功能

在青铜器的器物研究中，铜鬲一直作为饪食器来研究。容庚先生在《殷周青铜器通论》中就将铜鬲排于食器部的烹煮器门；朱凤瀚先生在《古代中国青铜器》也把铜鬲归入饪食器。铜鬲作为饪食器，与鼎用途类似，用于烹煮，既可以煮粟稷稻粱，也可以烹肉。在近年来的考古发掘中出土了带有残留物的铜鬲，对我们理解铜鬲的功用有很好的启发。

（一）祭祀环节中烹煮小型家禽的器具

1976年陕西周原考古短期培训班在扶风云塘发掘一座墓葬M20[①]，墓葬面积3.95米×2.6米，是发掘的21座墓葬中面积最大的一座。墓葬是长方形竖穴土坑墓，有一椁，椁室西部（墓主人头部）放置青铜礼器8件，其中1件兽面纹鼎内有牛肋骨五段，1件弦纹鬲内有鸡肋骨数条。M20被叠压在制骨作坊的骨料堆积下，得以完整保存，简报将墓葬年代定在西周早期，下限不晚于昭、穆之世。

1985年陕西蓝田县泄湖镇发现西周时期的车马坑[②]，是当地农民窑洞坍塌后暴露出来的。出土铜簋1件，内有谷物；铜鬲1件，铭文"共"，内有鸡腿骨2根，腹底有烧痕。简报依据铜器形制将这批器物定为西周早期，遗址性质推断是墓葬。

1991年陕西泾阳高家堡戈国墓地M2[③]，发掘出土鼎、甗、簋、鬲、尊、卣、觯各1件，鬲内残留兽骨和梅核2枚。

以上三则考古材料直观地证明了铜鬲是可以用来烹煮小型家禽之类的肉食的。囿

---

① 　陕西周原考古队：《扶风云塘西周墓》，《文物》1980年4期。

② 　曹永斌、樊维岳：《蓝田泄湖镇发现的西周车马坑》，《文博》1986年5期，1～3页。

③ 　陕西省考古研究所：《高家堡戈国墓》，三秦出版社，1995年，39页。

于以往考古发掘实践中对器皿内残存物质提取的欠缺，铜鬲是否用于烹煮粮食作物，尚未有考古材料证明。所幸文献记载和器物自名，也是可以推断铜鬲是用于烹煮粮食作物的。

（二）祭祀几案上的陈列之物

在我们的考古发掘出土的铜鬲中还有一部分制作精美，花纹精致，没有使用痕迹的。最具代表性的是北京琉璃河燕国贵族墓地M251出土的伯矩鬲（铭图02908）。

伯矩鬲，通高30.4厘米，口径22.8厘米，束颈立耳、分裆袋足、有盖、铸铭文十五字："才（在）辰戊匽侯易白矩贝用乍父戊尊彝。"属于西周早期的铜鬲中铭文最长的。鬲颈部用扉棱分为六区，每段饰龙纹。三袋足均装饰牛首，牛角翘出器表。盖面饰两个相背的翘角牛首，纽由两个相背的立体牛头组成，是西周早期出土的铜鬲装饰最为华丽的一件。

这件铜鬲器型高大，装饰精美，用料考究，没有任何烧灼痕迹。按照"周人不用日名说"理论，伯矩鬲的主人应是殷遗民，服务于燕国召公家族，因有功而被燕侯赐贝。伯矩为纪念此事，制作了这件精美的铜鬲用以祭祀其父戊。这件精美的铜鬲在随葬M251之前，最大的可能是被使用在祭祀环节中，陈设于伯矩家族的宗庙几案上。

（三）墓葬随葬品之一

与其他随葬器类共同构成墓葬礼制文化的一部分。关于铜鬲墓葬组合形式和变化，文后列专门章节论述，在此不详细展开。可以肯定的是，在先秦贵族墓葬中，铜鬲与铜鼎、簋、甗等其他食器，与酒器、水器、乐器构成墓葬青铜礼器组合，体现先秦丧葬礼制文化的变化和发展。

五、青铜鬲在青铜礼制文化中的地位

（一）墓葬中替代鼎的地位

在我们的考古发掘中，有铜鬲替代铜鼎出现在墓主人的墓室随葬品组合中的现象。马承源先生曾言，铜鬲起着陪鼎的作用[①]。张懋镕先生认为在两周时期，青铜鬲在青铜器组合形式中的地位得到提高，并在一定程度上替代了鼎，或者起着互补的作用[②]。

---

① 马承源：《中国古代青铜器》，上海人民出版社，1982年，114页。
② 张懋镕：《试论中国古代青铜容器器型演变与功能转化的互动关系》，《中国古代青铜器整理与研究·青铜豆卷》，科学出版社，2015年，xii页。

（1）1985年陕西蓝田泄湖镇发现西周时期的墓葬[①]，出土铜簋1件，铜鬲1件（图2-11）。另有兵器9件，工3件，车马器若干。墓葬被破坏，不明大小，从出土器物的数量看，墓室面积应该不大。墓主人的身份地位应是小贵族，他的身份和财力可能不够使用铜鼎的级别，故而以鬲代鼎。

（2）1973年在陕西岐山贺家村发掘的西周中期墓葬M6[②]，墓室面积大约6平方米，有二层台，随葬品放置在墓室北端，出土铜簋1件，铜鬲1件，另有陶鬲2、罐2、簋1、豆1、釉陶豆1（图2-12）。

（3）1980年发掘的山西洪洞永凝堡M14[③]，墓室面积6.7平方米，一棺一椁，墓主人骨架纤细，报告推测是女性。椁室北端（墓主人头部）及椁室北端外部出土铜簋1件，铭文"恒父作宝彝"；铜鬲1件，铭文"叔作鼎"（图2-13）。墓葬年代发掘报告依据出土陶器器型定在西周中期，但也明确指出铜簋和铜鬲的器型偏早。

同墓地的M9，墓室面积近6平方米，一棺一椁，墓主人推测是男性。出土铜鼎1件，铜簋1件（簋铭文"恒父作旅簋"），木胎铜壶1件，陶鬲1件，戈3件，车马器若干。墓葬年代为西周早期。

据发掘报告推测此处是恒父家族墓地，且在墓区内发现多座并行排列的夫妻异穴合葬墓。M9时代不晚于成康，M14大约在西周中期早段。可惜报告中未言两座墓的位置远近，如若距离不远，墓主人很有可能也是夫妻。两座墓大小相近，年代相近，都有恒父的铜簋。在女性的墓葬中以鬲代鼎，且鬲铭自称鼎。这是发现的鬲、鼎地位接近、功能相同的最直接材料。

（4）1982年甘肃庆阳宁县宇村发现西周晚期墓葬一座[④]，墓室被破坏，竖穴土坑墓，随葬器物放置在墓主人头部周围，出土铜鬲、盨、尊各1件（图2-14），小铜罐2件。铜鬲铭文"中生父作井孟姬宝鬲，其万年子子孙孙永宝用"，铜盨铭文"酅伯作中姬姞尊"。在这座墓葬中，铜鬲替代了铜鼎，铜盨替代了铜簋，出现在丧葬礼制中。

蓝田泄湖镇墓葬属于西周早期，岐山贺家村M6和山西永凝堡M14是西周中期，庆阳西周墓属于西周晚期，这四个墓葬材料说明了从西周早期至西周晚期，在周文化范围内的一些中型墓葬中，铜鬲替代铜鼎，与铜簋或铜盨形成食器组合，也证明了铜鬲和铜鼎在礼制范围内功用相近；另一方面也反映了西周礼制用鼎制度的严格，在西周中晚期，鼎簋制度逐渐成熟的背景下，尤其是在墓葬情景下，中小贵族没有使用铜鼎随葬的资格，从而用铜鬲替代使用。

---

①　曹永斌、樊维岳：《蓝田泄湖镇发现的西周车马坑》，《文博》1986年5期。

②　陕西省博物馆、陕西省文物管理委员会：《陕西岐山贺家村西周墓葬》，《考古》1976年1期。

③　山西省文物工作队：《山西洪洞永凝堡西周墓葬》，《文物》1987年2期。

④　许俊臣等：《甘肃宁县宇村出土西周青铜器》，《考古》1985年4期。

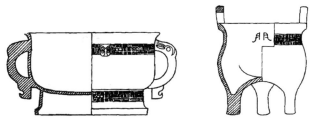

图2-11 陕西蓝田泄湖镇出土铜簋与铜鬲

图2-12 陕西岐山贺家村出土铜簋与铜鬲

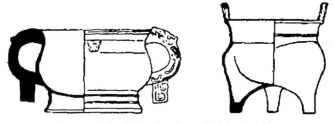

图2-13 山西洪洞永凝堡M14出土铜簋和铜鬲

图2-14 甘肃庆阳宁县宇村西周墓出土铜盨和铜鬲

（二）成组"列鬲"提升地位

在铜鬲发展过程中，有成组出现的现象。这些成组铜鬲形制、花纹、大小相近或相同，甚至铭文都相同，最多可达13件组（仲姞鬲）。我们且称这些成组铜鬲为"列鬲"。

1. 墓葬出土的列鬲（表2-8）

表2-8　墓葬出土列鬲统计表

序号	名称	件数	出土地点	墓葬年代	形制图片
1	目纹鬲	4	北京琉璃河墓M253	西周早期	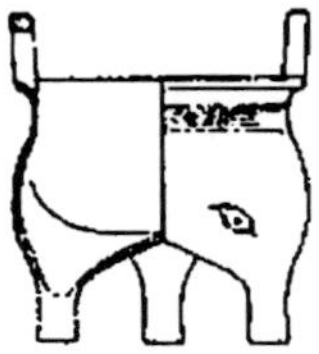
2	弦纹鬲	2	山东滕州前掌大M38	西周早期	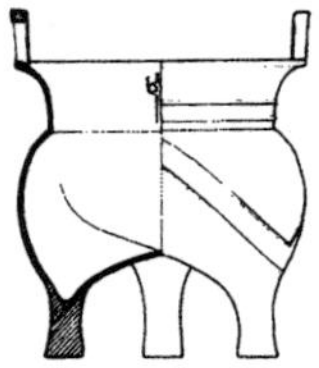
3	矢伯鬲	2	陕西宝鸡纸坊头墓BZM1	西周早期	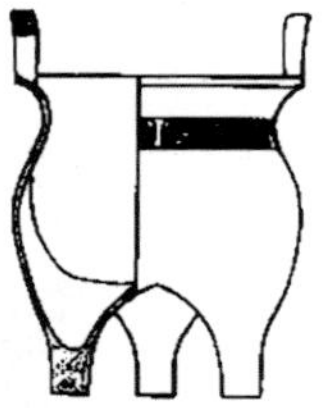
4	兽面纹鬲	4	山西翼城大河口墓M1	西周早期	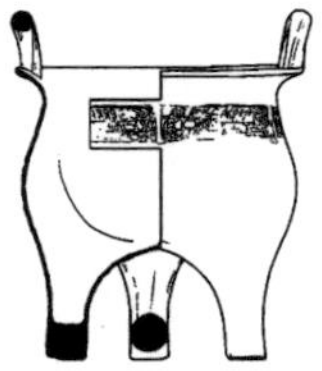
5	斜纹鬲	2	陕西宝鸡茹家庄墓M2	西周中期	
6	直纹鬲	4	陕西扶风强家村墓M1	西周中期	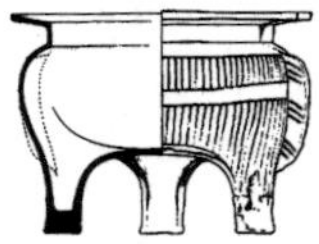
7	附耳鬲	2	山西天马曲村晋侯墓地M91	西周晚期	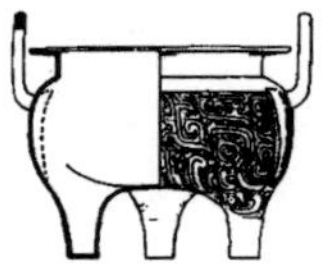

序号	名称	件数	出土地点	墓葬年代	形制图片
8	侯氏鬲	4	河南平顶山应国墓地M95	西周晚期	
9	环带纹鬲	4	陕西韩城梁带村M28	春秋早期	
10	芮公鬲	4	陕西韩城梁带村M19	春秋早期	
11	芮太子白鬲	5	陕西韩城梁带村M26	春秋早期	
12	黄夫人鬲	2	河南光山黄孟君夫人墓	春秋早期	
13	龙纹鬲	2	河南洛阳润阳广场C1M9934	春秋早期	
14	象首纹鬲	4	河南洛阳润阳广场C1M9950	春秋早期	
15	象纹鬲	4	河南三门峡上村岭M1810	春秋早期	
16	象纹鬲	2	河南三门峡上村岭M1820	春秋早期	
17	象纹鬲	4	河南三门峡上村岭M1706	春秋早期	

序号	名称	件数	出土地点	墓葬年代	形制图片
18	象纹鬲	8	河南三门峡上村岭M2011	春秋早期	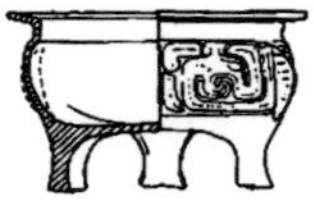
19	象纹鬲	8	河南三门峡上村岭M2012	春秋早期	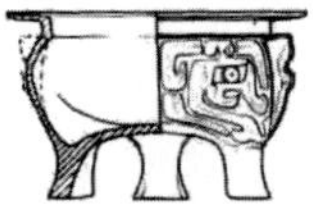
20	象纹鬲	8	河南三门峡上村岭M2001	春秋早期	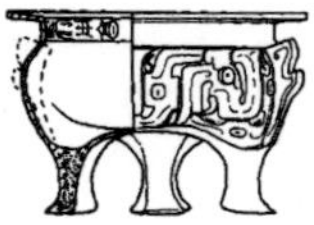
21	象纹鬲	6	河南三门峡上村岭M1052	春秋早期	
22	环带纹鬲	4	1966年山东邹县七家峪	春秋早期	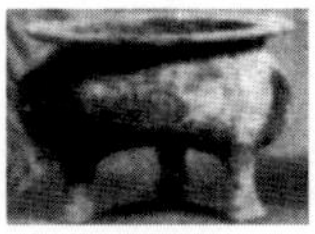
23	倪庆鬲	6	山东枣庄小邾国墓地M2有4件、M3有2件	春秋早期	
24	邾友父鬲	5	山东枣庄小邾国墓地M1	春秋早期	
25	象纹鬲	4	河南新野小西关墓葬	春秋早期	
26	重环纹鬲	2	河南信阳名港湾	春秋早期	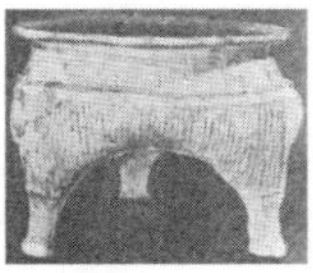
27	垂鳞纹鬲	2	河南桐柏月河M4	春秋早期	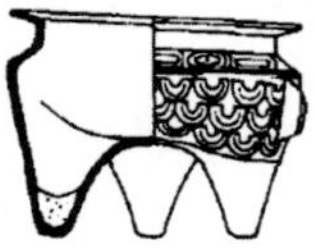

续表

序号	名称	件数	出土地点	墓葬年代	形制图片
28	王姬鬲	2	河南新郑唐户M3	春秋早期	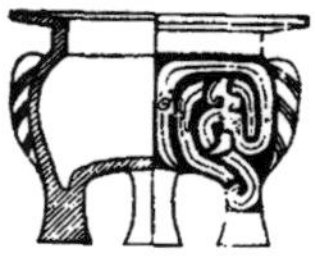
29	象纹鬲	5	山东临朐泉头村甲墓	春秋早期	
30	齐趫父鬲	2	山东临朐泉头村乙墓	春秋早期	
31	龙纹鬲	4	湖北随州桃花坡M1	春秋早期	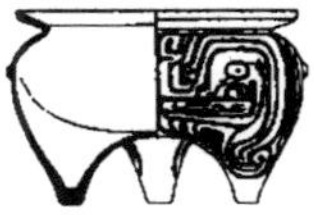
32	窃曲纹鬲	2	湖北随州桃花坡M2	春秋早期	
33	重环纹鬲	7	1966年湖北京山苏家垄	春秋早期	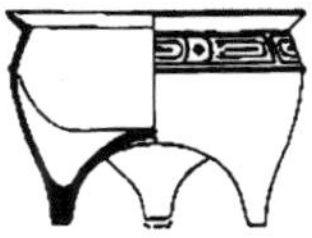
34	窃曲纹鬲	2	山东滕州后荆沟M1	春秋早期	
35	釐伯鬲	4	山东日照崮河崖M1	春秋早期	
36	蟠螭纹鬲	6	山东薛国故城M1	春秋中期	

续表

序号	名称	件数	出土地点	墓葬年代	形制图片
37	蟠螭纹鬲	6	山东薛国故城M2	春秋中期	
38	平盖鬲	8	山东沂水刘家店子M1	春秋中期	
39	龙纹鬲	7	山东沂水纪王崮M1	春秋中晚期	
40	夔龙纹鬲	9	河南新郑郑国祭祀遗址K2	春秋中期	
41	夔龙纹鬲	9	河南新郑郑国祭祀遗址K3	春秋中期	
42	夔龙纹鬲	9	河南新郑郑国祭祀遗址K6	春秋中期	
43	夔龙纹鬲	9	河南新郑郑国祭祀遗址K10	春秋中期	
44	夔龙纹鬲	9	河南新郑郑国祭祀遗址K15	春秋中期	
45	夔龙纹鬲	9	河南新郑李家楼大墓	春秋中期	
46	重环纹鬲	9	湖北随州何店何家台	春秋中期	

续表

序号	名称	件数	出土地点	墓葬年代	形制图片
47	素面鬲	5	河南辉县琉璃阁甲墓	春秋晚期	
48	素面鬲	4	河南辉县琉璃阁乙墓	春秋晚期	
49	波曲纹鬲	6	河南辉县琉璃阁M60	春秋晚期	
50	鬲	6	河南辉县琉璃阁M55	春秋晚期	
51	鬲	6	河南辉县琉璃阁M80	春秋晚期	
52	素面鬲	8	安徽寿县蔡侯墓	春秋晚期	
53	夔龙纹鬲	5	山西太原赵卿墓	春秋晚期	
54	素面鬲	4	山西长治分水岭M269	春秋晚期	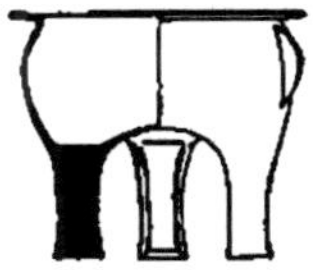
55	夔龙纹鬲	5	河南淅川徐家岭M10	战国早期	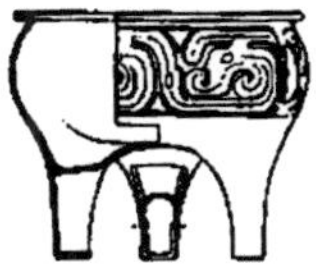
56	曾侯乙鬲	9	湖北随州擂鼓墩M1	战国早期	
57	左使车工鬲	5	河北平山中山王M1	战国中期	

　　纵观表2-8，西周以后，铜列鬲的数量在增多，并在西周晚期形成制度。这一制度在春秋早中期时达到顶峰。战国中期以后，这一制度随着青铜文化的逐渐衰落，一直延续至战国晚期。

　　在列鬲的数量上，西周早期出现有4件组列鬲，西周晚期至春秋早期有6件组、8件组，甚至是9件组。大多呈偶数出现，偶见奇数组合。从三门峡虢国墓地的情况看，基本规律是墓葬越大、墓主人级别越高，墓中列鬲的数量越多，同列鼎与列簋一样成为丧葬礼制的重要食器组成部分。

　　铜鬲的礼制功能地位不及铜鼎，往往作为陪鼎的角色出现。西周逐渐流行列鬲的现象与周人重食文化有很大的关系，也与周人以器物彰显地位和等级的礼制内涵相一致。

2. 窖藏出土的列鬲（表2-9）

表2-9　窖藏出土列鬲统计表

序号	名称	件数	出土地	时代	形制
1	微伯鬲	5	陕西扶风庄白一号窖藏	西周中期	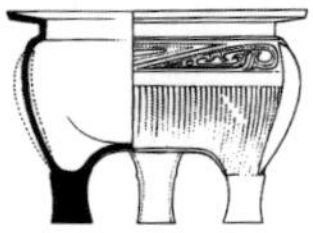
2	伯先父鬲	10	陕西扶风庄白一号窖藏	西周中期	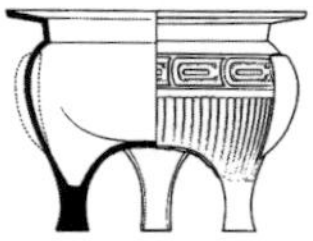
3	单叔鬲	9	陕西宝鸡眉县杨家村窖藏	西周晚期	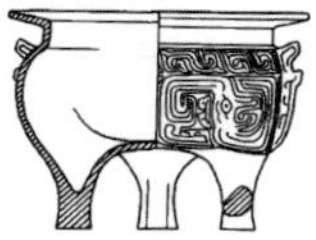
4	仲柟父鬲	9	陕西永寿好畤村	西周晚期	
5	善夫吉父鬲	9	陕西扶风任家村窖藏	西周晚期	
6	伯庸父鬲	8	陕西长安张家坡窖藏	西周中期	
7	㝬叔鬲	4	陕西蓝田寺坡村铜器窖藏	西周中期	

　　与窖藏出土列鬲同出的其他器物为我们分析窖藏铜鬲主人的身份和地位也提供了依据。

　　如1976年陕西扶风庄白一号窖藏[①]，出土的100余件青铜器中74件有铭文。记载微氏商、疒、豐、墙、癫等数代人家族史，是研究西周历史的重要材料。据高明先生研究，此微氏家族是商纣庶兄微子启家族。武王克商后，微子启归附周。周王封微子启于宗周附近，子孙后代世袭周王史官一职[②]。

　　又如2003年陕西宝鸡眉县杨家村窖藏出土铜鼎12件，铜鬲9件，铜壶2件，匜、盘、盂、盉各1件共27件。尤以逨盘铭文最为重要，记述了单氏家族八位族长辅佐十二位周王的历史[③]。

　　再如善夫吉父鬲（铭图02966～02974），1940年陕西扶风任家村窖藏出土。据吴镇烽先生的《扶风任家村西周遗宝离合记》一文，当时出土青铜器一百余件，包括善父梁其组器和善夫吉父组器，善夫吉父担任周王膳夫一职[④]。吴先生在文中说善夫吉父鬲有8件，但是在《商周青铜器铭文暨图像集成》中收集了9件，最后一件未言明收藏地。

　　窖藏出土铜列鬲制作精美，数量也多是偶数组合，列鬲的使用数量最高可达10件组。不论是微氏家族、单氏家族还是善父善夫吉父家族都是周王近臣，他们家族礼器的种类和数量代表着周王室的文化倾向。

3. 传世的列鬲

　　（1）仲姞鬲（铭图02746～02758，图2-15）据罗振玉记述仲姞鬲12件，吴镇烽先生记录13件。平沿，束颈，弧裆，蹄足，月牙形扉棱。肩部、腹部饰直线纹，并有一条凹纹带间隔。颈内铸铭文"中姞作羞鬲，彝"。

图2-15　仲姞鬲

　　（2）伯夏父鬲（铭图02995～03004，图2-16）共10件。现分藏故宫博物院、上海博物馆、南京大学考古与艺术博物馆、瑞典斯德哥尔摩远东古物馆。铭文"伯夏父作毕姬尊鬲，其万年子子孙孙永宝用享。"1974年在陕西岐山贺家村窖藏中出土有伯夏父鼎，鼎铭"伯夏父作毕姬尊鼎，其万年子子孙孙永宝用享。"两件器物铭文

　　①　陕西周原考古队：《陕西扶风庄白一号西周青铜器窖藏发掘简报》，《文物》1978年3期。

　　②　高明：《论墙盘铭文中的微氏家族》，《考古》2013年3期。

　　③　陕西省考古研究所、宝鸡市考古工作队、眉县文化馆等：《陕西眉县杨家村西周青铜器窖藏发掘简报》，《文物》2003年6期。

　　④　吴镇烽、李娟：《扶风任家村西周遗宝离合记》，《文博》2010年1期，24～30页。

内容一致，花纹特色相近，同为伯夏父为妻子毕姬作器①。

（3）鲁伯愈父鬲（铭图02901～02906，图2-17）共6件。清道光年间于山东滕县凤凰岭出土，后流散，现仅上海博物馆收藏2件，其余下落不明。口沿上铭文铸"鲁伯愈父作邾姬仁媵羞鬲，其永宝用"，是鲁伯为嫁往邾国的女儿所作，反映了鲁、邾两国的婚姻往来。2002年山东枣庄小邾国墓地被盗，出土了不少邾国青铜器，其中出土邾友父鬲（图2-18）、倪庆鬲、邾庆作秦妊鬲、华妊鬲等列鬲，形制与纹饰与鲁伯愈父鬲近似②。在海岱地区，各诸侯国青铜礼器中也流行列鬲。

传世铜器多流散不明，一套列鬲的组合件数多散见海内外各地，数量上多是偶数组合。

通过以上梳理，我们可以看到：西周中期开始至春秋中期，列鬲现象较多，且多为偶数组合，使用频繁。这些列鬲与西周中期之前一件或两件出现的情形截然不同，说明了在西周礼制下，铜鬲的地位较之前得到了很大的提高。

图2-16　伯夏父鬲与伯夏父鼎

图2-17　鲁伯愈父鬲　　　　　图2-18　邾友父鬲

①　陕西省文物考古研究所、陕西省文物管理委员会、陕西省博物馆：《陕西出土商周青铜器·三》，文物出版社，1980年，21页。

②　李光雨、张云：《山东枣庄春秋时期小邾国墓地的发掘》，《中国历史文物》2003年5期；李光雨、刘爱民：《枣庄东江小邾国贵族墓地发掘的意义及相关问题》，《东岳论丛》2007年2期。

第三章　青铜鬲的类型学研究

对于青铜鬲的类型学研究，大多见于几部青铜器通论性或断代性的研究专著，如容庚先生的《殷周青铜器通论》、朱凤瀚先生的《古代中国青铜器》、王世民先生的《西周青铜器分期断代研究》等。

在这些著作中，对青铜鬲的类型划分标准主要有两种不同的方法：

一是以耳部为划分标准，以容庚、张维持先生和王世民、陈公柔、张长寿先生为代表[①]。容庚、张维持先生将青铜鬲划分为直耳鬲属、无耳鬲属、附耳鬲属和方鬲属，容氏是尝试使用考古类型学方法，对青铜鬲进行科学划分的第一人。王世民、张长寿先生将铜鬲分为立耳鬲、附耳鬲和无耳鬲三型。另有彭裕商先生的《西周青铜器年代综合研究》一书中将西周铜鬲划分为三型，有双耳、无耳、袋足仿陶鬲[②]。

二是以裆部特征为依据，结合足部划分型式。以朱凤瀚、路国权先生为代表。朱凤瀚先生认为铜鬲器型还是源自陶鬲，借鉴苏秉琦先生对陶鬲的型式划分方法，以裆部形态为划分依据，将铜鬲划分为分裆鬲和联裆鬲两种[③]。路国权先生将东周铜鬲根据裆、腹、足部的不同划分六个类型，包括联裆鼓腹鬲、分裆折肩鬲、高柱足联裆鬲、方唇卷沿柱足联裆鬲、方唇窄沿锥足联裆鬲、铲足鬲[④]。

在考古学理论体系中，对出土器物的类型学分析，通常是"把式规定为只表示先后的直系关系，把类和型主要视为平行（左右）的旁系关系，或原生与次生（派生）的关系。"[⑤]青铜鬲流行时间长，数量多，器型变化呈现阶段性和地域性的特点。纵观千余件铜鬲的形制变化，依据裆部和足部特征进行类型学分析，更为科学合理，在此我们依据裆部、足部、颈部的发展变化尝试对青铜鬲的型式划分进行更为详细的考察。

---

① 容庚、张维持：《殷周青铜器通论》，文物出版社，1984年，32页；王世民、陈公柔、张长寿：《西周青铜器分期断代研究》，文物出版社，1999年，49~56页。
② 彭裕商：《西周青铜器年代综合研究》，巴蜀书社，2003年。
③ 朱凤瀚：《中国青铜器综论》，上海古籍出版社，2009年，112~115页。
④ 路国权：《东周青铜容器谱系研究》，上海古籍出版社，2018年。
⑤ 邹衡：《论古代器物的形式分类》，《夏商周考古学论文集（续集）》，科学出版社，1998年。

第一节　型 式 分 析

甲类　分裆鬲，根据有无颈部和颈部形态分为三个亚型。

Aa型　共28件，没有明显的颈部，锥足，裆内呈钝角；纹饰简单，仅在口沿下饰弦纹或一周夔纹带，随裆部曲线饰双线人字纹或单线人字纹。根据足部情况又分为以下三式：

Aa型 I 式：腹较深，袋足明显，裆缝长，下接尖锥足，耳足四点配列。

标本一，河南郑州杨庄出土的"×"纹鬲。立耳，折沿有台，腹部装饰细线弦纹装饰的"×"形纹饰，四棱锥足。通高19厘米，口径13.5厘米（图3-1，1）。

标本二，湖北盘龙城杨家湾PYWM6∶2出土。无耳，宽折沿有台，上腹部饰双弦纹，下腹部饰双线纹交叉组成的"×"形纹饰，三足残。通高不详，口径15.2厘米（图3-1，2）。

标本三，1974年河南新郑望京楼出土。无耳，折沿，上腹部饰一周弦纹，下腹部饰双线纹交叉组成的"×"形纹饰。通高15厘米，口径12.5厘米（图3-1，3）。

Aa型 II 式：腹部变浅，袋足裆缝变短，足四点配列，出现纹饰带。

标本一，1974年河南郑州杜岭张寨南街窖藏出土弦纹鬲。敛口，折沿有台，口沿下饰弦纹两周，裆腹间饰双线人字纹，圆锥足跟较高。通高36厘米，口径22厘米（图3-2，1）。

标本二，1954年河南郑州出土弦纹鬲。敛口，折沿，深腹，空锥足，颈饰弦纹，裆腹间饰双线人字纹。通高20厘米，口径15.6厘米（图3-2，2）。

Aa型 III 式：较其他式腹部变浅，纹饰面积增大，耳部增高，耳足五点配列。

标本一，夔纹鬲（C8M3∶3），河南郑州白家庄M3出土。卷沿，深腹，口沿下装饰一周夔纹，裆腹间饰双线人字纹。通高16.5厘米，口径13厘米（图3-3，1）。

标本二，兽面纹鬲（XDM∶32），江西新干大洋洲商墓出土。立耳，敛口折沿，口沿下饰一周斜角云雷纹带，腹部饰列旗兽面纹。通高16厘米，口径13.3厘米（图3-3，2）。

标本三，兽面纹鬲，河北武安赵窑商墓出土。方立耳，敛口折沿，口沿下饰一周斜角云雷纹带，腹部饰列旗兽面纹，三锥足。通高18.2厘米，口径15厘米（图3-3，3）。

Aa型铜鬲演变规律：此型式鬲是青铜鬲最早出现的形制。整体器型是由陶鬲发展而来，制作较为粗糙、原始，器身轻薄，器壁逐渐增厚，耳足五点配列，口沿内侧往往有加厚的唇边，腹部由深变浅，足跟由尖锥足向圆锥足发展。纹饰由简单的弦纹渐为复杂，双线人字纹是二里岗时期比较流行的纹样，发展至商代中期后腹部纹饰变为兽面纹，占据器体大部分面积。无铭文。

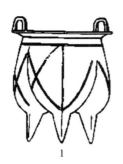 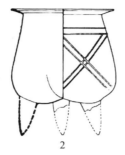 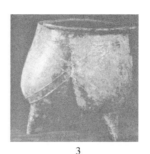

图3-1　甲类Aa型 I 式铜鬲标本

1. 河南郑州杨庄铜鬲　　2. 湖北盘龙城杨家湾PYWM6：2鬲　　3. 河南新郑望京楼铜鬲

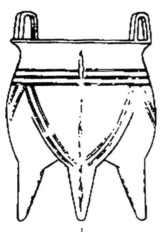 

图3-2　甲类Aa型 II 式铜鬲标本

1. 河南郑州杜岭张寨南街铜鬲　　2. 河南郑州出土弦纹鬲

 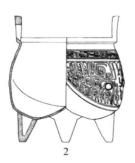 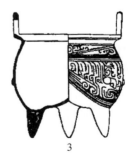

图3-3　甲类Aa型 III 式铜鬲标本

1. 河南郑州白家庄C8M3：3鬲　　2. 江西新干大洋洲XDM：32鬲　　3. 河北武安赵窑商墓铜鬲

Ab型　有明显的长直颈，颈、腹部分界明显，依据足部可分为五式：

Ab型Ⅰ式：锥足，耳足四点配列。

标本一，联珠纹鬲（97：ZSC8ⅡT143M1：1），河南郑州商城出土。立耳，敞口，方唇，长直颈，腹部微鼓，袋状锥足，颈部饰联珠纹两周。通高18.3厘米，口径13.2厘米（图3-4，1）。

标本二，夔纹鬲（琉璃阁M110：1），河南辉县琉璃阁出土。立耳，折沿，长颈微敛，颈部装饰夔纹一周，腹部微鼓，腹壁较直，裆腹间装饰双线人字纹，三锥足。通高18厘米，口径14.4厘米（图3-4，2）。

标本三，云纹鬲（盘龙城PYWM4：2），湖北盘龙城杨家湾M4出土。立耳，长直颈，颈部装饰"S"状云纹一周，腹壁斜下收，裆腹间装饰双线人字纹，三锥足。通高19.2厘米，口径12.4厘米（图3-4，3）。

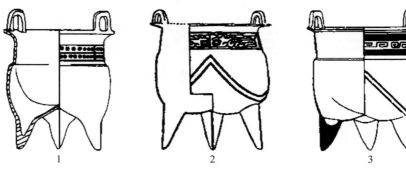

图3-4　甲类Ab型Ⅰ式铜鬲标本

1. 河南郑州商城97：ZSC8ⅡT143M1：1鬲　　2. 河南辉县琉璃阁M110：1鬲　　3. 湖北盘龙城杨家湾PYWM4：2鬲

图3-5　甲类Ab型Ⅱ式铜鬲标本
（安徽阜南月牙河铜鬲）

Ab型Ⅱ式：斜颈较高，纹饰精美繁缛，圆锥足，较短。耳足四点配列，腹部装饰扉棱。

标本，兽面纹鬲，安徽阜南月牙河出土。立耳，锥足，颈部饰一周兽目纹带，腹部饰扉棱为鼻的兽面纹。通高23厘米，口径17.8厘米（图3-5）。

Ab型Ⅲ式：足部演变为柱足，鼓腹，耳足五点配列，腹部开始装饰大面积纹饰。

标本一，弦纹鬲（M5：8），河南殷墟郭家庄东南M5出土。直立耳，颈部变短，饰三周纹饰，鼓腹，分裆，三圆柱足。通高16.5厘米，口径16.3厘米（图3-6，1）。

标本二，兽面纹鬲（XDM：36），江西新干大洋洲出土。立耳，长颈，颈部饰鱼纹，微鼓腹，腹部有扉棱，装饰兽面纹，柱足较矮。通高27.3厘米，口径18厘米（图3-6，2）。

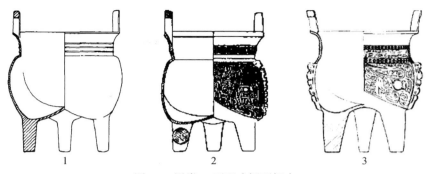

图3-6　甲类Ab型Ⅲ式铜鬲标本

1.河南殷墟郭家庄东南M5：8鬲　2.江西新干大洋洲XDM：36鬲　3.河南安阳殷墟M50：6鬲

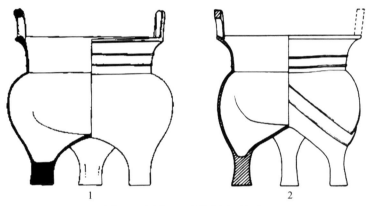

图3-7　甲类Ab型Ⅳ式铜鬲标本

1.陕西扶风云塘76FYM13：17鬲　2.山东滕州前掌大M38：51鬲

标本三，兽面纹鬲（M50：6），河南安阳殷墟出土。颈部较直，饰联珠纹为界的兽目纹，腹部装饰扉棱和兽面纹，实足跟较高。通高22.4厘米（图3-6，3）。

Ab型Ⅳ式：较以上式，腹部变浅，纹饰简化。

标本一，弦纹鬲（76FYM13：17），陕西扶风云塘M13出土。立耳，长直颈，鼓腹较浅，柱足，颈部装饰两周弦纹。通高18.2厘米，口径14.5厘米（图3-7，1）。

标本二，弦纹鬲（M38：51），滕州前掌大M38出土。立耳，高颈，口沿外敞，鼓腹较浅，分裆，颈部饰两周弦纹，裆腹间饰双线人字纹。通高18.6厘米，口径14.6厘米（图3-7，2）

Ab型Ⅴ式：较以上式腹部更浅，颈部变短，器体向矮宽发展。

标本，素面鬲（M5：7），陕西扶风齐家村M5出土。小立耳，斜颈，鼓腹，通体素面。通高12.7厘米，口径11.8厘米（图3-8）。

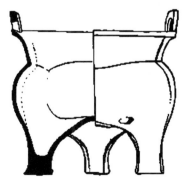

图3-8　甲类Ab型Ⅴ式铜鬲标本

（陕西扶风齐家村M5：7鬲）

Ab型铜鬲演变规律：此型铜鬲从二里岗上层时期开始有发现，器型仍源于陶鬲，商代早期制作也较粗糙，耳足由五点配列发展至四点配列，器壁逐渐增厚，器型逐渐规整，立耳由小变大，由圆环状变为方形，腹部由深变浅，足跟由锥足发展至柱足。其长颈是主要特点，故而颈部为主要装饰部位，纹饰题材有联珠纹、兽面纹、雷纹、弦纹等，二里岗时期腹部也流行饰双线人字纹。商代中期后，大面积兽面纹装饰满腹部。进入西周后，不流行大面积纹饰，仅在颈部饰简单的弦纹或兽面纹带，西周中期时又流行在足腹上饰纹样简洁的兽面纹。此型铜鬲从商代晚期开始有铭文，但是铭文字数大多在1～5字，记日名或族徽，或是简单的某某作器，西周早期的伯矩鬲字数在15字，是此阶段内铭文字数最多的。进入西周中期后，铭文格式多做"某某作鬲，子子孙孙永宝用"语，记事长篇铭文不多，仅有公姞鬲（38字）、尹姞鬲（64字）两例。

Ac型　侈口，束颈，鼓腹，颈腹部曲线平缓，分界不明显。根据腹部、足部发展变化，分为以下四式：

Ac型Ⅰ式：立耳，深腹，矮锥足，耳足四点配列。

标本一，弦纹鬲（郑博0054），1958年河南郑州出土。立耳，侈口，束颈，鼓腹分裆，圆尖锥足。通高20厘米，口径15.2厘米（图3-9，1）。

标本二，弦纹鬲，河南灵宝东桥出土。侈口，直立耳，颈部饰三周弦纹，腹微鼓，裆内略圆转，三锥足。通高16.4厘米，口径12.8厘米。商代晚期器（图3-9，2）。

Ac型Ⅱ式：立耳，深腹，柱足，耳足五点配列。

标本一，麦鬲（M251：16），北京琉璃河M251出土。立耳，圆鼓深腹，柱足较矮。通高18.6厘米，口径14厘米（图3-10，1）。

标本二，兽面纹鬲（叶家山M7：1），湖北随州叶家山出土。立耳外侈，腹部微鼓，颈部饰兽面纹一周。通高17.3厘米，口径14厘米（图3-10，2）。

标本三，矢伯鬲（BZFM1：12），陕西宝鸡纸坊头M1出土。方立耳，侈口，束颈，颈部饰一周兽面纹带，分裆，柱足。通高18.5厘米，口径13.1厘米（图3-10，3）。

Ac型Ⅲ式：袋足浅而瘦，腹部变浅，柱足较细，器体细高。

标本一，兽面纹鬲（庄李M9：11），陕西扶风庄李M9出土。索纹立耳，侈口，束颈，鼓腹，腹部较浅，柱足，颈部装饰一周兽面纹带。通高17.2厘米，口径13.8厘米（图3-11，1）。

标本二，弦纹鬲（M52：14），北京琉璃河M52出土。立耳外侈，束颈鼓腹，柱足。通高17.8厘米，口径14厘米（图3-11，2）。

标本三，兽面纹鬲（M65：52），湖北随州叶家山M65出土。立耳，束颈，浅腹，柱足较细，颈部饰两周弦纹带，并间以凸圆点，腹部装饰卷角兽面纹，纹饰舒朗。通高15.1厘米，口径12厘米（图3-11，3）。

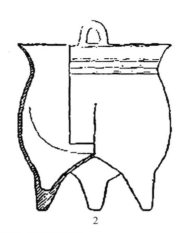

图3-9　甲类Ac型Ⅰ式铜鬲标本

1.河南郑博弦纹鬲　2.河南灵宝东桥铜鬲

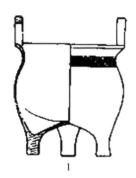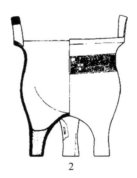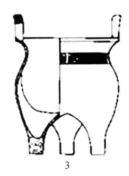

图3-10　甲类Ac型Ⅱ式铜鬲标本

1.北京琉璃河M251：16鬲　2.湖北随州叶家山M7：1鬲　3.矢伯鬲BZFM1：12

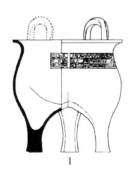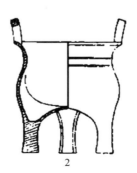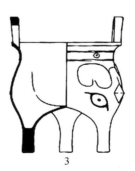

图3-11　甲类Ac型Ⅲ式铜鬲标本

1.陕西扶风庄李M9：11鬲　2.北京琉璃河M52：14鬲　3.湖北随州叶家山M65：52鬲

Ac型Ⅳ式：柱足，器体向矮宽方向发展。

标本一，兽面纹鬲，陕西扶风齐镇M1出土。通体饰大面积兽面纹。通高14.9厘米，口径13.6厘米（图3-12，1）。

标本二，弜伯鬲，陕西宝鸡茹家庄M1出土。腹部纹饰简化。通高13.8厘米（图3-12，2）。

Ac型铜鬲演变规律：此型铜鬲从二里岗上层时期出现，器壁由薄变厚，腹部由深变浅，立耳由小变大，且外侈，足跟由矮圆锥足变为柱足，立耳由小变大，由圆环状变为方形，腹部由深变浅，整个器体变矮，器高与器宽比例相近。纹饰主要装饰在束颈处，纹样有弦纹、兽面纹、目雷纹，在西周早期时，开始在颈部不装饰，腹部装饰大面积的兽面纹，并以足为中心，构成一个完整的兽面。铭文自商代晚期出现，铭文字数多在1～15字不等，早期多是日名或族徽，西周早中期后铭文句式多为"某某作鬲，子子孙孙永宝用"，字数再多的，也是加上具体的王世纪年，长篇记事铭文不见。

乙类　联裆鬲，依据颈部形态可分为三型。

A型　口沿较宽而外折，无耳，短直颈，三足上多有扉棱。根据足部又分五式：

A型Ⅰ式：短柱足，无耳，器身横宽。

标本一，斜纹鬲（M1乙：32），陕西宝鸡茹家庄出土。宽折沿，直颈较高，微鼓腹，齿状扉棱，饰斜线纹。通高10.8厘米，口径13厘米（图3-13，1）。

标本二，斜纹鬲（M1：14），陕西长安普渡村M1出土。宽折沿，束颈，腹壁饰斜线纹。通高11厘米，口径13.5厘米（图3-13，2）。

A型Ⅱ式：平蹄形足跟。短直颈，浅腹，腹部中间有一周凹陷的宽带，将纹饰分为上下两层，上层饰直线纹，或重环纹或斜角云纹；下层饰直线纹，器体扁宽，饰月牙形扉棱。

标本一，微伯鬲，陕西扶风庄白1号窖藏出土。宽折沿，月牙形扉棱，柱足，上腹部和下腹部的饰直线纹，间以凹纹带。通高10.7厘米，口径14厘米（图3-14，1）。

标本二，成伯孙父鬲，与荣有司再鬲一同出土。形制纹饰近似，但足跟已经接近蹄足。通高11.2厘米，口径16.5厘米（图3-14，2）。

标本三，单叔鬲，陕西宝鸡眉县杨家村窖藏出土。齿状扉棱，半圆形足跟，腹部纹饰分两层，上层饰窃曲纹，下层饰顾首龙纹。通高19.8厘米，口径15厘米（图3-14，3）。

A型Ⅲ式：平蹄形足跟粗大。器体愈加横宽，口沿愈加宽平折，足跟内侧扁平且有凹槽，器身纹饰比较华丽。

标本一，仲枏父鬲，1967年陕西永寿好畤村出土。宽斜折沿，短颈，浅腹，腹部饰卷曲的长鼻龙纹，蹄足肥大。通高14厘米，口径19厘米（图3-15，1）。

标本二，虢季鬲，河南三门峡虢国墓地M2001出土。宽折沿，短直束颈，浅腹，

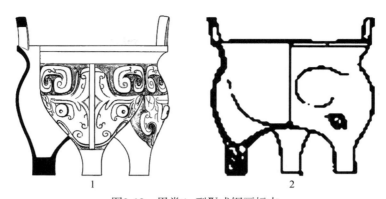

图3-12　甲类Ac型Ⅳ式铜鬲标本

1.陕西扶风齐镇M1铜鬲　2.陕西宝鸡茹家庄M1：33

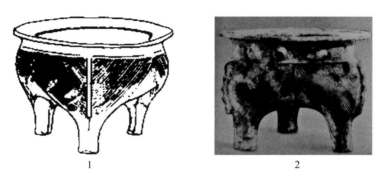

图3-13　乙类A型Ⅰ式铜鬲标本

1.陕西宝鸡茹家庄M1乙：32鬲　2.陕西长安普渡村M1：14鬲

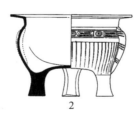

图3-14　乙类A型Ⅱ式铜鬲标本

1.微伯鬲　2.成伯孙父鬲　3.单叔鬲

装饰长鼻龙纹，蹄足肥大。通高12.8厘米，口径18.6厘米（图3-15，2）。

标本三，善夫吉父鬲，陕西扶风任家村窖藏出土。通高12厘米，口径17.3厘米（图3-15，3）。

标本四，鲁伯愈父鬲，山东滕县出土。通高12.5厘米，口径16.2厘米（图3-15，4）。

标本五，倪庆鬲，山东枣庄小邾国墓地出土。通高15.5厘米，口径19.6厘米（图3-15，5）。

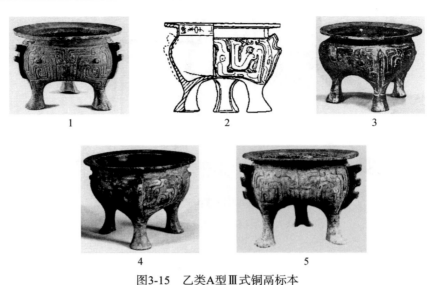

图3-15　乙类A型Ⅲ式铜鬲标本

1.仲枏父鬲　2.虢季鬲　3.善夫吉父鬲　4.鲁伯愈父鬲　5.倪庆鬲

A型Ⅳ式：直颈浅腹微鼓，蹄足有台，足底断面呈"C"形，齿状扉棱退化，器体变高，腹底近平，纹饰简化乃至消失。

标本一，龙纹鬲（K2：21），河南新郑郑国祭祀遗址出土。腹部更浅，扉棱短小，足跟有台。通高12厘米，口径19.8厘米（图3-16，1）。

标本二，象首纹鬲（C1M9950：47），河南洛阳润阳广场出土。通高12厘米，口径17厘米（图3-16，2）。

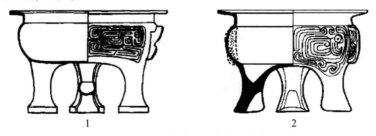

图3-16　乙类A型Ⅳ式铜鬲标本

1.河南新郑郑国祭祀遗址K2：21鬲　2.河南洛阳润阳广场C1M9950：47鬲

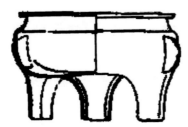

图3-17　乙类A型Ⅴ式铜鬲标本
（山西侯马上马村M5218鬲）

A型Ⅴ式：斜直颈，浅腹斜收，扁足。

标本，山西侯马上马村M5218鬲。通高12厘米，口径17厘米（图3-17）。

乙类A型联裆铜鬲的演变规律：联裆鬲出现比分裆鬲晚，器型源自周文化的陶鬲。此类型联裆鬲均作无耳，直颈，联裆袋足，器物演变方向是腹部由深变浅，足部由柱足演变为蹄足，器体由竖长演变为横宽。纹饰特点由斜线纹演变为直线纹，后变为直线纹与夔龙纹，或斜角云纹，或重环纹，或窃曲纹的组合。西周中晚期时，由于腹部进一步变浅，仅在腹部装饰卷体龙纹，以合乎裆腹间横宽区域，均饰扉棱，扉棱有月牙形和齿状两种，从目前来看，月牙形扉棱出现早，大概在西周中期偏早；齿状扉棱出现晚，大概在西周晚期前后。带铭文铜鬲多是西周和春秋早中期的器物，句式多为"某某作鬲，子子孙孙永宝用"，字数再多的，也是加上具体的王世纪年，长篇记事铭文不见。从春秋中期开始铭文开始减少，春秋晚期少见，战国基本不见。

B型　口沿甚宽且斜张，无明显颈部，器身横宽。

标本一，斜线纹鬲，陕西长安普渡村M1：13铜鬲。无耳，长斜折沿，腹部有齿状扉棱，细柱足。通高11.6厘米，口径15.6厘米。西周中期器（图3-18，1）。

标本二，斜纹鬲，陕西长安普渡村M2出土。立耳，长斜折沿，腹部饰斜线纹，足跟较短。通高12厘米（图3-18，2）。

标本三，陕西临潼零口南罗墓。通高10厘米，口径12.5厘米（图3-18，3）。

标本四，山西横水西周墓M2158：166太保鬲。口沿外侈，筒体饰绳纹。通高9.7厘米，口径13.7厘米（图3-18，4）。

   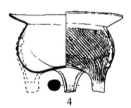

图3-18　乙类B型铜鬲标本

1.陕西长安普渡村M1：13鬲　2.陕西长安普渡村M2鬲　3.陕西临潼零口南罗墓铜鬲

4.山西横水西周墓M2158：166太保鬲

此类型铜鬲形制比较特殊，源自陶鬲器型，均是西周中期器，标本一和A型Ⅰ式标本二的铜鬲出自同一个墓葬，应是联裆鬲在发展之初的两个相似类型，不过此类型铜鬲却被抛弃了，仅在西周中期的关中及其附近地区有短暂铸行。

C型　没有明显的颈部，宽口沿外折，宽口沿下接腹部，器身纵长。

标本一，山西长治分水岭M269：67素面鬲。平口，折沿，腹部装饰半月形小耳，器体瘦高。通高14.9厘米，口径16.7厘米（图3-19，1）。

标本二，河南辉县琉璃阁甲墓28号鬲。平口，浅腹，器身横宽，扁足。（图3-19，2）。

地方鬲　在漫长的铜鬲发展史中，还有一小部分形制特色的铜鬲。这些形制的铜鬲我们统一列为地方鬲。

A型　乳状袋足鬲。裆部近于直角，袋足瘦长，足跟小，呈锥状。陕西、甘肃地区有发现。

标本一，陕西岐山京当出土铜鬲。索状立耳，折沿，沿下饰一周联珠纹为界的云纹，三袋足分张，裆腹间饰双线人字纹。通高21.4厘米，口径15.4厘米（图3-20，1）。

标本二，夔纹鬲，甘肃泾川庄底墓葬出土。立耳外侈，口沿较高，斜向上，沿下饰夔纹一周，三袋足分张。通高15厘米，口径12.5厘米（图3-20，2）。

这两件铜鬲的式样与同时期中原商文化铜鬲形制区别较大，邹衡曾言此类型铜鬲"不见于二里岗型，应是仿自本地区的陶鬲"[①]。

B型　联裆锥足鬲。此类型铜鬲见于江西新干大洋洲商墓，出土2件，形制一样，纹饰稍有不同，DXM：33、DXM：34，立耳，深腹，腹部饰兽面纹，尖足（图3-21，1、2）。

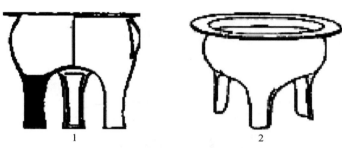

图3-19　乙类C型铜鬲标本

1.山西长治分水岭M269：67鬲　2.河南辉县琉璃阁甲墓28号鬲

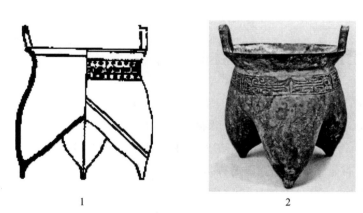

图3-20　地方鬲A型铜鬲标本

1.陕西岐山京当铜鬲　2.甘肃泾川庄底墓葬铜鬲

①　邹衡：《试论夏文化》，《夏商周考古学论文集》，文物出版社，1980年，128、129页。

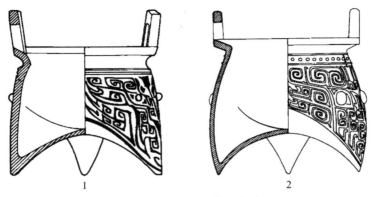

图3-21　地方鬲B型铜鬲标本

1.江西新干大洋洲DXM：33鬲　2.江西新干大洋洲DXM：34鬲

C型　折肩分裆鬲。

仅见于江西新干大洋洲商墓DXM：37鬲。立耳，斜颈，阔肩，深腹下收，分裆，柱足。肩部饰联珠纹一周，裆腹间饰"∧"形燕尾纹。通高39厘米，口径19厘米（图3-22）。

D型　此类型铜鬲主要发现于春秋时期，山东莒国墓地、湖北曾国墓地青铜器等有发现。可以分为圆肩和折肩两亚型：

Da型　圆肩弧裆鬲。窄折沿，敛口，圆肩，浅腹，足部收缩成圆锥状。此类型铜鬲主要见于山东地区。

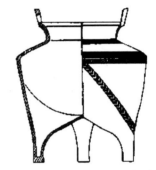

图3-22　地方鬲C型铜鬲标本

（江西新干大洋洲DXM：37鬲）

标本一，山东莒县西大庄M1：4。通体素面。通高15.6厘米（图3-23，1）。

标本二，山东临沂中洽沟出土。口沿下装饰一周斜角龙纹带。通高15.4厘米（图3-23，2）。

Db型　折肩分裆鬲。折沿，束颈，折肩，肩上饰重环纹，浅腹，圆锥柱足。此类型铜鬲主要见于湖北曾、随地区。

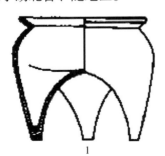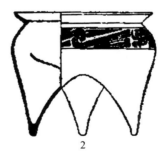

图3-23　地方鬲Da型铜鬲标本

1.山东莒县西大庄M1：4鬲　2.山东临沂中洽沟铜鬲

　　标本一，重环纹鬲，1966年湖北京山苏家垅出土。通高11厘米，口径14.5厘米（图3-24，1）。

　　标本二，伯鬲，湖北随州周家岗出土。通高10.5厘米，口径14厘米（图3-24，2）。

　　E型　方唇折沿，圆肩，深腹，短柱足。主要分布于长江流域楚文化区域。

　　标本，文峰塔M1：14鬲。卷沿，圆肩，肩腹部饰网格纹和三角云纹。通高24厘米，口径28.8厘米（图3-25）。

　　F型　卷沿，深腹，弧裆，矮柱足根。

　　标本，曾侯乙墓出土。腹通体装饰绳纹。通高12.9厘米，口径15.5厘米（图3-26）。

　　G型　卷沿，深鼓腹，尖足根。

　　标本，湖北随州擂鼓墩M2鬲。通高10厘米，口径9厘米（图3-27）。

　　H型　高领铲足鬲，高且直的长颈部是其主要特点，共计4件，形制相同。分别出自甘肃张家川马家塬战国墓葬M14、M18和庆阳某地（征集）。

　　标本，弦纹鬲（M18MS：4），甘肃马家塬M18出土。高直领附环形耳，三袋足分张，足跟呈铲形，饰弦纹、弧线纹。通高13.4厘米，口径13厘米（图3-28）。

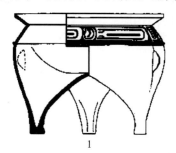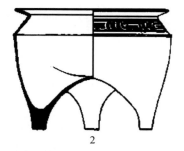

图3-24　地方鬲Db型铜鬲标本

1.湖北京山苏家垅铜鬲　　2.湖北随州周家岗铜鬲

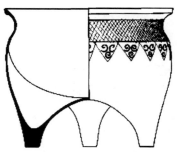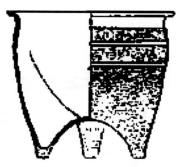

图3-25　地方鬲E型铜鬲标本　　　　图3-26　地方鬲F型铜鬲标本

（湖北随州文峰塔M1：14鬲）　　　　（曾侯乙墓绳纹鬲）

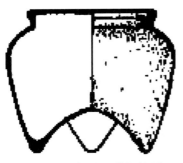

图3-27　地方鬲G型铜鬲标本

（湖北随州擂鼓墩M2鬲）

图3-28　地方鬲H型铜鬲标本

（甘肃马家塬M18MS：4鬲）

第二节　分期断代与演变

　　青铜鬲自商代早期出现，通行于两周时期，至战国晚期消亡，流行时间可谓漫长绵延。在这漫长的岁月里，经历了不同的演变阶段，形制、纹饰、铭文、组合方式都有不同的变化。我们以青铜鬲自身的形制演变为中心，结合其出土单位、纹饰变化、器物组合方式等，将青铜鬲的演变过程分为十期。第一期：商代早期，其中又分为二里岗下层和二里岗上层两个阶段；第二期：商代晚期；第三期：西周早期，其中又分为早、晚两段；第四期：西周中期，也分为早、晚两段；第五期：西周晚期；第六期：春秋早期；第七期：春秋中期；第八期：春秋晚期；第九期：战国早期；第十期：战国中晚期。以下是我们对各期铜鬲的逐一考察。

第一期　商代早期的青铜鬲

　　主要流行分裆袋足鬲，可以细分为两个阶段：二里岗下层和二里岗上层，绝对年代相当于商代早期。既在郑州地区商人活动的中心区域，也在商文化波及的二级圈层外有出土，尤以湖北盘龙城为代表，还有山西、陕西等地。

　　早段：主要流行甲类Aa型Ⅰ式铜鬲，以1997年在河南郑州商城东北部宫殿区发掘的商墓97：ZSC8ⅡT166M6：1、湖北盘龙城三期的杨家湾PYWM6：2两件铜鬲为代表。此阶段的铜鬲完全脱胎于陶鬲形制，受制于青铜铸造工艺的不成熟、不完善，整体器型简单粗糙，纹饰简单、原始。

　　从地层年代看，郑州商城东北部宫殿区的97：ZSC8ⅡT166M6：1的这件铜鬲是迄今为止发现的最早的铜鬲。从铜鬲的形制看，报告言更接近北方夏家店文化的陶质筒腹鬲，朱凤瀚先生认为更接近高台山文化一、二期的陶鬲[①]。无论说它近于北方夏家店

---

　　①　朱凤瀚：《中国青铜器综论》，上海古籍出版社，2009年，857页。

文化的筒腹鬲，还是近于高台山文化一、二期的筒腹鬲，它都不是典型商式器物。铜鬲在更早的二里头文化中未见踪迹，而同墓出土的铜盉却是典型的二里头文化器物。商文化是在夏文化的基础上建立的，夏、商两代的青铜礼器具有形制和风格的一致性和连贯性都是可以解释得清的。那么我们是否可以推断在尚未成熟的商文化青铜礼制中，铜鬲并未进入礼制范围？这件筒腹鬲是如何到了中原？劫掠？抑或其他可能？现阶段我们还没有办法确认。

商文化青铜遗迹从二里岗下层二期开始逐渐增多，比如荥阳西史村M2①、郑州东里路黄河医院C8M32②、东里路省中医院家属院C8YJM1③、郑州商城东北部C8M7④等。此阶段青铜礼器的组合形式是爵、斝或盉、爵等组合，未见铜鬲。在距离商文化中心区域以南的湖北盘龙城杨家湾M6出土1件双线"×"纹鬲，无耳，足残，形制可以归入Aa型Ⅰ式。可见，在二里岗下层时期，商文化早期阶段，铜鬲可能不是商人礼制范围内的主要器物。

晚段：从二里岗上层铜鬲开始增多，尤其是二里岗上层二期，不仅在郑州地区有发现，在郑州以外也有发现。商文化中心区域有二里岗上层一期的97：ZSC8ⅡT143M1：1鬲、郑州杨庄出土的两件"×"纹鬲；二里岗上层二期的郑州白家庄M3出土的2件夒纹鬲、郑州张寨南街杜岭窖藏铜鬲。商文化二级圈层内的有辉县琉璃阁M110、新郑望京楼、舞阳北舞渡、临汝李家楼，均属于二里岗上层二期。商文化二级圈层外的湖北盘龙城出土铜鬲共8件，时间从盘龙城4期至盘龙城7期，约相当于二里岗文化的上层一、二期；陕西西安田王村发现1件铜鬲，扶风美阳发现雷纹鬲1件，岐山京当出土1件联珠纹铜鬲，皆属于二里岗上层二期；山西洪洞双昌村出土铜鬲1件，此鬲纹饰比较特殊，在袋足上饰兽面纹，时代相当于二里岗上层二期。

这一阶段共发现有24件铜鬲，在商王朝中心区域铜鬲的数量（6件）相比在郑州商城以外发现的铜鬲数量（18件）要少。铜鬲在商文化礼制范围内的地位远不如同时期的鼎、爵、盉、斝等。本阶段甲类Ab型Ⅰ式铜鬲出现，与Aa型Ⅰ式铜鬲共存，器物制作仍粗糙，深腹，分裆袋足，耳足四点配列，足跟紧收呈尖锥形，裆腹部装饰简单的弦纹交叉而成的"×"纹，铸缝明显，是青铜时代早期器物的特色。纹饰开始多样化，例如郑州商城97：ZSC8ⅡT143M1：1联珠纹鬲、白家庄M3的夒纹鬲、琉璃阁

①　郑州市博物馆：《河南荥阳西史村遗址试掘简报》，《文物资料丛刊（第5辑）》，文物出版社，1981年。

②　杨育彬、赵灵芝、孙建国、郭培育：《近几年来在郑州新发现的商代青铜器》，《中原文物》1981年2期。

③　杨育彬、赵灵芝、孙建国、郭培育：《近几年来在郑州新发现的商代青铜器》，《中原文物》1981年2期。

④　河南省文物考古研究所：《郑州商城——1953—1985年考古发掘报告》，文物出版社，2001年。

M110的兽面纹鬲。此时开始，铜鬲裆腹间流行装饰双线人字纹，此纹样一直流行至西周早期。商代早期有铭铜鬲仅见国家历史博物馆收藏的亘鬲，自名![印章符号]，有释读为岁、耳、亘，应是族徽。

第二期　商代晚期的青铜鬲

本阶段，铜鬲式样开始增多，数量也增多，计有38件。主要流行甲类Aa型Ⅱ式、Aa型Ⅲ式、Ab型Ⅱ式、Ab型Ⅲ式、Ac型Ⅰ式。迄今为止，我们收集到的本阶段铜鬲，明确出土于殷墟的有刘家庄北地M220：3鬲、殷墟郭家庄东南M5：8鬲、殷墟四区M1102：1鬲、郭家庄M50：6鬲和1件形制不明残破的兽面纹鬲。在商王朝后期的政治中心——殷墟，出土青铜鬲数量屈指可数，也进一步印证了上文我们推测商人的青铜礼制文化不重视铜鬲。本阶段出土青铜鬲的地区主要还是在商王朝外围区域，如河南洛阳伊川、河南灵宝东桥、江西新干大洋洲、北京平谷刘家河、河北武安赵窑、山西洪洞双昌村、陕西南部的城固、山东滕州、安徽阜南等地。

本阶段殷墟出土的4件铜鬲，在形制上不尽相同。刘家庄北地M220：3鬲（图3-29，1），形制作立耳，直颈，颈部饰一周联珠纹为界的夔纹，分裆较浅，腹部斜收较浅，下接三短圆锥足，型式划分可以归为Ab型Ⅱ式；郭家庄东南M5：8鬲（图3-29，2），形制作立耳，直颈较短，圆鼓腹，圆柱足，型式划分归为Aa型Ⅲ式；郭家庄M50：6鬲（图3-29，3），形制作立耳，斜直颈，圆腹，柱足，颈部饰一周联珠纹，腹部饰大面积的兽面纹，形式划分为Aa型Ⅲ式，同郭家庄东南M5：8鬲同一型式，但是有演变序列，M5发掘报告将其年代定在殷墟二期晚段，M50定为殷墟四期；殷墟四区M1102：1鬲（图3-29，4），形制作方立耳，侈口，束颈，分裆较浅，三柱足，颈部饰一周兽面纹，型式划分可归为Ac型Ⅱ式，M1102：1鬲的形制已经十分接近西周早期的铜鬲式样。这四件铜鬲除M1102：1鬲外，发掘报告均将之定为鼎，不作铜鬲看待。岳洪彬先生《殷墟青铜礼器研究》一书中将殷墟出土的铜鬲也仅仅统计了M1102：1鬲这一件，可见殷墟发掘工作者和研究者在殷墟出土青铜分裆鼎和鬲区分时的观点和看法[1]。关于商代晚期出土的分裆鼎和鬲的区分和辨别，黄薇女士的《中国古代青铜器整理与研究·特殊鼎类卷》一书作了专门探讨，也初步提出了判断二者的三个步骤[2]，在此不赘述，下文作探讨。

殷墟以外的铜鬲，发现的数量在33件左右，形制主要是分裆袋足鬲，即甲类Aa型Ⅱ式、Aa型Ⅲ式、Ab型Ⅲ式铜鬲。在商文化影响力逐渐衰减的商文化圈层边缘地带的江西新干大洋洲，墓葬中发现具有地方特色的铜鬲，从形制看，应该是仿制陶鬲而做。还有本土特色的纹饰，如大洋洲XDM：36鬲，形制是甲类Ab型Ⅲ式，在颈部装饰

① 岳洪彬：《殷墟青铜礼器研究》，中国社会科学院研究生院博士学位论文，2006年。
② 黄薇：《中国古代青铜器整理与研究·特殊鼎类卷》，科学出版社，2016年。

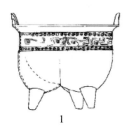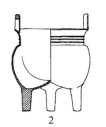

图3-29　河南殷墟地区出土铜鬲

1. M220∶3　2. M5∶8　3. M50∶6　4. M1102∶1

了一周鱼纹。

本阶段铜鬲演变趋势：腹部较上期变浅，尖锥足发展为圆锥足、柱足，耳足五点配列，纹饰开始出现在腹部，以三足为中心装饰大面积的兽面纹，颈部纹饰带题材有弦纹、云纹、雷纹、目纹、夔纹等，腹足部出现有齿状扉棱，器物做得精致华丽，和商代晚期整个青铜礼器装饰风格一致。例如郭家庄M50∶6鬲和传世的上海博物馆馆藏的几件兽面纹铜鬲，都应属于此阶段殷墟风格青铜礼器的范畴。本阶段有铭铜鬲增多，如殷墟郭家庄M50∶6鬲自名"乍册兄"，四区M1102∶1鬲自名"酉父丁"，传世的藏于台北故宫的鱼鬲、东京出光美术馆的"🐍"鬲。铭文字数少，记日名或族徽。

第三期　西周早期的青铜鬲

西周早期青铜器整体风格承商代晚期，铜鬲也不例外。西周建国以后，周人在政治上采用分封制，建立了一个相对统一的国家。在礼制文化上，周人重食，食器的比例增加。本阶段开始铜鬲数量增多，流行甲类Ab型Ⅳ式、Ab型Ⅴ式、Ac型Ⅱ式、Ac型Ⅲ式、Ac型Ⅳ式。此阶段铜鬲形制相对统一，仅有Ab、Ac型，但是形制演变快了起来，可以分为早、晚两段。

早段：在关中以及洛阳区域内，出土铜鬲的有扶风周原庄李M9，泾阳高家堡M2，宝鸡纸坊头M1，长安张家坡M294、M136，洛阳唐城花园C3M417。诸侯国地区有河南鹤壁庞村西周墓葬，河南鹿邑太清宫长子口墓，1978年山东滕州姜屯庄里西村M3，山东滕州前掌大M120，北京琉璃河燕国墓地M251、M253、M50、M52，山西天马曲村晋侯墓地M6069、M6214，湖北随州叶家山曾国墓地M1、M2等，共计44件。

铜鬲的形制主要有甲类Ab型Ⅳ式、Ac型Ⅱ式、Ac型Ⅲ式，即同时流行有明显长颈部的分裆鬲和束颈分裆鬲。本阶段铜鬲腹部还较深，耳部有方形立耳和索状立耳两种，耳足五点配列，铸造技术已成熟。相对于商代晚期的铜鬲来说，形制固定，装饰简单大方，器体高度保持在18厘米左右，个别有超过20厘米的较大铜鬲，例如伯矩鬲，器体较大，通高33厘米。纹饰精美，流行在颈部装饰弦纹带、云雷纹带和兽面纹带；腹部大多素面，少数在腹部装饰简单的兽面纹和目纹。鲁侯熙鬲的精美装饰也仅见这一例。铭文铸在器物内壁，格式多是某某作器的格式，字数多在3~7字，不超过

10字，伯矩鬲例外，铭15字。

晚段：关中地区，出土铜鬲的有扶风云塘M13、M20，扶风刘家村丰姬墓，扶风齐镇M1、M2，岐山贺家村M6，宝鸡竹园沟M4。关中以外地区有北京琉璃河M209，山东滕州西周墓，济阳刘台子M2、M6，山西天马曲村晋侯墓地M6231、M6080、M6130、M6214、永凝堡M14，翼城大河口墓地，湖北随州叶家山曾国墓地M65、M28、M27、M107等墓葬，共计43件。

铜鬲的形制主要有甲类Ab型Ⅴ式、Ac型Ⅳ式，较之前段铜鬲器型变化不大。主要不同在铜鬲腹部变浅，器体变矮，通高在15厘米左右。纹饰变化也不大，同前段风格，在颈部装饰弦纹带、兽面纹带等，腹部光素或装饰简单兽面纹。铭文铸在器物内壁，字数和格式大多同前段，如7字的遣鬲"遣作宝尊鼎，其万年用享各"，铭文不仅表明作器者、受器者身份，还附上美好的愿望祝词。

本阶段也开始孕育新元素。例如贺家村M6出土铜鬲（图3-30），器体形制与Ac型Ⅳ式铜鬲无甚不同，区别在于耳部、足部和纹饰。不再是立耳，而是颈部设附耳，这种附耳鬲，在稍后阶段也有零星发现，例如长安普渡村长由墓出土的附耳绳纹鬲、晋侯墓地M91出土的附耳兽面纹鬲（M91：68）和传世的师趛父鬲，只是附耳更大、更凸出。贺家村M6出土的这件附耳分裆鬲的一只柱足上附有小圆环，这种形制尚未见到其他案例，不知其设计用意和用途。纹饰是在颈部饰一周目雷纹带，目雷纹下饰一周三角纹带。

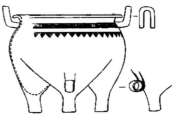

图3-30　陕西岐山贺家村M6
出土铜鬲

第四期　西周中期的青铜鬲

本阶段是周文化逐渐成熟阶段，铜鬲的发展表现在分裆鬲和联裆鬲的过渡和转变。据此，我们也将本阶段分为早、晚两段。

早段：出土铜鬲的有关中地区长安普渡村M2、长由墓，宝鸡茹家庄M1、M2，洛阳庞家沟M410，山西晋侯墓地M7104，绛县横水M2158，翼城大河口M1、M1017、M2002，共计32件。甲类分裆鬲Ab型Ⅴ式仍有发现，器高不超过15厘米，颈部变短，腹部较浅，主要纹饰题材还是弦纹、兽面纹、目雷纹。关中地区开始出现乙类联裆鬲的A型Ⅰ式和B型。联裆鬲亦是从陶鬲形制发展而来，从宝鸡茹家庄M1出土的铜鬲、长安普渡村M1长由墓和M2出土的B型联裆鬲可以看出最早的联裆鬲形制。既有陶鬲的绳纹纹样，又有前阶段铜鬲的立耳特征。周人对铜鬲进行了改造，逐渐形成自己风格。联裆鬲主要装饰斜线纹、直线纹，有月牙形扉棱。铜鬲铭文一般3~6字，言作器者信息。

晚段：出土铜鬲的有扶风强家村M1、1976年扶风庄白一号窖藏、1961年长安张家坡窖藏，共计31件。铜鬲不再流行分裆鬲，形制主要是乙类联裆鬲中的A型Ⅱ式，并开始向乙类A型Ⅲ式铜鬲过渡。形制变化的重点在足部，由柱足逐渐向半圆形足转化，足跟内侧有凹槽。纹饰特征：流行直线纹+斜角云雷纹、斜角龙纹，或有月牙形扉棱。纹饰变化的重点在纹饰布局和纹饰种类的变化上：由上、下两层直线纹转变为直线纹+斜角云纹，两层纹饰间以一周凹槽。铜鬲的形制演变、纹饰布局开始形成了一个新的风格和特色。本阶段列鬲在墓葬、窖藏、传世器中均有发现，奇、偶均有，数量4～13件，这是本阶段的特色。有铭铜器增多，铭文铸在器物颈部为多，字数在15字左右，最多64字，铭文格式仍主要是某某作器，子子孙孙永宝用，有少量记事铭文。

第五期　西周晚期的青铜鬲

本阶段相当于西周厉、宣、幽王世，铜鬲在关中青铜器窖藏和传世器中较多见，墓葬材料有山西北赵晋侯墓地M91、河南平顶山应国墓地M95、甘肃宁县谢家宇村周墓、庆阳玉村周墓等，窖藏材料有1958年扶风齐家村窖藏的它鬲、1960年扶风齐家村窖藏的伯邦父鬲、1975年扶风董家村窖藏的成伯孙父鬲和荣有司再鬲、2003年眉县杨家村窖藏的单叔鬲、永寿好畤村出土的仲枏父鬲，共计70件。

本阶段出土青铜鬲的墓葬从西周晚期跨越至春秋早中期，铜鬲形制有乙类联裆鬲的A型Ⅱ式，即半圆形柱足，纹饰两层，窃曲纹、重环纹+直线纹；盛行乙类A型Ⅲ式，足跟由半圆形向蹄足转化，蹄足跟较肥大，甚至有台，腹部变浅，此类型铜鬲一直流行至春秋早期。新的纹饰种类出现重环纹、窃曲纹、环带纹、卷体兽面纹等等，还流行腹部装饰卷体兽面纹，有铭铜鬲多，铭文铸在口沿处或颈部，格式仍是某某作器，子子孙孙永宝用。字数在15字左右，最多38字。

第六期　春秋早期的青铜鬲

以河南洛阳润阳广场C1M9934、C1M9950，洛阳体育场C1M10122：97，河南三门峡虢国墓地M2001、M2011、M2012等，陕西韩城梁带村墓地M19、M28，山东临朐泉头村甲、乙墓，枣庄小邾国墓地，1996年莒县西大庄M1，1966年湖北京山苏家垅，1979年桃花坡M1、M2，2002年和2003年枣阳郭家庙M17，1978年随州何店乡何家台墓葬，2001年河南桐柏县月河M4，信阳平桥M1等为代表，共计197件。本阶段铜鬲发展继承周文化风格，同时区域性风格显现，例如莒县出土的莒国青铜鬲、湖北京山等地出土的曾国青铜鬲、河南桐柏出土兼国青铜鬲、淅川下寺出土的楚国青铜鬲、南京浦口窖藏的吴国青铜鬲等与同时期中原地区的铜鬲风格迥异。

本阶段流行乙类联裆鬲的A型Ⅲ式、圆肩分裆鬲、折肩分裆鬲，器体由西周晚期宽矮扁平，逐渐增高。纹饰特征：流行在腹部装饰环带纹、卷体夔龙纹、象首纹，圆肩弧裆鬲流行在口沿下装饰一周顾首龙纹、窃曲纹、重环纹、垂鳞纹等。铭文格式和字数与上阶段相差不大，出现在器表铸铭的现象，但有铭铜鬲数量开始减少。本阶段处于时代变迁的大背景下，周王室衰微，对全国的控制日渐乏力，诸侯国势力日渐增长，形成与西周完全不同的政治、经济、文化格局。不过在春秋早期，周王还是天下共主，诸侯国的文化力量有限，自身的文化面貌尚未形成，表现在青铜器上，总体风格就和中原地区接近。在周文化影响力弱的外圈层地区，呈现地方文化特征（折肩或圆肩的分裆袋足鬲）。

第七期　春秋中期青铜鬲

以河南新郑李家楼大墓，郑国祭祀遗址，1983年河南信阳黄孟君夫妇墓G2（鬲制作早），山东薛国故城M1、M2，沂水刘家店子M1，临沂中洽沟墓葬，1980年湖北随州刘家崖墓葬，随州周家岗墓葬，1974年新野小西关春秋墓藏，1995年安徽舒城凤凰嘴等遗址出土铜鬲为代表，共有129件。中原地区流行周文化系统下的乙类联裆鬲A型Ⅳ式。新郑郑国祭祀遗址出土铜鬲承周式铜鬲，腹部愈浅，器体变高，腹底近平，卷体兽面纹纹饰简化。山东、湖北、安徽等地区主要流行折肩分裆鬲、圆肩分裆鬲。山东沂水地区出土的折肩分裆鬲纹饰主题则是重环纹、垂鳞纹、窃曲纹等周式题材。铭文铜鬲减少，铭文内容有变化，自名中出现"行器"称法。

第八期　春秋晚期青铜鬲

以山西上马村M13，长治分水岭M269，山西万荣M1，河南琉璃阁甲、乙墓，安徽寿县蔡侯墓，河南淅川下寺楚墓等墓葬出土铜鬲为代表，共70件，铜鬲开始减少。本阶段中原三晋地区流行乙类联裆鬲的A型Ⅳ式，器体瘦高，腹部很浅，足跟由蹄足变为扁足，纹饰简化甚至光素。诸侯国等地有自己风格的器物，最为典型的是楚式铜鬲，铭文铜鬲少见，文字较多的有竞之定鬲（22字）。

第九期　战国早期的青铜鬲

以太原金胜村M251，陕县后川M2040，汲县山彪镇M1，洛阳潞城潞河M4，侯马上马M5218，山西长子牛家坡M7，徐家岭M9、M10，湖北随县擂鼓墩M1、M2为代表，共50件。本阶段铜鬲承春秋晚期铜鬲形制，流行乙类联裆鬲的A型Ⅳ式、A型Ⅴ式，器体宽，足跟矮，纹饰简化，多素面。联裆鬲中的A型Ⅳ式装饰风格和春秋时期接近，肩部突出，肩部以下饰一周宽兽面纹带或蟠螭纹带。河南淅川和湖北地区的铜鬲数量较多，装饰题材是既有中原地区的卷体兽面纹，也有当地特色的三角云纹。本阶段铜鬲无论从出土数量，还是从铸造水平，都呈现衰退趋势，也无铭文，在墓葬器物组合中也不再占据主要地位。

第十期　战国中晚期的青铜鬲

以河南洛阳中州路西工段M4、陕县后川M2040、湖北天星观M2、山西万荣庙前村、甘肃马家塬战国墓M14为代表，共38件。本阶段铜鬲形制与前期区别不大，但是制作更粗糙，多素面无纹。

综上所述，自青铜文明产生之初，受到陶器的影响，铜鬲诞生。在重酒的殷商文化系统下，铜鬲没有得到重视，发展演变比较慢，也没有进入殷墟上层贵族的礼制中心。西周以后，这种食器开始得到重视，形制演变较快，并发展出不同于商文化的形制特点，逐渐进入周人的礼制文化中心（但地位仍不及铜鼎和铜簋）。在周文化的传播范围内，地位普遍上升，尤其在春秋早中期，铜鬲使用达到顶峰，不仅数量多，而且行用地域广，甚至在地方上还发展演变出新的形制。战国以后，又随着青铜文化的逐步衰落，数量慢慢在减少，制作也较粗糙、无铭文，甚至消亡。

第四章　墓葬出土青铜鬲的组合关系研究

在研究青铜器的过程中，借助现代考古学的理念、方法和手段，不仅能科学地获得出土材料，还可以通过同墓葬一起出土的其他器物从而判定墓葬相对年代，故而，墓葬中随葬器物的组合关系是我们科学研究青铜器的主要方法之一。本章以科学发掘的、没有经过盗扰和破坏的、完整的青铜礼器组合的墓葬材料为研究对象，以时间早晚为线，考察不同时期内，不同规格等级墓葬中青铜器组合关系变化，明确青铜鬲在整个青铜礼器组合中的地位、青铜礼制的变化和发展。

截至2020年底，出土青铜器的墓葬共计172座，其中经过科学发掘、墓葬信息保留相对完整的有148座，现将这些材料按照时代分期，列表并做分析。

第一节　商代墓葬器物组合

一、商代早期的墓葬器物组合

商代早期出土铜鬲的墓葬有11座，可分为早、晚两段，早段2座，晚段9座，具体组合形式见表4-1：

表4-1　商代早期墓葬器物组合表

序号	出土单位	墓室面积（平方米）	随葬青铜礼器					
			食器	酒器	水器	乐器	其他
1	郑州商城 97：ZSC8ⅡT166M6	2.64	鬲1	盉1			铜戈1
2	盘龙城杨家湾M6	2.35~2.72	鬲1	爵1斝1			陶盉1罐2鬲1 玉戈1
3	郑州商城 97：ZSC8ⅡT143M1	1.6	鬲1				玉璧等
4	黄陂盘龙城李家嘴M2	12.8	鼎4鬲1甗1簋1	瓿1爵4斝3罍1尊1	盉1盘1		
5	郑州白家庄C8M3	3.4	鼎1鬲2	瓿2爵2斝2尊1			玉器10
6	新郑望京楼	？	鼎1鬲1	瓿1爵1斝1			
7	盘龙城楼子湾M4	3.1	鼎1鬲1	爵1斝1			

序号	出土单位	墓室面积（平方米）	随葬青铜礼器				
			食器	酒器	水器	乐器	其他
8	盘龙城杨家湾M4	2.1	鬲1	觚2爵2斝2尊1			
9	辉县琉璃阁M110	1.68	鬲1	觚1爵1斝1			
10	黄陂盘龙城杨家湾M7	2.5	鬲1	爵1斝1尊1			
11	黄州下窑嘴商墓	3.51	鬲1	觚1爵1斝1罍1			

1. 早段

相当于二里头四期和二里岗下层期，墓葬数量2座，组合形式是食器+酒器，具体有两种：

（1）鬲+盉（郑州商城97：ZSC8ⅡT166M6）

（2）鬲+爵、斝（盘龙城杨家湾M6）

2. 晚段

相当于二里岗上层—殷墟一期，组合完整的墓葬数量9座，有三类：

第一类：食器　鬲（郑州商城97：ZSC8ⅡT143M1）

第二类：食器+酒器+水器　鼎、鬲、甗、簋+觚、爵、斝、罍、尊+盉、盘（盘龙城李家嘴M2）

第三类：食器+酒器，又有以下七种组合形式：

（1）鼎、鬲+觚、爵、斝、尊（白家庄C8M3）

（2）鼎、鬲+觚、爵、斝（新郑望京楼）

（3）鼎、鬲+爵、斝（盘龙城楼子湾M4）

（4）鬲+觚、爵、斝、尊（盘龙城杨家湾M4）

（5）鬲+觚、爵、斝（辉县琉璃阁M110）

（6）鬲+爵、斝、尊（盘龙城杨家湾M7）

（7）鬲+觚、爵、斝、罍（湖北黄州下窑嘴商墓）

以上11座出土铜鬲的墓葬除了盘龙城李家嘴M2较大外，其余均是4平方米以下的小型墓，食器21件，酒器42件，水器2件，基本反映了在商代早期中小型墓葬的青铜礼器组合形式是食器+酒器，中大型墓的组合形式是食器+酒器+水器。食器组合为一鼎一鬲或一鬲，酒器数量明显多于食器，酒器以觚爵斝为核心，与殷人好饮的时代特色相合。盘龙城李家嘴M2的器物组合中"鼎、鬲、甗、簋"组合不见同时期的中原地区墓葬组合，这可能与中原地区没有稍大墓葬材料相比对有关，期待更多考古材料的发现。铜鬲在一座墓葬中最多出土2件，更多的情况是一墓一件，且都是小型墓葬。铜鼎却出现在稍大的墓葬中。可见在礼制创建之初，铜鬲与铜鼎地位就有差别。

二、商代晚期的墓葬器物组合

商代晚期出土青铜鬲的墓葬共有10座，其中殷墟地区有4座，殷墟周边有6座，殷墟发现出土铜鬲的墓葬少，且墓室面积不大，均是中小型墓，殷墟周边的商墓仅有新干大洋洲的商墓较大，器物组合也较其他墓葬要高级。具体组合形式见表4-2：

表4-2 商代晚期墓葬器物组合表

序号	出土单位	墓室面积（平方米）	随葬青铜礼器					其他
			食器	酒器	水器	乐器	其他	
1	殷墟郭家庄M50	5.44	鼎1鬲1簋1	觚2爵2卣1				
2	殷墟郭家庄东南M5	5.51	鼎3鬲1甗1	觚1爵1罍1			箕形器1	
3	殷墟刘家庄北地M220	3.32	鬲1	觚1斝1瓿1			戈1	
4	殷墟四区M1102	3.51	鬲1					陶觚1盘1
5	新干大洋洲商墓	29.95	鼎31鬲6甗3簋1豆1	罍1瓿1壶2卣3瓒1	盘1	铙3镈1	钺矛戈勾戟镞剑刀鐏工具等	玉器、陶器等
6	平谷刘家河商墓	?	圆鼎3小方鼎2鬲1甗1	斝1爵1罍1卣1瓿1	盉2盘2			
7	武安赵窑商墓M7	5.2	鬲1	爵1觚1				
8	灵宝东桥商墓	?	鬲1	斝1爵1尊1瓿1				
9	滕州官桥镇轩辕庄商墓	?	鬲1	爵1斝1			戈1镞2	
10	洛阳伊川商墓	?	鬲1	爵2觚2			戈2镞1凿2笄2	簋1豆1

（一）大型墓葬的组合形式

食器（鼎、鬲、甗、簋、豆）+酒器（罍、瓿、壶、卣）+水器（盘）+乐器（铙、镈）[①]。从出土器物数量和墓葬规格看，应属于商代晚期高等级墓葬。

器物组合的形式与同时期的妇好墓食器+酒器组合相类似，但也呈现不同于殷墟的组合特色：例如食器中不见簋，而多了鬲、豆；酒器组合中没有殷墟常见的觚、爵、斝、觯等，发掘者从组合形式上认为这是一支与中原青铜文化并行的土著青铜文化[②]。

① 江西省博物馆、江西省文物考古研究所、新干县博物馆：《新干商代大墓》，文物出版社，1997年。

② 江西省博物馆、江西省文物考古研究所、新干县博物馆：《新干商代大墓》，文物出版社，1997年，203页。

总之，在大型墓中，可以看出铜鬲的数量与墓葬的规格相一致，墓葬级别愈高，铜鬲数量就会上升。

（二）中小型墓葬的组合形式

1. 殷墟地区墓葬组合形式

共2类。

（1）食器+酒器，其中又有以下三种形式：

①食器（鼎、鬲、簋）+酒器（觚、爵、卣）：殷墟郭家庄M50。

②食器（鼎、鬲、甗）+酒器（觚、爵、罍）：殷墟郭家庄东南M5。

③食器（鬲）+酒器（觚、斝、瓿）：殷墟刘家庄北地M220。

（2）食器（鬲）+酒器陶觚+水器陶盘：殷墟四区M1102，墓葬年代在殷墟四期。

第一种组合形式中的铜鬲形制与分裆鼎难以区分，第二种组合形式中的铜鬲形制是典型的西周早期式样。

2. 殷墟以外的墓葬组合形式

共2类。

（1）食器（鼎、鬲、甗）+酒器（爵、斝、卣、瓿、罍）+水器（盘、盉）：1977年北京平谷刘家河商墓，年代应为殷墟一期。

（2）食器（鬲）+酒器（爵、觚）：1960年河北武安赵窑商墓M7，此墓葬年代在殷墟二期。

另有以下三则墓室面积不明的材料可作参考：

（1）食器（鬲）+酒器（斝、爵、尊、瓿）：河南灵宝东桥，墓葬被破坏，年代约在殷墟一期。

（2）食器（鬲）+酒器（斝、爵）：1992年山东滕州官桥镇轩辕庄商墓，墓葬被破坏，墓葬年代殷墟一期。

（3）食器（鬲）+酒器（爵、觚）：1986年豫西洛阳伊川商墓，长方形土坑竖穴墓，墓室破坏，面积不明，出土人骨架五具，应为殉人，有殉狗，墓葬年代为殷墟一期。

从以上三则材料看，伊川的商墓出土五具人骨架，酒器组合有两套，中型墓的可能性更大，随葬器物组合也可能并不全。从武安赵窑M7的组合形式看，中型墓中偏小的一类墓葬随葬一套酒器组合，灵宝、轩辕庄的组合形式接近赵窑M7。

商代晚期，出土铜鬲共有15件。商代早期的盘龙城中型贵族墓中形成"鼎、簋、鬲、甗"的食器组合形式，在商人的中心地区——殷墟并没有出现，同上一期一样，只是在商王朝统治的南部边缘江西新干出现。中型墓中食器组合少1件簋或甗，酒器仍然是本期墓葬组合的核心，墓葬大小和酒器数量成正比。铜鬲在中小型墓葬不出鼎的情况下出土，应是替代鼎的作用出现在墓葬组合中。

第二节 西周墓葬器物组合

一、西周早期的墓葬器物组合

西周早期开始出土铜鬲的墓葬多了起来，据统计，组合相对完整的共有41座，早期前段有19座，后段有22座，共计铜鬲58件。其完整组合形式见表4-3：

表4-3 西周早期墓葬器物组合表

序号	出土单位	墓室面积（平方米）	随葬青铜礼器				
			食器	酒器	水器	乐器	其他
1	鹿邑太清宫长子口墓	45.4~59.7	圆鼎13方鼎9簋3鬲2甗2	觚8觯5爵8尊5卣6斝3角2觥3罍2壶1斗4	盘1盉1	编铙6	
2	扶风法门寺庄李M9	7.9	鼎3簋2鬲1甗1	斝1爵2尊1卣1罍1	盉1		
3	鹤壁庞村周墓	8	鼎3簋3鬲1甗1	觯1爵3尊1卣1	盉1		
4	北京琉璃河M251	16.7	鼎6簋4鬲2甗1	觯3爵2尊1卣1	盘1盉1		
5	北京琉璃河M253	17.9	鼎6簋2鬲4甗1	觯1爵2尊1卣2壶1	盘1盉1		
6	滕州前掌大M38	8	鼎3鬲2簋1	觚4爵4斝1觯1提梁卣2罍1尊1斗1			
7	滕州前掌大M120	7.73	圆鼎2方鼎1簋1鬲1甗1	觚2角2爵2提梁卣1觯1壶1尊1	盉1		铜箍木壶2铜戈1刀2斧1
8	随州叶家山M1	9	方鼎4圆鼎4簋2鬲1甗1	觚2爵3斝1觯1尊1卣1罍1			
9	泾阳高家堡M2	5.9	鼎1甗1鬲1簋1	觯1尊1卣1			
10	临汾天马-曲村M6210	10.6	鼎3簋2鬲1甗1	爵1觯1尊1卣1			
11	临汾天马-曲村M6069	10.8	鼎3簋1鬲1甗1	觯1卣1			
12	洛阳唐城花园C3M417	5.7	鼎1鬲1	觯1爵2			
13	北京琉璃河M52	9.46	鼎1鬲1	尊1觯1爵1			
14	临汾曲村晋侯墓地M6195	10.6	鼎3簋2鬲1甗1				
15	临汾曲村晋侯墓地M6197	7.1	鼎2鬲2簋2				
16	北京琉璃河M50	5.99	鼎1鬲1	尊1爵1觯1			
17	长安区张家坡M294	5.58	鬲1				
18	长安区张家坡M136	3.12	鬲1				

序号	出土单位	墓室面积（平方米）	随葬青铜礼器				
			食器	酒器	水器	乐器	其他
19	临汾曲村晋侯墓地M6123	2.6	鬲1				
20	宝鸡纸坊头M1	残	鼎4簋5鬲2甗1	觯1罍1			
21	随州叶家山M28	39.6	鼎7簋4鬲1甗1匕1	尊2卣2爵2觚1觯1罍1壶1	盘1盉1		
22	随州叶家山M27	33.2	鼎5簋4鬲2甗1	爵2觚1觯1尊3卣1罍2壶1瓿1	盘1盉1		
23	随州叶家山M65	15.5	鼎7簋4鬲1甗1匕1	尊1卣1爵2觯1壶2（漆壶1）	盘1盉1		
24	随州叶家山M107	21.42	鼎2簋1鬲1甗1	瓿1爵2觯1尊1卣1			
25	扶风刘家村丰姬墓		鼎3簋3鬲1甗1	爵1觯3尊2卣3（铅1）壶1	铅盘1铅盉1		
26	宝鸡竹园沟M4	12.3 ~ 14.6	甲组：鼎4簋2鬲1甗1	甲组：爵2觯2尊1卣1壶1斗1	盘1		平底罐1尖底罐1
			乙组：鼎3鬲1簋1	乙组：觯1勺1			
27	济阳刘台子M6	26	鼎7簋5鬲1甗1	爵2觯2尊1卣1	盘1盉1		
28	扶风云塘M20	6.13	鼎1鬲1簋2	爵2尊1卣1			
29	扶风云塘M13	4.8	鼎1鬲1	爵2觯1尊1卣1			
30	临汾曲村M6130	7.4	鼎1簋1鬲1甗1	觯1尊1卣1			
31	临汾曲村M6214	7.3	鼎2簋2鬲1甗1	觯1尊1卣1			
32	济阳刘台子M2	7.8	鼎1鬲1簋2	觯1			
33	临汾曲村M6231	13.1 ~ 13.8	鼎2簋2鬲2甗1	爵1觯1尊1卣1壶1			
34	临汾曲村M6080	9	鼎2簋2鬲2				
35	北京琉璃河M209	4.2	鼎1鬲1簋1				
36	扶风齐镇M1	?	鼎1鬲1				
37	扶风齐镇M2	?	鼎1鬲1				
38	洪洞永凝堡M14	6.65	簋1鬲1				
39	岐山贺家村M6	6.05	簋1鬲1				
40	滕州庄里西M3	破坏	簋2鬲1				
41	翼城大河口墓地M1	17.39	鼎24簋9鬲7甗1	觯8爵6卣4尊2瓿1罍1斗1	盘1盉1	铙3钟3钩鑃2	

1. 早段

本阶段墓葬19座，出土铜鬲26件。不同规格墓葬中，铜器组合形式也不尽相同。

（1）大型墓葬的组合形式。

在10平方米以上的墓葬中组合有两种形式：

①食器+酒器+水器+乐器

②食器+酒器+水器

从表4-3中可以看出，大型墓中已经形成鼎、簋、鬲、甗的食器组合，铜鼎、簋数量的多少与墓葬规格有十分密切的关系。铜鬲明显作为陪鼎存在，数量1～2件。在北京琉璃河M253和山西翼城大河口M1中发现形制、大小、花纹相同的列鬲。

（2）中型墓葬的组合形式。

在5～10平方米的中型墓中，组合形式主要是食器+酒器，也有食器+酒器+水器的形式，并且有墓葬开始不出酒器。可以看出中型墓的鼎、簋、鬲、甗食器组合中，铜鼎的数量减少，铜簋也在减少或不见，与大型墓相比规格相较明显要低；铜鬲数量没变化，仍是1～2件。例如北京琉璃河M50、M52中，食器组合中出土了1鼎1鬲，酒器的尊、觯、爵组合可能更能代表墓主人的身份与地位。

（3）小型墓葬的组合形式。

不见酒器和水器，也不见鼎，仅有1件铜鬲，地位相当于鼎。

2. 晚段

墓葬有22座，出土铜鬲32件。

（1）大型墓中鼎、鬲、簋、甗的食器组合中与早段情况相同，但是也孕育了新的因素。近年来在山西翼城大河口墓地中最新出土的材料显示，由鼎、鬲、簋、甗+爵、觯、尊、卣、瓿、罍+盘、盉+钟、铙、钩鑃组成的食器+酒器+水器+乐器的组合形式十分完备。在食器组合中有铜鼎24件、铜簋9件、铜鬲7件，墓葬器物级别十分高，铜鬲随着鼎、簋数量的增多也在增多。且7件铜鬲中4件的形制、花纹一致、大小相近。

竹园沟墓地M4情况也比较特殊，椁室分为两部分，分别埋葬墓主人强季和其妾室。器物分为两组，第一组的食器组合是鼎、鬲、簋、甗；第二组的食器组合中没有甗，且鼎、簋数量相较少，这两组器物组合明显有级别之分。

（2）中小型墓葬中，组合形式基本是食器+酒器组合或仅有食器。中型墓中不出酒器的现象增加，相对来说食器地位上升。食器组合没有甗或簋，铜鼎数量也少。

总之，在西周早期的早段，大致在武、成、康之际，西周大中型墓葬中已经普遍流行食器的"鼎、簋、鬲、甗"组合，鼎、簋的地位上升，鬲的地位却不高，数量大多在1件，在10平方米以上的大型墓中出土2件或以上（琉璃河M253中出土4件），且形制大小、花纹均相同，是最早的列鬲。在诸侯国君级别的墓葬中还配以乐器。在小型墓中只有食器鬲随葬。

西周早期晚段，20平方米以上高等级墓葬中，由"鼎、簋、鬲、甒"组成的食器组合十分完整，鼎、簋尚没有形成列鼎列簋的礼制规范，与早段中型墓葬食器组合数量相差不大，以鼎簋为核心，配以鬲和甒。整个西周早期墓葬组合中食器比例高达69%，酒器比例25.4%，说明周人更看重食器，食器组合开始超越酒器组合数量，成为墓葬器物组合的核心。主要表现在鼎、簋数量增加，多至7鼎4簋。铜鬲在食器组合中地位不高，与商代晚期的变化主要在出土铜鬲的墓葬数量在增加，开始出现列鬲。

二、西周中期的墓葬器物组合

西周中期铜鬲在窖藏中有较多发现。出土铜鬲组合完整的墓葬仅有13座，其中早段有12座，晚段有1座，出土铜鬲25件，其完整组合形式见表4-4：

表4-4　西周中期墓葬器物组合表

序号	出土单位	墓室面积（平方米）	随葬青铜礼器					陶器
			食器	酒器	水器	乐器	其他	
1	翼城大河口墓地M1017	19	圆鼎8方鼎5簋7鬲1甒1豆4盆1匕2	爵7觯1瓿2斝1尊3卣3罍1壶1斗1	盂1盘1盉1	甬钟3		鬲1
2	翼城大河口墓地M2002	10.8～11.1	鼎3簋3鬲2甒1匕2		盘1盉1		扣器2簋耳1	
3	绛县横水M2158	20.65	鼎7簋2鬲2甒1	瓿1觯2尊1獏尊1卣1壶2斗2	盘1盉1爵形盉1			
4	绛县横水M1	17.4	鼎5簋5鬲1甒1盆2	觯1壶2	盘2盉2			
5	绛县横水M2165	？	鼎4簋8鬲3		盘1盉1			
6	绛县横水M2066	？	鼎1鬲1					
6	绛县横水M2082	？	簋1鬲1					
7	宝鸡茹家庄M1	44.1	乙组：鼎8簋5鬲2甒1豆1	爵2尊5卣1罍1斗1壶2	盘2盨1	钟3		
8	长安普渡村长由墓	9.1	鼎4簋2鬲2甒1	爵2瓿2卣1罍1壶1斗1	盉1盘1			鬲罐瓮
9	临潼零口南罗墓	？	鼎4簋2鬲1甒1	尊1卣1盂1	盉1盘1			
10	长安普渡村M2	2.9	鼎1簋1鬲1	爵1尊1斗1				
11	宝鸡茹家庄M2	12.8	鼎6簋5鬲3甒1		盘1		盉1锥1	
12	洛阳北窑M410	9.7	鼎1鬲1簋1	觯1罍1壶1				
13	扶风强家村M1	14.8	鼎4簋5鬲4甒1	壶2	盘1盉1			鬲2豆2罐1

西周中期墓葬铜器组合中食器比例继续增加，酒器继续减少。商代晚期以来形成的以觚、爵为核心的礼制内涵让位于以鼎、簋为核心的食器文化。西周中期的高等级贵族墓葬中，食器组合仍贯之"鼎、簋、鬲、甗"的特点。鼎、簋的地位仍在增强，数量在增加。大型墓葬中食器种类在增加，不仅有鬲、甗，还有盆、豆，如陕西宝鸡茹家庄M1和山西大河口墓地M1017。

西周中期以后形成的"鼎簋制度"在强国墓地初见端倪，鬲的数量也发生了变化，不再是常见的单件或二件，数量上升到3～4件。"列鬲"的情况虽然在墓葬中未普遍出现，但是在同时期的窖藏中铜鬲数量可达15件（陕西扶风庄白窖藏），可见铜鬲的地位在上升。

三、西周晚期的墓葬器物组合

西周晚期窖藏铜鬲和传世铜鬲有较多发现，墓葬材料不多，其中晋国墓地、应国墓地的中大型墓葬器物组合情况反映了西周晚期诸侯国中高级贵族的礼制规范，具体组合情况见表4-5。

西周晚期墓葬出土铜鬲仅有11件。以山西北赵晋侯墓地的M91和河南平顶山应国墓地的M95为代表的大型墓葬中，食器组合仍是鼎、簋、鬲、甗的基本形式，变化表现在：一是周人的重食文化完全确立，食器种类增加，出现了盨；二是列鬲已在大型墓的食器组合中固定下来。在中小型墓中，基本不见铜鼎，而是以铜鬲替代。

与墓葬材料单薄相对应的是窖藏材料和传世的丰富。西周晚期的窖藏铜鬲，相较西周中期更多，列鬲制度已经形成。

表4-5　西周晚期墓葬器物组合表

序号	出土单位	墓室面积（平方米）	随葬青铜礼器				
			食器	酒器	水器	乐器	其他
1	临汾北赵晋侯墓地M91	34.44	鼎7簋5鬲2甗1豆1	爵2尊1卣1方壶1圆壶2	盘1匜1盉1	编钟7编磬20	鉴残片1
2	平顶山应国墓地M95	20.3	实用器：鼎3簋4鬲4甗1盨2	方壶2	盘1匜1	甬钟7编钟9编磬4	
			明器：鼎2簋2盨1	觯1	盘1匜1		
3	应城孙堰村M1	?	鼎1鬲1豆2	壶1			
4	宁县宇村西周墓	?	鬲1盨1	尊1			
5	庆阳玉村周墓	?	鬲1盨1				
6	三门峡上村岭M1631	9.9	鬲1				
7	三门峡上村岭M1704	6.8	鼎1鬲1豆1				

第三节　春秋墓葬器物组合

一、春秋早期的墓葬器物组合

　　春秋早期开始，铜鬲在墓葬组合中的地位已经大幅提升，铜鬲数量的多寡与墓葬规格的大小相一致。青铜鬲的整个时代风格走向多样化、地域性的特点，尤其在山东地区、湖北地区，地域性风格十分明显。墓葬组合具体见表4-6：

表4-6　春秋早期墓葬器物组合表

序号	出土单位	墓室面积（平方米）	随葬青铜礼器				
			食器	酒器	水器	乐器	其他
1	韩城梁带村M28	17.5	鼎5簋4鬲4甗1	壶2	盉1盘1	钟8	
2	韩城梁带村M26	24.9	鼎5簋4鬲4甗5盘1簠2盆2	壶2	盉1		
3	韩城梁带村M19	26~35.7	鼎4簋4鬲4甗1盖盆1	方壶2	盉1盘1		
4	光山黄孟君夫人墓	97.6	鼎2鬲2豆2	壶2醽2	盉2盘1匜1		罐1
5	洛阳润阳广场 C1M9950	13.5	鼎5簋4鬲4甗1铺2	方壶2	盘1盉1		箕1
				明器组：觯1爵1	盘1缶1盉1		
6	三门峡上村岭 M2001	19.98	鼎7鬲8簋6甗1盨2簠2铺2	壶4	盉1盘1	编钟8 钲1	
			明器组：鼎3簋3	方彝2尊3爵3觯2罍3	盉2		
7	三门峡上村岭 M2012	20.78	鼎5簋4鬲8甗1簠2铺2	壶2	盉1盘1		罐1
			明器组：鼎6簋6	爵4甗1觯6罍5盉5	盘1匜1		
8	三门峡上村岭M2011	24.5	鼎9簋8鬲8甗1铺1盆1	壶4	盘1匜1	钲1	
9	三门峡上村岭 M2006	16.5	鼎3鬲4甗1盨2簋1	壶2	盘1		
			明器组：鼎1	爵1觯1尊1罍1	盉1		
10	三门峡上村岭 M1052	25.4	鼎7簋6鬲6甗1豆1	壶2	盉1盘1	甬钟1 纽钟9	小罐1
11	三门峡上村岭 M1820	15.98	鼎3簋4鬲2甗1豆1簋2	壶2	盘1匜1		罐1 小罐1
12	三门峡上村岭 M1810	12.89	鼎5簋4鬲4甗1豆1	壶2	盘1匜1（明器）		
13	三门峡上村岭 M1706	11.73	鼎5鬲4簋4豆1	壶2	盘1匜1		

续表

序号	出土单位	墓室面积（平方米）	随葬青铜礼器				
			食器	酒器	水器	乐器	其他
14	三门峡上村岭M2008（被盗）	17.68	簋1簠1鬲2	方壶2	匜1盘1		
			簋1	方彝2爵1	盘1		
15	桐柏月河M4	10.85	鼎2鬲2匕2	罍2	盘1匜1		
16	信阳名港湾	？	鼎2鬲2盆1	壶2勺1	盘1		
17	信阳平西M5	14.4	鼎1鬲2匕1盆1	壶1尊1			
18	枣庄小邾国墓地M2	33.6	鼎4鬲4簠4	罍2壶2	盘1匜1		
19	枣庄小邾国墓地M3	29.12	鼎4鬲2簠4	罍2壶2	盘1匜1		提梁罐1方匜1
20	滕州薛国故城M1	36.4	鼎8簠6鬲6簋2	壶2舟1鉳1			小罐1
21	滕州薛国故城M2	18	鼎8鬲6簠6簋2	壶3舟1	盘1匜1		
22	临朐泉头村甲墓	12	鼎2鬲5	舟1	盘1匜1		
23	临朐泉头村乙墓	12	鼎3鬲2簠2	壶1	盘1匜1		
24	莒县西大庄墓M1	13.8	鼎3簠4鬲1甗1	壶2舟1	盘1匜1		
25	临沂中洽沟墓M1	23.5	鼎4鬲1		盘1匜1		
26	滕州后荆沟M1	残14.4	鼎2簠2鬲2簠2匕2		盘1匜1		罐2
27	日照崮河崖M1	9.75	鼎4鬲4盆1	壶2	盘1匜1		
28	应山吴店M1	16.12	鼎2鬲2甗1簠2	壶2	盘1匜1		
29	京山苏家垄M79		鼎8鬲4甗1簠1簠4	壶2	盘1匜1		
30	京山苏家垄M88		鼎3、鬲5、甗1、簠4	壶2	盘1、匜1		
31	随州桃花坡M1	6.2	鼎2簠4鬲4	壶1	盘1匜1		
32	京山苏家垅	？	鼎9簠7鬲9甗1铺2	壶2	盘1盉1匜1		
33	随州桃花坡M2	？	鼎4鬲2簠1		盘1匜1（散失）		
34	枣阳郭家庙M17	21.3	鼎3鬲1	壶2杯1			铃
35	随州熊集镇段营墓	4.95	鼎3鬲4	壶2			戈1矛1镞3
36	随州何店何家台	？	鼎2簠2鬲4甗1				
37	京山坪霸镇罗新村	？	鼎1鬲1				
38	枣庄小邾国墓地M1（被盗）	36	鬲4			瓶1罐2	
39	体育场C1M10122（盗扰）	50.25	鼎1鬲2	爵1（明器）			
40	洛阳润阳广场C1M9934（盗扰）	15.03	鼎2簠4鬲2甗1铺1	方壶2	盘2		
			明器组：鼎1	彝1觯1舟1缶1	盉1		

　　本阶段墓葬出土铜鬲的有40座，器物组合相对完整的有36座，出土铜鬲148件，基本组合形式是食器+酒器+水器。

　　食器组合中鼎、簋、鬲、甗、簠、豆（铺）是主要器类。列鬲普遍发现在不同等级的贵族墓葬中，尤其是中原王畿地区、关中东部的芮国、山东的小邾国、薛国、湖北曾国的中高级贵族墓中，数量可达6～9件，在2鼎墓葬中多是1～2件。相对来说，铜鬲数量与铜鼎数量是正相关的，可见铜鬲与鼎、簋一样，成为墓主人身份的象征。

二、春秋中期的墓葬器物组合

　　春秋中期墓葬器物组合具体见表4-7：

表4-7　春秋中期墓葬器物组合表

序号	出土单位	墓室面积（平方米）	随葬青铜礼器				
			食器	酒器	水器	乐器	其他
1	辉县琉璃阁甲墓	113.3	鼎18簋6鬲5簠5豆8甗1敦2钵1	壶7罍2舟1	洗1鉴1		方炉1炭箕1
2	辉县琉璃阁乙墓	69.2	鼎10鬲4簋4簠2甗1铺2	壶2舟2	盘1匜1鉴2		
3	辉县琉璃阁M55	46	鼎14鬲6簋4簠4豆2	壶2舟1	盘1匜1鉴2		
4	辉县琉璃阁M60	35.7	鼎29鬲6簋6簠6甗1豆1盆1	壶3罍2舟1	盂1盘1鉴3	钟29	
5	辉县琉璃阁M80	35.5	鼎13鬲6簋4簠4甗1	壶1罍2舟2	盂1盘1匜1鉴2	钟4	
6	信阳平桥M1	13.6	鼎1鬲2盆1	壶1	盘1匜1		
7	长治分水岭M269	27	鼎9敦2簋2鬲4甗1匕1	壶2舟1	盂1鉴1盘1		罐2
8	沂水刘家店子M1	102.4	鼎16簋7鬲9甗1盆2	罍4瓶2壶7舟2	盂1盘1匜1盂1		罐1
9	随州刘家崖	19.6	鼎2鬲4	壶1勺2			
10	新郑李家楼大墓	？	鼎22簋8鬲9甗1簠6敦3	壶6罍3舟5牺尊1	盘3匜4鉴2	镈4纽钟18	
11	侯马上马M13	20	鼎7鬲2甗1簠1簋2敦4	壶2舟2	盘1匜1鉴1	纽钟9	镞形器1
12	新郑郑国祭祀遗址K2	？	鼎9簋8鬲9豆1	方壶2壶1	鉴1		
13	新郑郑国祭祀遗址K3	？	鼎9簋8鬲9豆1	方壶2壶1	鉴1		
14	新郑郑国祭祀遗址K6	4.3	鼎9簋8鬲9豆1	方壶2壶1	鉴1		
15	新郑郑国祭祀遗址K15	4.7	鼎9簋8鬲9豆1	方壶2壶1	鉴1		
16	新郑郑国祭祀遗址K10	4.7	鼎9簋8鬲9豆1	方壶2壶1	鉴1		

本期器物组合完整的墓葬有11座，加之河南新郑郑国祭祀遗址的器物坑5座，共有16个标本单元，出土铜鬲102件。在中原地区的墓中，食器组合是鼎、簋、鬲、甗、簠、豆。铜鬲为列鬲形式，且数量增多，成为食器组合必不可少的角色。尤其在郑国地区李家楼大墓中，铜鬲在食器组合中仅次于鼎，形成九件列鬲的规模，蔚为壮观。

郑国祭祀遗址器物坑的器物组合还为我们研究青铜礼器制度提供了另一个观察角度，墓中环境与祭祀环境毕竟还有差别（祭祀器物坑中埋葬了9鼎9鬲8簠）。在姬姓的郑国贵族的礼制祭祀仪式中，西周中晚期以来形成的鼎簋制度仍然延续使用，此时期的铜鬲比铜鼎要矮小许多，高度在12厘米左右，9件列鬲完全可以被当作"陪鼎"看待，作为铜鼎的补充加入礼器组合，从而抬升食器的地位。酒器和水器组合与上期差别不大，20平方米以上的墓中出土乐器。

三、春秋晚期的墓葬器物组合

春秋晚期的墓葬器物组合情况具体见表4-8：

表4-8 春秋晚期墓葬器物组合表

序号	出土单位	墓室面积（平方米）	随葬青铜礼器				
			食器	酒器	水器	乐器	其他
1	淅川下寺M1	34.7	鼎13鬲2簋1簠2	壶2尊缶2	盉1盘1匜1浴缶2	钟9	
2	淅川下寺M2	58.89	鼎19鬲2簠2簋1豆1	壶1和1斗1盏1勺2	盘1匜1鉴1盉1尊缶1浴缶2	钟26	
3	淅川徐家岭M10	26.5	鼎11鬲5簠4簋2敦2豆4	壶4	尊缶2鉴2盘2匜1勺1	钟17	
4	淅川徐家岭M9（被盗）	26.9	鼎4鬲3簠1盆1		尊缶2鉴1盘1匜1斗1		
5	万荣庙前村58M1	15.8	鼎7簠2鬲3	壶2罍2舟2	盘1匜1鉴2		
6	侯马上马村M11	10.64	鼎2鬲2簠2	舟1	盘1匜1		
7	侯马上马M5218	21.3	鼎5鬲2甗1簠1豆2	壶2	盘1鉴2		
8	太原金胜村M251	59.84	鼎27甗2鬲6簠2豆14	尊1壶6罍2舟4	盘2匜2鉴6	钟19	
9	长子县M7	24.6	鼎7甗1鬲4簠2敦1豆5盆2	壶3	盘2盉1鉴2		
10	长治分水岭M126	45.26	鼎2鬲3豆3敦盖1匕5	舟1	盘1鉴1	编钟1编磬16	

续表

序号	出土单位	墓室面积（平方米）	随葬青铜礼器				
			食器	酒器	水器	乐器	其他
11	寿县蔡侯墓	60	鼎18鬲8簠8簋4敦2豆2盆3	尊3壶2尊缶4	盉1鉴4浴缶2盘4匜1		瓢4
12	邳州九女墩M3	104.5	鼎6鬲1豆5	壶1尊1罍1缶1	盘5盉1		
13	舒城凤凰嘴	8.4	鼎1鬲3缶3		盘1瓶形盉1		小罐1

本期组合相对完整的墓葬有13座，计44件，其中淅川下寺楚墓、太原金胜村M251和安徽寿县蔡侯墓是我们观察中高级墓葬的最佳材料。从这三座墓的材料看，太原金胜村墓葬和蔡侯墓中列鬲制度承上一期，数量分别为6件和8件，在下寺楚墓中鬲的数量减少至2件，且一件铜鬲是中原形制，一件是地方形制，可见在春秋晚期楚人礼制内，铜鬲地位不高。

总的来说，春秋早期和春秋中期出土铜鬲数量近二百件，是青铜鬲发展的鼎盛时期，春秋晚期铜鬲开始走向衰落，出土数量大为减少，远不如前两期。

第四节　战国墓葬器物组合

因战国时期出土铜鬲数量大为减少，故排在一起讨论，具体墓葬组合见表4-9：

表4-9　战国时期墓葬器物组合表

序号	时代	出土单位	墓室面积（平方米）	随葬青铜礼器				
				食器	酒器	水器	乐器	其他
1	战国早期	汲县山彪镇M1	56.16	鼎14鬲1瓿1豆3簠2簋1豆3	壶6钫1	盘1匜3鉴3	钟14	炭盘1灯1
2		陕县后川M2040	40.7	鼎17瓿1鬲3簠2豆10敦2匕2	壶5舟1勺5	盘2匜2鉴4		
3		随州擂鼓墩M1	220	鼎22瓿1簋8鬲10簠4豆3	壶4尊缶2	盘1匜2鉴2浴缶4	钟65	
4		陕县后川M2041	17.9	鼎4瓿1鬲1簠2盘2豆4	壶2舟1	盘1匜1鉴2		
5		陕县后川M2048	12.6	鼎2鬲1豆2	壶1舟1	盘1匜1鉴1		

续表

序号	时代	出土单位	墓室面积（平方米）	随葬青铜礼器				
				食器	酒器	水器	乐器	其他
6	战国早期	随州擂鼓墩M2	50.3	鼎17鬲10甗1簠8豆3釜1簋4	壶4缶6	盘1匜1		
7		淅川徐家岭M10	179.4	鼎11鬲5簠4簋2敦2豆4	壶4尊缶2舟2	盘1匜1鉴2浴缶2	钟17	
8		淅川徐家岭M9	169.2	鼎7（？）鬲3簠1	尊缶2斗2	浴缶2盘1匜1鉴1		
9	战国中期	中山国M1	900	鼎15甗1鬲4簠4豆4	壶17	盉3盘1匜1		
10		中山国M6	650	鼎14甗2鬲4簠2豆4	壶8	盉2盘1匜1		
11		长治分水岭M36		鼎1鬲1	壶1	盉1		
12		长治分水岭M35		鬲1		鉴1		
13		辉县赵固M1		鼎3鬲1甗1簠2	壶2舟1	鉴1		
14		临淄东夏庄M6	505.8	鼎1豆4鬲2敦2	壶1罍1舟3尊1	盘2匜2		罐2
15		随州文峰塔M27	25.08	鼎7簠4簋2鬲5	壶4	盘1匜1		
16		随州文峰塔M33	20.02	鼎6簠4簋2鬲4	壶3盉1	盘1匜1盉2		
17		随州文峰塔M35	8.86	鼎4簠4鬲4	壶2罍1	盘1匜1		
18		荆州天星观M2（被盗）	72.8	鼎15鬲5簠5豆5敦2	罍1镳1	盘2匜2		
19	战国晚期	长治分水岭M25	32.8	鼎6鬲3豆2敦2	壶2舟2	盘1匜1鉴2		
20		天水张家川马家塬M14	10.34	鬲1	壶1			
21		洛阳中州路西工段M4						

战国时期，墓葬组合中食器除了鼎之外，其他器类都在衰退，食器组合主要有鼎、簠、敦、鬲、豆、簋，新出现了釜。铜鬲出土在10平方米以上的中大型墓中，小型墓葬中不出，行用层面收窄。尤其在河南汲县山彪镇M1中，铜鼎可达14件，铜鬲仅有1件。

铜鬲最后的灿烂时光停留在了随州擂鼓墩的战国早中期的两座大墓中，两墓共出土了20件铜鬲。与上一期的楚墓风格相同，在曾侯乙墓中出土的10件铜鬲中有9件接近周式风格，1件是仿当地陶鬲形制。战国中晚期，列鬲也主要发现在曾国贵族墓葬中。随着叶家山墓地的发现，学术界认可曾国是姬姓封国的观点，曾国贵族对食器的重视也应是周人重食文化的回光返照。

第五章 青铜鬲的分布与区域特征

第一节 青铜鬲的分布概述

从目前我们所掌握的材料看，青铜鬲沿用年代从商代早期到战国晚期，数量过千件，广泛分布于豫、陕、晋、鲁、鄂、赣、甘、京、冀、苏、湘、皖、青13个省、市地区（图5-1）。除此之外，青铜鬲的分布特征还呈现出时代性和地域性的特征。本章试图从各地区出土的青铜鬲，以及出土铜鬲的时代特征和区域特征入手，考察不同的文化情境下，铜鬲在不同的历史阶段和不同的地域下的分布特色和规律。

商代早期，出土铜鬲的地点有河南郑州商城、辉县琉璃阁、新郑望京楼，陕西京当，湖北盘龙城及以南的黄州地区。既有墓葬出土，也有窖藏出土，郑州及其附近地区出土铜鬲数量少于商文化的边缘地区，尤以盘龙城出土铜鬲最为特殊，不仅数量多，而且墓葬等级高，铜鬲型式多样，器物风格与商文化中心区域一致。

商代晚期，出土铜鬲的地点有河南安阳殷墟、三门峡灵宝、洛阳伊川，陕西城固、洋县，北京平谷，河北武安，山东滕州，江西新干。铜鬲出土地点分布范围没有明显扩大，数量没有大的变化，安阳殷墟是这一时期商文化的中心地区，出土铜鬲墓葬为小型墓，数量有限，仅有5件，且这一时期铜鬲形制与分裆鼎相差不大，容易混淆。殷墟以外的商文化分布区铜鬲发现数量和地点有所增多，可见商人并不重视铜鬲。

西周早期，铜鬲的分布地区范围明显扩大，有陕西扶风周原地区、宝鸡纸坊头、长安张家坡、泾阳高家堡，河南洛阳、鹤壁、鹿邑，山西天马-曲村，北京琉璃河，湖北随州叶家山，山东滕州前掌大、济阳刘台子。周文化的王畿地区，分封地的燕国、曾国、晋国、齐国以及殷遗民墓葬均有发现。这一时期，在周文化氛围下，铜鬲的地位开始上升，在食器组合中以陪鼎的形式出现，数量多为1~2件，呈现出与商文化不同的面貌。

西周中期，铜鬲的分布范围有陕西长安、宝鸡、扶风，河南洛阳为中心的王畿地区，还有山西翼城大河口霸国墓地、横水倗国墓地，陕西宝鸡的弓鱼国墓地。囿于考古材料的限制，这一时期铜鬲的分布范围集中在周文化中心地区。从目前的材料看，铜鬲出土地点虽然有限，但是在墓葬组合中数量有所上升，有3件组的情况。不能武断地说铜鬲分布范围在减小，应是出土材料有限的原因。

西周晚期，铜鬲发现地区有河南洛阳、三门峡、平顶山，山西天马-曲村，山东日照，甘肃庆阳，湖北应城等地。铜鬲分布范围向西、向南方向均有扩张。

　　春秋早期，铜鬲出土地点有陕西韩城，河南三门峡、洛阳、信阳、桐柏，山东枣庄、莒县、肥城，湖北随州。集中在东周王城、芮国、莒国、小邾国、曾国、楚国地域内。关中以西地区没有发现，与政治中心的转移不无关系。

　　春秋中晚期，河南新郑、辉县、南阳、信阳，山西太原、侯马、长子、长治分水岭，山东沂水、滕州，湖北随州，安徽寿县，江苏邳州有铜鬲出土，集中在东周的王畿、郑国、楚国、曾国、齐国等地。分布区域不出周文化的势力范围。

　　战国时期，铜鬲分布地区有河南汲县、陕县、南阳，湖北随州，河北中山，山西长治，山东临淄，甘肃天水，湖北江陵。铜鬲出土数量和分布地点大为减少，铜鬲逐渐衰落并消亡。

　　按照青铜鬲的出土和分布特征，将全国出土青铜鬲的地区划分为：

　　（1）中原地区，包括以郑州、安阳为中心的河南大部分地区，以及山西、河北部分区域，这一地区是商周文化分布的中心区域。

　　（2）关中以及附近地区，以宝鸡扶风周原、长安丰镐为中心的关中地区，这是周文化的中心所在。

　　（3）山东半岛及其周围地域，即海岱地区，是两周时期鲁国、齐国、薛国、莒国等诸侯国统治区域。

　　（4）长江中下游地区，即安徽、湖北、江苏、江西等地，该地区是两周时期曾国、楚国等国文化范围。

　　（5）北方地区，包括北京、辽宁、内蒙古、河北等地，这是两周时期燕国、中山国等戎狄文化所在地。

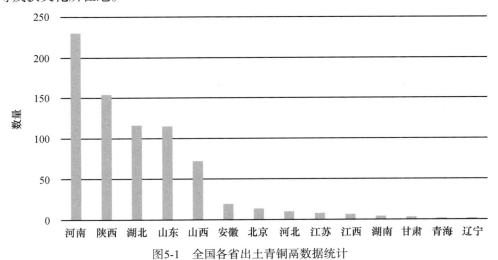

图5-1　全国各省出土青铜鬲数据统计

第二节　青铜鬲的区域特征

一、中 原 地 区

中原地区中国青铜文化的发祥地，为便于将铜鬲进行地区分析，我们将中原地区的范围隶定在河南、山西南部、河北南部的行政区域内。从全国范围看，中原地区出土铜鬲数量最多，共计310余件，占铜鬲总数量的三分之一。延续时间长，从商代早期开始一直到战国晚期都有发现，文化未曾中断。无论是商人占据，还是周人统治，都为中原青铜文化的发展注入了新的能量。

（一）中原地区出土的商代铜鬲

（1）中原地区的河南出土了最早的铜鬲。在中原地区的二里头文化三期以后才有陶鬲发现。铜鬲在商代早期的二里岗下层的墓葬中才有出土。郑州商城及其附近地区是早期青铜文化的主要发现地，出土了地层年代最早的铜鬲（郑州商城T166M6：1[①]）。从二里岗上层时期开始，铜鬲的数量开始增加，主要发现于郑州商城、殷墟遗址及其附近地区，共23件（表5-1）。

（2）商代早期出土了形制较大的铜鬲。1974年在郑州杜岭张寨南街发现一处二里岗上层期的青铜器窖藏，窖藏内出土两件著名的杜岭大方鼎，其中二号杜岭方鼎内放置一件铜鬲[②]。而这件铜鬲，形制大，通高35厘米，卷沿，高锥足，分裆袋腹较瘦，装饰弦纹和双线人字纹。杜岭窖藏铜鼎，形制是同时期出土最大的铜鼎，学者们都认为是商王室贵族重器。同出的铜鬲也应是王室贵族所属。1981年河南舞阳北舞渡发现两件弦纹铜鬲，具体出土情况不明，高分别为46厘米和32厘米[③]。

（3）早期的铜鬲纹饰简单，主要装饰"×"纹、人字纹、弦纹等。如1958年郑州杨庄的"×"纹鬲，与"×"纹鬲同时出土的还有一件双线人字纹铜鬲。杜岭窖藏出土的弦纹和双线人字纹铜鬲等。在稍晚阶段，随着青铜文化逐步发展，纹饰渐次复杂，二里岗上层时期在铜鬲的颈部装饰联珠纹或联珠纹为栏的兽面纹，如郑州商城T143M1：1鬲和白家庄铜鬲。进入商代晚期后，纹饰就更为繁复了，甚至有满花、扉棱的装饰手段，如殷墟郭家庄出土的M50：6鬲。

---

① 河南省文物考古研究所：《郑州商城新发现的几座商墓》，《文物》2003年4期。

② 河南省博物馆：《郑州新出土的商代前期大铜鼎》，《文物》1976年6期。

③ 朱帜：《北舞渡商代铜鬲》，《考古》1983年9期。

表5-1　中原地区出土商代铜鬲表

商代早期	二里头四期	郑州商城T166M6：1			
	二里岗下层	郑州杨庄	郑州杨庄	郑州杨庄	
	二里岗上层Ⅰ期	杜岭鬲	新郑望京楼	临汝李楼	舞阳北舞渡
		郑州商城T143M1：1	辉县琉璃阁M110		
	二里岗上层Ⅱ期	郑州白家庄M3：2	郑州白家庄M3：3		
商代晚期	殷墟一期	洛阳伊川商墓	安阳博物馆藏	武安赵窑商墓	
	殷墟二期	灵宝东桥	大宁太德乡	殷墟刘家庄M220：3	洪洞双昌村
	殷墟三期	殷墟郭家庄M5：8	殷墟郭家庄M50：6	丰宁铜鬲	
	殷墟四期	殷墟西区M1102：1父丁鬲			

（4）早期的铜鬲组合形式简单。辉县琉璃阁M110出土铜鬲和望京楼雷纹鬲为同一形制同时期器物，望京楼出土鼎、鬲、斝、爵、斝各1件[①]；M110出土鬲、斝、爵、斝各1件[②]。郑州商城东北角的白家庄M3出土两件形制一样的铜鬲，墓葬铜器组合为鼎1、鬲2、斝2、爵1、斝2、尊（报告称罍）1[③]。洛阳伊川商墓中出土铜鬲1、斝2、爵2[④]。殷墟郭家庄M50组合为鼎1、鬲1、簋1、斝2、爵2、卣1。这些墓葬组合中，铜鬲、鼎与斝、爵、斝成为本阶段墓葬组合的主要成员。

（5）早期铜鬲铸造技术简单，器形不固定。足跟有高有低，颈部有长有短，器壁薄，不甚规整，耳足四点配列。进入商代晚期以后，铜鬲铸造工艺、纹饰、器型较商代早期均有很大发展，耳足五点配列，足跟变为柱足，纹饰繁复且布满器表。

（6）在殷墟地区，铜鬲发现数量与其他器类而言，着实要少得多（5件），且与分裆鼎不易区分，发掘者往往将之归类为鼎。

（7）商代的铜鬲特征反映了商王朝与周边的文化区域存在文化交流。1997年郑州商城发掘了一座墓葬T166M6，墓葬叠压在二里岗下层时期的一条灰沟下，面积2.64平方米，长方形土坑竖穴墓，墓内埋葬三人，俯身葬，分别是一女一男一少年。铜鬲放置在女性骨架的头顶斜。从铜鬲的形制看，报告言更接近北方夏家店文化的陶质筒腹鬲，朱凤瀚先生认为更接近高台山文化一二期的陶鬲[⑤]。这件铜鬲具有北方青铜文化因素的器物出现在中原地区的早商文化墓葬中，说明了中原青铜文化很早就与北方青铜文化有着互动与交流。

（二）中原地区发现的西周铜鬲

进入西周以后，中原铜鬲主要发现在山西南部，其次是河南西部和河北南部。山西南部发现37件，传世铜鬲2件；河南西部出土西周铜鬲19件，传世铜鬲9件；河北2件。共计69件（表5-2）。

在政治中心转移的历史背景下，在青铜器铸造技术不断成熟的条件下，与同时期的陕西地区（130件）相比，数量显得不多。且铜鬲的出土地点减少，集中在洛阳附近、西周姬姓分封国（晋国、卫国、应国等）以及周文化影响力的范围内。

（1）形制上，西周早期常见的铜鬲作立耳、束颈、袋腹较鼓、柱状足。此式铜鬲在商代晚期殷墟四期产生，在西周早期得以继承，形制上没有太大变化。1997年鹿邑太清宫长子口西周墓是河南境内发现西周初年最大的贵族墓葬，墓葬保留了商代的

①　新郑县文化馆：《河南新郑县望京楼出土的铜器和玉器》，《考古》1981年6期。

②　中国科学院考古研究所：《辉县发掘报告》，科学出版社，1956年。

③　张建中：《郑州市白家庄商代墓葬发掘简报》，《文物参考资料》1955年10期。

④　宁景通：《河南伊川县发现商墓》，《文物》1993年6期。

⑤　朱凤瀚：《中国青铜器综论》，上海古籍出版社，2009年，857页。

表5-2 中原地区发现西周铜鬲表

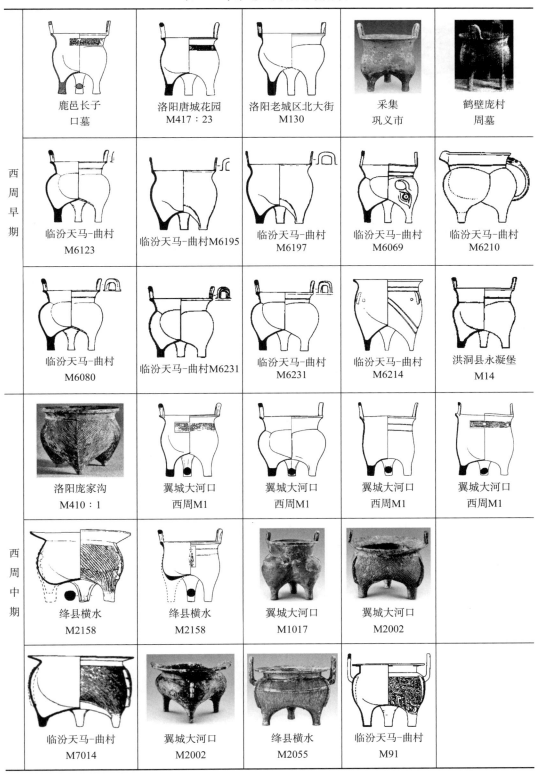

西周早期	鹿邑长子口墓	洛阳唐城花园 M417:23	洛阳老城区北大街 M130	采集 巩义市	鹤壁庞村 周墓
	临汾天马-曲村 M6123	临汾天马-曲村M6195	临汾天马-曲村 M6197	临汾天马-曲村 M6069	临汾天马曲村 M6210
	临汾天马-曲村 M6080	临汾天马-曲村M6231	临汾天马-曲村 M6231	临汾天马-曲村 M6214	洪洞县永凝堡 M14
西周中期	洛阳庞家沟 M410:1	翼城大河口 西周M1	翼城大河口 西周M1	翼城大河口 西周M1	翼城大河口 西周M1
	绛县横水 M2158	绛县横水 M2158	翼城大河口 M1017	翼城大河口 M2002	
	临汾天马-曲村 M7014	翼城大河口 M2002	绛县横水 M2055	临汾天马-曲村 M91	

续表

西周晚期					
	应国墓地 侯氏鬲	应姚鬲 3件	确山竹沟镇长 社鬲	浚县辛村 卫姒鬲	

腰坑、殉人等习俗。墓主人长子口是生活在商末周初的高级贵族，与商王朝关系密切，在西周时仍有很高的社会地位。它的发掘为商末周初器物断代提供了可靠完整的资料①。墓中出土的2件铜鬲形制与西周早期的矢伯鬲近似，是西周早期铜鬲的典型式样。

西周中期开始，周王室开始形成自己的礼制文化。铜鬲的发展面貌呈现多样化：既有主要流行的立耳分裆柱足鬲（且占据多数），又有在立耳分裆鬲基础上发展的附耳分裆鬲，还出现了联裆鬲。在山西地区的天马-曲村晋国墓地、山西运城横水墓地、临汾翼城大河口墓地中共存三种形制的铜鬲，铜鬲的发展开始走向繁荣。

晋侯墓地M91出土的铜鬲形制为附耳联裆鬲，比较特殊，同时期的关中地区未见带附耳的联裆鬲。这样的附耳鬲见于1952年陕西永寿好时河，现藏陕西历史博物馆的吕佳姬鬲（铭图02878）、传世的师趛父鬲（铭图03025）、仲𠭯父鬲（铭图02745）、戯伯鬲（铭图02893）（图5-2）。从形制看，此种铜鬲年代相距不远，大概在西周中晚期之际。

至西周晚期，中原地区的铜鬲形制已经完全演变为宽折沿、浅腹、蹄足、有扉棱的联裆鬲。铜鬲的高度逐渐变矮，柱足分裆鬲高度一般在15～20厘米，中晚期以后的联裆鬲高度就变矮到10～15厘米。

（2）纹饰上，装饰部位由颈部转移到腹部，与铜鬲发展的时代特征规律是吻合的。西周早期纹饰装饰在颈部，题材有弦纹、带状兽面纹。进入西周中期出现新的纹样，如斜绳纹、直线纹、窃曲纹、环带纹等。在装饰风格上，腹部与三足对应处装饰齿牙形或月牙形扉棱，扉棱上还饰简单纹饰。西周晚期装饰纹样主要是卷体兽面纹，在整个铜鬲腹部形成三组以足根为中心的兽面纹。

（3）墓葬组合中，商代时期食器和酒器组合的形式开始变化，食器比重开始加大，形成鼎、鬲、甗、簋的固定组合，且铜鬲数量增多，有列鬲出现。

---

① 河南省文物考古研究所、周口市文化局：《鹿邑太清宫长子口墓》，中州古籍出版社，2000年。

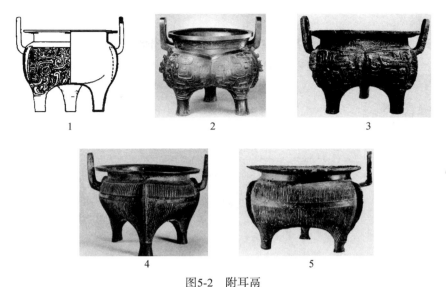

图5-2　附耳鬲

1. M91：68鬲　2. 师趛父鬲　3. 仲[?]父鬲　4. 戲伯鬲　5. 吕佳姬鬲

　　1961年鹤壁市东南的庞村，发现一座西周早期墓，出土鼎3、鬲1、簋3、甗1、爵3、觯1、尊1、卣1、盉1[1]。庞村距离浚县辛村卫国墓地仅1千米，还应是文王子康叔的卫国属地。

　　在山西天马-曲村的晋侯墓地中，出土铜鬲的墓葬有M6210、M6069、M6195、M6231、M6130、M6214，器物组合均是鼎、鬲、甗、簋的固定组合（表4-3），这几座墓葬均是3鼎以下的墓葬，搭配的是1～2件的铜鬲。

　　在相距不远，年代接近的山西翼城大河口霸国墓地M1中，出土鼎24、簋9、鬲7、甗1、觯8、爵6、卣4、尊2、瓿1、罍1、斗1、盘1、盉1、铙3、钟3、钩鑃2、单耳罐1[2]。其中7件铜鬲中有4件形制、大小、纹样一致的列鬲，与其他三件形制不同的鬲，组合成墓葬食器的一部分。同墓地发现的其他器物的铭文还告诉了我们：西周时期，居于山西翼城一代的霸伯与王室关系密切，服务王室祭祀、盐业管理、参与王室与戎人的战争，且多次被王或王室成员赏赐，与周王室关系密切，在青铜礼制上与周王室保持一致性。

　　西周晚期的河南平顶山应国墓地M95，墓室面积20平方米，出土铜容器二组，一组实用器中包含鼎3、鬲4、甗1、簋4、盨2、方壶2、盘1、匜1[3]。4件铜鬲形制相同。可见在中原地区西周中晚期墓葬组合中流行4件组的列鬲。

　　①　郭宝钧：《浚县辛村》，科学出版社，1964年。

　　②　山西省考古研究所大河口墓地联合考古队：《山西翼城县大河口西周墓地》，《考古》2011年7期。

　　③　王龙正：《平顶山应国墓地九十五号墓年代、墓主及相关问题》，《华夏考古》1995年4期。

（4）铜鬲铭文内容简单，一类是记族徽、日名的商式铭文格式。2002年河南洛阳唐城花园C3M417出土一批器物，铜鬲铭文3字："覃祖辛。"墓葬偏小，墓室面积6平方米，一棺一椁，有腰坑，坑内殉狗，简报作者也指出应是西周早期的殷遗民墓葬[①]。一类是记作器者、受器者、愿辞的周式铭文风格。平顶山应国墓地出土侯氏鬲铭："侯氏作姚氏尊鬲，其万年永宝用。"[②]80年代出土的应姚鬲铭："应姚作叔诰父尊鬲，其永宝用享"[③]，这是少有的女性为男性作器的例子。

从铭文记录的作器者信息中，可以推测墓主人与赠器者的关系。在山西横水倗国墓地M2158中[④]，出土2件铜鬲（M2158：139）铭"大保铸"，另有一件青铜分裆鼎（M2158：138）铭"鲁侯作宝尊彝"，应是鲁国与倗国关系的见证。

（三）中原地区发现的东周铜鬲

东周时期，文化中心转移至中原地区。铜鬲在中原地区发现数量较多，总计221件。主要集中在几个诸侯国区域内，如虢国墓地、郑国故城、三晋之地、中山墓地。主要特点如下：

（1）数量多，且以列鬲的形式出现，不同级别的墓葬中，墓主人身份级别的高低与列鬲的数量正相关。

在虢国墓地发现的铜鬲有60余件，且呈列鬲的形式，是中原地区出土最为集中之地之一。其中M2011、M2012、M1052、M1706、M1602、M1631、M1704、M1810、M1820、M1777、M2001、M2118、M2006、M2008等十四座墓葬中都出土了2～8件数量不等的成组铜鬲[⑤]。这60余件铜鬲从形制看区别性不大，风格、纹饰比较统一，时代相距不远。其中M2001虢季墓出土铜鬲8件组（虢季鬲），上村岭M1810是一座五鼎墓，墓葬级别稍低，出土列鬲4件组。

1923年新郑李家楼大墓发掘，历经战乱，李家楼大墓出土的百余件铜器散至各地，其中有9件铜鬲[⑥]。1993～1997年在郑韩故城东城发现青铜器坑，其中K2、K3、K6、K10、K15分别出土9件铜鬲，共45件铜鬲[⑦]。郑国遗址共发现的这54件铜鬲，形制基本相同，年代都在春秋中期。郑国国君按照西周礼制只允许使用七鼎六簋，却使用

① 洛阳市文物工作队：《洛阳市唐城花园C3M417西周墓发掘简报》，《文物》2004年7期。

② 河南省文物考古研究所：《平顶山应国墓地九十五号墓的发掘》，《华夏考古》1992年3期。

③ 娄金山：《河南平顶山市出土的应国青铜器》，《考古》2003年3期。

④ 山西省考古研究所、运城市文物工作站、绛县文物局联合考古队等：《山西绛县横水西周墓地M2158发掘简报》，《考古》2019年1期。

⑤ 中国科学院考古研究所：《上村岭虢国墓地》，科学出版社，1959年；河南省文物考古研究所等：《三门峡虢国墓》，文物出版社，1999年。

⑥ 河南博物院、台北历史博物馆：《新郑郑公大墓青铜器》，大象出版社，2001年。

⑦ 河南省文物考古研究所：《新郑郑国祭祀遗址》，大象出版社，2006年。

了九鼎八簋，作为诸侯一级的铜列鬲数量也是少见的9件组，这种现象与春秋时期诸侯争霸、礼崩乐坏有一定的关系。

20世纪30年代发掘的辉县琉璃阁墓葬中，甲墓、乙墓、M55、M60、M80五座大墓分别出土2件、2件、6件、6件、6件铜鬲，共计22件[1]。这一组墓葬年代学界多有讨论，倾向认为是春秋中、晚期的晋卿范氏家族[2]。

20世纪80年代发掘的山西太原金胜村墓葬M251中，出土铜列鬲5件[3]。对此墓的年代与墓主人的讨论，学界比较一致的认识是金胜村大墓主人是春秋晚期与战国早期之际的晋国赵卿[4]。

山西长治分水岭东周墓地M269、M126、M14、M25出土铜鬲14件，其中M269、M14各出土列鬲4件，M126、M25各出土列鬲3件[5]。分水岭墓地的沿用年代比较长，从春秋中期一直到战国晚期。对认识墓地性质与族属学界也多有讨论[6]，认为M269属于春秋晚期，M126、M14属于战国早期，M25属于战国中期。指出在从战国中期稍晚阶段开始，分水岭墓地中的高等级人群淡化了对青铜器使用权利的追求，青铜礼器制度走向衰落[7]。

（2）周文化区域内铜鬲形制、纹饰变化不大。春秋早期铜鬲与西周晚期区别不大，流行的宽折沿联裆鬲，以虢国墓地铜鬲为代表。春秋中期以后，铜鬲腹部更浅，腹部纹饰变窄，足跟有台，以新郑祭祀遗址铜鬲为代表。器高一般在10~12厘米，腹部装饰卷体兽面纹，兼流行环带纹。春秋晚期至战国早期，铜鬲渐渐衰微，足部变为

① 郭宝钧：《山彪镇与琉璃阁》，科学出版社，1959年。

② 俞伟超、高明：《周代用鼎制度研究（上）》，《北京大学学报（哲学社会科学版）》1978年1期；俞伟超、高明：《周代用鼎制度研究（中）》，《北京大学学报（哲学社会科学版）》1978年2期；俞伟超、高明：《周代用鼎制度研究（下）》，《北京大学学报（哲学社会科学版）》1979年1期；北京大学历史系考古教研室商周组：《商周考古》，文物出版社，1979年，258页；李学勤：《东周与秦代文明》，文物出版社，1984年，71、72页；刘绪：《晋乎？卫乎？——琉璃阁大墓的国属》，《中原文物》2008年3期。

③ 山西省考古研究所、太原市文物管理委员会：《太原金胜村251号春秋大墓及车马坑发掘简报》，《文物》1989年9期。

④ 渠川福：《太原金胜村大墓年代的推定》，《文物》1989年9期；路国权：《论太原金胜村1988M251铜器群的年代及相关问题》，《考古与文物》2016年1期；姞射：《太原金胜村251号墓墓主及年代》，《北方文物》1992年1期。

⑤ 山西省考古研究所、山西博物院、长治市博物馆：《长治分水岭东周墓地》，文物出版社，2010年。

⑥ 王震：《山西长治分水岭墓地初步研究》，《边疆考古研究》2022年2期；滕铭予：《长治分水岭墓地的分区、年代及相关问题》，《考古学报》2023年1期；李夏廷、李建生：《也谈长治分水岭东周墓地》，《中国国家博物馆馆刊》2012年3期。

⑦ 王震：《山西长治分水岭墓地初步研究》，《边疆考古研究》2022年2期。

扁足，制作简单，用料简陋，花纹粗糙甚至没有。

（3）铭文上，前一阶段记日名和族徽的铜鬲铭文不见了；记作器者、愿辞的周式铭文风格未发生大变化。铭文内容为我们研究东周诸国历史提供了有价值的资料。

2001年洛阳体育场路东侧发现3座墓地，在东周王城遗址范围内，其中M10122是一座有四条墓道的长方形大墓，墓葬规格很高，可惜盗扰严重，出土铜器"王作𣂏彝"鼎1件、"王作𣂏彝"鬲2件。从自名看，应是周王作器[1]。

虢国墓地出土铜鬲铭文可以划归六组（表5-3）。从虢国墓地的铜鬲铭文可知，虢国宗室有虢伯、虢仲、虢叔、虢季四支，其中虢季一支最为强大[2]。

表5-3　虢国铜鬲汇总表

传世器		出土器	
		 岐山京当虢仲鬲	
 虢叔鬲	 虢姞鬲	 M2006：51	 M1062：151
 故宫虢季氏子组鬲	 虢文公子段鬲	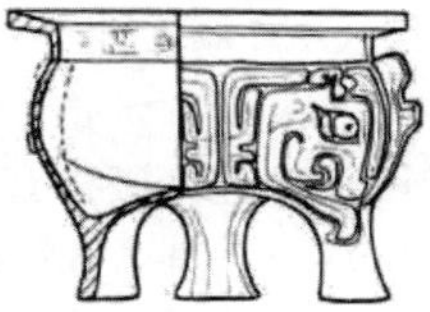 虢宫父鬲SG：049	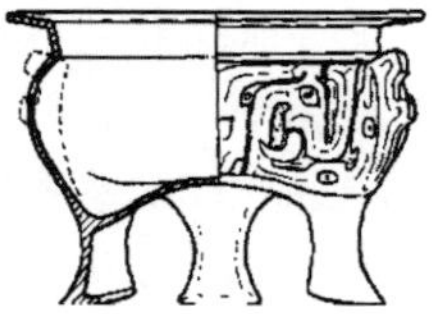 M2001虢季鬲
 上博虢仲鬲		 虢季氏子段鬲M1631：1	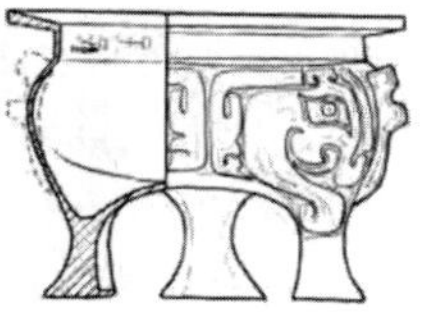 国子硕父鬲SG：045

①　洛阳市文物工作队：《洛阳体育场路东周墓发掘简报》，《文物》2011年5期。
②　马军霞：《虢国综合研究》，陕西师范大学博士学位论文，2017年，255页。

A组　虢季组：

M1631出土的虢季氏子段鬲，铭文："虢季氏子段作宝鬲，子子孙孙永宝用享。"

传世器还有一件虢文公子段鬲（铭图02987），铭文记："虢文公子段作叔改鬲，其万年子孙永宝用享。"

M2001虢季鬲铭："虢季作宝鬲，其万年子子孙孙永宝用享。"

传世器虢季氏子组鬲（铭图02886～02888），铭文："虢季氏子组作鬲，子子孙孙永宝用享。"有学者指出虢季就是文献记载中的虢文公[1]。

B组　虢仲组：1991年M2009虢仲墓的发掘，出土了一批虢仲器[2]。现藏上海博物馆的传世铜鬲中还有一件虢仲鬲（铭图02956），铭文记"虢仲作虢改尊鬲，其万年子子孙孙永宝用"，虢仲为妻子所作。1958年陕西岐山京当发现的虢仲鬲铭："虢仲作姞尊鬲。"私人藏虢仲鬲（铭图02740）铭："虢仲作姞尊鬲。"蔡运章先生认为虢仲是周厉王时期的虢公长父[3]。

C组　虢硕父组：国子硕父鬲是追缴回来的一件有铭铜鬲，记："虢仲之嗣国子硕父作季嬴羞鬲，其万年子子孙孙永宝用享。"一同追缴回来的还有一件虢宫父鬲，铭"虢宫父作鬲，用从永征"，国子硕父与虢硕父应为同一人，有学者认为虢硕父为幽王卿士虢石父[4]。

D组　虢叔组：传世虢叔鬲（铭图02720、02721）铭："虢叔作尊鬲。"

E组　虢伯组：传世器虢伯鬲（铭图02983），铭文："虢伯作姬大母尊鬲，其万年子子孙孙永宝用。"言虢伯为姬大母做的器物，姬大母可能是虢伯的女儿。

F组　虢姞组：传世虢姞鬲（铭图02694）铭："虢姞作鬲。"器物主人应是虢国贵族中的某位姞姓夫人。

（4）春秋早期开始，中原南部铜鬲区域化特征明显。河南南阳、信阳地区的黄国、漾国、樊国、楚国等诸侯国墓地中发现的铜鬲，创新了青铜鬲发展的新形制和新装饰风格，铭文语词和器物组合也与周文化不同，呈现出明显的本土特色，为铜鬲的发展注入新的能量（表5-4）。

①河南南阳东南部以及邻近的信阳地区距离楚文化中心近，在春秋早期以后，这些地区流行折肩鬲，考古学界将之称为"淮式鬲"[5]。有学者指出这种折肩鬲是跟随夷

---

①　郭沫若：《三门峡出土铜器二三事》，《文物》1959年1期；李学勤：《三门峡虢墓新发现与虢国史》，《中国文物报》1991年2月3日；张彦修：《河南三门峡市虢国墓地M2001墓主考》，《考古》2004年2期。

②　侯俊杰、王建明：《三门峡虢国墓地2009号墓获重大考古成果》，《光明日报》1999年11月2日。

③　蔡运章：《论虢仲其人——三门峡虢国墓地研究之一》，《中原文物》1994年2期。

④　杨海青、常军：《虢石父铜鬲与铜匜铭文及相关问题》，《中国历史文物》2008年2期。

⑤　王迅著：《东夷文化与淮夷文化研究》，北京大学出版社，1994年，115页。

表5-4　南阳、信阳地区出土春秋时期铜鬲表

	周式铜鬲	楚式铜鬲		
	 1974年新野小西关铜鬲			
春秋早期	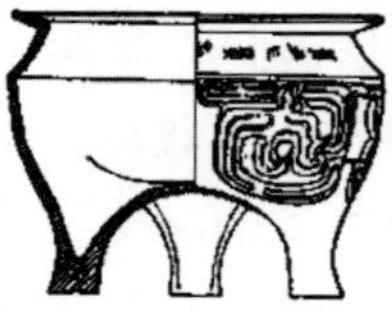 黄夫人鬲	 樊夫人鬲	 樊君鬲	
		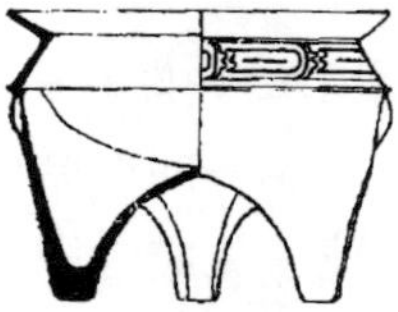 信阳平西M5：8	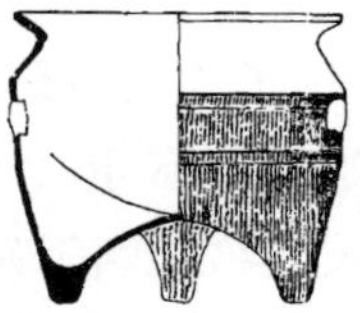 信阳平西M5：12陶鬲	
		 桐柏月河鬲	 桐柏月河墓地M4：28	
	 信阳明港三官庙铜鬲	 信阳明港钢厂铜鬲		
春秋晚期｜战国早期	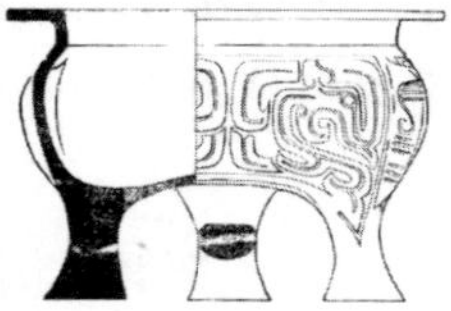 淅川下寺M1：42	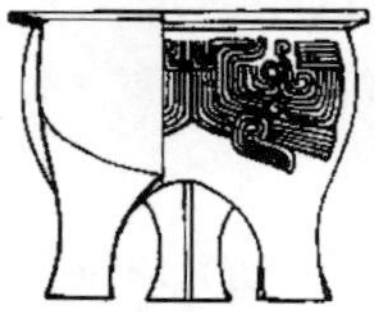 淅川徐家岭M9：8	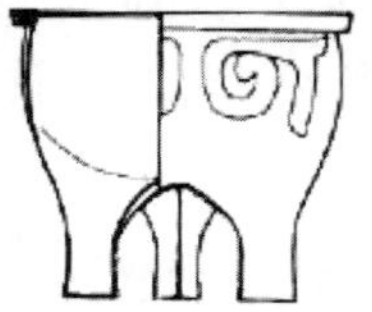 淅川徐家岭M9：10	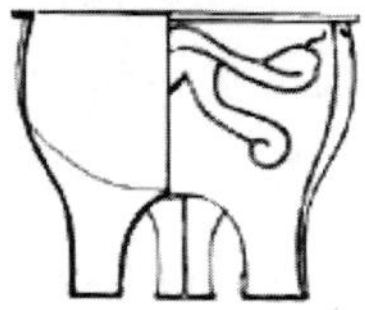 淅川徐家岭M9：8
	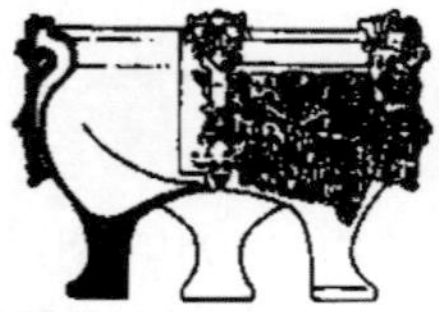 淅川下寺M2：59、M2：58	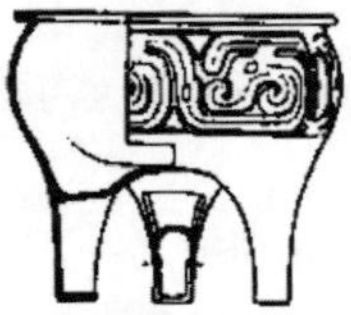 淅川徐家岭M10：26	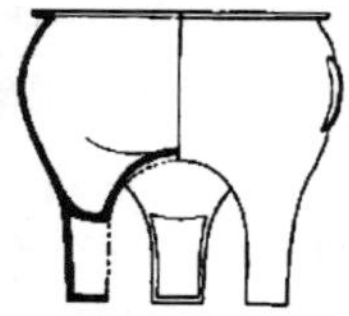 淅川徐家岭M10：29	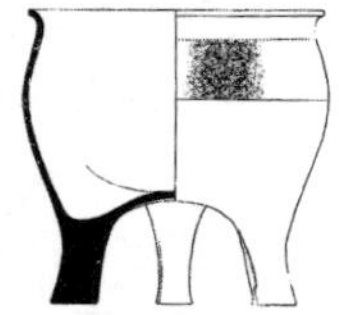 淅川下寺M1：59

人的迁移，经过信阳地区到达汉水流域①。墓葬中铜器组合的形式也与中原腹地不同，呈现不一样的礼制规范。

1983年信阳光山宝相寺上官岗发现黄君孟夫妇合葬墓，主人为黄君孟及其夫人。黄君孟椁室中未发现铜鬲，黄君孟夫人孟姬椁室出土铜器组合为鼎2、鬲2、豆2、壶2、罍2、盉2、甗形盉1、罐1、盘1、方座1、匜1。多件铜器铭文标明"黄子"为其夫人孟姬所作。其中铜鬲铭文为"黄子作黄甫人行器则永宝宝霝终霝後"和"黄甫人孟姬器则"②。

黄国是嬴姓诸侯国，位于今河南信阳潢川县，黄国的铜器不仅在信阳地区有发现，在湖北的京山、随县等地的曾国墓葬中也有发现黄国的媵器，说明黄、曾两国是婚姻关系。史书记载黄国在公元前648年亡于楚，故而黄君孟夫妇墓的年代应不晚于春秋中期，从铜器形制和纹饰来看，简报将墓葬年代定在距公元前648年不远的论断是比较合适的。

此件铜鬲形制作平沿、敛口、折肩联裆鬲，与同时期中原的周式铜鬲区别主要在颈肩部，铭文铸在器外肩部，其余部位和纹饰与中原联裆鬲形制区别甚微。同出的甗形盉，曲柄，铭文同鬲铭。有关学者梳理了这种形制的盉的演变，认为这种形制的盉具有明显的族群特征，推测在西周晚期，群舒族群南迁淮河流域后，吸收当地的文化因素，从而创造的新器型③。这种具有明显族属特征的器物与铜鬲共出，反映了此地文化形态的多样性和融合性。

1978年，信阳五星平西南山台地顶部发现两座墓葬，其中M1年代较早，为长方形土坑竖穴墓，南壁二层台上放置铜鼎1、鬲2、壶1、盆1、盘1、匜1。其中铜鬲铭文"樊夫人龙嬴用其吉金自作鬲"④。简报作者认为M2为樊君墓，M1为其夫人墓。传世铜鬲中有樊君鬲（铭图02839），铭"樊君作叔𢒉嬴媵器宝鬶"，与平西M1出土铜鬲形制相近，分裆袋足，应为同时代器。1986年平西M5也出土了一件铜鬲，形制与樊君鬲相同，仅颈部装饰纹饰为重环纹。樊国铜鬲也作折肩状，但是樊国铜鬲分裆，足部呈锥状，与流行于淮河流域的"淮式鬲"更为接近。

1975年南阳桐柏县城郊发现一座春秋早期墓葬⑤，出土青铜器鼎3、鬲2、豆4、壶

①　陈学强：《青铜折肩鬲渊源初探》，《苏州文博论丛（总第2辑）》，文物出版社，2011年，25、26页。

②　河南信阳地区文管会、光山县文管会：《春秋早期黄君孟夫妇墓发掘报告》，《考古》1984年4期。

③　郑小炉：《试论青铜甗（鬲）形盉》，《南方文物》2003年3期；张爱冰：《也谈曲柄盉的年代及相关问题》，《文物》2014年3期；余飞、白国柱：《甗形盉——江淮、皖南的青铜器瑰宝》，《大众考古》2018年8期。

④　河南省博物馆等：《河南信阳市平桥春秋墓发掘简报》，《文物》1981年1期。

⑤　黄运甫：《河南桐柏县发现一批春秋铜器》，《考古》1983年8期。

2、盘1、匜1。铜鬲制作粗糙，形制为宽沿折肩分裆鬲。2001年桐柏县月河墓地第二次发掘，其中M2为长方形墓坑，面积约10平方米，出土鼎2、鬲2、罍2、盘1、匜1、匕2[①]。铜鬲为宽沿折肩分裆鬲，肩部装饰重环纹，腹部装饰垂鳞纹。桐柏地区为古漾国所在地，1964年曾在月河墓地发现过罍、盘、匜[②]，1993年和1994年在桐柏左庄村发现漾子铜铎[③]。M4出土铜鬲也有可能是漾国贵族所用之物。

信阳地区出土的铜鬲形制与南阳桐柏月河墓地出土铜鬲形制一样，这种形制的铜鬲在湖北京山苏家垄地区也有发现。信阳地区位于河南南部，与湖北毗邻，同为汉水流域，且多有交流、通婚，文化面貌有一致性也属合理。中原南部的信阳及其周围出土的"淮式鬲"以及具有东夷文化族属特征的相关器物，说明在东周初年，东夷文化也已影响到了汉水流域，是东夷文化西进的表现。

②在春秋晚期至战国早期，河南南阳西部的淅川县出土的铜鬲又呈现不一样的风格，为圆肩弧裆鬲，这类铜鬲考古学界也称之为"楚式鬲"。随着楚文化的兴起和发展，在春秋中晚期以后，势力范围西至汉水流域，将生活在这里的黄、樊、漾等小国吞并，文化内涵也随之影响到这些地区。

河南南阳淅川自1978年发掘一处楚国墓地，其中下寺岭乙组墓地的M1和M2各出土了2件铜鬲。发掘研究者将墓葬年代定为春秋晚期[④]。1990年和1991年又发掘了徐家岭墓地，其中M9、M10出土铜鬲共8件，发掘者认为徐家岭M9年代在春秋晚期，M10年代在战国早期[⑤]。这批楚国铜鬲从器物组合上变成了食器中鼎、鬲、簋、簠的形式。

河南淅川下寺M1，墓室面积31.35平方米，器物组合为鼎13、鬲2、簋1、簠2、壶2、尊缶2、盂1、盘1、匜1、浴缶2、钟9。河南淅川下寺M2，墓室面积58.89平方米，器物组合为鼎19、鬲2、簋2、簠1、豆1、壶1、铜1、斗1、盏1、勺2、盘1、鉴1、盂1、尊缶1、浴缶2、钟26。食器比例减小，水器比例增加。

从形制上可以分为两个系列：一是周式铜鬲，继承西周晚期以来的宽折沿、短直颈、浅腹、蹄足联裆鬲；二是卷沿、圆肩、鼓腹弧裆鬲。

在下寺岭M1中的两种形制的铜鬲共存，为我们观察春秋晚期铜鬲的发展提供了很好的样本。而下寺岭M2出土的两件铜鬲与M1：42形制为周式风格，但是口、腹部装饰

①　河南省文物考古研究所、桐柏县文物管理委员会：《河南桐柏月河墓地第二次发掘》，《文物》2005年8期。

②　王儒林：《河南桐柏发现周代铜器》，《考古》1965年7期。

③　南阳市文物研究所、桐柏县文管办：《桐柏月河一号春秋墓发掘简报》，《中原文物》1997年4期。

④　河南省文物研究所、河南省丹江库区考古发掘队、淅川县博物馆：《淅川下寺春秋楚墓》，文物出版社，1991年。

⑤　河南省文物考古研究所、南阳市文物考古研究所、淅川县博物馆：《淅川和尚岭与徐家岭楚墓》，大象出版社，2004年。

高浮雕"S"状怪兽，十分精美，是其他诸侯国铜器中不见的案例，也是春秋晚期以后青铜器整体装饰风格转向细腻精致的表现（表5-4）。

徐家岭M10中出土的铜鬲形制全部是圆肩、鼓腹式样，但是腹部装饰一周的顾首龙纹却是周式风格。既有对周文化的继承，也有自身文化表征。

综上，中原地区出土了年代最早的铜鬲，且铜鬲发展演变一直持续至战国时期。商代铜鬲量少，处于铜鬲发展的早期阶段，在商晚周初之际形成束颈分裆柱足铜鬲，西周中期以后又演变为宽折沿蹄足的联裆铜鬲。至春秋早期，在南阳、信阳地区出土了具有东夷文化特征的铜鬲，这也是东周时期诸侯国地方文化提升的表现。大体来说，铜鬲在中原地区的发展与整个青铜时代的发展演变规律是一致的。中原是华夏文明的诞生地，是商周文化的势力范围的中心区域。商人初创了青铜文明，周人在此地发扬光大，异姓诸侯国交相辉映。随着不同文化内涵的政权更替，青铜文化在此地孕育发展且源远流长。

二、关中及其附近地区

关中是一个大的地域概念，历史上对关中的地域范围有多种讨论。广义上的关中包括今天河南三门峡市陕州区以西、宁夏固原以东、陕西黄龙以南、甘肃庆阳以南、陕西丹凤以北的区域，为了讨论方便，我们将距离关中不远的陇西地区也纳入这一区域范围。关中共出土铜鬲158件，仅次于中原地区。关中出土铜鬲最早的年代在商代晚期，数量少，地点分散。西周铜鬲在关中地区集中出土，且数量多，可见周人对食器的偏爱。西周中期，铜鬲的形制开始发生变化，周人开始孕育自己的青铜礼制文化。关中出土东周铜鬲数量大为减少，这与西周以后政治中心的转移相关。

（一）关中及其附近地区发现的商代铜鬲

关中地区出土商代青铜鬲仅有13件（表5-5）。关中商代铜鬲有以下几个特点：

（1）出土铜鬲年代较早。岐山京当出土了一件二里岗上层时期联珠纹分裆袋足鬲，形制比较特殊，邹衡先生言"此鬲不见于二里岗型，而是仿自本地区的陶鬲"[1]。发掘报告作者认为属于商代早期[2]。

---

[1]　邹衡：《试论夏文化》，《夏商周考古学论文集》，文物出版社，1980年，128～129页。

[2]　王光永：《陕西省岐山县发现商代铜器》，《文物》1977年12期。

表5-5　关中发现商代青铜鬲表

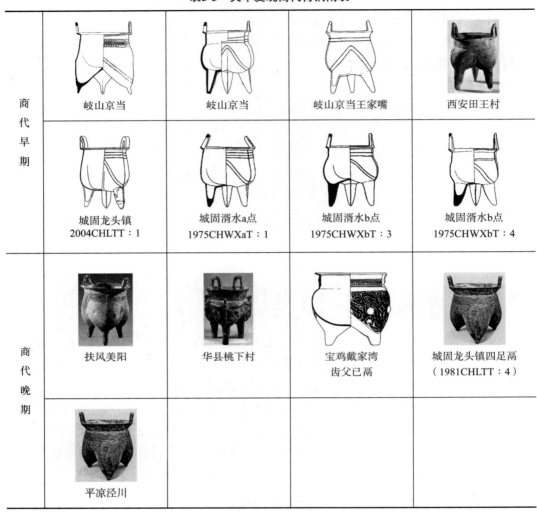

商代早期	岐山京当	岐山京当	岐山京当王家嘴	西安田王村
	城固龙头镇 2004CHLTT：1	城固湑水a点 1975CHWXaT：1	城固湑水b点 1975CHWXbT：3	城固湑水b点 1975CHWXbT：4
商代晚期	扶风美阳	华县桃下村	宝鸡戴家湾 齿父已鬲	城固龙头镇四足鬲 （1981CHLTT：4）
	平凉泾川			

（2）大部分铜鬲的形制、纹饰与商文化面貌保持一致。立耳、深腹、锥足或柱足，装饰弦纹、联珠纹、云雷纹、裆腹间的双线人字纹和兽面纹。在岐山京当出土了一件弦纹鬲，高23.1厘米，口径14.7厘米。2010年岐山京当王家嘴还出土1件形制相近的铜鬲，区别在于1972年的弦纹鬲有长且直的一段颈部，而2010年的弦纹鬲为束颈，腹部较深。1975年、1982年在汉中城固龙头镇和湑水还发现有4件形制类似的铜鬲（表5-5）。城固出土的铜鬲也存在颈部曲线不同，腹部深浅不一的差别。1959年在西安田王村也有出土1件，区别在于田王村的弦纹鬲腹部更浅。这类型的铜鬲在中原地区的杜岭窖藏和盘龙城的李家嘴、杨家湾也有发现。这些形制、纹饰的铜鬲是商代晚期之前流行的式样和纹饰，尤其是裆腹间的双线人字纹，我们认为是区别早期铜鬲和分裆鼎的重要依据之一。

（3）商代晚期出土青铜鬲的文化面貌还反映了商文化西进的发展和演进。铜鬲形制的多样性也反映了商人、周人、戎人在此地的经营和发展。

1973年在扶风美阳发现一批青铜器，应属于一座墓葬，计有鼎1件，鬲1件，簋1件，卣1件，高足杯1件[①]（图5-3）。所出铜器的形制与特征均是商文化面貌，铜鬲形制接近殷墟一期的风格。

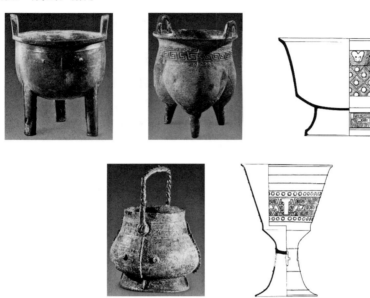

图5-3　1973年扶风美阳墓葬青铜器群

1972年陕西华县桃下村出土一件商代晚期的铜鬲。从此件鬲的形制和纹饰看，完全是殷墟风格。华县桃下村位于关中东部，此地区受殷商文化影响较深，出现殷墟风格的铜器。

2010年岐山京当王家嘴村清理残墓一座，出土铜鬲、尊、觚、爵、斝各1件，铜器被毁，发掘者研究认为这是"毁器葬"的习俗[②]，大致复原铜鬲的形制与1972年京当出土弦纹鬲相同。

商文化京当型最早是邹衡先生提出的[③]。20世纪80年代，先后在关中的耀县北村、扶风壹家堡、西安老牛坡、武功县郑家坡、长武碾子坡、淳化黑头嘴、礼泉朱马嘴等地发现商文化遗存或包含商文化遗存的遗迹，关中商文化遗存得到了很好的认识，京

①　罗西章：《扶风美阳发现商周铜器》，《文物》1978年10期。

②　齐浩、张天宇等：《周原遗址新见京当型铜器墓浅识》，《中国国家博物馆馆刊》2015年11期，6～15页。

③　邹衡：《试论夏文化》，《夏商周考古学论文集》，文物出版社，1980年，128页；邹衡：《论先周文化》，《夏商周考古学论文集》，文物出版社，1980年，333～335页。

当型被广泛认可①。

在关中西部地区，商文化和先周文化发生了交集，这一带是商文化西进、与周文化发生碰撞的地区②，是学术界探讨先周文化和商文化互动关系以及文化影响模式的热点考古材料③，学者们在辨析先周文化的研究中，进一步对关中商文化做了界定和研究。且不论在考古聚落遗址中先周文化到底是何种面貌，以及居于周原甚至关中其他地区的部落性质，可以肯定的是在上层青铜文化体系中，关中出土的商代青铜器文化特征与中原商文化还是保持相当高的一致性。

1972年发现的岐山京当联珠云纹鬲（图5-4）与1972年甘肃泾川庄底墓葬出土的夔纹铜鬲（图5-5）形制十分接近，区别在于泾川夔纹鬲有一截斜长的口沿，耳部铜料厚实，口沿下饰夔纹，年代较之偏晚。

关于高领袋足鬲的研究，苏秉琦、邹衡、胡盈谦、尹盛平、张长寿、梁星彭、赵化成等先生都有著述④。基本观点是高领袋足鬲作为姜炎文化的代表，是先周文化的组成部分之一。

学术界在厘清先周文化、早期秦文化、西戎文化的研究历程中，逐渐辨析出以高领袋足鬲为代表的西戎文化。我们追溯京当出土的这件联珠云纹鬲的来源时，可以看到它的母型应是来自西戎文化的高领袋足鬲，是陇东—关中一带本土部族的使用生活器皿，是来自中原的青铜文化与西北地区本土文化互动的表征之一。

---

① 北京大学考古系：《陕西扶风县壹家堡遗址发掘简报》，《考古》1993年1期；刘士莪、宋新潮：《西安老牛坡商代墓地的发掘》，《文物》1988年6期；刘士莪编：《老牛坡》，陕西人民出版社，2002年；宝鸡市考古工作队：《陕西武功郑家坡先周遗址发掘简报》，《文物》1984年7期；北京大学考古系商周组、陕西省考古研究所：《陕西礼泉朱马嘴商代遗址试掘简报》，《考古与文物》2000年5期；姚生民：《陕西淳化县出土的商周青铜器》，《考古与文物》1986年5期；周原考古队等：《2001年周原遗址（王家嘴、贺家地点）发掘简报》，《古代文明（第2辑）》，文物出版社，2003年；中国社会科学院考古研究所周原考古队：《2004年秋季周原老堡子遗址发掘简报》，《考古学集刊（第17辑）》，科学出版社，2010年。

② 牛世山：《商文化京当类型的形成背景分析——关于考古学文化空间分布特殊模式的思考》，《考古与文物》2015年6期。

③ 张天恩：《关中商代文化研究》，文物出版社，2004年。

④ 苏秉琦：《陕西省宝鸡县斗鸡台发掘所得瓦鬲的研究》，《苏秉琦百年诞辰纪念文集》卷二，科学出版社，2012年；邹衡：《论先周文化》，《夏商周考古学论文集》，文物出版社，1980年；邹衡：《再论先周文化》，《夏商周考古学论文集（续集）》，科学出版社，1998年；胡盈谦：《姬周陶鬲研究——周族起源探索之一》，《胡盈谦周文化考古研究选集》，四川大学出版社，2000年；尹盛平、任周芳：《先周文化的初步研究》，《文物》1984年7期；张长寿、梁星彭：《关中先周青铜文化的类型与周文化的渊源》，《考古学报》1989年1期；赵化成：《甘肃甘谷毛家坪遗址发掘报告》，《考古学报》1987年3期；赵化成：《甘肃东部秦和羌戎文化的考古学探索》，《考古类型学的理论与实践》，文物出版社，1989年。

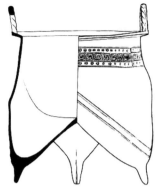

图5-4　岐山京当联珠纹鬲　　　　　图5-5　泾川庄底墓葬出土夔纹鬲

（4）汉水流域的铜鬲的发现，揭示了商文化沿汉水南下的证据。汉水流域发现商代铜鬲共计4件，集中在汉中的城固、洋县地区。此地是汉水上游，是经由关中平原进入长江流域的通道之一。一件四足兽面纹方鬲，三件弦纹鬲，是商文化风格的器物。

关于城固、洋县青铜器群性质与所属族属，学术界多有讨论，主要有"蜀文化说""巴文化说""羌文化说""巴蜀说"[①]，这些族属性质的判断主要是依据城固、洋县一带出土的具有巴蜀文化特色的青铜面具、兵器、纹饰。出土的青铜礼器，如鬲、鼎、瓿等器物都还是商文化的面貌。从铜鬲的形制上看，与关中京当商文化保持一致，尤其是立耳双线人字纹铜鬲的发现，应是关中商文化南下的结果。

（二）关中及其附近地区发现的西周铜鬲

进入西周早期，关中地区出土铜鬲的地区仍集中在周原及其周围，在长安张家坡、泾阳的高家堡、宝鸡的纸坊头和竹园沟都有出土。扶风周原地区有不少西周早期的墓葬材料，例如扶风云塘M13、M20，贺家村M6，齐镇M1、M2，扶风刘家村丰姬墓等均有铜鬲出土。关中发现西周铜鬲特点主要有：

（1）数量多，发掘出土136件，有明确出土地点的传世铜鬲9件。其中出土的西周早期铜鬲29件，西周中期铜鬲38件，西周晚期铜鬲69件，西周中晚期的铜鬲数量占80%以上（图5-6）。可见在周人的青铜礼制文化下，铜鬲得到了很大的发展。关中地区发现的铜鬲主要在周人生活和活动的周原、扶风、长安地区。

（2）铜鬲的形制、纹饰发展序列比较完整（图5-7）。西周早期的铜鬲流行立耳、束颈、深腹、柱足、分裆，颈部装饰一周兽面纹带，早期偏晚后开始装饰兽面，

① 李伯谦：《城固青铜器群与早期蜀文化》，《考古与文物》1983年2期；唐金裕：《汉水上游巴文化的探讨》，《文博》1984年创刊号；王寿芝：《陕西城固出土的商代青铜器》，《文博》1988年6期；尹盛平：《巴文化与巴族的迁移》，《文博》1992年5期；黄尚明：《城固洋县商代青铜器群族属再谈》，《考古与文物》2002年5期；赵丛苍主编：《城洋青铜器》，科学出版社，2006年。

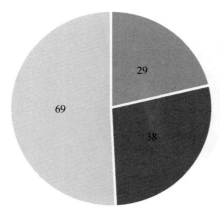

器型演变的规律在腹部深浅的变化上，时代愈后腹部愈浅。西周中期至西周晚期流行宽折沿、束颈，腹部装饰兽面纹的联裆鬲。在这个阶段的早期，分裆鬲和联裆鬲并行了一段时间，联裆鬲的出现和发展有迹可循。

宝鸡纸坊头和竹园沟的強国墓地是一处具有地方特色的方国墓地，墓葬年代在西周早期至西周中期。出土铜鬲的主要有纸坊头M1、竹园沟M4、茹家庄M1和M2（表5-6）。在这四座墓葬中出土了10件铜鬲，包括有铭文的矢伯鬲、微仲鬲、強伯鬲、麦姬鬲。这10件铜鬲可以分为三个系列：其一是立耳柱足分裆鬲，如矢伯鬲、強伯鬲、麦姬鬲等6件；其二是折沿斜绳纹联裆鬲，茹家庄M1乙：32、M2：13、M2：14这3件；其三是竹园沟M4：76这件方鬲。铜鬲中方形的器物很少，迄今发现的方形铜鬲还有陕西汉中城固县龙头镇的商代晚期四足鬲（1981CHLTT：4）（表5-5）。

在西周中期的宝鸡茹家庄墓地中即出土了西周早期风格的分裆袋足鬲，也发现了早期联裆绳纹鬲的踪迹，茹家庄M1、M2中出土的3件斜线纹联裆鬲与长安县普渡村长甶墓出土的M1：14相似。这种形制的铜鬲是西周穆王时期出现的铜鬲新式样，是西周中期以后流行的联裆鬲的最早形制，周人开始逐渐形成自己的铜鬲风格。到西周中期晚段完成了这一改变，普遍流行无耳、宽折沿、束颈的联裆鬲。

（3）关中地区窖藏铜鬲的发现弥补了西周中晚期阶段铜鬲式样的演进环节。且在这一时期内，周文化礼制系统构建完成，形成了周人特有的重食文化、鼎簋制度。如周原庄白一号窖藏出土的微伯鬲、伯先父鬲，眉县杨家村窖藏出土的单父鬲，扶风任家村窖藏出土的善夫吉父鬲，长安张家坡窖藏出土的伯庸父鬲，蓝田寺坡村出土的𤝗叔鬲等（表5-7）。这些窖藏铜鬲时代从西周中期至西周晚期，器型均是折沿联裆鬲，形制从柱足演变为蹄足，花纹从上、下两栏演变为器身整体，纹饰由三角窃曲纹、重环纹、直线纹演变为卷体兽面纹，尤其是窖藏铜鬲多是列鬲，数量4~10件不等，铜鬲地位得到了很大的提升。为我们观察折沿联裆鬲的演变过程和周人青铜礼制文化提供了很好的样本（关于列鬲的论述前文第二章关于铜鬲的地位与功能部分有论述，在此不赘述）。

（4）有铭铜鬲大大增加，数量近百件，占关中西周铜鬲总数的65%。铭文字数1~8字，字数不多，铭文内容主要记族徽、日名、作器者、受器者等信息。这些有铭铜鬲中，可以见证居住在畿周一带的世家大族的相关历史信息，为我们揭示西周家族形态提供了研究材料。

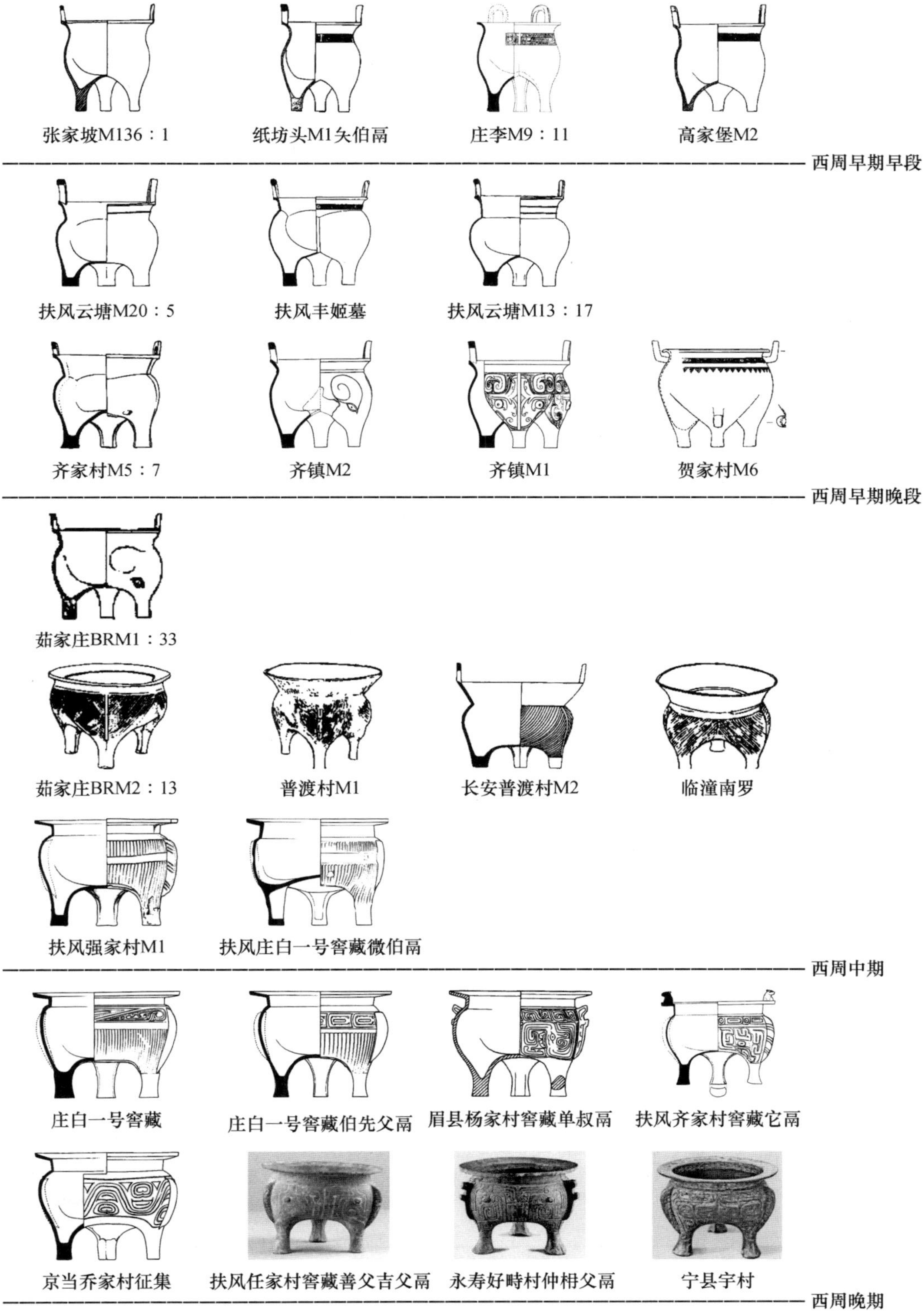

张家坡M136：1　　　　纸坊头M1矢伯鬲　　　　庄李M9：11　　　　高家堡M2

　西周早期早段

扶风云塘M20：5　　　　扶风丰姬墓　　　　扶风云塘M13：17

齐家村M5：7　　　　齐镇M2　　　　齐镇M1　　　　贺家村M6

西周早期晚段

茹家庄BRM1：33

茹家庄BRM2：13　　　　普渡村M1　　　　长安普渡村M2　　　　临潼南罗

扶风强家村M1　　　　扶风庄白一号窖藏微伯鬲

西周中期

庄白一号窖藏　　　　庄白一号窖藏伯先父鬲　　眉县杨家村窖藏单叔鬲　　扶风齐家村窖藏它鬲

京当乔家村征集　　　扶风任家村窖藏善父吉父鬲　　永寿好畤村仲柟父鬲　　宁县宇村

西周晚期

图5-7　关中出土西周铜鬲序列图

表5-6　宝鸡強国墓地出土铜鬲

时间	出土铜鬲		
武王—成王时期	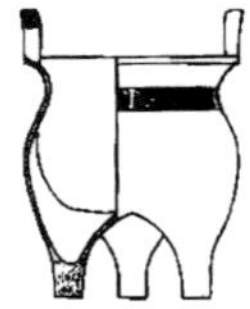 纸坊头M1矢伯鬲	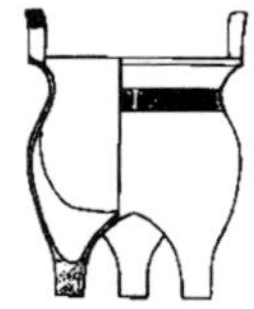 矢伯鬲	
昭王晚期—穆王早期	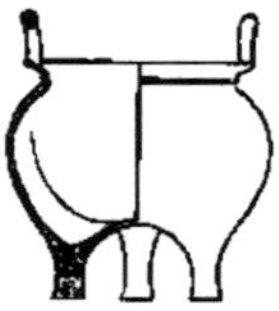 竹园沟M4：9	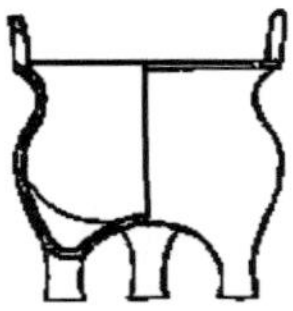 竹园沟M4：75微仲鬲	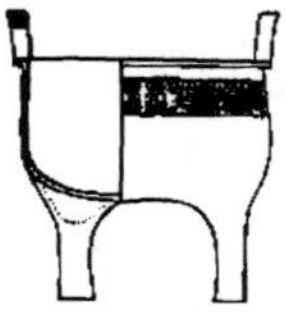 竹园沟M4：76方鬲
穆王时期	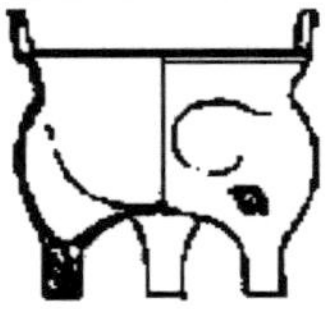 茹家庄M1乙：33強伯鬲	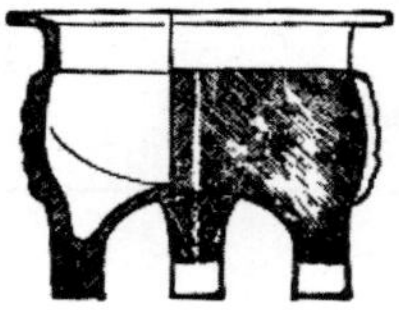 茹家庄M1乙：32	
	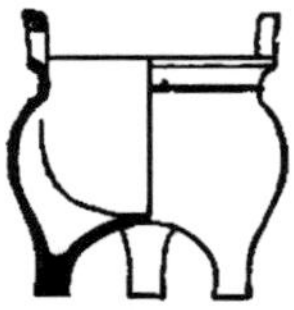 茹家庄M2：12㚸姬鬲	 M2：13	 M2：14

表5-7　关中窖藏出土西周铜鬲

序号	名称	件数	出土地	时代	形制
1	微伯鬲	5	陕西扶风庄白一号窖藏	西周中期	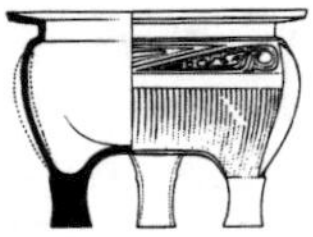
2	伯先父鬲	10	陕西扶风庄白一号窖藏	西周晚期	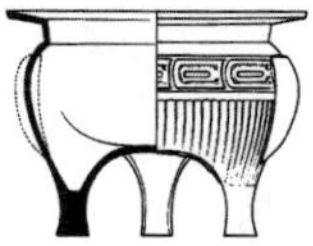
3	伯庸父鬲	8	陕西长安张家坡窖藏	西周中期	

续表

序号	名称	件数	出土地	时代	形制
4	弭叔鬲	4	陕西蓝田寺坡村铜器窖藏	西周晚期	
5	单叔鬲	9	陕西宝鸡眉县杨家村窖藏	西周晚期	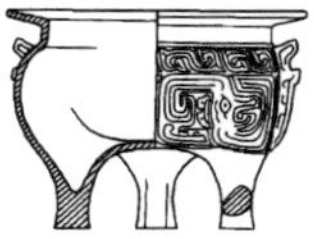
6	仲枏父鬲	9	陕西永寿好畤村	西周晚期	
7	善夫吉父鬲	9	陕西扶风任家村窖藏	西周晚期	

如1940年陕西扶风任家村窖藏出土梁其家族铜器、1976年扶风庄白一号窖藏出土的微氏家族铜器、2003年陕西宝鸡眉县杨家村窖藏出土的单氏家族铜器[①]。这些王室近臣家族世代担任膳父、史官，以及管理王室农林产业，为周王所信任，并赏赐颇丰，祭祀用的礼器制作也很精良。

还有铜鬲铭文能看到两姓之好。在1961年陕西长安张家坡窖藏中出土的伯庸父鬲铭文中言明伯庸父为妻子制作的器物。另有其他有铭铜器能揭示窖藏主人是周朝卿士，族人中曾随王东征，并与姬姓、姞姓家族通婚[②]。

（5）从器物组合看，周人重食文化得到确立和强化。西周早期，周人的食器中就少不了铜鬲的参与。在2003年陕西扶风法门寺庄李M9中，组合形式为鼎3、簋2、鬲1、甗1、斝1、爵2、尊1、卣1、罍1、盉1[③]。到西周中期以后，铜鬲在食器中增多，出

------

① 吴镇烽：《扶风任家村西周遗宝离合记》，《文博》2010年1期；陕西周原考古队：《陕西扶风庄白一号西周青铜器窖藏发掘简报》，《文物》1978年3期；陕西省考古研究所、宝鸡市考古工作队、眉县文化馆等：《陕西眉县杨家村西周青铜器窖藏发掘简报》，《文物》2003年6期。

② 郭沫若：《长安县张家坡铜器群铭文汇释》，《考古学报》1962年1期。

③ 付仲杨、宋江宁、徐良高：《陕西扶风县周原遗址庄李西周墓发掘简报》，《考古》2008年12期。

现列鬲。如陕西扶风强家村M1，组合形式为鼎4、簋5、鬲4、甗1、壶2、盘1、盉1[①]。4件铜鬲形制相同，均为折沿、联裆、直线纹，器高、质量相差无几。西周晚期关中窖藏4~10件列鬲的出土证明其地位提升。在关中西部的中小型墓葬中还发现，铜鬲可以替代铜鼎出现的墓葬组合中。如甘肃庆阳宁县宇村谢家西周墓[②]和宁县玉村西周墓[③]中，均是鬲、盨的组合形式，铜鬲替代铜鼎。

（三）关中及其附近地区发现的东周铜鬲

幽王失德，犬戎进攻，历史的时间轴划入东周时期。关中属秦国，但是活动在关中的不仅有秦人，还有西戎诸部落。秦人在和西戎诸部落交往的过程中，促进了最早的民族融合。

（1）在关中，秦人墓葬多有发现，传世的秦公器也有多件，唯不见铜鬲，可见秦人并不看重铜鬲。

（2）春秋铜鬲主要在关中东部的芮国墓地中有发现，文化面貌与周文化保持一致。

2005年在关中东部渭南地区发现了韩城梁带村芮国遗址[④]，其中M19、M26、M28三座墓葬分别出了4件、5件、4件，共13件铜鬲，现有发表材料显示有1件芮公鬲和9件芮太子鬲。墓葬器物组合中，鼎、簋、鬲、甗组成食器组合，另有水器（盉、盘、匜）和酒器（壶）的参与。与西周晚期墓葬组合形式相同。M26中虽出土了5件铜鬲，但是有1件与其他4件形制不同，可以说春秋早期的芮国墓地中流行4件一组的列鬲。

1988年在陕北延安延长县岔沟一处青铜器窖藏，出土了14件青铜器。这批铜器的年代从西周早期跨越至春秋早期[⑤]。此窖藏中发现一件自名"芮□作旅鬲"的铜鬲（图5-8，1），形制与梁带村芮国墓地出土的芮公鬲（图5-8，2）和芮太子鬲（图5-8，3）相近，纹饰相同，年代可能在春秋早期。

另有传世芮公鬲4件，有2件可见器型（图5-8，4、5）。从器型和纹饰看，2件芮公鬲近似，铭文均言"芮公作铸京氏妇叔姬媵鬲，子子孙孙永用享"，应是同时代器物。花纹布局分为上、下两栏，上腹部铸窃曲纹，下腹部铸卷体龙纹，这样的纹饰设计主要在西周晚期。

---

① 周原扶风文管所：《陕西扶风强家一号西周墓》，《文博》1987年4期。

② 许俊臣、刘得桢：《甘肃宁县宇村出土西周青铜器》，《考古》1985年4期。

③ 许俊臣：《甘肃庆阳地区出土的商周青铜器》，《考古与文物》1983年3期。

④ 陕西省考古研究所等：《陕西韩城梁带村遗址M19发掘简报》，《考古与文物》2007年2期；陕西省考古研究所等：《陕西韩城梁带村遗址M26发掘简报》，《文物》2008年1期；陕西省考古研究院：《陕西韩城市梁带村芮国墓地M28的发掘》，《考古》2009年4期。

⑤ 姬乃军、陈明德：《陕西延长出土一批西周青铜器》，《考古与文物》1993年5期。

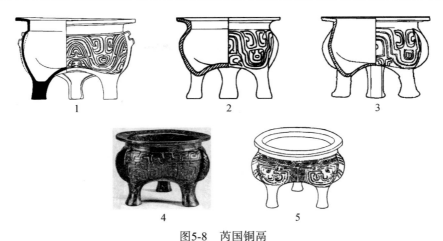

图5-8　芮国铜鬲

1. 芮□鬲　2. 芮公鬲　3. 芮太子鬲　4. 潘祖荫藏芮公鬲　5. 清宫旧藏芮公鬲

（3）战国铜鬲主要在关中西部的甘肃天水戎人墓地中有发现，文化面貌却发生了很大的变化。天水战国晚期，关中西部地区的天水张家川马家塬戎人墓葬M14、M18出土3件高领铲足弧线纹铜鬲，另甘肃文物研究所在庆阳征集到同式样的铜鬲1件，共计4件①（图5-9，1～4）。在张家川马家塬墓地M20中出土了一件陶鬲M20MS：2（图5-9，5），与铜鬲式样十分接近。这4件铜鬲的形制与中原青铜文化完全不同，而此时的中原地区，六国一统的大局面基本已定，青铜文化几近消亡。

关于这种花纹的铜鬲，李水城先生认为这种来源于附加堆纹的蛇纹，来自于北方草原民族②。王辉先生认为这种铜鬲是模仿蛇纹陶铲足鬲的产物，是结合中国北方系青铜文化和甘青地区传统文化的因素而产生的③。总之这种形制与花纹的器物非中原文化之物，反映了中原文化与北方草原文化的融合与创新。

三、海 岱 地 区

海岱地区发现铜鬲以东周为多，在济阳、滕州、日照、沂水、临沂、临淄、安丘、黄县、莱阳、龙口、蓬莱等市县都有发现，出土数量105件。传世齐国、鲁国、逄国、杞国等铜鬲12件，共计117件。年代跨越商代早期、西周至东周战国。该地区

① 早期秦文化联合考古队、张家川回族自治县博物馆：《张家川马家塬战国墓地2007～2008年发掘简报》，《文物》2009年10期；早期秦文化联合考古队、张家川回族自治县博物馆：《张家川马家塬战国墓地2010～2011年发掘简报》，《文物》2012年8期；许俊臣、刘得祯：《介绍一件春秋战国铲足铜鬲》，《考古》1988年3期。

② 李水城：《中国北方地带的蛇纹器研究》，《文物》1992年1期。

③ 王辉：《张家川马家塬墓地相关问题初探》，《文物》2009年10期。

图5-9　甘肃地区发现战国铜鬲与陶鬲

1. M14∶2　2. M18MS∶4　3. M18MS∶7　4.庆阳征集　5. M20MS∶2

是商文化分布区，也是两周时期的齐国、鲁国、薛国、莒国、滕国、逢国、小邾国等国的所在地。商和西周时期发现的铜鬲，与中原、关中地区未见差异。但是进入春秋以后，出土铜鬲呈现出和中原截然不同的形制，这应与该地本土文化发展相关（表5-8）。

（一）海岱地区发现的商代铜鬲

（1）数量少。海岱地区共出土商代铜鬲2件。

（2）与商文化面貌保持一致。在前文探讨中原商文化中心区时，我们注意到殷墟商人对铜鬲并不重视，在山东地区也有如此现象。

最早的商代铜鬲是出土于1992年滕州轩辕庄的商墓[①]。墓葬被破坏，出土鬲1、爵1、斝1、戈1、镞2，铜鬲变形严重，大概形制是立耳、深腹、分裆、圆锥柱足，口沿下饰一周兽面纹带，裆腹间饰双线人字纹，器形和纹饰特征显示二里岗上层至殷墟一期器物特点。

轩辕庄墓葬规格可能属于小型墓葬，前掌大M38也仅仅是8平方米的中型墓葬[②]，一棺一椁，有腰坑，出土了鼎3、鬲2、簋1、瓿4、爵4、斝1、觯1、提梁卣2、罍1、尊1、斗1，铜鬲是分裆鬲的Ab型Ⅳ式，高领分裆袋足鬲，葬俗和葬制都是殷人风格。滕

———————————————

①　滕州市博物馆：《山东滕州市发现商代青铜器》，《文物》1993年6期。

②　中国社会科学院考古研究所：《滕州前掌大墓地》，文物出版社，2005年。

表5-8　海岱地区发现铜鬲

商代	 滕州轩辕庄	 滕州姜屯眉工子鬲		
西周	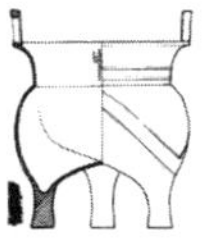 滕州前掌大M38：51	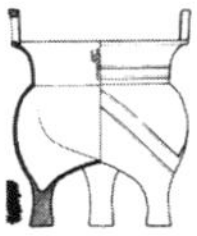 滕州前掌大38：54	 滕州庄里西滕公鬲	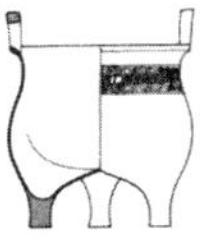 滕州前掌大M120	 齐不趉鬲
	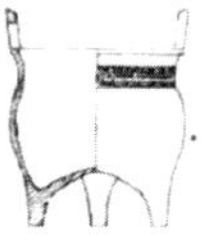 泰安府前街叔父癸鬲	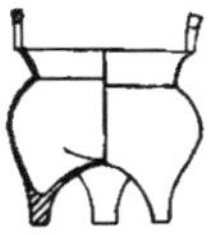 济阳刘台子M6：24	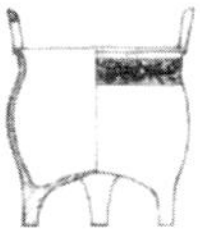 泰安府前街	 龙口徐家村	
	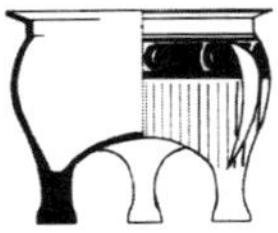 泰安龙门口	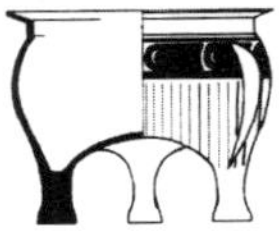 泰安龙门口	 邹县七家峪鲁宰驷父鬲	 肥城小王庄	 夆伯鬲
春秋	 小邾国墓地	 日照固河崖刺鬲	 蓬莱	 安丘柘山镇	 滕县后荆沟M1：11
	 鲁伯愈父鬲	 临朐甲墓	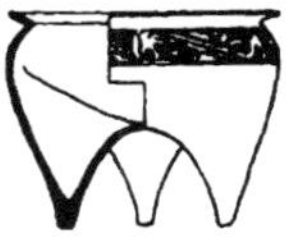 1987年山东安丘	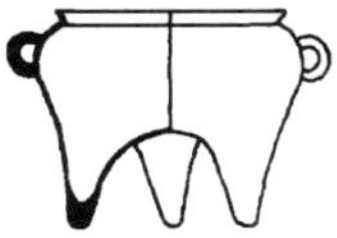 日照陶家村	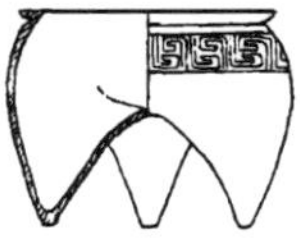 沂水黄山铺
	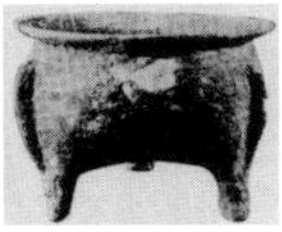 归城纪侯鬲	 临朐乙墓齐趩父鬲	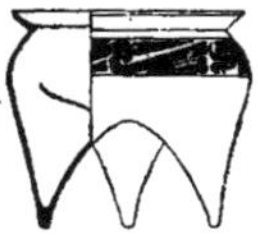 临沂中洽沟M1	 沂水李家坡	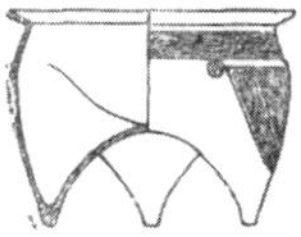 枣庄两河盆1
		 薛国故城M1	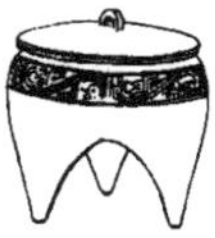 沂水刘家店子M1	 沂水纪王崮K1	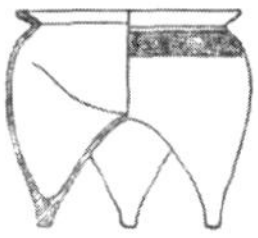 枣庄两河盆2
		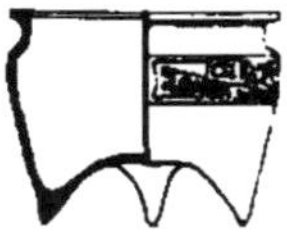 薛国故城M2	 莒县西大庄M1	 沂水纪王崮M1	 日照董家滩

州姜屯种寨出土一鼎一鬲，鬲铭"眉壬子"①，器型与殷墟西区M1102相近，属于分裆鬲的Ac型Ⅱ式。

海岱地区早商文化研究学界成果颇丰。目前的主流观点认为，商王朝的建立之初与海岱地区的东夷各部族的军事联盟关系密切。大约在仲丁、河亶甲时期，商王朝东伐蓝夷、征班方，商人与东夷部族关系恶化，商文化大举入侵海岱地区。从考古材料看，商代早期二里岗上层以后商文化东进势头猛增，铜礼器数量也大增，济南大辛庄、长清前平、滕州吕楼、轩辕庄、前掌大、后荆沟、章丘城子崖等是出土青铜器的主要地点。在殷墟四期时达到顶峰，不仅有高等级的贵族墓葬（青州苏埠屯遗址），还有高等级的聚落遗址（寿光古城），从海岱地区发现青铜礼器的地点看，从二里岗期开始至殷墟四期，发现的商文化青铜礼器的墓葬单位有43座，商人花费了三百余年的努力，在山东地区建立起一个严密的东方屏障②。

（二）海岱地区发现的西周铜鬲

（1）西周时期，铜鬲出土的地点增多，但是数量不多，只有15件。西周铜鬲的出土地点有滕州前掌大M38和M120③、新泰市府前街④、龙口徐家村⑤、1982年滕州庄里西墓⑥、滕州姜屯庄里西M3⑦、济阳刘台子M2和M6⑧等，出土铜鬲的地点明显比商代要多。

（2）从器物形制、花纹看，铜鬲器型与周文化系统下的器物别无二致，埋葬习俗、墓葬器物组合也合乎"周礼"。如济阳刘台子M6，墓室面积在26平方米左右，出土鼎7、簋5、鬲1、甗1、爵2、觯2、尊1、卣1、盘1、盉1，典型的西周早期墓葬组合形式。

前掌大M120，墓室面积7.73平方米，出土圆鼎2、方鼎1、簋1、鬲1、甗1、瓠2、角2、爵2、提梁卣1、觯1、壶1、尊1、盉1，也是中型墓葬规格，发掘报告将之定在西周早期偏晚阶段⑨。铜鬲式样均是西周早期典型的高领分裆柱足鬲，即Ab型Ⅳ式铜鬲。

① 齐文涛：《概述近年来山东出土的商周青铜器》，《文物》1972年5期。

② 毕经纬：《海岱地区商周青铜器研究》，陕西师范大学博士学位论文，2013年。

③ 中国社会科学院考古研究所：《滕州前掌大墓地》，文物出版社，2005年。

④ 魏国：《山东新泰出土商周青铜器》，《文物》1992年3期。

⑤ 马志敏：《山东省龙口市出土西周铜簋》，《文物》2004年8期。

⑥ 陈庆峰、万树瀛：《山东滕县发现滕侯铜器墓》，《考古》1984年4期。

⑦ 滕县文化馆：《山东滕县出土西周滕国铜器》，《文物》1979年4期。

⑧ 陈骏：《山东济阳刘台子西周早期墓发掘简报》，《文物》1981年9期。

⑨ 中国社会科学院考古研究所：《滕州前掌大墓地》，文物出版社，2005年，528页。

　　1993年泰安龙门口遗址调查时，泰安市博物馆的工作人员征集到的2件铜鬲[①]。形制为西周典型联裆鬲，且下腹部装饰直线纹，上腹部装饰重环纹，与关中庄白一号窖藏出土伯先父鬲相同，应为西周晚期之物。

　　（3）从有铭铜鬲来看，这些器物分属不同的国别与族属，器物风格与周文化保持一致，是周王室对海岱地区控制力的体现。

　　1978年滕州姜屯庄里西78STM3出土铜鬲1、簋2，其中鬲自名"吾作滕公宝尊彝"，器主吾应是滕国公室成员[②]。

　　新泰府前街为一处被破坏的墓葬，出土铜器6件（鼎1、鬲2、爵1、卣1、尊1）[③]。2件铜鬲，一件自名"叔父癸"，同墓所出铜鼎、爵也自名"叔父癸"；另一件自名"郷宁II作父辛"。"郷宁II"为复合族徽，与此族徽相同的还有一件传世卣（三代12.44），这应是一处殷遗民墓葬。

　　济阳刘台子M6[④]，出土铜鬲1件，同墓所出鼎M6：21、M6：19、M6：22，觯M6：11，盉M6：13，盘M6：14五件器物上有铸铭"夆"，说明此处是逢国贵族墓地。传世逢国还有一件夆伯鬲（铭图02954）铭"夆伯作陥孟姬尊鬲，其万年子子孙孙永宝"。

　　传世的西周鲁国铜鬲还有鲁侯鬲（铭图02735）铭"鲁侯作姬番鬲"，鲁姬鬲（铭图02801）铭"鲁姬作尊鬲永宝用"。

（三）海岱地区发现的东周铜鬲

　　（1）铜鬲发现地点多，数量增多，共计88件，时代集中在春秋早中期。海岱北部的临朐泉头村甲、乙墓；海岱南部的滕州薛国故城M1、M2、M4，枣庄小邾国墓地M1、M2、M3，滕州后荆沟M1，邹县七家峪；海岱东南部的日照崮河崖M1、莒县西大庄M1、沂水东河北墓、沂水李家坡、平邑蔡庄、临沂俄庄花园村、沂水刘家店子M1墓葬年代均是春秋早中期。

　　（2）海岱地区出土春秋墓葬的器物组合发生了变化，周人鼎、鬲、簋、甗的食器组合中没有了甗，加入了簠，铜鬲仍是以列鬲的形式参与组合，数量多呈偶数形式。

　　1977年和1981年潍坊临朐县泉头村发现甲、乙二墓[⑤]，甲、乙墓墓室面积均约12平方米，甲墓墓圹南段出土鼎2、鬲5、盘1、匜1、舟1；乙墓室南段偏西处随葬铜器鼎3、鬲2、簠2、壶1、盘1、匜1。

　　① 　泰安市博物馆：《山东泰安市龙门口遗址调查》，《文物》2004年12期。
　　② 　滕县文化馆：《山东滕县出土西周滕国铜器》，《文物》1979年4期。
　　③ 　魏国：《山东新泰出土商周青铜器》，《文物》1992年3期。
　　④ 　山东省文物考古研究所：《山东济阳刘台子西周六号墓清理报告》，《文物》1996年12期。
　　⑤ 　临朐县文化馆等：《山东临朐发现齐、鄀、曾诸国铜器》，《文物》1983年12期。

1965年山东济宁邹县七家峪出土了一批青铜器[1]，应是墓葬所出。有鼎6、鬲4、簋4、罍2、盘1、壶1、匜1。

1978年滕州市薛国故城遗址清理了9座墓葬[2]，M1墓室面积约26平方米，二棺二椁，椁室下殉1人，出土鼎8、鬲6、簠6、簋2、壶3、舟1、盘1、匜1。M2在M1东北方向，墓室面积18平方米，二棺二椁，椁室下殉1人，出土鼎8、鬲6、簠6、簋2、壶3、舟1、小罐1、盘1、匜1。M4仅发掘了北部器物箱，出土铜鼎11、鬲6、簠6、簋2、壶3、鸟形爵3、舟1、鉴1、盉1、盘1、匜1。

1980年滕县城郊后荆沟村，农民取土时发现一座墓葬M1[3]，墓室面积14.4平方米，墓室遭破坏，未见盗扰，出土鼎2、鬲2、簋2、簠2、罐2、盘1、匜1。

1977年沂水刘家店子村民取土发现两座墓葬和一座车马坑[4]，两座墓一南一北，车马坑在一号墓西侧20米处，M1为长方形竖穴土坑墓，墓底南北长12.8米，东西宽8米，墓室内有一椁二棺、二器物箱，有多人殉人，椁室北、南部器物箱出土铜器有鼎16、鬲9、簋7、壶7、盆2、舟2、盘1、盉1、罍4、瓶2、盂1、匜1、甗1、罐1、编钟20、铃钟9、编镈6、錞于2、钲1，另有兵器29件。车马坑内发现鼎1、盆1、壶1、蟠螭纹铜鬲1。简报推断车马坑为M1的陪葬物，M1年代在春秋中期，从出土铜鼎的数量、规格和习俗看，可能是莒国国君之墓，M2为其夫人墓。

海岱地区的墓葬器物组合与周文化同属一个系统，铜列鬲在墓葬中仍是主要组合形式之一。

（3）出土铜鬲的铭文可以窥探春秋时期的海岱诸国关系。

潍坊临朐县泉头村发现甲、乙两墓，乙墓中出土的两件铜鬲铭"齐趫父作孟姬宝鬲，子子孙孙永宝用享"，发掘者认为这是齐趫父夫妇之墓[5]。同墓所出的其他有铭铜器显示有曾国、寻国的礼器，证明齐国与这两国关系密切。

邹县七家峪墓葬中出土一件鲁宰驷父鬲，自名"鲁宰驷父为女姬作媵器"；另有盘铭"伯驷父作姬媵盘"[6]。鬲和盘铭的鲁宰驷父和伯驷父应是同一人，鲁国姬姓之女适曹姓邹国。

2002年枣庄市东江村发现小邾国墓地，共清理了南北排列的6座墓葬[7]。M1、M4、M5、M6四座墓葬被盗严重，随葬品几乎无存。M2、M3保存相对较好，均出土

①　王轩：《山东邹县七家峪村出土的西周铜器》，《考古》1965年11期。

②　山东省济宁市文物管理局：《薛国故城勘查和墓葬发掘报告》，《考古学报》1991年4期。

③　万树瀛：《滕县后荆沟出土不其簋等青铜器群》，《文物》1981年9期。

④　罗勋章：《山东沂水刘家店子春秋墓发掘简报》，《文物》1984年9期。

⑤　临朐县文化馆等：《山东临朐发现齐、郭、曾诸国铜器》，《文物》1983年12期。

⑥　王轩：《山东邹县七家峪村出土的西周铜器》，《考古》1965年11期。

⑦　枣庄市博物馆：《枣庄市东江周代墓葬发掘报告》，《海岱考古（第四辑）》，科学出版社，2011年。

铜鬲，其后警方追回一批文物，其中就有5件铜鬲。小邾国墓地出土铜鬲均有铭文，5件邾友父鬲、6件倪庆鬲、2件华妊鬲、2件邾庆作秦妊鬲。传世有1件邾伯鬲（铭图02909），为邾伯媵女之器；1件邾来隹鬲（铭图02885）仅见铭文，为邾来隹自作器；1件倪姁遟母鬲（铭图02813），也仅存铭文拓片，言倪姁遟母自作器，以上3件传世器也应是小邾国或与邾国有关系。

邾友父鬲铭"邾友父媵其子胙曹宝鬲，其眉寿永宝用"，有学者们认为邾友父为小邾国的开国国君"友"。《春秋经》记庄公五年："秋，倪犂来朝"，杜预《世族谱》云邾公曹侠之后名颜，字夷父者，封其小子友于倪，时在宣王时期，后倪国助齐桓公，有功于王室，周王赐命为诸侯，是为小邾国，公元前258年前后被楚国所灭。

1976年日照崮河崖取土时发现一座墓葬M1[1]，出土铜鬲铭"釐伯□女子作宝鬲，子孙永宝用"，简报引孙诒让的论述，说釐伯与莱国有关系。

（4）海岱地区出土的铜鬲式样分为两个系统：一种是周文化系统下的宽折沿无领蹄足联裆鬲（以小邾国墓地出土的邾友父鬲等为代表）；另一种是当地文化特色的圆肩高裆锥足鬲（以临沂中洽沟M1出土铜鬲为代表），创新了新的形制。

关于这种圆肩高裆锥足鬲，学界多认为是东夷文化的产物，是在淮河流域西周陶鬲的影响下产生和发展起来的。

在淮河干流、苏北地区、鲁东南地区的考古学文化遗址单元中出土陶质圆肩（或折肩）高裆锥足鬲，考古学界称之为"淮式鬲"[2]，甚至将主要发现于鲁东南一带的耸肩"淮式鬲"称为"莒式鬲"[3]。林沄先生认为鲁东南地区出土的这种陶鬲与淮夷文化相近[4]。还有学者指出"莒式鬲"相较于"淮式鬲"整体形态显得更为瘦高，腹部也较深[5]。还有学者认为"莒式鬲"影响"淮式鬲"的可能性更大，并进一步指出两者同出一源[6]。临沂、日照等地发现的春秋早期以后的圆肩高裆尖锥足铜鬲是在当地陶质"莒式鬲"的基础上发展而来的新形制，是当地土著文化上升到礼制范畴的表现，体现着东方部族的上层礼制构建的创新与发展。

西周初年，"周公东征践奄"，重创东夷部族势力，周文化占据海岱地区，青铜文化面貌与周文化保持一致，出土铜鬲也主要是周式形制。东夷部族中实力保存较好的一支——淮夷在周王朝的挤压下被迫南迁至江淮地区[7]，并在西周中期以后军事实力

---

① 杨深富：《山东日照崮河崖出土一批青铜器》，《考古》1984年7期。

② 王迅：《东夷文化与淮夷文化研究》，北京大学出版社，1994年，149页。

③ 王青：《海岱地区周代墓葬研究》，山东大学出版社，2002年，154页。

④ 林沄：《海岱地区周代墓葬与文化分区研究·序》，《海岱地区周代墓葬研究》，山东大学出版社，2002年。

⑤ 杨习良、张礼艳：《淮河流域西周至春秋时期陶鬲研究》，《东南文化》2022年5期。

⑥ 燕柏红：《莒文化研究》，《东方考古（第6辑）》，科学出版社，2009年，142页。

⑦ 张懋镕：《西周南淮夷称名与军事考》，《人文杂志》1990年4期。

重新增长起来，成为周王室的劲敌，一度深入周腹地，与周王室进行了长期战争，双方有胜有败，均不能消灭彼此。东周以后，周王室衰微，对东南方的控制力更弱。与此同时，本地族群文化意识增强，对礼制文化加以改造，从而形成了本土特色的青铜文化面貌。圆肩高裆锥足鬲的出现应是在这一文化背景下的具体表现。

四、长江中下游地区

长江中下游地区范围广，主要包括湖北、安徽、江西、江苏等地区，从考古发掘资料看，青铜鬲的出土地点以湖北东部最为集中，即汉水流域中下游地区及其支流，这一地区是曾国、楚国、蔡国等诸侯国所在地。安徽、江西、江苏等地以点状分布。其中湖北地区出土铜鬲最多，约117件。另有安徽20件、江苏8件、江西7件、湖南5件，时代跨越商代早期至战国早中期。

（一）长江中下游地区发现的商代铜鬲

（1）铜鬲发现地点比较分散，主要发现在江汉流域的盘龙城遗址、大洋洲遗址、宁乡遗址和江淮地区的阜南月牙河遗址。

最早出土铜鬲的是江汉流域的湖北盘龙城遗址。盘龙城遗址始建于二里岗上层，沿用殷墟一期，是商代早期长江流域最大的商文化聚落遗址。此遗址一共出土了8件铜鬲，在全国范围内，此遗址是商代早期出土铜鬲最为集中之地。时代范围从二里岗下层至殷墟一期。分别出在杨家湾M6、李家嘴M2、杨家湾M4、李家嘴M1、楼子湾M4、杨家湾M7、杨家湾H6七个遗址单位内[1]（图5-10）。

商代晚期商文化南下到赣江中游地区，与当地的吴城文化产生交集，铜鬲主要发现在江西新干大洋洲大墓中[2]。大墓出土了6件铜鬲，其中1件折肩鬲，2件弧裆鬲是中原地区晚商文化不见的器型（图5-11）。关于大洋洲商墓的性质学界多有讨论，基本观点是大洋洲商墓的墓主人是晚商时期的方国诸侯，唐际根先生进而推测是赣江流域吴城文化的一支——"牛城集团"[3]，无论是吴城文化的哪一支，可以肯定的是晚商时期，吴城文化与中原商文化是有互动的，两者之间是有交流的，交流的主要目的在于获得彼此所需要的铜矿产资源和青铜器冶炼技术。

---

① 湖北省文物考古研究所：《盘龙城——一九六三年——一九九四年考古发掘报告》，文物出版社，2001年。

② 江西省博物馆、江西省文物考古研究所、新干县博物馆：《新干商代大墓》，文物出版社，1997年。

③ 唐际根、荆志淳：《商时期赣江流域的青铜文化格局》，《三代考古》，2009年，236～246页。

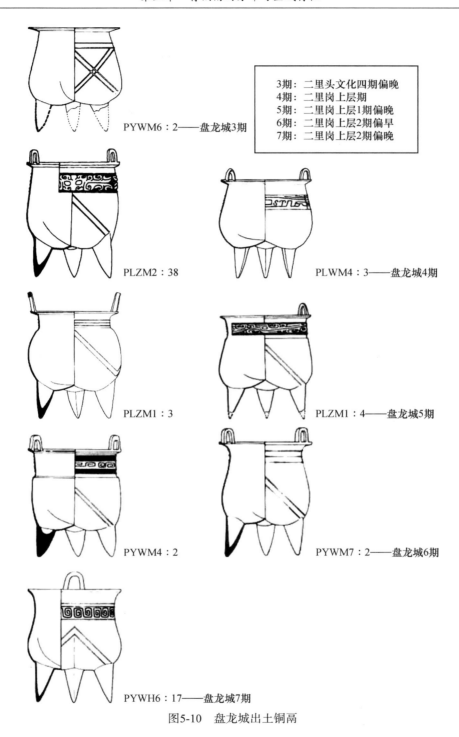

PYWM6：2——盘龙城3期

3期：二里头文化四期偏晚
4期：二里岗上层期
5期：二里岗上层1期偏晚
6期：二里岗上层2期偏早
7期：二里岗上层2期偏晚

PLZM2：38

PLWM4：3——盘龙城4期

PLZM1：3

PLZM1：4——盘龙城5期

PYWM4：2

PYWM7：2——盘龙城6期

PYWH6：17——盘龙城7期

图5-10 盘龙城出土铜鬲

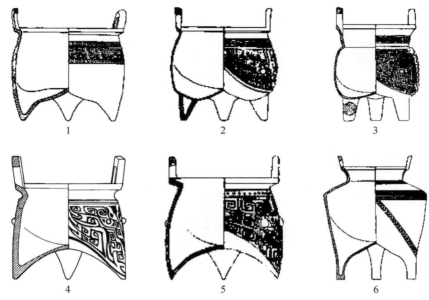

图5-11　大洋洲商墓出土铜鬲

1. XDM：35　2. XDM：32　3. XDM：36　4. XDM：33　5. XDM：34　6. XDM：37

图5-12　湖南宁乡铜鬲

1958年湖南湘江流域的宁乡也发现1件商代晚期铜鬲（图5-12）。湖南东部宁乡地区发现商周青铜器百余件，被学界称为"宁乡青铜器群"。宁乡青铜器群的性质学界也多有讨论。王恩田、向桃初先生主张是商末周初，受政治因素影响的殷遗民南迁所携带[1]。孙明等人认为从商代晚期开始，殷人有计划、目标明确的南迁携带[2]。还有一些当地学者认为宁乡地区存在着一个与新干大洋洲、四川三星堆类似的青铜文明，是商代荆楚文化发展的一个阶段[3]。向桃初先生通过与新干大洋洲青铜器的比较，驳斥了当地学者的观点，仍坚持认为宁县青铜器群与殷墟青铜器关系密切[4]。施劲松先生认为宁乡地区的青铜器呈现三种风格：中原型、混合型、地方型，是

————————

① 王恩田：《湖南出土商周青铜器与殷人南迁》，《中国考古学第七次年会论文集》，文物出版社，1992年；向桃初：《湘江流域商周青铜文明研究的重要突破》，《南方文物》2006年5期。

② 孙明、何佳、李乔生：《湖南宁乡市文物管理局收藏的几件商周铜器》，《文物》2020年2期。

③ 傅聚良：《盘龙城、新干和宁乡——商代荆楚青铜文化的三个阶段》，《中原文物》2004年1期。

④ 向桃初：《宁乡铜器群与新干铜器群比较研究》，《江汉考古》2009年1期。

商文化（技术与观念）南下后与地方文化结合后发展出来的独特地方性文化①。另有科技考古学界通过同位素实验得出结论：宁乡青铜器中一部分器物与殷墟三四期的铅同位素相同②，说明宁乡青铜器中一部分来自殷墟。

宁乡发现的这件铜鬲耳足五点配列，柱足还不是圆柱足而是棱足，颈部饰目雷纹，腹部饰羊角兽面纹，从形制到纹饰都是殷墟早期风格的器物。

在江淮地区，1944年安徽阜南月牙河曾发现铜鬲，据传出土12件，置于一件大鼎之内。这12件铜鬲现散失在各地，1件在故宫博物院、2件在国家博物馆、1件在上海博物院、6件在安徽省博物馆③。1958年又在此地采集到一批青铜器（觚2、爵2、斝2、尊2）④。淮南市博物馆旧藏一件无耳铜鬲⑤。月牙河的铜鬲深腹、尖锥足，年代可能早于宁乡铜鬲。

（2）铜鬲的文化因素主要来自中原商文化，但是也有本土文化因素的参与。有学者指出，安徽阜南出土的铜鬲腹部兽面纹上，用粗线条勾边，这样的装饰手法比较特殊；袋足正中凸起的钩状扉棱是长江流域青铜文化的特点⑥。大洋洲出土铜鬲XDM：36也有这样的钩状扉棱（图5-11，3），颈部装饰鱼纹。XDM：32鬲腹部的兽面纹也用粗线条勾边（图5-11，2）。XDM：36鬲的形制更是在其他地方未见的。

（3）墓葬器物组合形式与商代一致（食器+酒器），在盘龙城和新干大洋洲墓葬中食器种类有甗、簋、豆等器类的加入。盘龙城李家嘴M2，墓室面积12.8平方米，出土鼎4、鬲1、甗1、簋1、觚1、爵4、斝3、罍1、尊1、盉1、盘1⑦。这是最早我们见到的墓葬中的鼎、鬲、簋、甗的食器组合。

在大洋洲商墓中，食器组合由鼎31、鬲6、甗3、簋1、豆1、罍1、瓿1、壶2、卣3、瓒1、盘1组成⑧。

1992年湖北距离盘龙城不到一百公里的黄州下窑嘴商墓，小型长方形竖穴土坑

① 施劲松：《论湖南商周青铜器的来源》，《南方文物》2018年3期。

② 马江波、金正耀、范安川等：《湖南宁乡县炭河里遗址出土青铜器的科学分析》，《考古》2016年7期。

③ 故宫博物院编：《故宫青铜器》，紫禁城出版社，1999年，42页；安徽省博物馆：《安徽省博物馆藏青铜器》，上海人民美术出版社，1987年；陈佩芬：《夏商周青铜器研究·夏商篇上》，上海古籍出版社，2004年，140、141页。

④ 葛介屏：《安徽阜南发现殷商时代的青铜器》，《文物》1959年1期。

⑤ 淮南市博物馆：《淮南市博物馆文物集珍》，文物出版社，2010年，25页。

⑥ 陈小三：《“其金孔吉”展出中国国家博物馆藏青铜器札记》，《中国国家博物馆馆刊》2017年11期；孙卓：《江淮地区中商时期的青铜器》，《中国国家博物馆馆刊》2021年12期。

⑦ 湖北省文物考古研究所：《盘龙城——一九六三年—一九九四年考古发掘报告》，文物出版社，2001年。

⑧ 江西省博物馆、江西省文物考古研究所、新干县博物馆：《新干商代大墓》，文物出版社，1997年。

墓，随葬铜器有鬲、觚、爵、斝、罍各1件[①]。出土铜鬲与郑州白家庄M3出土铜鬲形制相近（图5-13）。

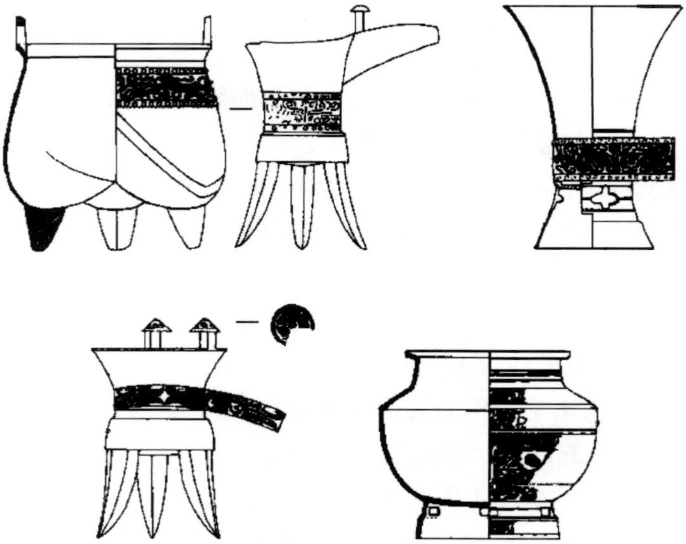

图5-13　湖北黄州下窑嘴商墓青铜器

（二）长江中下游地区发现的两周铜鬲

进入西周，铜鬲的出土地点转移至汉江以北的湖北随州地区，这一地区是西周曾国所在地。此地发现的曾国墓葬从西周早期开始一直延续至战国中期。春秋早、中期时，铜鬲形成自己的风格，流行折肩分裆鬲。与此同时，长江下游地区也有蔡国、群舒青铜鬲的出土。

（1）西周早期曾国铜鬲的发现，弥补了长江流域西周早期历史的空白。

曾国青铜鬲的发现较多，随州安居桃花坡M2和M1、枣阳熊集镇段营村、随州何店乡何家台、随州刘家崖、万店周家岗、义地岗、京山坪霸镇罗新村，近年来发现的随州叶家山、京山苏家垄、文峰塔等地也有出土，共计87件，加之传世的曾伯宫父鬲、曾卿事鬲、曾伯宫父穆鬲、曾仲斟鬲7件，总计94件。

2010年发现的湖北随州叶家山曾国墓地，出土了8件西周早期的铜鬲（表5-9），分别出在M1、M2、M7、M27、M28、M54、M65、M107八座墓葬中。曾国的建立与周初成、康时期，周人“并建母弟，以蕃屏周”的大分封同步。当时南宫括的子孙被封于此，世代为周王室屏藩南国，兼而经略南方重要的战略物资——铜矿。叶家山出土铜鬲与陕西关中西周早期铜鬲无论在形制上还是在纹饰上都具有相当高的一致性，

① 黄冈地区博物馆、黄州市博物馆：《湖北省黄州市下窑嘴商墓发掘简报》，《文物》1993年6期。

是周文化在南方的发展，扩大了周文化的影响范围[1]。

（2）东周曾国铜鬲的发现，为我们梳理曾国与其他诸侯国的关系提供了视角（表5-10）。

1966年在随州京山苏家垄就曾发现春秋早期铜器，其中有鬲9件，还有著名的曾侯仲子游父鼎、曾仲游父铺、曾仲子游父方壶等器[2]。9件铜鬲中有2件自名"唯黄朱柢用吉金作鬲"，可见曾黄两国有交往。

表5-9　叶家山出土西周早期铜鬲

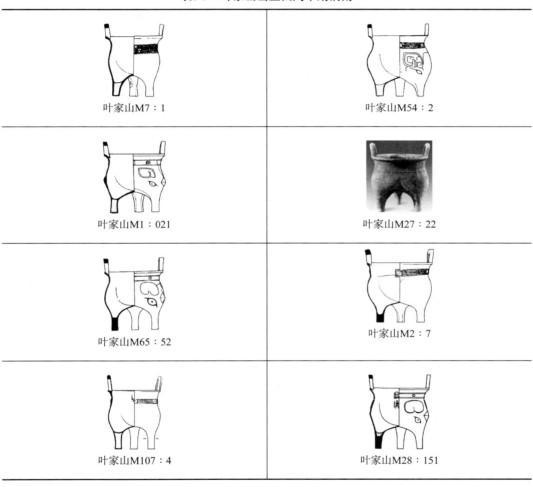

叶家山M7：1	叶家山M54：2
叶家山M1：021	叶家山M27：22
叶家山M65：52	叶家山M2：7
叶家山M107：4	叶家山M28：151

---

① 黄凤春、胡刚：《说西周金文中的"南公"——兼论随州叶家山西周曾国墓地的族属》，《江汉考古》2014年2期；黄凤春、胡刚：《再说西周金文中的"南公"——二论叶家山西周曾国墓地的族属》，《江汉考古》2014年5期；王恩田：《随州叶家山西周曾国墓地的族属》，《江汉考古》2014年3期；张懋镕：《再谈随州叶家山西周曾国墓地》，《江汉考古》2016年3期。

② 湖北省博物馆：《湖北京山发现曾国铜器》，《文物》1972年2期。

表5-10　湖北随州地区发现的东周铜鬲

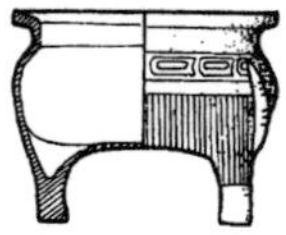 随州义地岗墓葬 M83曾伯鬲				
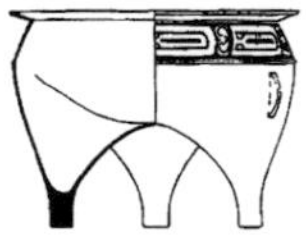 **春秋早期**　随州京山坪霸镇罗新村曾子单鬲	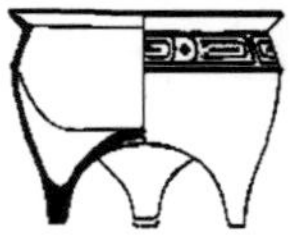 苏家垄黄朱柢鬲	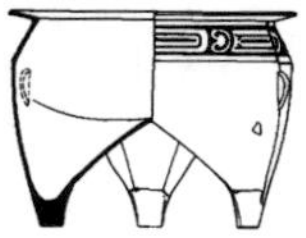 随州何店何家台鬲	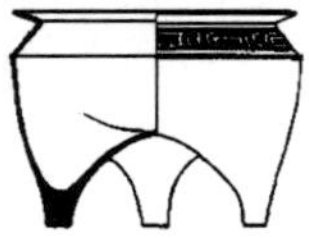 随州万店周家岗伯毅鬲	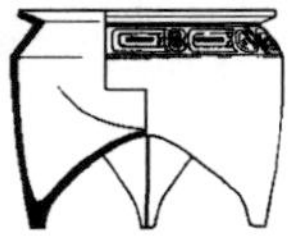 枣阳郭家庙 M17：3
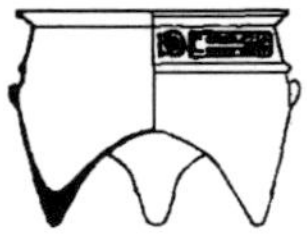 随州何店贯庄	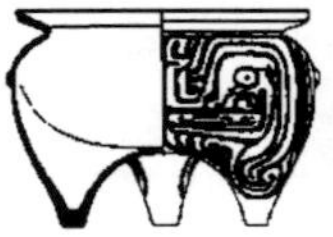 随州桃花坡M1	 随州桃花坡M2	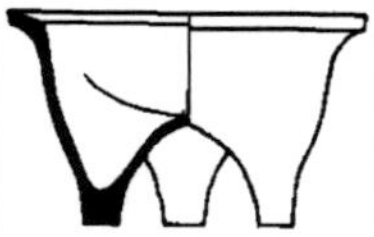 随州刘家崖	
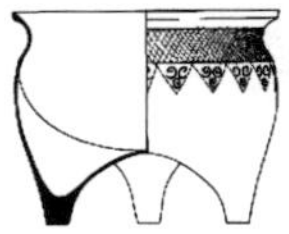 **春秋晚期**　随州文峰塔 M1：14	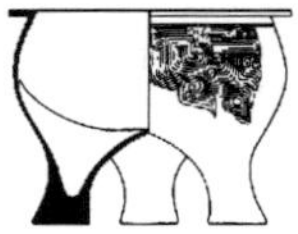 随州文峰塔 M1：19曾侯與鬲			
 **战国早期**　随州擂鼓墩M1 曾侯乙鬲	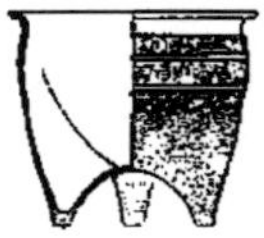 随州擂鼓墩 M1：162			
 **战国中期**　随州擂鼓墩M2	 随州擂鼓墩M2			

　　2002年和2003年在湖北枣阳郭家庙还发掘了一处曾国墓地。其中M1为曾侯墓，出土两座车马坑和大量青铜兵器，M17发现铜鬲1件，时代在西周晚期至春秋早期。同墓所出曾亘嫚鼎自名"曾亘嫚非录为尔行器尔永祜福"，表明曾国与其邓国的婚姻关系[①]。

---

① 襄樊市考古队、湖北省文物考古研究所、湖北孝襄高速公路考古队：《枣阳郭家庙曾国墓地》，科学出版社，2005年，324页。

2012年和2013年在随州文峰塔也发现曾国墓地[①]，其中M1、M18、M29、M33、M35四座墓葬出土铜鬲15件，M1被盗毁，出土了一件曾侯與编钟，铭文记载与《左传·定公四年》所载"吴伐楚入郢之役"一事印证，从而判断墓葬年代在春秋晚期。M18是发掘的最大一座墓葬，一条墓道，墓室平面呈亚字形，墓室面积259平方米，墓主人是曾侯丙。一椁三棺，可惜被盗，在东椁室出土鼎、簠、簋、鬲、鉴、方壶等青铜礼器，详细资料并未发布，墓葬年代为战国中期。发掘简报将这批墓葬的年代定在战国中期至战国晚期之间。M1出土的两件铜鬲资料倒是公开了，从这两件铜鬲的形制看，M1∶19与徐家岭M9∶7形制相同，受楚风影响明显。

1978年在随州擂鼓墩发现的战国早期的曾侯乙墓和战国中期擂鼓墩M2两座墓葬，两座墓葬各随葬10件铜鬲[②]。刘彬徽先生在其《楚系青铜器研究》一书中总结道："曾侯乙墓内所出的鬲，9件为礼器鬲，乃周式鬲。1件为仿陶的楚式鬲……擂鼓墩M2内的鬲与曾侯乙墓一样，也是9件礼器鬲，一件仿陶的楚式鬲，然九件礼器鬲已退化，远不如曾侯乙墓的精致、典雅。"并认为这是"楚国俗文化与雅文化的结合"[③]。

文献记载战国时期的曾"世服于楚"，青铜器铭文中也可以看出曾楚自春秋早期一直有婚姻关系[④]，且两国相距不远，彼此之间互动明显。从郭家庙的考古材料看，发现大型车马坑和大量的兵器，说明在西周晚期至春秋早中期，曾国实力不弱。战国早期的曾侯乙墓中随葬楚昭王赠与的楚王镈钟，曾楚关系不似以往所认为的是对峙关系。到战国中期的文峰塔M18曾侯丙时，曾国仍是一个独立的诸侯国，并没有被楚国所灭。毋庸置疑的是曾、楚关系密切，周文化背景的曾国和楚国之间相互通婚，彼此影响。

（3）长江流域曾国铜鬲中西周中晚期的标本较少。1993年湖北随州义地岗发掘一座小型春秋早期墓葬M83，出土铜鬲1、盘1、匜1，鬲铭"曾伯□□作□□宝尊彝"。铜鬲形制较早，联裆，柱足，与陕西出土的西周晚期荣有司再鬲、成伯孙父鬲十分接近。纹饰上分两栏，上腹部饰重环纹，下腹部饰直线纹，这样的纹饰风格在关中西周中晚期的铜鬲上常见，但是在长江流域中原系统的铜鬲上却很少。

（4）形制上，主要流行"淮式鬲"，体现本土文化的强盛生命力。"淮式鬲"是两周时期淮夷文化的代表性器物。王迅先生最早将折肩、三足内聚、高裆、细尖足的陶鬲界定为"淮式鬲"[⑤]，后来这一概念也引入到青铜器研究领域。

新形制的出现不是一蹴而就的。从西周早期开始期开始，当地的青铜鬲就呈现出

① 湖北省文物考古研究所、随州市博物馆：《湖北随州市文峰塔东周墓地》，《考古》2014年7期。

② 湖北省博物馆：《曾侯乙墓》，文物出版社，1989年。

③ 刘彬徽：《楚系青铜器研究》，湖北教育出版社，1995年，139、140页。

④ 黄尚明：《从青铜器铭文看曾国贵族的婚姻关系》，《江汉考古》2017年4期。

⑤ 王迅：《东夷文化与淮夷文化研究》，北京大学出版社，1994年。

文化的多样性和地域性。长江下游的江苏扬州仪征、镇江丹徒出土的铜鬲形制与中原地区流行的Ac型Ⅲ式分裆鬲就有显著的区别，如宽宽的斜折沿、弦纹装饰在腹部中间（图5-14）。甚至出现了中原地区不见的器型和纹饰，如1930年江苏仪征破山口发现的铜鬲和大港母子墩发现的立耳联裆鬲（图5-15、图5-16）。

西周中期开始，陶鬲中的"淮式鬲"产生，进而影响青铜鬲[①]。陈学强先生指出青铜折肩鬲最早源于皖西和淮河中上游的信阳地区，来源有三，分别为周式铜鬲、东夷铜鬲和汉淮陶鬲，并在汉水流域的枣随地区较多出现[②]。张钟云先生指出折肩鬲源于江淮地区，尖足是母型[③]。

在西周晚期至春秋早期这一阶段内，青铜"淮式鬲"在这一区域内广泛流行，其流行轨迹与夷人的迁徙和夷文化的传播密切相关。陈志强在其硕士阶段的论文中指出折肩鬲更可能是各国族在自身文化传统的基础上吸收了西周中期以后的异形鬲的部分

图5-14　江苏丹徒烟墩山铜鬲与南京江宁陶吴墓铜鬲

图5-15　1930年江苏仪征破山口发现的三件铜鬲

---

①　朱辞：《也谈淮式鬲形制及其相关问题》，《江淮群舒青铜器》，安徽美术出版社，2013年，152~164页。

②　陈学强：《青铜折肩鬲渊源初探》，《苏州文博论丛（总第2辑）》，文物出版社，2011年，22~29页。

③　张钟云：《淮河中下游春秋诸国青铜器研究》，《考古学研究（四）》，科学出版社，2000年。

因素创造出来的①。

　　由此我们认为青铜"淮式鬲"的产生很可能是鲁东南地区的"莒式鬲"②传入江淮地区后，和当地的陶质折肩鬲结合形成折肩的青铜鬲；再西进至淮河上游和枣随地区，吸收了周式铜鬲的扉棱、柱足、纹饰等因素，成就新的形制。至春秋晚期以后，楚文化成为这一地区的主流，"淮式鬲"演变为圆肩弧裆的"楚式鬲"。

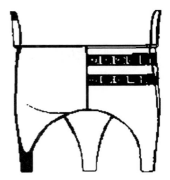

图5-16　江苏大港母子墩墓铜鬲

　　（5）墓葬组合上，铜鬲与鼎、簠、簋（簠）组成食器组合，多是4~5件的列鬲。2014年湖北省考古所在京山苏家垄发掘了一批春秋早中期的曾国墓葬，其中M79出土曾伯桼鬲4件，墓葬组合：鼎8、鬲4、簠1、簋4、簠4、壶2、盘1、匜1。M88出土鼎3、鬲5、簠1、簋4、壶2、盘1、匜1。铜鬲的具体资料尚未公布，简报作者依据从M79同墓出土的曾伯桼壶铭文、传世的曾伯桼簋铭文，判断M79是曾伯桼墓，M88是其夫人墓③。

　　2016年和2017年在湖北随州汉东路发现一处春秋中期至春秋晚期曾国墓葬群39座④，其中M81（4件）、M85（4件）、M110（4件）、M118（5件）四座墓葬出土17件青铜鬲。M81出土铜器组合为鼎5、簋4、鬲4、簠2、壶2、纽钟9，鬲上有铭文："曾叔孙湛"。M110出土铜器组合为鼎5、簋4、鬲4、簠2、壶2、瓶2，鬲铭："湛作季嬴"。M85出土铜器组合为鼎4、簋4、鬲4、簠1、壶2、缶1、盏1。M118出土铜器组合为鼎4、簋4、鬲5、簠2、簠1、壶2、盘1、盂1、缶2，鬲、簋上多有铭文"曾叔孙"或"曾叔子"。

　　1955年安徽寿县出土春秋晚期蔡侯墓，器物组合是鼎18、鬲8、簋8、簠4、敦2、豆2、盆3、尊3、壶2、尊缶4、盂1、鉴4、浴缶2、盘4、匜1。

　　（6）长江下游地区发现的青铜鬲呈现地域文化的融合性。在江苏、安徽的环巢湖地区出土的青铜器也被学界称为"群舒青铜器"。共发现铜鬲25件（图5-17），这些铜鬲既有典型的"淮式鬲"，也有鲁东南地区墓葬中流行的"莒式鬲"，还有立耳分裆鬲（图5-17，4）。1977年江苏南京浦口出土青铜器群，3件铜鬲可以分为两个系统：一件宽折沿圆肩分裆锥足鬲，一件附耳分裆鬲，一件附耳鼓腹联裆鬲⑤（图5-17，1~3）。可见在这一地区，本土部落多，且文化多样性强，文化交流频繁，周文化、

　　① 李志强：《两周时期折肩高弧裆铜鬲研究》，辽宁师范大学硕士学位论文，2019年。

　　② 禚柏红：《莒文化研究》，《东方考古（第6辑）》，科学出版社，2009年。

　　③ 方勤等：《湖北京山苏家垄遗址考古收获》，《江汉考古》2017年6期。

　　④ 湖北省文物考古研究所、随州市博物馆、随州市曾都区考古队：《随州汉东东路墓地2017年考古发掘收获》，《江汉考古》2018年1期。

　　⑤ 魏正瑾：《南京浦口出土一批青铜器》，《文物》1980年8期。

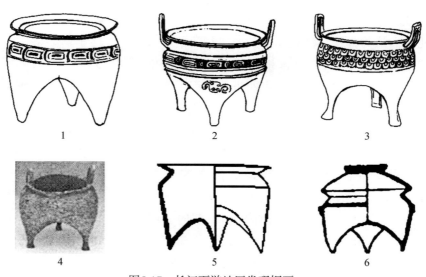

图5-17　长江下游地区发现铜鬲

1～3.南京浦口铜鬲　4.来安顿丘山铜鬲　5.舒城凤凰嘴出土铜鬲　6.潜山黄岭铜鬲

东夷文化、淮夷文化在此碰撞、交流，活力十足。

综上所述，长江流域是商人和周人主要经略之地，青铜鬲的文化面貌主要体现着中原商周青铜礼制文化的影响。长江中下游流域也是东夷和淮夷诸族属的聚居地，在中原商周文化和技术的影响下，逐渐发展并成长起来具有自身特色的青铜文化，丰富和扩展了中国青铜时代的文化内涵，也为我们研究商周时期中原华夏部族和周边部族的交流和互动提供了材料。

五、北 方 地 区

该地区是黄河流域中原文明和北方游牧文化的过渡地带，出土的青铜容器主要是中原风格的器物，但是工具和武器具有强烈的北方草原特色。本地区共计出土铜鬲25件（表5-11），既有中原形制的，也有草原风格的。

（一）北方地区出土的商代铜鬲

商人已经经略燕山以南地区。出土铜鬲的地点有河北武安赵窑①、丰宁县②、平谷

---

① 陈惠、江达煌：《武安赵窑遗址发掘报告》，《考古学报》1992年3期。
② 吴镇烽编著：《商周青铜器铭文暨图像集成·卷6》，上海古籍出版社，2012年，16页。

表5-11　北方地区出土铜鬲

商代	 平谷刘家河	 平谷韩庄	 武安赵窑M7	 丰宁
西周早期	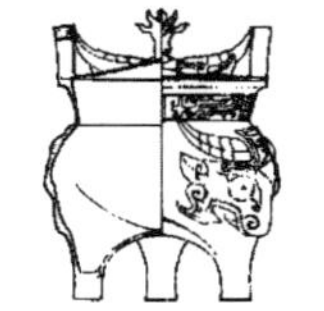 房山琉璃河M251 伯矩鬲	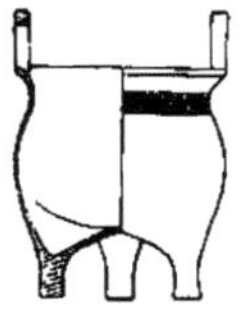 房山琉璃河M251 麦鬲	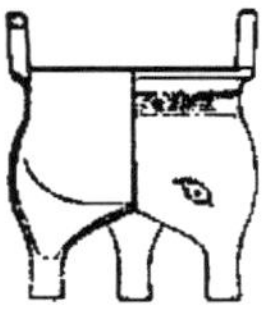 房山琉璃河 M253：174	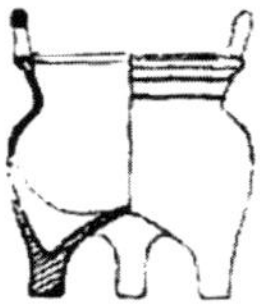 房山琉璃河 M209：2	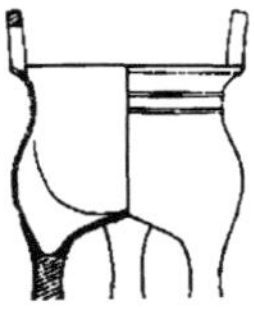 房山琉璃河 M50：6
	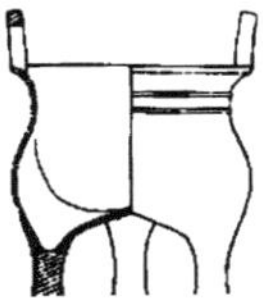 房山琉璃河 M52	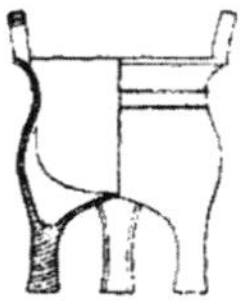 房山琉璃河 M54：14	 房山琉璃河M1149	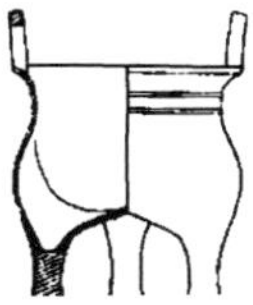 辽宁喀左	
西周晚期	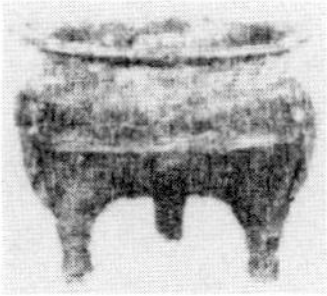 唐县南伏城				
春秋	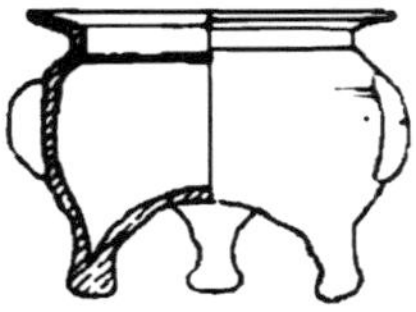 怀来甘子堡 M15	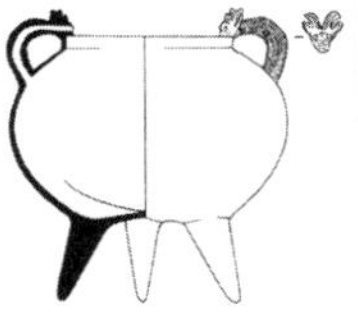 内蒙古小黑石沟 M8501：16	 内蒙古宁城南山根 M101：7		
战国	 平山县中山王墓				

刘家河①、韩庄②等，共计4件。平谷刘家河、韩庄出土铜鬲制作粗糙，尤其是纹饰简单，仅裆腹间饰双线人字纹，时代应早。平谷刘家河应是一处以中原商代青铜器组合为主，并有土著装饰品随葬的商代墓葬，可见商文化与此地很早就有了交往。武安赵窑的铜鬲与白家庄M3铜鬲形制相近，但是足跟要长、腹部更浅，纹饰面积更大，纹饰特征与大洋洲商墓出土的一件兽面纹铜鬲近似，但足跟要长于大洋洲兽面纹鬲，应晚于白家庄，和大洋洲商墓年代相近，大约在殷墟早期。丰宁县出土铜鬲形制明显晚于前两者，立耳、束颈、分裆、柱足，与殷墟地区出土的郭家庄东南M5∶8鬲近似，时代应更晚。

（二）北方地区出土的西周铜鬲

西周早期，铜鬲主要出在北京琉璃河燕国贵族墓地，M251、M253、M52、M50、M255、M1149、M209等墓葬中，共计11件，均是西周早期典型的立耳、束颈、柱足分裆鬲，颈部饰弦纹或兽面纹带，其中M251出土的伯矩鬲最为精美，艺术水平最高。

西周初年分封召公于燕国。召公居周王室，其子就封燕地。燕国是姬姓诸侯国，辖管的成员不仅仅是周人，还包括当地的殷遗民。从出土的3件铜鬲铭文看，伯矩鬲和戈父壬鬲的主人应是殷遗民。琉璃河燕国贵族墓地的葬俗也同商人葬俗相近，有腰坑、殉人，姬姓周人到燕地之后与当地殷遗民共同开发燕山以南地区，文化相互影响也合乎情理。

燕山以北的辽宁喀左山湾子青铜器窖藏也出土了一件西周早期的铜鬲③，有学者认为喀左窖藏形制规整，摆放有序，可能是某种仪式后有意埋藏④。出土的具有中原文明特色的青铜器物可能是掠夺而至。

（三）北方地区发现的东周铜鬲

不若中原和海岱、江淮地区，北方地区东周铜鬲发现较少，共计9件。中原地区诸国争霸，大国兼并小国，竞相扩展势力范围，无暇顾及这一地区。北方游牧民族趁机南下，逐渐控制了这一区域，并参与到中原文明的进程中，出土铜鬲也能体现这一点。

---

① 北京市文物管理处：《北京市平谷县发现商代墓葬》，《文物》1977年11期。

② 《北京文物精粹大系》编委会、北京市文物局编：《北京文物精粹大系·青铜器卷》，北京出版社，2002年。

③ 喀左县文化馆、朝阳地区博物馆、辽宁省博物馆：《辽宁省喀左县山湾子出土殷周青铜器》，《文物》1977年12期。

④ 杨建华：《燕山南北商周之际青铜器遗存的分群研究》，《考古学报》2002年2期。

内蒙古赤峰宁城甸子乡小黑石沟M8501[①]和内蒙古赤峰宁城南山根M101[②]各出土1件铜鬲。这两件铜鬲与中原地区的器型差别甚大，应是草原游牧民族自己的器型。

河北平山县中山王墓M1出土带盖列鬲6件，M6出土带盖铜鬲1件[③]。中山国族属有黄盛璋先生为代表的姬姓周人说，有李学勤先生为代表的白狄鲜虞说[④]，学界多从鲜虞说。先秦相关文献记载了戎狄民族以及建立的中山国与晋、卫、齐、燕、魏、赵、楚等中原国家的交往或战争，最终在公元前296年被赵灭国。在常年的战争和交往中，白狄民族的文明化进程势必加快。在中山王墓中出土的青铜礼器上，我们看到了中山国接纳吸收了中原青铜文明的因素，与中原文明齐头并进。

①　辽宁省昭岛达盟文物工作站、中国科学院考古研究所东北工作队：《宁城县南山根的石椁墓》，《考古学报》1973年2期。

②　内蒙古自治区文物考古研究所、宁城县辽中京博物馆：《小黑石沟——夏家店上层文化遗址发掘报告》，科学出版社，2009年，271页。

③　张守中、郑名桢、刘来成：《河北省平山县战国时期中山国墓葬发掘简报》，《文物》1979年1期。

④　黄盛璋：《战国中山国墓葬几个问题》，《史学月刊》1980年2期；黄盛璋：《再论平山中山国墓若干问题》，《考古》1980年5期；李学勤、李零：《平山三器与中山国史的若干问题》，《考古学报》1979年2期。

第六章 青铜鬲与青铜鼎的关系

第一节 青铜鬲与青铜圆鼎的关系

青铜鬲和青铜鼎的起源和产生毫无疑问应出自陶鬲和陶鼎，它们同属三足器。陶鬲的科学出土最早是在20世纪20年代。瑞典人安特生在甘肃、河南、辽宁等地发现的陶鬲残片，他主张陶鬲是中国文化的表征，可以上溯至仰韶文化时期[①]。1930～1934年间中央研究院在山东龙山、河南后岗的一些遗址中也发现了陶鬲。裴文中先生基于这批资料于1947年发表了《中国古代陶鬲及陶鼎之研究》一文[②]。1934～1935年苏秉琦先生在陕西宝鸡斗鸡台发掘了东区墓葬，采集、购买了一些铜鬲，著《陕西宝鸡斗鸡台所得瓦鬲的研究》一书，因战时原因，未能出版。1948年《斗鸡台东区墓葬》出版，附录《瓦鬲的研究》一文[③]。这是我们见到的最早对陶鬲的研究。

裴文中先生在《中国古代陶鬲及陶鼎之研究》一文中说道："盖陶制三足器，始见于仰韶时期，至龙山及小屯时期则演变繁复，是为三足器最盛时代，至于周汉，或渐次绝迹（如鬲）或沦于衰落（如鼎）。"裴先生还说道："二者不同之点，在其来源及其后的演变，鼎为容器下加三足而成，鬲似为三尖底器联合而成。因是之故，鼎有腹有足，足与腹分化甚……反之，鬲为三尖底器合成，实无足，只以器底着地，内中容物，故鬲之腹足不分。"他也指出，鬲在其后的演变过程中逐渐产生了足跟，腹足分化，再演变足部又缩短，三足消失，"鬲之形不存矣"[④]。

苏秉琦先生的《瓦鬲的研究》一文，将宝鸡斗鸡台出土的陶鬲用现代考古类型学的方法进行了分类，共分四类：袋足类、联裆类、折足类、矮脚类。分析了四种类型陶鬲的分布与演变，从形态和制法上论证：D型矮脚类出于C型折足类，C型折足

---

① 安特生著，袁复礼译：《中华远古之文化》，《地质汇报》第五号第一册，农商部地质调查所，1923年。

② 裴文中：《中国古代陶鬲及陶鼎之研究》，《裴文中史前考古学论文集》，文物出版社，1987年，108～149页。

③ 苏秉琦：《瓦鬲的研究》，《苏秉琦考古学论述选集》，文物出版社，1984年，137～156页。

④ 裴文中：《中国古代陶鬲及陶鼎之研究》，《裴文中史前考古学论文集》，文物出版社，1987年，108～149页。

类出于B型联裆类，B型联裆类出于A型袋足类。认为陶鬲发生年代比仰韶略晚，消亡被淘汰则是因为足部支撑功能的逐渐丧失[1]。苏先生在此文中对陶鬲的类型学分析，开创了中国特色的考古类型学理论和方法，具有划时代的意义，以此建立起来的中国考古学的"区、系、类型"理论也为后世中国考古学的发展指明了方向。以上两位考古学先贤的文章，为我们厘清了鼎和鬲这两者从源流上的不同，避免了我们对二者的混淆。

1. 年代最早的铜鼎与铜鬲

陶鬲和陶鼎流行的时间段正是我国青铜时代发展、繁荣阶段。考古发现的最早青铜鼎是1987年二里头Ⅴ区M1出土的平底圆鼎，腹部饰网格纹，同出1件斝和盉（图6-1，1）。简报中，发掘者认为此鼎是我国明确出土地的最早的铜鼎，将其定为二里头四期的遗物[2]。

最早的铜鬲出于郑州商城97：ZSC8ⅡT166M6（图6-1，2），同出铜盉1件[3]。从地层关系看，发掘者将这件铜鬲归入商代早期的二里岗下层期。最早的铜鼎和最早的铜鬲在出土地层年代上相近，两者形制明显不同，组合形式均是食器+酒器。

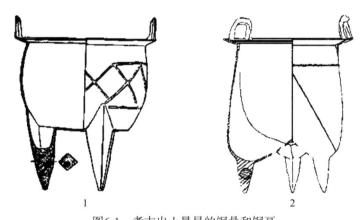

1　　　　　　　　　　　　　2

图6-1　考古出土最早的铜鼎和铜鬲

1. 铜鼎（二里头ⅤM1：1）　　2. 铜鬲（97：ZSC8ⅡT166M6：1）

---

① 苏秉琦：《陕西省宝鸡县斗鸡台发掘所得瓦鬲的研究（节选）》，《苏秉琦考古学论述选集》，文物出版社，1984年，91~136页。

② 中国社会科学院考古研究所二里头工作队：《河南偃师二里头遗址发现新的铜器》，《考古》1991年12期。

③ 河南省文物考古研究所：《郑州商城新发现的几座商墓》，《文物》2003年4期。

2. 功能相近的铜鼎与铜鬲

至于功用，梁彦民先生在其博士论文中总结铜鼎的功用有八大种：

（1）烹煮牲、禽兽、鱼腊及大小肉块；

（2）温热各种鱼肉食品；

（3）盛装各类鱼肉食品；

（4）盛用粟稷稻粱做成的干饭；

（5）熬煮稀饭或水饭；

（6）陈设熟食和进献各种食物；

（7）和羹并盛置各种调味品；

（8）热水或煮汤浆[①]。

总之，青铜鼎的主要功能作食器使用，可炊煮，也可盛放。

上文我们对青铜鬲的功能考察时，也谈到铜鬲也为祭祀礼器之一。考古发掘也证明铜鬲有烹煮小型家禽祭肉、盛放祭祀食物的具体使用功用。自名表明也有作媵器的社会功用，铜鬲和铜鼎在功能上有相近之处。

3. 形制发展脉络清晰的铜鼎与铜鬲

从大量考古学材料看，铜圆鼎与铜鬲各自有其发展脉络，铜鼎足部由尖锥足发展到柱足再到蹄足，脉络清晰，演变有序。有方鼎、圆鼎、扁足鼎，腹部深浅有规律。铜鬲的发展演变也有体系，由分裆袋足鬲发展到联裆鬲，由锥足发展到柱足，再到蹄足。

4. 器物组合关系中的铜鼎与铜鬲

从我们发现的铜鬲墓葬组合上可知，在商代和西周早、中期，1～2件铜鬲作为墓葬食器组合的补充和扩展，并非每座墓葬都必须出的，地位远不如同为食器的鼎和簋。只有在西周中晚期以后地位才逐渐上升，数量增多，出现列鬲。但与同时期的列鼎、列簋相比，器型小，铭文不记事或少记事。不似鼎和簋，出现长篇幅的记事文字。地位在食器组合中仍次于鼎和簋。

铜鬲在一定情况下可以替代鼎和其他器类组成饪食器组合。前文谈到的山西洪洞永凝堡M14、陕西蓝田泄湖镇墓葬即是例子（详见第二章）。还有山西天马-曲村墓地中的M6210、M6197。M6210墓室面积9.76平方米，出土鼎3、鬲1、簋2；M6197墓室面积7.7平方米，出土鼎2、鬲2、簋2[②]。两座墓为同时代的，组合形式相近，炊食器总

---

① 梁彦民：《商周青铜鼎研究》，陕西师范大学博士学位论文，2012年，22页。

② 北京大学考古学系商周组等：《天马—曲村（1980—1989）》，科学出版社，2000年。

数一致，差别仅在一件鬲，这种情况，我们可以把这件鬲看作是鼎的补充或替代。

从我们统计的墓葬组合表中看，食器组合中出鬲不出鼎的案例有25件，即25座墓葬中是只出鬲不出鼎的。这25个案例有两种情况：第一种是小型墓只出食器的组合，这个组合单有一件鬲的，也有鬲与簋的组合，我们可以理解鬲的地位不及铜鼎。在贵族墓葬礼制规范中，等级低下的小贵族不得使用铜鼎，从而使用鬲替代。第二种情况是食器鬲同其他器类（酒器和水器），构成墓葬完整组合，这种情况一般出现在15平方米以下中小型墓葬中，从商代早期就有出现，西周晚期以后凡是出土铜鬲的墓葬必出铜鼎，鼎、鬲功能完全固定，再无替代使用情形。

5. 自名一度共用的铜鼎与铜鬲

通过对青铜鬲的自名情况统计看，从西周早期开始，到春秋早期，都有自名为鼎的例子。张懋镕先生在《中国古代青铜器整理与研究·青铜豆卷》的代序中也谈到了这一问题，他认为青铜鬲体量始终偏小，充其量只能起着陪鼎的作用[1]。

综上所述，青铜圆鼎与青铜鬲同为烹煮器，但是两种不同的器类，各自有着清晰的发展脉络。在礼制地位上，铜鬲始终不如铜鼎高，起着陪衬的作用；在使用功能上，二者相近，在级别不高的墓葬中，铜鬲有替代铜鼎的情况。

第二节　青铜鬲与青铜分裆鼎的关系

青铜鼎中有一类青铜分裆鼎比较特殊，它出现在商中期，一直沿用至西周中期，流行时间也不短，其形制与铜鬲很难区分。

关于青铜器各器类之间的关系，张懋镕先生曾专门撰文论述。他指出青铜器各类之间的关系主要有三种：一是相生关系，二是派生关系，三是更替关系。其中相生关系是指两类不同的青铜器在发展演进过程中，由于组合关系，或者形态、用途、功能相近的缘故，相互吸引，相互影响，从而产生一种在形制上介乎二者之间的新品种[2]。青铜分裆鼎即属于此类。它是青铜鼎和青铜鬲在发展演进过程中产生的形制介于二者之间的新器类。

关于青铜分裆鼎与青铜鬲的区分，容庚先生区分依据是"空足"，并解释"袋足空则水下注而易热"[3]。从收集的实物资料看，因铸造技术的发展，鬲足也有做成实足

①　张懋镕：《试论中国古代青铜容器器型演变与功能的互动关系》，《中国古代青铜器整理与研究·青铜豆卷》，科学出版社，2015年，ix～xii页。

②　张懋镕：《试论中国古代青铜器器类之间的关系》，《古文字与青铜器论集（第二辑）》，科学出版社，2006年，133～141页。

③　容庚、张维持：《殷周青铜器通论》，文物出版社，1984年，30页。

心的。在容庚先生的统计中，就有把鬲归入到鼎类的现象，如《商周彝器通考图录》分裆鼎13：饕餮纹分裆鼎。容氏的判断标准适用于陶鬲和陶鼎的区别，相对于铜器来说，仅仅依据空足与否是不够的。

陈佩芬先生在《夏商周青铜器研究·夏商篇上》中对27器兽面纹鬲的论述中谈到："由鬲的形式演变的分裆鼎，也有类似鬲的袋状腹，支撑部分延长为长锥足。"[①]即分裆鼎是将足部延长了的铜鬲。可是这个延长的多长算鼎呢？不好把握。

朱凤瀚先生在其著作《中国青铜器综论》中指出鼎和鬲的区分在于腹部和足部能不能明显区分，并言空足与否并不可靠，在考古发掘中，鼎也有空足的[②]。腹部、足部是否明显区分，也是一个比较模糊的操作标准。

张懋镕先生在《试论中国古代青铜器器类之间的关系》一文中提到："二者的区分，除了大家已经熟知的款足与否、腹足分界与否之外，似乎还应注意到两点：（1）鬲通常有颈部，作束颈状，甚至有一段较长的颈部，而鼎通常没有颈部；（2）因为鬲的颈部收束，从而导致腹部鼓起，而鼎由于通常没有颈部，所以如果鼓腹，即从口沿下就开始外鼓，与鬲腹的外鼓不同。"[③]

在作者的硕士论文阶段曾尝试界定一二，并提出了五点标准：

（1）空足与否；

（2）腹足分界是否清晰；

（3）是否有颈部；

（4）腹部鼓起的曲线是否起伏较大；

（5）双线人字纹[④]。

现在回头看来，当时的界定标准还值得商榷，比如早期一些铜鬲不都是空足的，有些铜鬲颈部不明显等等问题影响我们的界定。

之后梁彦民先生的博士论文《商周青铜鼎研究》和黄薇女士的《中国古代青铜器整理与研究·特殊鼎类卷》都对此做了讨论和研究。梁先生肯定了作者的两条标准，即空足和双线人字纹，这也是在区别二者时最为容易操作的标准[⑤]。黄薇女士则针对二者给出了具体而清晰地判断步骤和标准，具体如图6-2[⑥]：

作者在按照黄薇女士的标准重新收集统计商代铜鬲的过程中，发现有个别器物适应不了她的标准。比如在判断盘龙城楼子湾M4出土的铜鬲时，会有模糊。盘龙城楼子

①　陈佩芬：《夏商周青铜器研究·夏商篇上》，上海古籍出版社，2004年，60页。

②　朱凤瀚：《中国青铜器综论》，上海古籍出版社，2009年，112页。

③　张懋镕：《试论中国古代青铜器器类之间的关系》，《古文字与青铜器论集（第二辑）》，科学出版社，137页。

④　乔美美：《商周青铜鬲研究》，陕西师范大学硕士学位论文，2005年，48页。

⑤　梁彦民：《商周青铜鼎研究》，陕西师范大学博士学位论文，2012年，27、28页。

⑥　黄薇：《中国古代青铜器整理与研究·特殊鼎类卷》，科学出版社，2016年，24页。

湾M4出土鼎1、鬲1、爵1、斝1，戈1、钺1（图6-3）。PLWM4：3（图6-3，2）这件铜鬲尖锥实心足，没有颈部，口沿下直接就是腹部，裆腹间没有双线人字纹，腹部足部界限清晰。按照张懋镕先生的标准PLWM4：3可能要划归为鼎；按照黄女士的标准和步骤，PLWM4：3也应归为鼎。

具有可比性的材料是1974年新郑望京楼出土的器物（图6-4）。据简报，望京楼出土鼎1、鬲1、爵1、瓿1、斝1，另有4件玉戈。望京楼的墓葬年代为二里岗上层。出土铜鬲的形制与盘龙城杨家湾M6：2铜鬲（图6-5）接近，铜鼎的形制则与PLWM4：3鬲和盘龙城李家嘴M2的PLZM2：38鬲相近，区别在于PLWM4：3腹部更浅，PLZM2：38裆腹间则有双线人字纹（图6-6）。

盘龙城楼子湾M4和新郑望京楼两座墓葬的具体情况我们可以从器物组合入手分析。在商代晚期之前，除白家庄M3出土的两件形制、大小、花纹一致的铜鬲之外，尚未发现在一座墓葬中出土两件铜鬲的情况。望京楼的墓葬器物组合中，应该是一件铜

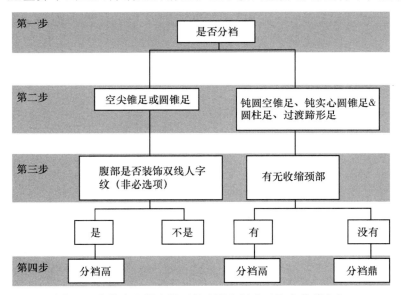

图6-2　黄薇女士提出的区分步骤和标准（取自黄薇文）

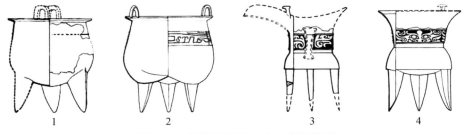

图6-3　盘龙城楼子湾M4出土青铜礼器

1.铜鼎　2.铜鬲　3.铜爵　4.铜斝

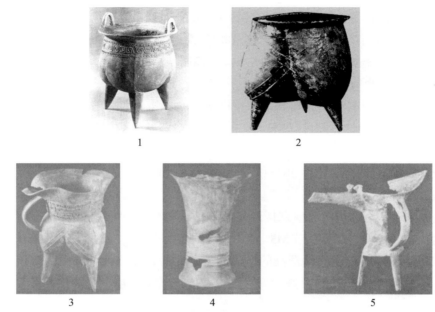

图6-4　新郑望京楼出土铜器图

1. 铜鼎　2. 铜鬲　3. 铜斝　4. 铜觚　5. 铜爵

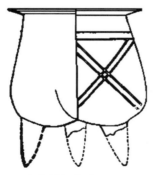

图6-5　盘龙城杨家湾PYWM6：2鬲

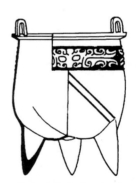

图6-6　盘龙城李家嘴PLZM2：38鬲

鼎，一件是铜鬲。楼子湾的M4的器物组合已有一件形制十分明确的铜鼎，另一件分档器定为铜鬲，更为符合商代中期墓葬器物组合习惯。

郭军涛博士在其《商周时期青铜分档鼎初探》一文中[1]，在肯定了张懋镕师的标准基础上，提出了"分档鼎母型"这一概念，将殷墟二期以前的认识有分歧的8件器物作为母型，将之分为A、B两组（图6-7），认为A组器物是从鬲发展而来，故而区分难度大，B组从鼎演变而来，区分难度不大。郭军涛的"母型法"概念提得很好，将这些形制不易区分的铜器全归入"母型"之中，为其分档鼎的研究提供了便利。但是这些

---

① 　郭军涛：《商周时期青铜分档鼎初探》，《文物》2017年10期。

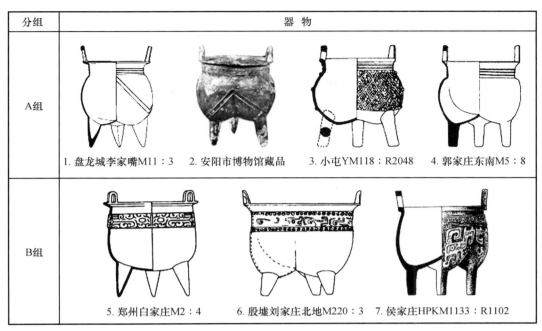

分组	器 物			
A组	1. 盘龙城李家嘴M11：3	2. 安阳市博物馆藏品	3. 小屯YM118：R2048	4. 郭家庄东南M5：8
B组	5. 郑州白家庄M2：4	6. 殷墟刘家庄北地M220：3	7. 侯家庄HPKM1133：R1102	

图6-7　郭军涛"分裆鼎母型"图（郭文）

"母型"究竟是哪种，郭博士却未言明，是全归为鬲，还是全归为鼎，还是A型归为鬲，B型归为鼎？作者在搜集铜鬲的出土材料时仍存在迷惑。在他的标准区分下，郭家庄东南M5：8这件分裆器，如若按照黄薇女士的标准，是应该划归为铜鬲的，它有明显收缩的颈部。至于盘龙城李家嘴M1：3鬲和安阳市博物馆藏鬲，依据裆腹间的双线人字纹，作者认为是可以划归为铜鬲的；刘家庄北地的M220：3这件分裆器物，发掘报告将之定为鼎，依据陈佩芬先生的观点，它的足部短小，似乎可以划分为铜鬲。

故而学术界对青铜分裆鼎和青铜鬲的形制区分仍没能有一个让各家诚服的合理划分标准。

朱凤瀚先生将新郑望京楼出土的五件青铜器中的不辨分裆鼎还是鬲的器物定为"鼎（鬲鼎）"[1]，认为望京楼的这件铜鼎是年代最早的鬲鼎，这样的认识也应是基于墓葬器物组合形式的分析。在朱先生的分类研究分裆鼎一类中，第一型第一式是殷墟中期偏早的YM188：R2048这件分裆鼎[2]。黄薇女士的文章中最早的分裆鼎是殷墟YM188：R2048。郭军涛先生统计得最早的分裆鼎也是殷墟YM188：R2048，三位皆主张青铜分裆鼎从殷墟二期开始。

还有郭军涛B组中安阳刘家庄北地M220：3这件器物，黄薇文章中并未言其为鬲，在她的统计表中没有统计，也可能此资料尚未被注意到。

① 朱凤瀚：《中国青铜器综论》，上海古籍出版社，2009年，901页。
② 朱凤瀚：《中国青铜器综论》，上海古籍出版社，2009年，103页。

　　以上学者明确了分裆鼎形制完全固定下来的时间线是殷墟二期。前文分期和地区的论述中，我们也注意到殷墟地区的考古传统是将这些分裆器物均当分裆鼎对待。梁彦民在《论商周礼制文化中的青铜鬲》一文中也间接地承认商人不重视铜鬲[①]。在数量不小的殷墟青铜礼器内，铜鬲占比确实是很小，只有殷墟西区M1102出土的酉父丁鬲是形制无争议的铜鬲。这千分之一的比例确实可以将铜鬲忽略不计。为何出现这样的情况，这是我们值得思考的，是不是因为鼎和鬲两者功能相近的缘故？

　　在商周考古学界内，"商式分裆鬲"和"周式联裆鬲"被当作区分两种考古学文化的重要标志。裴文中先生的文章说分裆鬲是三个尖底器拼合而成[②]；苏秉琦先生说联裆鬲制作传统与分裆鬲不同，是将一个圆筒状器下端向内、向中心捏和而成，故而裆部瘪，联裆鬲也被称为瘪裆鬲[③]。对柔软的陶泥来说，分裆鬲、联裆鬲是很容易制作和区分的。

　　在采用铜料制作该器型的器物时，技术手段上不如圜底的铜鼎容易实现，故而选择将鼎和鬲结合，创造了介于两者之间的一种新器型——分裆鼎。当然了这种选择不是一蹴而就的，商人也经过了实验。郑州商城97：ZSC8ⅡT166M6鬲、盘龙城杨家湾M6：2鬲、望京楼铜鬲、郑州杨庄铜鬲的形制最为古朴。在二里岗上层以后，还做了很多的尝试，如形制有别的杜岭窖藏的铜鬲、盘龙城PLWM4：3鬲、PLZM2：38鬲、望京楼的鼎、琉璃阁M110的鬲等。

　　我们在做类型学分析时，商代晚期之前的铜鬲形制最为难以界定。商人经过实践和改造，创造了分裆鼎这种新器型，从而实现了技术手段的可操作性与器型的继承和再发展，殷墟二期以后，分裆鼎这种新器型成为墓葬礼器组合的一部分。

　　落脚到界定二者的具体标准，我们在之前的基础上做了调整：

　　（1）双线人字纹。我们在收集出土铜鬲的过程中，发现较早的铜鬲裆腹间装饰双线人字纹是常用的手段。这样的装饰手段一直流行到商代晚期，非殷墟地区发现的商代晚期铜鬲大多装饰这样的纹样。这一标准具有时间限制性。

　　（2）墓葬组合关系。对于有明确考古发掘记录的，墓葬中出土的分裆器类，我们一定要从器物组合关系分析入手，具体问题具体分析。上文盘龙城楼子湾M4和新郑望京楼商墓的案例即为典型案例。

　　（3）颈部。对于大多数铜鬲而言，都是有颈部的。颈部或束颈，或直领，或用带状纹饰，如弦纹等为界，以和腹部做出区分。尤其是商代晚期的铜鬲，此项标准更有

　　①　梁彦民：《论商周礼制文化中的青铜鬲》，《考古与文物》2009年5期。

　　②　裴文中：《中国古代陶鬲及陶鼎之研究》，《裴文中史前考古学论文集》，文物出版社，1987年，108页。

　　③　苏秉琦：《陕西省宝鸡县斗鸡台发掘所得瓦鬲的研究（节选）》，《苏秉琦考古学论述选集》，文物出版社，1984年，91页。

参考性。

（4）空足。此项标准并非完全适用所有的铜鬲，只能作为一项参照项，适用于二里岗上层之前的铜鬲，二里岗上层以后，铜鬲足跟开始做成实心的，一方面器物更加结实耐用，另一方面也是铸造技术进步的表现，到商代晚期柱足流行以后，铜鬲的柱足跟就都铸造成实心的了。

（5）短足跟。这项标准主要适用于判断颈部不明显或无颈部的器物，但又有很短的足跟，放到铜分裆鼎内又不恰当，且无墓葬组合参考的情形。

依据以上五条标准，我们基本上可以将商代晚期的分裆鬲和分裆鼎区分开来。试举例一二：

（1）弦纹鬲（图6-8），藏于上海博物馆。陈佩芬《夏商周青铜器研究》中将之归为鼎[1]。此件分裆铜器虽然足跟较高，但裆腹间装饰的是双线人字纹，束颈、深腹、空锥足，陈佩芬先生将时代定在商代中期。此时间段的铜鬲形制相近的有盘龙城杨家湾H6：17鬲（图6-9），区别在于颈部装饰纹饰不同。

（2）殷墟郭家庄M50：6鬲。M50墓室长3.2米，宽1.7米，随葬铜器有铜鼎2、簋1、分裆鬲1（报告为鼎）、爵1、瓤1、卣1，兵器13件，陶质礼器有簋1、瓤1、爵1、尊1、小罍4，另有铜铃、铜凿、锛和玉石器等（图6-10），发掘报告将墓葬分期归为殷墟四期偏早[2]。岳洪彬先生的《殷墟青铜礼器研究》中也将这件分裆铜器归为鼎[3]，将其单列一式，与其他分裆鼎形制差别较大。此件分裆铜器有较长的颈部，且颈部装饰一周联珠纹为界的夔龙纹，腹、足部分界不明显。M50墓葬组合中已有2件铜鼎，且殷墟四期分裆鼎的形制已经固定，故而将M50：6判定为鬲。

图6-8　上海博物馆藏弦纹鬲

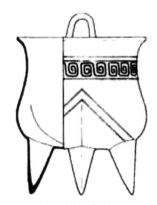

图6-9　盘龙城杨家湾H6：17鬲

① 陈佩芬：《夏商周青铜器研究·夏商篇上》，上海古籍出版社，2004年，57页。

② 中国社会科学院考古研究所：《安阳殷墟郭家庄商代墓葬——1982～1992年考古发掘报告》，中国大百科全书出版社，1998年，10、162页。

③ 岳洪彬：《殷墟青铜礼器研究》，中国社会科学院研究生院博士学位论文，2006年，41页。

（3）殷墟郭家庄M5：8鬲。M5口长2.9米，宽1.9米，一棺一椁，随葬青铜器有鼎3、分裆鬲1（报告定为鼎）、甗1、瓿1、爵1、罍1、箕形器1、兵器20件（图6-11）。简报作者也指出此墓葬铜器组合是同时期其他殷墟墓葬不多见的（多鼎而无簋、斝、尊），并将墓葬年代定在殷墟二期晚段（武丁晚期）①。这件分裆铜器有着明显的颈部，并装饰三周弦纹，其形制与同是殷墟二期的YM188：R2048有相似之处，但是颈部较YM188：R2048要长，纹饰也简单得多。且殷墟YM188墓葬的铜器组合是分裆鼎1、甗1、瓿1、爵1、斝2、瓶2，组合中缺少鼎，将YM188：R2048归为鼎比较合适，而在郭家庄东南M5中已有3件圆鼎，故而将M5：8归为鬲。

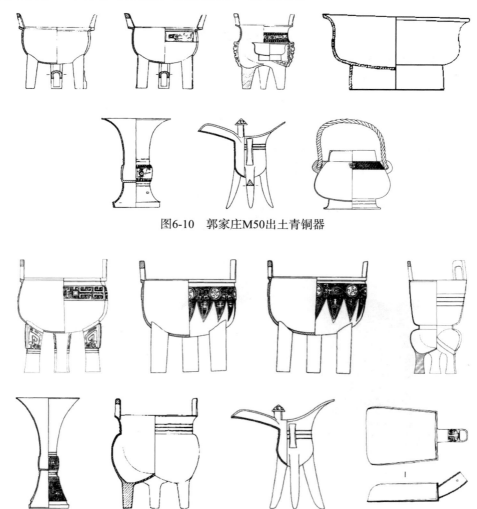

图6-10　郭家庄M50出土青铜器

图6-11　殷墟郭家庄M5出土青铜器

①　安阳市文物考古研究所：《河南安阳市殷墟郭家庄东南五号商代墓葬》，《考古》2008年8期，32页。

　　综上，我们认为铜鬲与分裆鼎不易区分的主要原因还是因其功能相近之故。在青铜器发展的早期，鼎、鬲两种器型相互影响、相互借鉴产生了分裆鼎这种新器型。我们主张将那些不易区分的分裆铜器，可以从颈部、足部、纹饰、墓葬组合关系入手，具体问题具体分析。

第七章　青铜鬲铭文研究

　　截至2021年底，收集公开发表的考古材料和传世材料，共计铜鬲一千余件，其中出土铜鬲775件，传世铜鬲310件。商代有铭铜鬲数量仅有33件，西周有铭铜鬲336件，春秋有铭铜鬲121件，战国有铭铜鬲22件，共计506件，占铜鬲总量的47.2%。西周时期有铭铜鬲比例最高，占本阶段铜鬲总数的77.1%（表7-1）。字数最少1字，最多64字（尹姞鬲，高34厘米），内容从最初的族徽、日名，发展至记载作器者、受器者的信息，仅有尹姞鬲、公姞鬲、仲枏父鬲等少量器物记事。

　　铜鬲缺少长篇字数的材料，究其原因：一是与铜鬲铭文铸造部位狭窄有关。铜鬲铭文早期多铸造在器物颈内部，西周中期以后铸造在短直颈一周，或是在口沿处一周。且器物本身并不高大，多在15厘米左右，可供铸造铭文的面积小（铭文字数最多的毛公鼎，高53.8厘米）。二与铜鬲的礼制地位有关。铜鬲不比铜鼎，作为陪鼎，不处于祭祀场合的中心，器型也小。不少铜鬲还是实用器（有烟炱痕迹），或是媵器，在礼制范围内受关注的程度次于铜鼎。

　　春秋中晚期以后，有铭铜鬲逐渐减少，这也与整个青铜时代器物发展规律相合。

表7-1　青铜鬲有铭文数量统计表

	商代	西周	春秋	战国
总数量	109	436	449	91
有铭文数量	33	336	121	22
占比	30.3%	77.1%	26.9%	24.2%

第一节　族徽和日名铜鬲

　　据统计，铜鬲铭文上出现族徽的共有59件，涉及47个族徽，占有铭铜鬲的12%，具体见表7-2：

表7-2 铜鬲铭文所见族徽

序号	铭图序号	器名	族徽铭文	器型	出土地或收藏地
1	02601	亘鬲			中国国家博物馆
2	02602	先鬲			日本出光美术馆
3	02603	鱼鬲		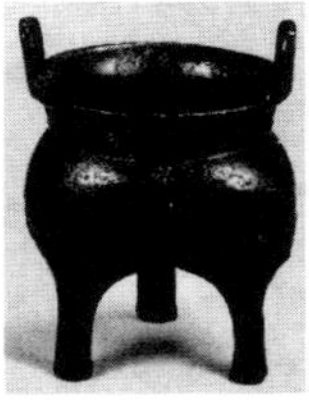	台北故宫博物院
4	02604	敊鬲			上海博物馆
5	02605	东鬲		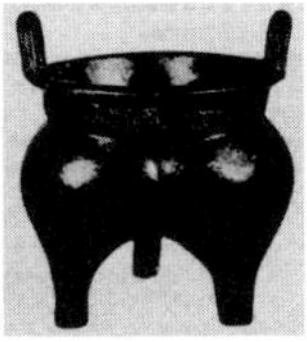	台北故宫博物院
6	02606	皇鬲			原藏丁彦辰
7	02607	敊鬲			旅顺博物馆

中国古代青铜器整理与研究·青铜鬲卷

续表

序号	铭图序号	器名	族徽铭文	器型	出土地或收藏地
8	02608	煽鬲			积古2.20.2
9	02610	共鬲		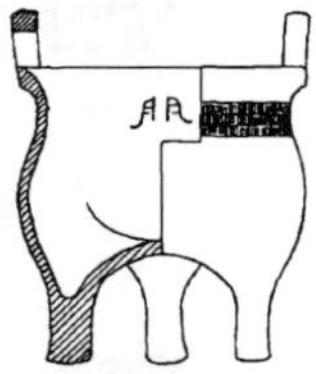	陕西蓝田泄湖镇
10	02611	冉鬲			传出山西
11	02612	 鬲		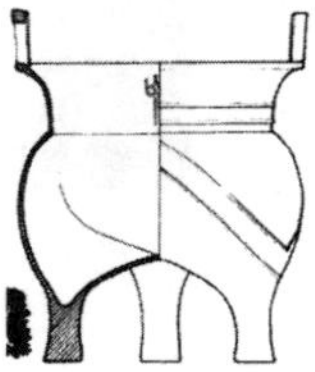	山东滕州前掌大M38∶51
12	01613	史鬲		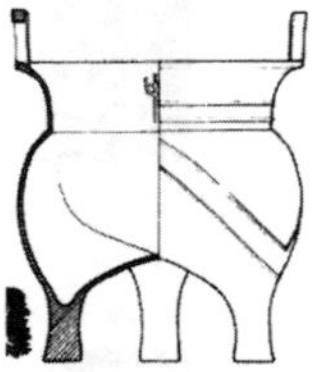	山东滕州前掌大M38∶54
13	02614	史鬲		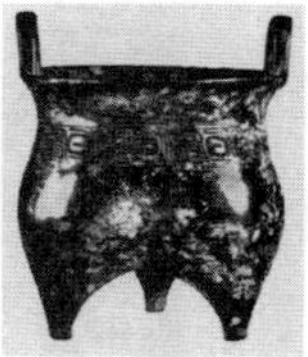	现藏德国柏林东亚艺术博物馆
14	02615、02616	它鬲		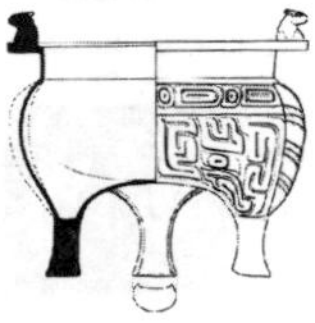	1958年陕西扶风齐家村窖藏

续表

序号	铭图序号	器名	族徽铭文	器型	出土地或收藏地
15	02618	亚牧鬲			1962年河北丰宁
16	02620	举母鬲			现藏台北故宫博物院
17	02621	举母鬲			陕西宝鸡姜城堡
18	02622	史秦鬲			瑞典斯德哥尔摩远东古物馆
19	02631	 鬲			原藏荣厚
20	02632	亚寰鬲			三代5.13.4
21	02633、02651、02652	叔父丁鬲			02633著录于综览鬲25

序号	铭图序号	器名	族徽铭文	器型	出土地或收藏地
22	02651	叔父丁鬲			1955年伦敦苏富比拍卖行
23	02652	叔父丁鬲		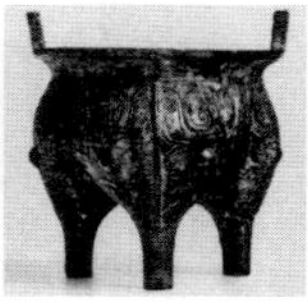	藏瑞士玫茵堂
24	02653	叔父丁鬲			原藏刘体智，现藏台北故宫博物院
25	02638	亚盘母鬲			甘肃泾川庄底
26	02639	眉壬子鬲			山东滕州姜屯种寨
27	02640	亚□其鬲			原藏陈承裘、傅伦、刘体智
28	02641	齐妇鬲			原藏袁保恒，现藏上海博物馆

续表

序号	铭图序号	器名	族徽铭文	器型	出土地或收藏地
29	02642	享祖癸鬲			原藏清宫
30	02643	祖辛鬲			河南洛阳唐城花园M417
31	02644	鸟父乙鬲			首都师范大学历史博物馆
32	02645	父乙鬲			传出殷墟，现藏加拿大安大略博物馆
33	02646	举父乙鬲			国家历史博物馆
34	02647	叔父乙鬲			浙江省博物馆
35	02648	古父丁鬲			故宫博物院

序号	铭图序号	器名	族徽铭文	器型	出土地或收藏地
36	02649	重父丙鬲			现藏加拿大安大略博物馆
37	02650	举父丁鬲			三代5.13.11
38	02654	齿父乙鬲			陕西宝鸡戴家湾
39	02655	丙父乙鬲			薛氏46.1
40	02657	戈父壬鬲			北京琉璃河M1149
41	02658	叔父癸鬲			山东新泰府前街
42	02659	冉父癸鬲			原藏叶志诜
43	02660	母辛鬲			集成00484
44	02672	鸟宁祖癸鬲			故宫博物院

序号	铭图序号	器名	族徽铭文	器型	出土地或收藏地
45	02673	亚  母鬲		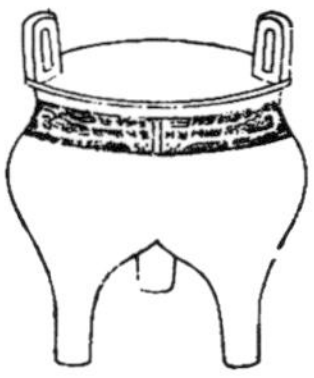	原藏王晋玉
46	02674	亚牧父 乙鬲		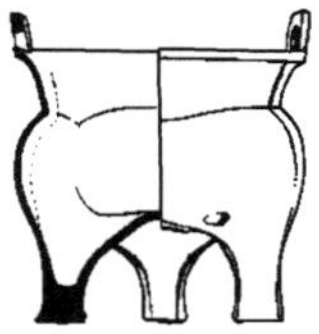	陕西扶风齐家村M5
47	02675	 父丁鬲		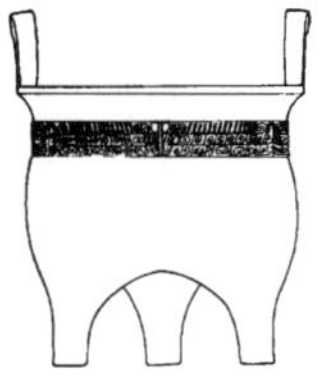	河南殷墟M1102
48	02676	冉父丁鬲		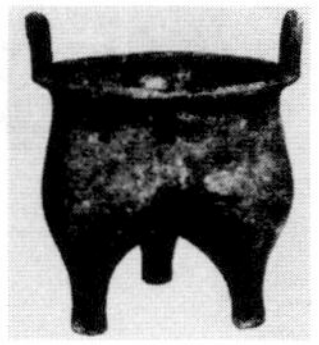	传出洛阳
49	02677	 系 父丁鬲			原藏罗振玉，现藏故宫博物院
50	02678	亚牧父 戊鬲			薛氏45.5
51	02679	亚獏父 己鬲			故宫博物院

续表

序号	铭图序号	器名	族徽铭文	器型	出土地或收藏地
52	02681	父辛鬲			现藏美国哈佛福格美术博物馆
53	02698	亚骓其父己鬲			现藏旅顺博物馆
54	02699	 父辛鬲		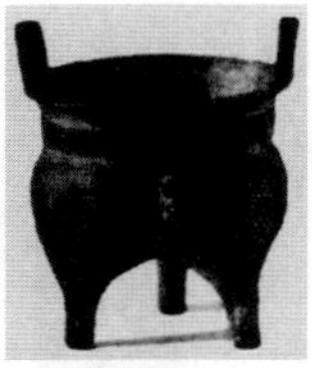	山东新泰府前街
55	02728	祖辛父甲鬲			原藏刘体智、罗振玉，现藏旅顺博物馆
56	02729	亚从鸟宁父丁鬲		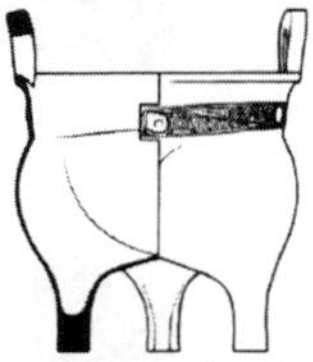	汇编997
57	续0232	 鬲			湖北叶家山M2
58	续0233	亚鬲 			传出河南殷墟，现藏加拿大安大略博物馆，形制与泾川庄底出土铜鬲相同
59	续0235	举母鬲			私人藏

从表7-2看，主要涉及以下几个商周时期的大族：

（1）举族，5件。3件举母鬲（其中1件出于陕西宝鸡）、1件举父乙鬲、1件举父丁鬲。这5件举族铜器，只言作器者，标明了器物所属。学界对举族的研究，让我们基本了解了举族的相关信息。于省吾先生的《释举》梳理了"举"字形写法，考证了字形来源①，对此字的考释有"析子孙""冀""子""举"等说法②。尹盛平先生认为举族是原居于微地的一支子姓王族的氏族号③。雒有仓先生统计的举族铜器的数量231件，他依据出土举族铜器的地点和墓葬材料，从族氏迁移与流动的角度，认为举族是原本居于河南安阳地区的王族，周人灭商后，一部分南迁商丘、鹿邑一带，后归于宋；一部分向东南迁移至山东费县，其中一支可能东迁到长清复河一带停留；另一部分西迁至关中的宗周之地，召公封燕时，又有一部分举族被分于燕，臣属于燕；北迁的举族还包括原属于箕子的一支，他们随箕子北迁到辽宁④。还有学者从铭文内容上考证举族是商代王族，参与商王征工方、抵御人方的战事，商代居于安阳殷墟和山东费县、长清一带。西周时期，作为殷遗民，被分封给燕国等诸侯国，服务王室或诸侯国君⑤。

（2）𬎡族，2件。冉族铜器数量也不少，有学者统计317件⑥。出土地点有河南安阳、洛阳、鹤壁、浚县，山东胶县，陕西宝鸡、长安张家坡、沣西乡、凤翔，湖南宁乡、湘潭，湖北鄂城、襄樊，河北灵寿等，时间从二里岗上层至西周中期。雒有仓先生认为冉族在殷墟二期时就与王族关系密切（可能联姻和联盟的关系），居于安阳的重要氏族，西周时仍具有很强的势力（西周117件）。冉族主要居于河南安阳和洛阳，商亡后迁于陕西的宝鸡和长安、山西曲沃、湖北荆州等地⑦。冉父丁的铜鬲（铭图02676）铭文中不仅有冉族族徽，还有■字。这两字连用的情形还有两件冉父乙鼎（集成1830、2247）二例。按照学界研究成果，这应是一个复合族徽。复合族徽的形成有婚姻关系、联盟关系、同族分化等多种原因⑧。

（3）戈族，1件，北京琉璃河M1149出土。戈族铜器发现也较多，据何景成博士统计234件⑨。出于河南、陕西、北京、湖南、湖北、甘肃等多地，时间从商代晚期至西周早期。《史记·夏本纪》言戈国是姒姓的分封国之一。《左传》襄公四年、哀公

① 于省吾：《释举》，《考古》1979年4期。

② 丁山：《说冀》，《国立中央研究院历史语言研究所集刊（第一本第二分）》，1929年；秦建明、张懋镕：《说举》，《考古与文物》1984年6期。

③ 尹盛平：《微氏家族考略》，《西周微氏家族青铜器群研究》，文物出版社，1992年，65页。

④ 雒有仓：《商周青铜器族徽文字综合研究》，黄山书社，2017年，337页。

⑤ 何景成：《商末周初的举族研究》，《考古》2008年11期。

⑥ 雒有仓：《商周青铜器族徽文字综合研究》，黄山书社，2017年，337页。

⑦ 雒有仓：《商周青铜器族徽文字综合研究》，黄山书社，2017年，341页。

⑧ 雒有仓：《商周青铜器族徽文字综合研究》，黄山书社，2017年，150页。

⑨ 何景成：《商周青铜器族氏铭文研究》，吉林大学博士学位论文，2005年，64页。

元年都言戈国位于夏王国范围内。甲骨卜辞中也有戈国相关内容，商王曾"省戈田"（《小屯甲骨》1013），戈国曾参与到攻打工方（《金璋所藏甲骨卜辞》522）。20世纪70年代和90年代陕西泾阳高家堡曾发掘一处西周早期的家族墓地，并出版了发掘报告《高家堡戈国墓》，学界多认为这是一处戈族墓地①。鬲卣（铭图24.13339）铭文言丙公赏赐戈族的鬲一事，此件器物也说明西周中期时，戈族的鬲曾服务丙公，为丙公的臣属。有学者认为戈族主要发明了武器戈，因善于铸造戈和使用戈而得名②。还有学者认为此带缨的"戈"非戈，应为另一族氏③，目前来看此看法支持者并不多。

（4）🝔族，1件，🝔父丁鬲。此族徽铜器统计162件，有学者释为"鬲"、有学者释为"丙"④，目前学界多认为是"丙"。主要发现于河南安阳殷墟和洛阳、山西灵石旌介、陕西扶风和长安、山东黄县、北京琉璃河、辽宁朝阳等地，尤其是商代晚期集中发现于山西灵石旌介，李伯谦先生认为此处是丙族墓地⑤。从铜器铭文中可知丙族与商王关系密切，族人多次受到商王赏赐。周灭商后，丙族铜器还见于陕西长安，可能有一支定居于此，服务周王室。

（5）史族，2件，其中1件发现于山东滕州前掌大墓地。史族铜器共99件，主要发现于山东滕州一带，零星见于河南殷墟、陕西耀县和宝鸡等地，说明史族主要居于山东滕州一带。

（6）🝔族，1件。该族器物统计有97件，主要是西周早期器物，少部分为商代晚期器，个别为西周中期器。该族是居于殷墟南区的重要氏族，商亡后又迁入陕西宝鸡和河南洛阳地区，西周仍是势力较强的族氏。

（7）先族，1件。有学者在20世纪90年代就对先族铜器做过梳理，统计了50余件，活动时间从商代武丁时期至西周中期，是河南洛阳或孟县附近的族氏⑥。

族徽文字是商人及其后裔的族氏名称，张懋镕师的"周人不用日名说""周人不用族徽说"理论为我们判断商周青铜器族属和作器人、受祭人的身份提供很好的依据。族徽文字的存在体现着一定的血缘关系、地缘关系，对判断商周时期家族和社会形态提供了很大的帮助。西周中期以后族徽逐渐消失，反映了西周中晚期后，周王室在周初实行的怀柔羁縻政策收到了很好的效果，周人和殷遗民逐渐融合构成了华夏民族共同体。族徽铜鬲的出现和消失也反映了这一现象。

---

① 陕西省考古研究所：《高家堡戈国墓》，三秦出版社，1995年。

② 陈晓华：《戈器　戈国　戈人》，《人文杂志》1999年4期。

③ 王长丰：《殷周金文族徽整理与研究》，郑州大学博士学位论文，2006年，140页。

④ 邹衡：《论先周文化》，《夏商周考古学论文集》，文物出版社，1980年，348页；殷玮璋、曹淑琴：《灵石商墓与丙国铜器》，《考古》1990年7期。

⑤ 李伯谦：《从灵石旌介商墓的发现看晋陕高原青铜文化的归属》，《北京大学学报（哲学社会科学版）》1988年2期。

⑥ 曹淑琴、殷玮璋：《光国（族）铜器群初探》，《考古》1990年5期。

第二节　有关女性的铜鬲

铜鬲铭文内容中，有相当一部分是记录作器者与受器者信息的，可以分为自作器和为他人作器两种情况。从性别角度，按照鬲的作器者与受器者关系，全部有铭铜鬲可以分为女性自作鬲、男性自作鬲、男性为女性作鬲、男性为其他男性作鬲、女性为男性作鬲、女性为其他女性作鬲六种情况，具体数据见表7-3。其中女性为男性、女性为其他女性作器数量最少。作器者与受器者的关系有祖孙、父子、夫妻、父女、母女几种关系。从作器者与受器者的关系角度入手，我们能窥视商周时期家族、婚姻形态。

表7-3　铜鬲铭文中的作器者与受器者

	女性作鬲			男性作鬲			
	女性 自作鬲	女性为其他 女性作鬲	女性为 男性作鬲	男性 自作鬲	男性为 其父作鬲	男性为 其祖作鬲	男性为 女性作鬲
数量（件）	56	6	2	141	56	4	82
占铜鬲总数比	5%	0.6%	0.2%	13.5%	5%	0.4%	7.9%
占有铭铜鬲数比	11.4%	1.2%	0.4%	28.8%	11.4%	0.8%	16.7%

女性自作鬲从商代晚期开始就有，如表7-2中族徽中有"母"铭文的铜鬲。从商到春秋时期，女性自作鬲共有60件，列表见表7-4：

表7-4　女性自作铜鬲统计表

器名	铭图序号	时代	器主	出土地或收藏地	器型
妇𡥛鬲	02619	商代晚期	妇𡥛	原藏叶志诜	无
举母鬲	02620	商代晚期	举母	原藏承德，现藏台北故宫博物院	
亚𫲗母鬲	02638	商代晚期	亚𫲗母	甘肃泾川墓葬	

器名	铭图序号	时代	器主	出土地或收藏地	器型
亚**快**母乙鬲	02673	商代晚期	亚**快**母乙	原藏王晋玉	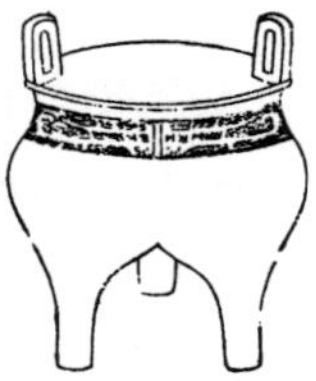
举母鬲	02621	西周早期	举母	陕西宝鸡姜城堡	
齐妇鬲	02641	西周早期	齐妇（举）	原藏袁保恒，现藏上海博物馆	
夌姞鬲	02715	西周早期	夌姞	陕西宝鸡茹家庄M2	
頪姞鬲	02723	西周早期	頪姞	三代5.15.5记载	
芮姬鬲	02733	西周早期	芮姬	私人藏	
矗姒鬲	02734	西周早期	矗姒	不明	

续表

器名	铭图序号	时代	器主	出土地或收藏地	器型
举母鬲	铭图续0235	西周早期	举母	私人藏	
仲姬鬲	02691	西周中期	仲姬	原藏刘体智、容庚	
宋姜鬲	02693	西周中期	宋姜	2008年见于中华青铜器网	
旂姬鬲	02716	西周中期	旂姬	贞续上25.2记录	无
同姜鬲	02718	西周中期	同姜	原藏端方	
孟姒鬲	02722	西周中期	孟姒	小校3.56.3记载	无
仲姞鬲	02746~02758	西周中期	仲姞	故宫博物院、京都泉屋博古馆、上海博物馆、波士顿美术馆、湖南省博物馆等地	
王伯姜鬲	02814~02816	西周中期	王伯姜	原藏叶志诜、潘祖荫、端方，现藏堪萨斯纳尔逊美术馆、上海博物馆	
京姜🐾母鬲 	02858	西周中期	京姜🐾母 	博古19.18	

器名	铭图序号	时代	器主	出土地或收藏地	器型
公姑鬲	03035	西周中期	公姑	旧金山亚洲美术博物馆	
尹姑鬲	03039、03040	西周中期	尹姑	现藏美国纽约奥尔布莱特·诺克斯美术陈列馆	
姑鬲	铭图续0244	西周中期	姑	私人藏	
水姬鬲	铭图续0247	西周中期	水姬	私人藏	
虢姑鬲	02694	西周晚期	虢姑	原藏溥伦延鸿阁	
仲姜鬲	02719	西周晚期	仲姜	原藏吴式芬	无
帛女鬲	02725	西周晚期	帛女	博古19.11	
姬芳母鬲	02761	西周晚期	姬芳母	中国国家博物馆	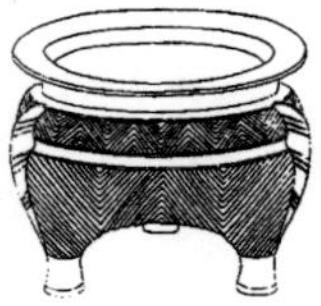

续表

器名	铭图序号	时代	器主	出土地或收藏地	器型
成母鬲	02780	西周晚期	成母	原藏朱善旂	无
鲁姬鬲	02801	西周晚期	鲁姬	三代5.22.3	无
卫姒鬲	02802	西周晚期	卫姒	河南浚县辛村卫国墓地	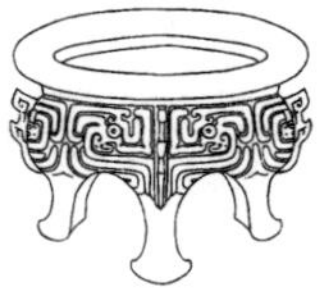
伯姜鬲	02804	西周晚期	伯姜	缀遗27.3.1	无
豐侯母鬲	02840	西周晚期	豐侯母	台北故宫博物院	
姬趞母鬲	02841、01842	西周晚期	姬趞母	积古7.21.3	无
邘祁鬲	02860	西周晚期	邘祁	出于陕西	
相姬鬲	铭图续0241、0242	西周晚期	相姬	私人藏	
邾秦妊鬲	02762、02763	春秋早期	邾秦妊	2002年山东枣庄小邾国墓地	
邿姐遟母鬲	02813	春秋早期	邿姐遟母	原藏陈介祺	无
卫夫人鬲	02863～02865	春秋早期	卫夫人	河南浚县辛村卫国墓地	无
樊夫人龙嬴鬲	02889、02890	春秋早期	樊夫人龙嬴	1978年河南信阳平西M1	

从表7-4可以看出，女性自作铜鬲时代从商代晚期开始一直延续至春秋早期，其中以西周中期最多（25件）。

女性为其他女性作鬲共有6件。祝姬鬲1件，铭文标明祝姬为孟妊姑作器；古代女性称婆婆为姑，此件器物是祝姬为其婆婆孟妊作器。庚姬鬲4件，铭文显示庚姬为叔媿作器；许姬鬲，铭文显示许姬为姜虎作器。

女性为男性作器仅有2件应姚鬲，出土于河南平顶山应国墓地，铭文显示应姚为叔诰父所作。同时这批器物还有至少3件簋、1件盘，均为应姚为叔诰父作器，应姚与叔诰父可能是夫妻关系。

男性为女性作鬲计有82件，又可细分成以下几种情况：一是父亲为女儿作鬲；二是丈夫为妻子作鬲；三是儿子为母亲（父母双亲）作鬲（师趛鬲）；四是男性为其他女性亲属（如祖母）作鬲。父亲为女儿作器与丈夫为妻子作鬲的比例较高，其他类型男性为女性作鬲数量不多。

以上女性自作鬲、女性为男性作鬲，女性为其他女性作鬲、男性为女性作鬲共有147件，占有铭铜鬲的24%，也就是说有铭铜鬲中有五分之一多是与女性有关的。可见在先秦时期女性地位并不低下，拥有制作礼器的财力和权力，尤其是公姞鬲和尹姞鬲的铭文说明，女性也是可以参与到王室事务中的，也是可以建属于自己的宗庙的。我们具体来看一下：

公姞鬲（铭图03035）铭文："唯十又二月既生霸，子仲渔池。天君篾公姞历，使赐公姞鱼三百，拜稽首，对扬天君休，用作鬶鼎。"

尹姞鬲（铭图03039）铭文："穆公作尹姞宗室于繇林，唯六月既生霸乙卯，休天君弗忘穆公圣粦明弼事先王，格于尹姞宗室繇林，君篾尹姞历，赐玉五品，马四匹，拜稽首，对扬天君休，用作宝鬶。"

公姞鬲和尹姞鬲形制、纹饰、大小都接近（图7-1），尤其是通高都在30厘米以上，在西周中晚期的铜鬲中属于形体较大的，并不多见。陈梦家也言公姞与尹姞为同一人[1]，铭文内容也显示尹姞（公姞）与周王室关系密切，作为女性参与到宗族事务中：陪子仲渔猎；穆公为其作宗室，天君（王后）还亲自到尹姞的宗室颁发赏赐，这样的殊荣证明尹姞身份地位很高，有能力铸造这么大、这么精美的器物，这是对先秦女性地位的极大肯定。

虽然从种种迹象能看出铜鬲与女性的关系比较密切，但我们仍然不能将铜鬲和女性划等号，并尝试从考古学材料中追寻蛛丝马迹。

（1）1997年郑州商城发掘了一座墓葬T166M6（图7-2）[2]，据发掘简报，此墓葬叠压在二里岗下层时期（约商代早期）的一条灰沟下，长方形土坑竖穴墓，面积2.64平

---

① 陈梦家：《西周铜器断代》，中华书局，2004年。

② 河南省文物考古研究所：《郑州商城新发现的几座商墓》，《文物》2003年4期。

图7-1 公始鬲和尹始鬲

北 ←

T166M6平面图

1. 铜鬲 2. 铜盉 3. 铜戈 4. 玉柄形饰 5. 圆陶片 6. 骨（蚌）镞 7. 贝饰 8. 绿松石饰

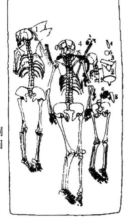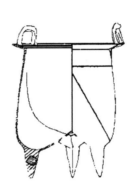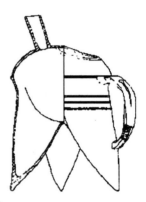

图7-2 郑州商城T166M6平面图和出土铜鬲、铜盉

方米，墓内埋葬三人，俯身葬，分别是一女一男一少年，并分别编号1、2、3号，随葬器物142件组，其中有铜鬲、铜盉、铜戈各1件，其余是玉石装饰品和骨镞。

铜鬲放置在1号女性骨架的头顶，铜盉放置在3号少年的左侧，铜戈紧挨铜盉。铜鬲斜折沿，尖圆唇，半圆形立耳，深腹直壁，分裆袋足，足尖呈圆锥状。装饰弦纹和单线人字纹。从铜鬲的形制看，报告言更接近北方夏家店文化的陶质筒腹鬲，朱凤瀚先生认为更接近高台山文化一二期的陶鬲[①]。

出土铜盉呈圆顶，方圆口，直管流，凸肩，束腰，高分裆，长袋足，宽扁鋬，腹部装饰弦纹三周，与1971年郑州东里路出土的弦纹盉形制、纹饰十分接近。彭裕商、韩文博、田国励在《商周青铜盉研究》一文中将此件铜盉列为Aa型Ⅰ式，年代判断在商代早期[②]。据墓葬平面图显示，1号女性骨架双手向上，3号少年骨架双手向上交叉，

① 朱凤瀚：《中国青铜器综论》，上海古籍出版社，2009年，857页。

② 彭裕商、韩文博、田国励：《商周青铜盉研究》，《考古学报》2018年4期。

为捆绑状。二者均为中间2号男性骨架的陪葬者。发掘者判断此墓葬是郑州商城内年代最早的墓葬，但并没有对墓葬性质做出结论，认为其与郑州商城的关系有待进一步研究。男性墓主人是商人，还是生活在郑州商城的北方人？随葬的铜鬲为何要放在女性死者的头部？铜盂和铜戈、骨镞又为何放在少年死者的身侧？是墓主人期望在死后还要受到女侍和随从的服务吗？我们是不是可以推测铜鬲是女性死者的使用物，铜盂和铜戈、骨镞是随从的使用物。如果是这样的话，这位女侍为何使用具有北方文化特征的器物？她是从北方某个部族而来吗？铜鬲也是她带来的吗？还是墓主人在郑州商城附近为其铸造的？这些问题的回答，需要做人骨鉴定和金属金相分析才有可能得到一二回答。但是从目前的发掘情况看，这是考古学材料中最早的铜鬲和女性关系较为密切的案例。

（2）1983年河南光山宝相寺发掘的黄君孟夫妇墓，墓底并列两椁，G1是黄君孟椁室，随葬青铜器中没有铜鬲，G2是其夫人椁室，随葬青铜器有2件铜鬲，铭文也表明是黄子夫人孟姬作器[①]。G1随葬青铜器有鼎2、豆2、壶2、盨2、盘1、匜1，每件器物之上都有铭文，表明为墓主人黄孟君自作器。G2随葬鼎2、豆2、壶2、盨2、盂2、鬲2、盘1、匜1、小罐1，两个椁室随葬器物组合略有不同，铜鬲也只在女性椁室中出现，且是男性为其所作。

（3）1980年河南信阳平桥发掘的春秋中期樊君夫妇墓[②]。M1夫人墓出土鼎1、鬲2、壶1、盆1、盘1、匜1，鬲、壶、盘、匜上的铭文均表明是樊夫人龙嬴自作器；M2樊君墓出土鼎2、壶2、盘1、匜1、簠4，没有铜鬲随葬，且还有铜刻刀和铜削等工具随葬，简报作者推测是墓主人樊君。

（4）2005年陕西韩城梁带村发现两周时期的芮国墓地[③]，其中南区的M19、M26、M27和M28，是梁带村墓葬区内规格等级最高的墓葬，据发掘报告称均为春秋早期的墓葬，M19和M26的墓主人为女性，出土青铜鬲，M27、M28墓主人是男性，没有铜鬲出土，是我们观察高等级贵族墓葬用鬲制度的最佳视角。M19出土鼎4、簋4、鬲4、甗1、方壶2、盂1、盘1、盖盆1，其中4件铜鬲中有芮太子鬲3件、芮公鬲1件。M26出土鼎5、簋4、鬲5、甗1、簠2、方壶2、盂1、盖盆2，其中5件铜鬲中有4件芮太子白鬲、1件芮太子鬲。M27出土鼎7、簋7、甗1、盂1、方壶2、盘1、盖盆1、提梁卣1、觚1、角1、盖尊1，其中7件簋中，有6件形制花纹相同，是列簋，与7件鼎构成"七鼎六簋"组合，其夫人墓M26则是"五鼎四簋"组合。关于这四座墓葬的性质及关系学界

① 河南信阳地区文管会等：《春秋早期黄君孟夫妇墓发掘报告》，《考古》1984年4期。

② 河南省博物馆等：《河南信阳市平桥春秋墓发掘简报》，《文物》1981年1期。

③ 陕西省考古研究所等：《陕西韩城梁带村遗址M19发掘简报》，《考古与文物》2007年2期；陕西省考古研究所等：《陕西韩城梁带村遗址M26发掘简报》，《文物》2008年1期；陕西省考古研究所等：《陕西韩城梁带村遗址M27发掘简报》，《考古与文物》2007年6期。

多有讨论，倾向性较大的结论是M27是第一代芮公，M19和M26是其两位夫人，M28是其儿子第二代芮伯之墓。

两周之际，诸侯国君夫人在墓葬礼制中要低其丈夫一个级别，晋侯墓地和虢国墓地已证，是西周礼制下的诸侯级别的礼制规范。四座墓中男性墓葬不出铜鬲，女性墓葬出土铜鬲却铸铭是"芮太子白"或"芮公自作鬲"，从铜器风格看，应为同时代之物，即身为第二代国君的芮伯，将自己的铸鬲随葬在母亲的墓葬中，而自己墓中并没有随葬铜鬲。

综上，在商周礼制范围内，墓主人等级不足时，铜鬲作为铜鼎的补充和陪衬，撑起礼制的威仪。犹如在男性社会中，女性的身份和地位从属于男性。

结　语

在人类文明发展的早期，青铜礼制文化塑造了中华文明的面貌和格局，并逐渐孕育了中国特色的文化脉络。在这样的文明框架下，中国的青铜文化别具特色，自成体系，发展出以青铜铸造容器为传统的礼制文化。铜鬲在青铜礼器中出现较早，发展未曾中断，一直随着青铜文化的消亡而逝，器型变化有迹可循，却没有在青铜礼制体系中占据核心地位，这与它的器型、功用与铜鼎相近有关。铜鬲一直以"陪鼎"身份出现在礼制范围内，用纹饰、器型、铭文、组合信息等记录做器者的家族、名字、身份地位与社会关系，补充历史的细节，深化我们对青铜文化的认知。在器物的细节中追寻中华传统文化的根源，是吾辈学者为之奋斗的目标。

本书是张懋镕先生主编的系列研究专著《中国古代青铜器整理与研究》中的一部分，囿于鄙人学识有限，书中观点尚有不足之处，恳请各位读者专家们批评指正，不吝赐教。

附 表

附表1 出土青铜鬲统计表

序号	器名	通高（厘米）	口径（厘米）	腹深（厘米）	重量（千克）	铭文	花纹	类型	分期	出土地点	收藏地点	资料来源	图片	备注
1	斜纹鬲T166M6∶1	24.5	17.8			无	弦纹，双线人字纹	甲类Aa型 Ⅰ式	一期 早段	1997年河南郑州商城T166M6	河南省文物考古研究院	文物2003.4	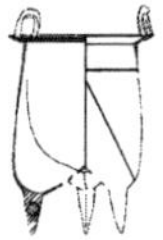	
2	弦纹鬲PYWM6∶2		15.2			无	弦纹	甲类Aa型 Ⅰ式	一期 早段	1963～1994年湖北盘龙城杨家湾M6	湖北省博物馆	盘龙城	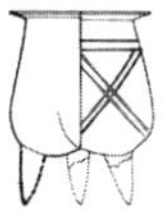	
3	斜纹鬲	15	12.5			无	弦纹，双线人字纹	甲类Aa型 Ⅰ式	一期 晚段	1974年河南新郑望京楼	新郑市文化馆	考古1981.6	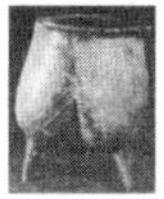	
4	X纹鬲0013	19	13.5			无	弦纹，X纹	甲类Aa型 Ⅰ式	一期 晚段	1954年河南郑州杨庄	河南博物院	河青1.42	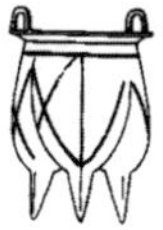	

续表

序号	器名	通高（厘米）	口径（厘米）	腹深（厘米）	重量（千克）	铭文	花纹	类型	分期	出土地点	收藏地点	资料来源	图片	备注
5	X纹鬲豫文101	18.6	13.2			无	弦纹、X纹	甲类Aa型I式	一期晚段	1954年河南郑州杨庄	中国国家博物馆	河青1.43	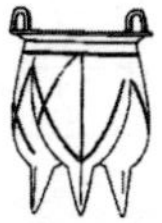	
6	弦纹鬲杜岭III	35	22			无	弦纹、双线人字纹	甲类Aa型II式	一期晚段	1974年河南郑州杜岭张寨南街	河南博物院	河青1.36、文物1975.6	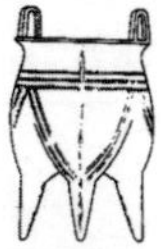	
7	弦纹鬲	20	15.6			无	弦纹、双线人字纹	甲类Aa型II式	一期晚段	1954年河南郑州杨庄	河南博物院	河青1.44		
8	弦纹鬲	19.7	14			无	弦纹、双线人字纹	甲类Aa型II式	一期晚段	1978年河南临汝李楼		考古1983.9		
9	弦纹鬲	46	33		11	无	弦纹、双线人字纹	甲类Aa型II式	一期晚段	1981年河南北舞渡		考古1983.9		有烟炱
10	弦纹鬲	32	20		5	无	弦纹、双线人字纹	甲类Aa型II式	一期晚段	1981年河南北舞渡		考古1983.9		

续表

序号	器名	通高（厘米）	口径（厘米）	腹深（厘米）	重量（千克）	铭文	花纹	类型	分期	出土地点	收藏地点	资料来源	图片	备注
11	弦纹盉郑博0054	20	15.2			无	弦纹，双线人字纹	甲类Ac型I式	一期晚段	1958年河南郑州	郑州博物馆	河青1.45		
12	联珠纹盉T143M1：1	18.3	13.2			无	联珠纹	甲类Ab型I式	一期晚段	1998年河南郑州商城T143M1		文物2003.4	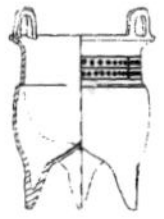	
13	兽面纹盉M110：1	18	14.4			无	兽面纹，双线人字纹	甲类Ab型I式	一期晚段	1951年河南辉县M110	中国国家博物馆	辉县		
14	兽面纹盉					无	兽面纹，双线人字纹		一期晚段	1951年河南辉县M148		辉县		故意打破放置在尸骨右侧
15	兽面纹盉	17	12		0.41	无	兽面纹，联珠纹，双线人字纹	甲类Aa型II式	一期晚段	出土地不明	河南大学博物馆	文物2018.2		
16	兽面纹盉PLZM2：38	18	12		1.05	无	兽面纹，双线人字纹	甲类Aa型II式	一期晚段	1963～1994年湖北盘龙城李家嘴M2		盘龙城	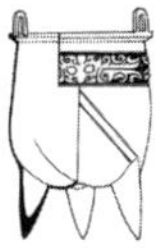	

续表

序号	器名	通高（厘米）	口径（厘米）	腹深（厘米）	重量（千克）	铭文	花纹	类型	分期	出土地点	收藏地点	资料来源	图片	备注
17	弦纹斝PLZM1：3	31.6	16		3	无	弦纹、双线人字纹	甲类Ab型Ⅰ式	一期晚段	1963~1994年湖北盘龙城李家嘴M1		盘龙城	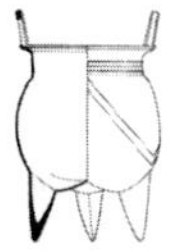	
18	弦纹斝PYWM7：2	17.2	11.2		0.65	无	弦纹、双线人字纹	甲类Ac型Ⅰ式	一期晚段	1963~1994年湖北盘龙城杨家湾M7		盘龙城	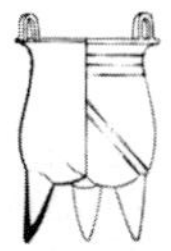	
19	云纹斝PYWM4：2	19.2	12.4		0.6	无	联珠纹、云纹、双线人字纹	甲类Ab型Ⅰ式	一期晚段	1963~1994年湖北盘龙城杨家湾M4		盘龙城	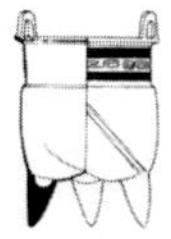	
20	雷纹斝PYWH6：17	22.8	15.5		1.1	无	雷纹、双线人字纹	甲类Ac型Ⅰ式	一期晚段	1963~1994年湖北盘龙城杨家湾H6		盘龙城	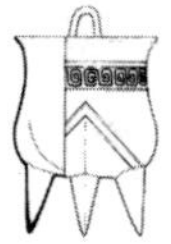	
21	斜角云纹斝PLZM1：4	残高17.4	12.3		0.4	无	斜角云纹、双线人字纹	甲类Ab型Ⅰ式	一期晚段	1963~1994年湖北盘龙城李家嘴M1		盘龙城	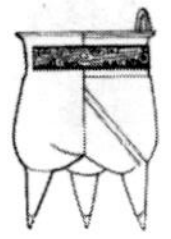	

续表

序号	器名	通高（厘米）	口径（厘米）	腹深（厘米）	重量（千克）	铭文	花纹	类型	分期	出土地点	收藏地点	资料来源	图片	备注
22	夔纹斝PLWM4：3	24.4	19.2		1.6	无	夔纹	甲类Aa型II式	一期晚段	1963~1994年湖北盘龙城子湾楼M4		盘龙城		
23	夔纹斝C8M3：2	16.5	13			无	夔纹、联珠纹、双线人字纹	甲类Aa型III式	一期晚段	1955年河南郑州白家庄M3	中国国家博物馆	河青1.26	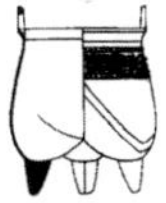	
24	夔纹斝C8M3：3	16.5	13			无	夔纹、联珠纹、双线人字纹	甲类Aa型III式	一期晚段	1955年河南郑州白家庄M3	中国国家博物馆	河青1.27	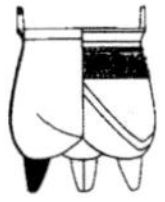	
25	兽面纹斝	19			0.7	无	兽面纹、双线人字纹	甲类Ac型I式	一期晚段	1992年山东滕州轩辕庄	滕州市博物馆	文物1993.6		破损，有烟炱
26	联珠云纹斝（A1.104总2099）	21.4	15.4	10.6	1.45	无	联珠纹、云雷纹、双线人字纹	仿陶斝A型	一期晚段	1972年陕西岐山京当窖藏	宝鸡青铜器博物院	文物1977.12，周原2，陕青1.9		
27	弦纹斝	18	12			无	弦纹、双线人字纹	甲类Ac型I式	二期	1986年河南伊川县商墓		文物1993.6		

续表

序号	器名	通高（厘米）	口径（厘米）	腹深（厘米）	重量（千克）	铭文	花纹	类型	分期	出土地点	收藏地点	资料来源	图片	备注
28	斜纹鬲	16.4	12.8			无	弦纹	甲类Ac型 I式	二期	1974年河南灵宝东桥	灵宝县文化馆	考古1979.1，河青1.213	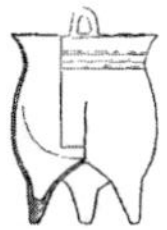	
29	弦纹鬲	23.1	14.7	11.4	2	无	弦纹、双线人字纹	甲类Aa型 II式	二期	1972年陕西岐山京当窖藏	岐山县博物馆	文物1977.12，周原2	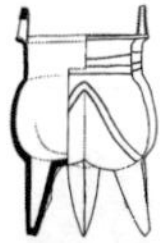	
30	亚盤母鬲	15	12.5			3	兽面纹	仿陶鬲A型	二期	1972年甘肃泾川庄底塞葬	平凉县博物馆	文物1977.9，集成00485，综览·鬲23		
31	联珠纹鬲（总0026）	19	14.1	11.2	1.1	无	雷纹	甲类Ac型 I式	二期	1972年陕西法门镇美阳村塞葬	被盗	文物1978.10，陕青1补录		
32	弦纹鬲	15.4	11.8			无	弦纹、双线人字纹	甲类Aa型 II式	二期	1963年青海西宁大堡子		考古1985.7		
33	兽面纹鬲（大宁10）	21.8	15.3		1.5	无	雷纹、兽面纹	甲类Aa型 II式	二期	山西大宁县太德乡	大宁县文管所	晋西436页	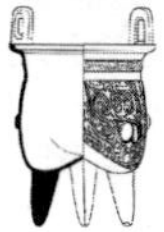	

续表

序号	器名	通高（厘米）	口径（厘米）	腹深（厘米）	重量（千克）	铭文	花纹	类型	分期	出土地点	收藏地点	资料来源	图片	备注
34	弦纹鬲	26	17			无	弦纹、双线人字纹		二期	1971年山西长子县北庄高庙坡		丛刊第三辑		
35	弦纹鬲	16.3	10.2		残重1.3	无	弦纹、双线人字纹	甲类Aa型Ⅱ式	二期	2010年岐山京当王家嘴M1	岐山县博物馆	国博2015.11	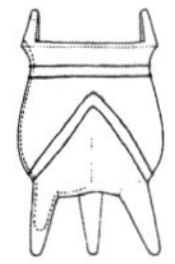	
36	四足鬲（1981CHLTT：4）	22.8	21.1		4.74	无	雷纹、兽面纹	甲类Ab型Ⅱ式	二期	1981年陕西城固龙头镇	陕西历史博物馆	城洋		
37	弦纹鬲（2004CHLTT：1）	57	37	32.6	17.8	无	弦纹、双线人字纹	甲类Aa型Ⅱ式	二期	2004年陕西城固龙头镇	城固县文化馆	城洋		
38	弦纹鬲（1975CHWXaT：1）	20.5	14.4	10.6	1.3	无	弦纹、双线人字纹	甲类Aa型Ⅱ式	二期	1975年陕西城固消水a点	城固县文化馆	城洋		
39	弦纹鬲（1975CHWXbT：3）	23.2	14.5	10.6	1.7	无	弦纹、双线人字纹	甲类Ab型Ⅱ式	二期	1975年陕西城固消水b点	城固县文化馆	城洋		

续表

序号	器名	通高（厘米）	口径（厘米）	腹深（厘米）	重量（千克）	铭文	花纹	类型	分期	出土地点	收藏地点	资料来源	图片	备注
40	弦纹鬲（1975CHWXbT：4）	28.8	18.6	14	2.6	无	弦纹、双线人字纹	甲类Aa型II式	二期	1975年陕西城固湑水b点	城固县文化馆	城洋	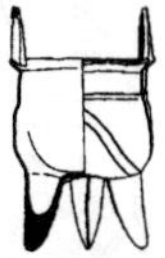	
41	弦纹鬲	15.2	17.1			无	弦纹、双线人字纹	甲类Ac型I式	二期	1977年北京平谷刘家河		文物1977.11		
42	弦纹鬲	22.5	16.3			无	弦纹、双线人字纹	甲类Ac型I式	二期	1980年北京平谷韩庄		北京文		
43	兽面纹鬲	18.2	15			无	斜角云纹、兽面纹	甲类Aa型III式	二期	1960年河北武安赵窑商墓M7		学报1992.3	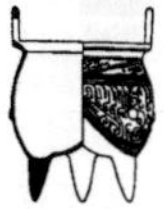	
44	兽面纹鬲	17.8	14			无	兽面纹、联珠纹	甲类Aa型II式	二期	1992年湖北黄州下窑嘴商墓		文物1993.6		有烟炱
45	弦纹鬲	26.3	17.5	12	2.5	无	弦纹	甲类Ab型I式	二期	1959年陕西西安田王村	陕西历史博物馆	陕青1.1		

序号	器名	通高（厘米）	口径（厘米）	腹深（厘米）	重量（千克）	铭文	花纹	类型	分期	出土地点	收藏地点	资料来源	图片	备注
46	兽面纹鬲	23	17.8		1.79	无	兽面纹	甲类Ab型II式	二期	1957年安徽阜南月牙河	上海博物馆、安徽博物院、中国国家博物馆、故宫博物院等	文物1959.1，夏商周·夏商上66，全集4.25		传出土12件，置于一件大鼎之内，形制大小相同
47	兽面纹鬲（0201）	残21	17.5		2.9	无	兽面纹	甲类Ab型II式	二期	河南安阳殷墟	殷墟博物馆	安阳96		
48	作册兄鬲M50：6	22.4	12.3		2.3	3	联珠纹，兽面纹	甲类Ab型III式	二期	1987年安阳殷墟郭家庄M50	殷墟博物馆	郭家庄	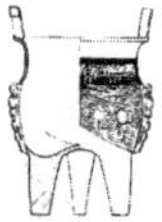	
49	三犀鬲	35.5	23.7			无	夔龙纹，兽面纹	甲类Ab型III式	二期	1974年陕西西安市大白杨废品车征集	西安博物院	考与文1989.5		
50	亚牧鬲	17.7	12.3			2	弦纹	甲类Aa型II式	二期	1962年河北丰宁县	河北省文物考古研究院	铭图06218，河北81，集成00456，综览·鬲鼎48		

续表

序号	器名	通高（厘米）	口径（厘米）	腹深（厘米）	重量（千克）	铭文	花纹	类型	分期	出土地点	收藏地点	资料来源	图片	备注
51	父丁鬲 70AGM1102：1	15.3	12.3			3	云雷纹，兽面纹	甲类Ac型 Ⅱ式	二期	1970年河南安阳殷墟四区M1102	中国社会科学院考古研究所安阳工作队	河青一.254	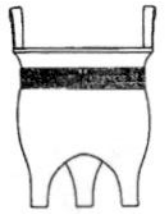	
52	兽面纹鬲	35.5	22.5			无	兽面纹	甲类Ab型 Ⅲ式	二期	1972年陕西华县桃下村	陕西历史博物馆	全集4.15		
53	兽面纹鬲	22.8	14.7			无	兽面纹	甲类Ab型 Ⅲ式	二期	1958年湖南宁乡	湖南博物院	铜全4.16		
54	眉工子鬲	18.8				3	云雷纹，兽面纹	甲类Ac型 Ⅱ式	二期	1964年山东滕县姜屯	山东博物馆	文物1972.5，集成00487，总集1359，综览·高6，铭I02639		
55	兽面纹鬲	17.8	14.2	11.3	0.9	无	兽面纹	甲类Ab型 Ⅱ式	二期	1982年山西洪洞双昌村	山西博物院	文物1989.12		

续表

序号	器名	通高（厘米）	口径（厘米）	腹深（厘米）	重量（千克）	铭文	花纹	类型	分期	出土地点	收藏地点	资料来源	图片	备注
56	兽面纹鬲 XDM：32	16	13.3	8.6	0.74	无	兽面纹	甲类Aa型Ⅲ式	二期	1990年江西新干大洋洲商墓	江西省博物馆	新干		
57	兽面纹鬲 XDM：33	9.6	8	5.1	0.48	无	兽面纹	地方型A型	二期	1990年江西新干大洋洲商墓	江西省博物馆	新干	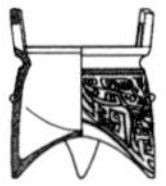	
58	云雷纹鬲 XDM：34	11.4	9.6	6.9	0.68	无	云雷纹、联珠纹	地方型A型	二期	1990年江西新干大洋洲商墓	江西省博物馆	新干	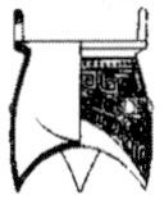	
59	鱼纹鬲 XDM：36	27.3	18	15.8	3.08	无	鱼纹、兽面纹	甲类Ab型Ⅲ式	二期	1991年江西新干大洋洲商墓	江西省博物馆	新干	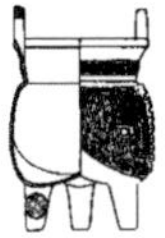	
60	兽面纹鬲 XDM：35	10.1	9.5	5.95	0.15	无	联珠纹、兽面纹	甲类Aa型Ⅲ式	二期	1992年江西新干大洋洲商墓	江西省博物馆	新干	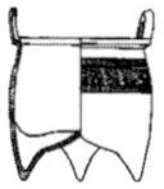	
61	折肩鬲 XDM：37	39	19	24.4	13.6	无	联珠纹、燕尾纹	地方型B型	二期	1993年江西新干大洋洲商墓	江西省博物馆	新干		

续表

序号	器名	通高（厘米）	口径（厘米）	腹深（厘米）	重量（千克）	铭文	花纹	类型	分期	出土地点	收藏地点	资料来源	图片	备注
62	弦纹鬲	27.6	22.7		4.25	无	弦纹	甲类Ac型 II式	二期	1995年江西新余		文物2002.12		
63	弦纹鬲M5：8	16.5	12.3			无	弦纹	甲类Ab型 III式	二期	河南殷墟郭家庄东南 M5		考古2008.8	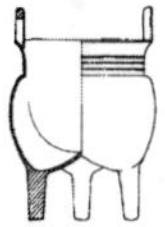	
64	夔龙纹鬲（鼎）M220：3	15.1				无	联珠纹，夔纹	甲类Aa型 III式	二期	河南殷墟刘家庄北地 M220		考古2012.12	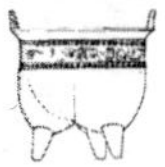	
65	叔父癸鬲	17	14	11.5		3	兽面纹	甲类Ab型 IV式	三期早段	1984年山东新泰市府前街墓葬	新泰市博物馆	文物1992.3，近出120，新收1106，山东成214.2	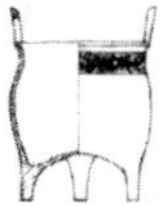	
66	卿宁鬲	18	14.4	12		5	兽面纹	甲类Ab型 IV式	三期早段	1984年山东新泰市府前街墓葬	新泰市博物馆	文物1992.3	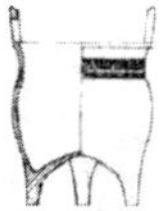	有烟炱
67	共鬲	19	14.9	9		1	云雷纹，兽面纹	甲类Ab型 IV式	三期早段	1985年陕西蓝田泄湖镇车马坑		文博1986.5，近出118，新收808	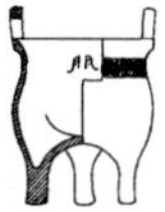	内有鸡肋骨

续表

序号	器名	通高（厘米）	口径（厘米）	腹深（厘米）	重量（千克）	铭文	花纹	类型	分期	出土地点	收藏地点	资料来源	图片	备注
68	光康鬲	20.5	14.7			10	兽面纹	甲类Ac型I式	三期早段	陕西西安大白杨库征集	西安市文物交流中心	考与文1990.5		
69	云雷纹鬲	16.7	13.4	9.2	0.9	无	云雷纹	甲类Ab型IV式	三期早段	1991年陕西泾阳高家堡M2		戈国		内有兽骨，梅核2枚
70	父癸鬲	17	13.9	9	1.02	6	列旗兽面纹	甲类Ab型IV式	三期早段	1958年陕西宝鸡五里庙	宝鸡青铜器博物院	陕青4.37		
71	宁母鬲BK75	17.3	14.4	9.3	1.24	2	斜角雷纹，双线人字纹	甲类Ab型IV式	三期早段	1968年陕西宝鸡姜城堡	宝鸡青铜器博物院	考与文1983.6，陕青4.38，集成00462，铭图02621		
72	兽面纹鬲M9:11	17.2	13.8			无	列旗兽面纹	甲类Ac型III式	三期早段	2003年陕西扶风周原庄李M9		考古2008.12	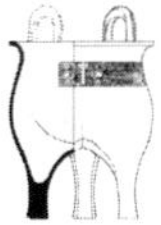	
73	斜角云纹鬲M249:1	16.4	12.8			无	斜角云纹	甲类Ab型IV式	三期早段	陕西长安西张家坡西周墓葬M294		张家坡墓145页		

续表

序号	器名	通高（厘米）	口径（厘米）	腹深（厘米）	重量（千克）	铭文	花纹	类型	分期	出土地点	收藏地点	资料来源	图片	备注
74	素面鬲M136：1	18.3	15.3			无	无	甲类Ac型 II式	三期 早段	陕西长安张家坡西周墓葬M136		张家坡墓145 页		
75	兽面纹鬲	17	13			无	兽面纹，双线人字纹	甲类Ab型 IV式	三期 早段	1972陕西丰镐遗址征集		文物2002.12		
76	夨伯鬲BZFM1：11	18.5	13.1	9.5	1.2	5	兽面纹	甲类Ac型 II式	三期 早段	1981年陕西宝鸡纸坊头M1	宝鸡青铜器博物院	宝鸡	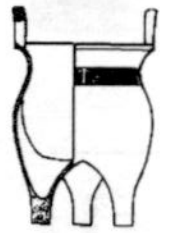	
77	夨伯鬲BZFM1：12	18.5	13.1	9.5	1.35	5	兽面纹	甲类Ac型 II式	三期 早段	1981年陕西宝鸡纸坊头M1	宝鸡青铜器博物院	宝鸡	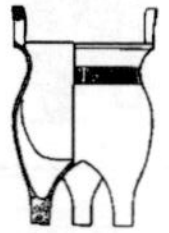	
78	兽面纹鬲	11	9.8			无	兽面纹	甲类Ab型 IV式	三期 早段	甘肃庆阳西峰区温泉乡	庆阳市西峰区博物馆	全集20		
79	目纹鬲	13.7	18			无	目纹	甲类Ac型 II式	三期 早段	甘肃灵台县独店镇景村	灵台县博物馆	铜全20		

续表

序号	器名	通高（厘米）	口径（厘米）	腹深（厘米）	重量（千克）	铭文	花纹	类型	分期	出土地点	收藏地点	资料来源	图片	备注
80	兽面纹鬲	14.4	13			无	兽面纹	甲类Ac型II式	三期早段	1984年陕西宝鸡凤翔水沟周墓		考与文1987.4	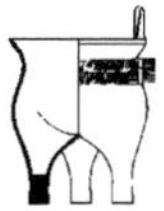	
81	事正鬲	18	14.1	9		7	兽面纹	甲类Ab型IV式	三期早段	1985年陕西淳化铁王乡红崖村	咸阳博物院	考与文1990.1，陕青3.12，近出127，新收804		
82	夔龙纹鬲0948	17.5				无	夔龙纹	甲类Ac型II式	三期早段	河南鹤壁庞村周墓M6	河南博物院	丛刊第三辑		
83	兽面纹鬲M1：90	18.9	14.2		0.95	无	兽面纹	甲类Ac型II式	三期早段	1997年河南鹿邑大清宫长子口墓		鹿邑72页	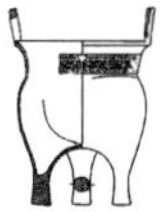	
84	兽面纹鬲M1：89	19.9	13.9		0.8	无	兽面纹	甲类Ac型II式	三期早段	1998年河南鹿邑大清宫长子口墓		鹿邑72页	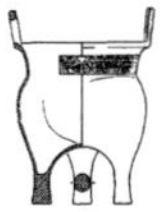	
85	伯矩鬲M251：23	30.4	22.8		7.53	15	夔龙纹、牛首纹	甲类Ab型IV式	三期早段	北京琉璃河M251	首都博物馆	琉璃河	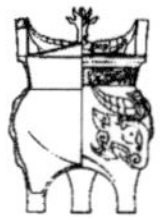	

续表

序号	器名	通高（厘米）	口径（厘米）	腹深（厘米）	重量（千克）	铭文	花纹	类型	分期	出土地点	收藏地点	资料来源	图片	备注
86	麦盂M251：16	18.6	14		1.1	3	兽面纹	甲类Ab型IV式	三期早段	北京琉璃河M251	首都博物馆	琉璃河	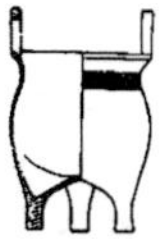	
87	象纹盂	18.6	14		0.88	无	雷纹，象首纹	甲类Ab型IV式	三期早段	北京琉璃河M253		琉璃河		
88	象纹盂	18.6	14		0.88	无	雷纹，象首纹	甲类Ab型IV式	三期早段	北京琉璃河M253		琉璃河		
89	象纹盂M253：174	18.6	14		0.88	无	雷纹，象首纹	甲类Ab型IV式	三期早段	北京琉璃河M253		琉璃河		
90	象纹盂M253：17	18.6	14		0.88	无	雷纹，象首纹	甲类Ab型IV式	三期早段	北京琉璃河M253		琉璃河		
91	戈父壬盂	15.6	12.6			3	弦纹，象首纹	甲类Ac型II式	三期早段	1984年北京琉璃河M1149		北京文68		

续表

序号	器名	通高(厘米)	口径(厘米)	腹深(厘米)	重量(千克)	铭文	花纹	类型	分期	出土地点	收藏地点	资料来源	图片	备注
92	象首甗	15.5	12.9			无	列旗兽面纹、象首纹	甲类Ac型II式	三期早段	1974年北京琉璃河		北京文68		
93	乳丁纹甗	17	14.7			无	弦纹	甲类Ac型II式	三期早段	1974年辽宁喀左山湾子窖藏		文物1977.12	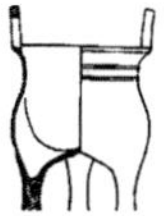	
94	吾甗	17	13	9.3		7	兽面纹	甲类Ac型II式	三期早段	1978年山东滕州庄里西村M3	滕州市博物馆	文物1979.4, 集成00565, 总集1416, 综览·甗10, 山东成217.1		
95	弦纹甗M38:51	18.6	14.6			1	弦纹、双线人字纹	甲类Ab型IV式	三期早段	山东滕州前掌大M38	中国社会科学院考古研究所	前掌大, 铭图02612	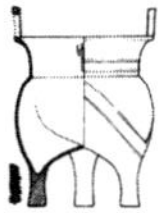	有烟炱
96	弦纹甗M38:54	18.6	14.6			1	弦纹、双线人字纹	甲类Ab型IV式	三期早段	山东滕州前掌大M38		前掌大, 铭图02613	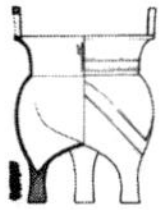	有烟炱
97	素面甗C2M130:6	17.6	15.6			无	无	甲类Ab型IV式	三期早段	河南洛阳老城区北大街M130		文物2010.8	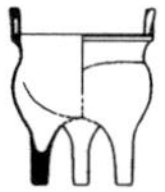	

续表

序号	器名	通高（厘米）	口径（厘米）	腹深（厘米）	重量（千克）	铭文	花纹	类型	分期	出土地点	收藏地点	资料来源	图片	备注
98	祖辛鬲C3M417：23	19	14.6			3	斜角云雷纹	甲类Ac型II式	三期早段	2002年河南洛阳唐城花园C3M417		文物2004.7，新收383	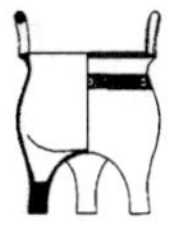	
99	素面鬲	17.6	14.2		0.96	无	无	甲类Ac型II式	三期早段	山西天马曲村M6195		天马曲村	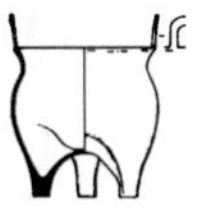	
100	流口鬲M6210：5	16.2	15.1		1.31	无	弦纹	甲类Ab型IV式	三期早段	山西天马曲村M6210		天马曲村		
101	弦纹鬲	15.8	12.3		0.87	无	弦纹	甲类Ab型IV式	三期早段	山西天马曲村M6123		天马曲村	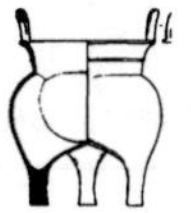	
102	作父辛鬲	17.3	14.2		1	4	弦纹	甲类Ac型II式	三期早段	山西天马曲村M6197	北京大学考古文博学院	天马曲村，新收940	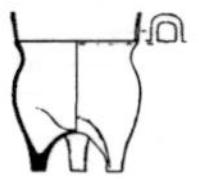	有烟炱
103	素面鬲	15.6	13.3		0.97	无	无	甲类Ac型II式	三期早段	山西天马曲村M6197		天马曲村	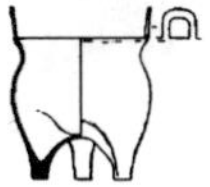	有烟炱

续表

序号	器名	通高（厘米）	口径（厘米）	腹深（厘米）	重量（千克）	铭文	花纹	类型	分期	出土地点	收藏地点	资料来源	图片	备注
104	目纹甗M6069：6	15.8	12.1		0.74	无	弦纹，目纹	甲类Ab型 IV式	三期早段	山西天马曲村M6069		天马曲村		
105	象目甗M27：21	15.2	12.2~12.4		0.78	无	象目纹	甲类Ac型 III式	三期早段	湖北随州叶家山墓地M27		文物2011.11	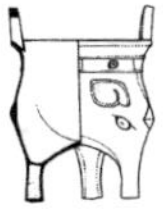	
106	素甗M27：22	15.5	12~12.7		0.8	无	弦纹	甲类Ac型 III式	三期早段	湖北随州叶家山墓地M27		文物2011.11		
107	兽面纹甗M7：1	17.3	14~14.3	9.2	1.09	无	兽面纹	甲类Ac型 III式	三期早段	湖北随州叶家山墓地M7		考古2012.7	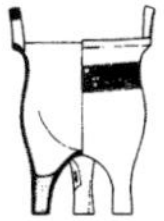	
108	父丁甗M107：4	21.9	16.4	10.3	1.51	2	目雷纹	甲类Ac型 III式	三期早段	湖北随州叶家山墓地M107		江汉2016.3		
109	目雷纹甗 M102：0077	16.6	13.9			9	目雷纹	甲类Ab型 IV式	三期晚段	1989年山东临淄河崖头齐国故城M102	齐文化博物院	铜全5·山东 上		

续表

序号	器名	通高（厘米）	口径（厘米）	腹深（厘米）	重量（千克）	铭文	花纹	类型	分期	出土地点	收藏地点	资料来源	图片	备注
110	作旅彝盂 M102：0078	10.3	15			3	弦纹	甲类Ac型 III式	三期晚段	1989年山东临淄河崖头齐国故城M102	齐文化博物院	铜全5·山东 上		
111	兽面纹盂M6214：43	20.4	18.8		1.31	无	弦纹、兽面纹		三期晚段	山西天马曲村M6214		天马曲村		
112	弦纹盂	15.6	11.8		1.12	无	弦纹	甲类Ab型 IV式	三期晚段	山西天马曲村M6080		天马曲村	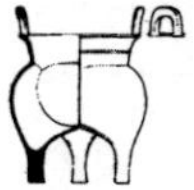	
113	素面盂M6231：9	17	14.7		1.43	无	无	甲类Ab型 V式	三期晚段	山西天马曲村M6231		天马曲村	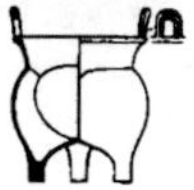	
114	弦纹盂	24.4	18.9		3.1	无	弦纹	甲类Ab型 V式	三期晚段	山西天马曲村M6231		天马曲村	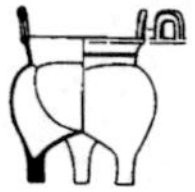	
115	云雷纹盂（总七五16）	14.3	13.8	8.1	1.44	无	云雷纹、三角点纹	甲类Ac型 III式	三期晚段	1973年陕西岐山贺家村M6	陕西历史博物馆	考古1976.1，周原7	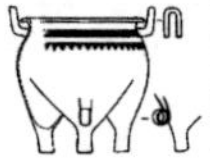	

续表

序号	器名	通高（厘米）	口径（厘米）	腹深（厘米）	重量（千克）	铭文	花纹	类型	分期	出土地点	收藏地点	资料来源	图片	备注
116	素面盨（91FQM5：7，总2559）	12.7	11.8	6.6	0.76	无	无	甲类Ab型V式	三期晚段	1981年陕西扶风齐家村M5	周原博物馆	周原9，1878页		
117	亚牧父乙盨（91FQM5：3，总2560）	12.6	11.7	7.2	0.57	4	无	甲类Ab型V式	三期晚段	1991年陕西扶风齐家村M5	周原博物馆	周原9，1881页		
118	目雷纹盨（总九一2174	18.8	15.5		1.98	无	目雷纹	甲类Ab型V式	三期晚段	1972年陕西扶风刘家村丰姬墓	陕西历史博物馆	陕青3.44		
119	象纹盨（总0051）	14.9	13.6	7.3	1.12	无	象首纹	甲类Ac型IV式	三期晚段	1971年陕西扶风刘家镇M1	扶风县博物馆	考与文1980.4，周原6，陕青3.55		
120	象纹盨（总0050）	14.8	13.5		0.754	无	象目纹	甲类Ac型IV式	三期晚段	1971年陕西扶风齐家镇M2	扶风县博物馆	考与文1980.4；周原6，1130页；陕青3.56		
121	雷纹盨M2：7	16.4	13.8	8.8	0.74	1	目雷纹	甲类Ac型IV式	三期晚段	湖北随州叶家山墓地M2	叶家山考古队	文物2011.11		

续表

序号	器名	通高（厘米）	口径（厘米）	腹深（厘米）	重量（千克）	铭文	花纹	类型	分期	出土地点	收藏地点	资料来源	图片	备注
122	象目纹鬲M1：021	15	12.2～12.4	8	0.78	无	象目纹	甲类Ac型Ⅳ式	三期晚段	湖北随州叶家山墓地M1	叶家山考古队	文物2011.11		
123	曾侯鬲M28：151	15.7	12	7.6	0.78	5	兽面纹，圆饼纹	甲类Ac型Ⅳ式	三期晚段	湖北随州叶家山墓地M28	叶家山考古队	江汉2013.4		
124	象目纹鬲M54：2	15	12.4	9.1	0.66	无	象目纹	甲类Ac型Ⅳ式	三期晚段	湖北随州叶家山墓地M54		考古2012.7		
125	象目纹鬲M65：52	15.1	12	7.1	0.74	无	象目纹	甲类Ac型Ⅲ式	三期晚段	湖北随州叶家山墓地M65		江汉2011.3		
126	甬作父辛鬲（郑3967）	22.5	18.8		1.83	7	云纹	甲类Ac型Ⅱ式	三期晚段	1984年河南巩县采集	郑州博物馆	中原1986.4，文物2013.11		
127	弦纹鬲M50：6	19.9	13.5		1.2	无	弦纹	甲类Ac型Ⅲ式	三期晚段	北京琉璃河M50		琉璃河		

续表

序号	器名	通高（厘米）	口径（厘米）	腹深（厘米）	重量（千克）	铭文	花纹	类型	分期	出土地点	收藏地点	资料来源	图片	备注
128	弦纹鬲M52∶14	17.8	14			无	弦纹	甲类Ac型Ⅲ式	三期晚段	北京琉璃河M52		琉璃河	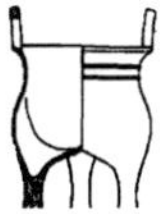	
129	弦纹鬲M54∶14					无	弦纹	甲类Ac型Ⅲ式	三期晚段	北京琉璃河M54		琉璃河	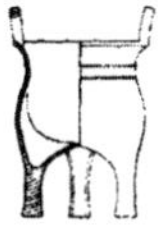	
130	弦纹鬲	14.5	11.8		0.92	无	弦纹	甲类Ac型Ⅲ式	三期晚段	北京琉璃河M209		琉璃河	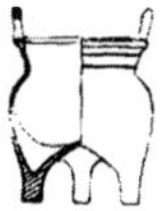	
131	父丁鬲	19	14.3			4	雷纹	甲类Ab型Ⅲ式	三期晚段	山西洪洞县坊堆村	山西博物院	铜器集·山西上		
132	叔作鬲	15.5	13.6			3	弦纹	甲类Ac型Ⅴ式	三期晚段	1980年山西洪洞县永凝堡M14	洪洞县文化馆	文物1987.2，近出121，新收984	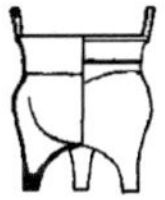	
133	楷叔父鬲	15.5	12			6	弦纹	甲类Ab型Ⅴ式	三期晚段	1962年洛阳博物馆收购	洛阳博物馆	丛刊第三辑，集成00542，总集1406，铭图02742		

续表

序号	器名	通高（厘米）	口径（厘米）	腹深（厘米）	重量（千克）	铭文	花纹	类型	分期	出土地点	收藏地点	资料来源	图片	备注
134	遣鬲	17	13.5	9.3		11	斜角目雷纹	甲类Ab型V式	三期晚段	1982年山东滕县庄里西村		考古1984.4		
135	弦纹鬲	14	11.3	7.7		无	弦纹	甲类Ab型V式	三期晚段	1982年山东滕县庄里西村		考古1984.4	同上	
136	兽面纹鬲	15.6	12.8	8		无	兽面纹	甲类Ac型III式	三期晚段	山东滕州前掌大M120		前掌大	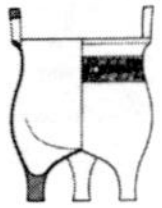	
137	素面鬲	15.6	13.2			无	无	甲类Ab型V式	三期晚段	1979年山东济阳刘台子M6		文物1999.12	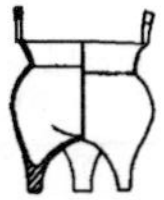	
138	雷纹鬲	16.4	13			无	三角雷纹、乳丁纹	甲类Ab型V式	三期晚段	1979年山东济阳刘台子M2		文物1981.9		
139	素面鬲 02ZQII A3M4：10	22	20.5	11		无	无	甲类Ac型III式	三期晚段	2002年陕西扶风周原齐家村M4		考与文2003.4		

续表

序号	器名	通高（厘米）	口径（厘米）	腹深（厘米）	重量（千克）	铭文	花纹	类型	分期	出土地点	收藏地点	资料来源	图片	备注
140	微仲鬲BZM4：75	14.2	12.4	7.5	0.8	5	无	甲类Ac型Ⅲ式	三期晚段	1981年陕西宝鸡竹园沟M4	宝鸡市青铜器博物院	宝鸡		
141	方鬲BZM4：74	15	12.3×11.1	7.1	0.8	无	无	甲类Ac型Ⅲ式	三期晚段	1981年陕西宝鸡竹园沟M4		宝鸡	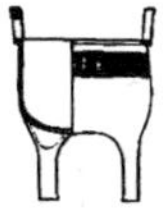	
142	弦纹鬲BZM4：9	18.2	13.8	10.1	1.45	2	弦纹	甲类Ac型Ⅲ式	三期晚段	1981年陕西宝鸡竹园沟M4		宝鸡	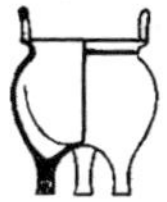	
143	素面鬲（76FYM20：5，总0434）	12.7	10.7	6.8	0.51	无	无	甲类Ab型Ⅴ式	三期晚段	1976年陕西扶风云塘M20	周原博物馆	文物1980.4，陕青3.71，周原7	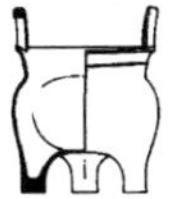	
144	素面鬲	20.2	15.5	11.2	2.25	无	无	甲类Ab型Ⅴ式	三期晚段	1974年陕西麟游蔡家河	麟游县文化馆	陕青3.141		
145	弦纹鬲	15.8	13.2	9.5	0.9	无	弦纹	甲类Ab型Ⅳ式	三期晚段	1974年陕西麟游蔡家河	麟游县文化馆	陕青3.142		

续表

序号	器名	通高（厘米）	口径（厘米）	腹深（厘米）	重量（千克）	铭文	花纹	类型	分期	出土地点	收藏地点	资料来源	图片	备注
146	弦纹鬲	14.3	11.6	7.5	0.75	无	弦纹	甲类Ab型IV式	三期晚段	1974年陕西麟游蔡家河	麟游县文化馆	陕青3.143		
147	弦纹鬲	14.2	11.7	7.4	0.75	无	弦纹	甲类Ab型IV式	三期晚段	1974年陕西麟游蔡家河	麟游县文化馆	陕青3.144	同上	
148	茍鬲（76FYM13：17，总0409）	18.2	14.5	10.3	1.34	6	弦纹	甲类Ab型IV式	三期晚段	1976年陕西扶风云塘M13	周原文管所	文物1980.4，陕青3.75，周原7	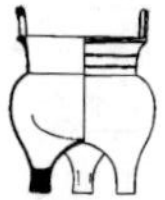	
149	兽面纹鬲					无	兽面纹	甲类Ab型IV式	三期晚段	山西平陆盘南村	山西博物院	山西文物，1950年，192页		
150	弦纹鬲	16.6	14			无	弦纹	甲类Ab型IV式	三期晚段	1977年甘肃庆阳环县	环县文化馆	考与文1983.3		
151	兽面纹鬲	15	12.8			无	兽面纹	甲类Ab型IV式	三期晚段	山西长子县景义村	长子县博物馆	文物1979.9		

续表

序号	器名	通高（厘米）	口径（厘米）	腹深（厘米）	重量（千克）	铭文	花纹	类型	分期	出土地点	收藏地点	资料来源	图片	备注
152	亚父辛鬲	14.2	10.6		1.55	3	弦纹	甲类Ab型IV式	四期早段	西安征集	西安博物院	陕金14.1612		
153	兽面纹鬲M1：11-1	17.2	14		0.94	无	兽面纹	甲类Ac型III式	四期早段	2007年山西翼城隆化镇大河口西周墓地M1	山西省考古研究院	学报2020.2	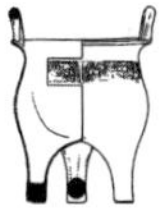	
154	兽面纹鬲M1：76-1	17.6	13.6	9.00	0.85	无	兽面纹	甲类Ac型III式	四期早段	2007年山西翼城隆化镇大河口西周墓地M1	山西省考古研究院	学报2020.2	同上	
155	兽面纹鬲M1：92-1	17.2	13.7		0.89	无	兽面纹	甲类Ac型III式	四期早段	2007年山西翼城隆化镇大河口西周墓地M1	山西省考古研究院	学报2020.2	同上	
156	兽面纹鬲M1：104	17.9	13.7		0.75	无	兽面纹	甲类Ac型III式	四期早段	2007年山西翼城隆化镇大河口西周墓地M1	山西省考古研究院	学报2020.2	同上	

续表

序号	器名	通高（厘米）	口径（厘米）	腹深（厘米）	重量（千克）	铭文	花纹	类型	分期	出土地点	收藏地点	资料来源	图片	备注
157	素面鬲M1：64	17.2	14.5		1.005	无	素面	甲类Ab型 V式	四期 早段	2007年山西翼城隆化镇大河口西周墓地M1		学报2020.2	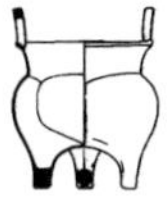	
158	弦纹鬲M1：66	13.8	10.4		0.58	无	弦纹	甲类Ac型 IV式	四期 早段	2007年山西翼城隆化镇大河口西周墓地M1		学报2020.2	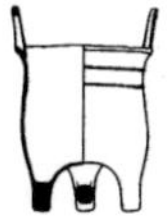	
159	弦纹鬲M1：91	13.2	10.2		0.37	无	斜角云纹，目纹	甲类Ac型 IV式	四期 早段	2007年山西翼城隆化镇大河口西周墓地M1		学报2020.2	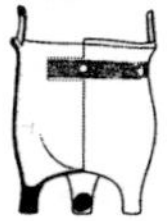	
160	太保鬲M2158：139	16.4	13.4		1.35	3	弦纹	甲类Ac型 III式	四期 早段	山西横水西周墓M2158		考古2019.1	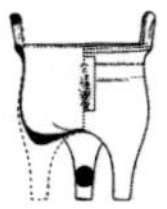	
161	斜线纹鬲 M2158：166	9.7	13.7		0.56	无	斜线纹	乙类B型	四期 早段	山西横水西周墓M2158		考古2019.1	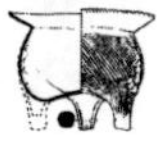	

续表

序号	器名	通高（厘米）	口径（厘米）	腹深（厘米）	重量（千克）	铭文	花纹	类型	分期	出土地点	收藏地点	资料来源	图片	备注
162	作父癸鬲M1017：31	16.4	13.1～12.2		1.06	4	无	甲类Ab型V式	四期早段	2010年山西翼城隆化镇大河口西周墓地M1017		学报2018.1，铭图续0237	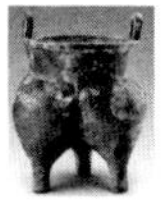	
163	斜线纹鬲M2002：31	12.5	13.4～14		0.7	无	斜线纹	乙类A型I式	四期早段	2007年山西翼城隆化镇大河口西周墓地M2002		学报2018.2		
164	斜线纹鬲M2002：32	10.3	14.3		0.66	无	斜线纹	乙类A型I式	四期早段	2007年山西翼城隆化镇大河口西周墓地M2002		学报2018.2		
165	旅姬鬲M2055：4	18	19.5		2.58	6	直线纹	乙类A型I式	四期早段	山西横水M2055	山西省考古研究院	江汉2022.2	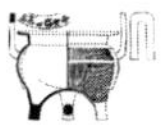	
166	斜线纹鬲M1：198					无	斜线纹	乙类A型I式	四期早段	2004年山西横水绛县M1		考古2006.7		

续表

序号	器名	通高（厘米）	口径（厘米）	腹深（厘米）	重量（千克）	铭文	花纹	类型	分期	出土地点	收藏地点	资料来源	图片	备注
167	鬲									山西横水 M2165		谢尧亭的博士论文《晋南地区西周墓葬研究》中有收录	共出3件，具体资料未发布	
168	鬲								四期早段	山西横水 M2066		同上	1件，具体资料未发布	
169	鬲								四期早段	山西横水 M2082		同上	1件，具体资料未发布	
170	鬲								四期早段	山西横水 M2123		同上	1件，具体资料未发布	
171	斜纹鬲（013）	11.6	15.6			无	斜线纹	乙类B型	四期早段	陕西长安普渡村长甶墓	西安市文物中心	学报1957.1		
172	斜纹鬲（014）	11	13.5			无	斜线纹	乙类A型 I式	四期早段	陕西长安普渡村长甶墓	西安市文物中心	学报1957.1		

续表

序号	器名	通高（厘米）	口径（厘米）	腹深（厘米）	重量（千克）	铭文	花纹	类型	分期	出土地点	收藏地点	资料来源	图片	备注
173	斜纹甗	12				无	斜线纹	乙类B型	四期早段	陕西长安普渡村M2	西安市文物中心	学报第八册		
174	斜纹甗	12				无	斜线纹	乙类B型	四期早段	陕西长安普渡村M2	西安市文物中心	学报第八册	同上	
175	鱼伯甗BRM1：33	13.8	13.1	7.4	0.85	5	象首纹	甲类Ac型Ⅳ式	四期早段	1974年陕西宝鸡茹家庄M1	宝鸡青铜器博物院	宝鸡		
176	斜纹甗BRM1：32	10.8	13	5.6	0.7	无	斜线纹	乙类A型Ⅰ式	四期早段	1974年陕西宝鸡茹家庄M1	宝鸡青铜器博物院	宝鸡		
177	夌姒甗BRM2：12	15.5	12.7	9	0.85	5	弦纹	甲类Ac型Ⅲ式	四期早段	1974年陕西宝鸡茹家庄M2	宝鸡青铜器博物院	宝鸡		
178	斜纹甗BRM2：14	8.9	11.6	5.6	0.5	无	斜线纹	乙类A型Ⅰ式	四期早段	1974年陕西宝鸡茹家庄M2	宝鸡青铜器博物院	宝鸡		
179	斜纹甗BRM2：13	9.4	11.4	5.6	0.45	无	斜线纹	乙类A型Ⅰ式	四期早段	1974年陕西宝鸡茹家庄M2	宝鸡青铜器博物院	宝鸡	同上	

续表

序号	器名	通高（厘米）	口径（厘米）	腹深（厘米）	重量（千克）	铭文	花纹	类型	分期	出土地点	收藏地点	资料来源	图片	备注
180	斜纹盂	10	12.5			无	斜线纹	乙类B型	四期早段	陕西临潼零口南罗墓		文物1982.1		
181	畐作盂	9.4	14.9		0.74	3	斜线纹	乙类A型I式	四期早段	山西天马曲村M7014		天马曲村	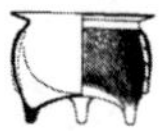	
182	斜线纹盂M410∶1	11				4	直线纹		四期早段	河南洛阳庞家沟M410	洛阳市文物工作队	文物1972.10		
183	弦纹盂	22	19.7	9.1		无	弦纹	甲类Ab型IV式	四期早段	1954年江苏丹徒大港烟墩山	南京博物院	参考1955.5		
184	直线纹盂	10.8	14.8	6		无	直线纹	乙类A型II式	四期晚段	2002年陕西扶风周原齐家村M16		考与文2003.4		
185	直线纹盂（81FQM1∶9，总1483）	11.6	15.3	7.3	1	无	弦纹，直线纹	乙类A型II式	四期晚段	1981年陕西扶风强家村M1	周原博物馆	文博1987.4，周原8	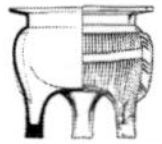	

续表

序号	器名	通高（厘米）	口径（厘米）	腹深（厘米）	重量（千克）	铭文	花纹	类型	分期	出土地点	收藏地点	资料来源	图片	备注
186	直线纹鬲（81FQM1：10，总1484）	12.1	15.2	7.3	0.95	无	弦纹，直线纹	乙类A型Ⅱ式	四期晚段	1981年陕西扶风强家村M1	周原博物馆	文博1987.4，周原8	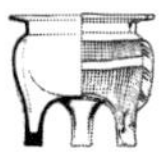	
187	直线纹鬲（81FQM1：11，总1485）	11.2	14.2	7.3	1.17	无	弦纹，直线纹	乙类A型Ⅱ式	四期晚段	1981年陕西扶风强家村M1	周原博物馆	文博1987.4，周原8	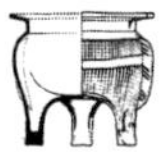	
188	直线纹鬲（81FQM1：12，总1486）	12	15.3	7.3	0.96	无	弦纹，直线纹	乙类A型Ⅱ式	四期晚段	1981年陕西扶风强家村M1	周原博物馆	文博1987.4，周原8	同上	
189	斜角云纹鬲（总0020）	15.8	15.2	8.8	2.49	无	斜角云纹，直线纹	乙类A型Ⅱ式	四期晚段	同上	扶风县博物馆	考与文1980.4，周原9	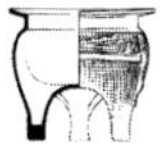	
190	伯庸父鬲	9.8	14			10	直线纹	乙类A型Ⅰ式	四期晚段	1961年陕西长安张家坡窖藏	陕西历史博物馆	张家坡	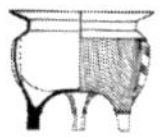	有烟熏使用痕迹
191	伯庸父鬲	9.8	14			10	直线纹	乙类A型Ⅰ式	四期晚段	1961年陕西长安张家坡窖藏	陕西历史博物馆	张家坡	同上	

续表

序号	器名	通高（厘米）	口径（厘米）	腹深（厘米）	重量（千克）	铭文	花纹	类型	分期	出土地点	收藏地点	资料来源	图片	备注
192	伯庸父盉	9.8	14			10	直线纹	乙类A型I式	四期晚段	1961年陕西长安张家坡窖藏	陕西历史博物馆	张家坡	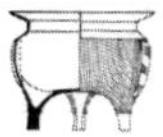	
193	伯庸父盉	9.8	14			10	直线纹	乙类A型I式	四期晚段	1961年陕西长安张家坡窖藏	陕西历史博物馆	张家坡	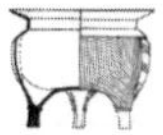	
194	伯庸父盉	9.8	14			10	直线纹	乙类A型I式	四期晚段	1961年陕西长安张家坡窖藏	陕西历史博物馆	张家坡	同上	
195	伯庸父盉	9.8	14			10	直线纹	乙类A型I式	四期晚段	1961年陕西长安张家坡窖藏	陕西历史博物馆	张家坡	同上	
196	伯庸父盉	9.8	14			10	直线纹	乙类A型I式	四期晚段	1961年陕西长安张家坡窖藏	陕西历史博物馆	张家坡	同上	
197	伯庸父盉	9.8	14			10	直线纹	乙类A型I式	四期晚段	1961年陕西长安张家坡窖藏	陕西历史博物馆	张家坡	同上	

序号	器名	通高（厘米）	口径（厘米）	腹深（厘米）	重量（千克）	铭文	花纹	类型	分期	出土地点	收藏地点	资料来源	图片	备注
198	斜角云纹簋	9.8	14			无	斜角云纹、直线纹	乙类A型 Ⅱ式	四期晚段	1961年陕西长安张家坡窖藏	陕西历史博物馆	张家坡	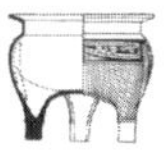	
199	斜角云纹簋	9.8	14			无	斜角云纹、直线纹	乙类A型 Ⅱ式	四期晚段	1961年陕西长安张家坡窖藏	陕西历史博物馆	张家坡	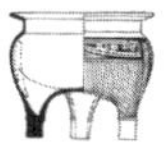	
200	弭叔簋（A1009）	13.3	17.2	8	1.6	7	窃曲纹	乙类A型 Ⅱ式	四期晚段	1959年陕西蓝田	蓝田县文管所	陕青1.193，铭图02775		
201	弭叔簋（六三141）	13.8	17.5	8.3	1.56	7	瓦纹、绳纹	乙类A型 Ⅱ式	四期晚段	1959年陕西蓝田	陕西历史博物馆	文物1960.2，集成00572，总集1418	同上	
202	弭叔簋（六三142）	13.2	17.5	8.5	1.8	7	瓦纹、绳纹	乙类A型 Ⅱ式	四期晚段	1959年陕西蓝田	陕西历史博物馆	文物1960.2，集成00573，总集1417，综览簋64	同上	

续表

序号	器名	通高（厘米）	口径（厘米）	腹深（厘米）	重量（千克）	铭文	花纹	类型	分期	出土地点	收藏地点	资料来源	图片	备注
203	弭叔鬲（六〇443）	14	17.9			7	弦纹、绳纹	乙类A型Ⅱ式	四期晚段	1959年陕西蓝田	陕西历史博物馆	文物1960.2，集成00574，总集1419		
204	绳纹鬲					无	弦纹、绳纹	乙类A型Ⅱ式	四期晚段	1959年陕西蓝田	陕西历史博物馆	文物1960.2	同上	
205	绳纹鬲					无	弦纹、绳纹	乙类A型Ⅱ式	四期晚段	1959年陕西蓝田	蓝田县文管所	文物1960.2	同上	
206	直线纹鬲（总129）	10.3	14	6.9	0.58	无	直线纹	乙类A型Ⅱ式	四期晚段	1976年陕西岐山京当贺家村	岐山县博物馆	周原9，2110页		
207	微伯鬲（76FZJ1∶39，总0048）	10.7	14	5.3	1.04	5	直线纹，凹形带纹	乙类A型Ⅱ式	四期晚段	1976年陕西扶风庄白一号窖藏	周原博物馆	文物1978.3，周原4		
208	微伯鬲（76FZJ1∶82，总0091）	10.6	14.2	5.7	0.98	5	直线纹，凹形带纹	乙类A型Ⅱ式	四期晚段	1976年陕西扶风庄白一号窖藏	周原博物馆	文物1978.3，周原4		

续表

序号	器名	通高（厘米）	口径（厘米）	腹深（厘米）	重量（千克）	铭文	花纹	类型	分期	出土地点	收藏地点	资料来源	图片	备注
209	微伯盨（76FZJ1：45，总0054）	10.6	14.1	6.1	0.93	5	直线纹，凹形带纹	乙类A型II式	四期晚段	1976年陕西扶风庄白一号窖藏	周原博物馆	文物1978.3，周原4		
210	微伯盨（76FZJ1：48，总0057）	10.5	14.1	6.1	1.1	5	直线纹，凹形带纹	乙类A型II式	四期晚段	1976年陕西扶风庄白一号窖藏	周原博物馆	文物1978.3，周原4		
211	微伯盨（76FZJ1：52，总0061）	10.5	14	6.1	1.04	5	直线纹，凹形带纹	乙类A型II式	四期晚段	1977年陕西扶风庄白一号窖藏	周原博物馆	文物1978.3，周原4		
212	桓盨	12.2	16.2	8.2	1.5	14	重环纹，兽面纹	乙类A型II式	四期晚段	1976年陕西三原县冯村	三原县博物馆	文博1996.4，陕金10.1118		
213	绳纹盨	11.5	11.3			无	绳纹，弦纹	乙类A型II式	四期晚段	1965年河北唐县南伏城		春秋1991.1		
214	瑚生盨	26	25	12.2	7.75	22	龙纹	甲类Ac型IV式	四期晚段	陕西永寿店头镇好畤河村	陕西历史博物馆	文物1965.7		

续表

序号	器名	通高（厘米）	口径（厘米）	腹深（厘米）	重量（千克）	铭文	花纹	类型	分期	出土地点	收藏地点	资料来源	图片	备注
215	成伯孙父鬲（75QDJ：26，总99）	11.2	16.5	7.2	1.07	7	弦纹，绳纹	乙类A型II式	五期	1975年陕西岐山董家村窖藏	岐山县博物馆	文物1976.5，周原3	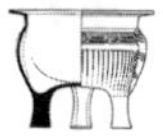	
216	荣有司再鬲（75QDJ：27，总100）	11.3	16.3	6.9	1.33	16	重环纹，直线纹	乙类A型II式	五期	1975年陕西岐山董家村窖藏	岐山县博物馆	文物1976.5，周原3	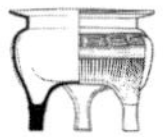	
217	善夫吉父鬲五九621	13	17.1	7	1.8	17	卷体兽面纹	乙类A型III式	五期	1940年陕西岐山任家村窖藏	陕西历史博物馆	铭图02967，陕青1.216，集成00702		
218	善夫吉父鬲六二180	12	17	7.1	1.5	17	卷体兽面纹	乙类A型III式	五期	1940年陕西岐山任家村窖藏	陕西历史博物馆	铭图02966，陕青1.217	同上	
219	善夫吉父鬲	12	16.8		2	17	卷体兽面纹	乙类A型III式	五期	1940年陕西岐山任家村窖藏	济南市博物馆	铭图02968，集成00701，近出145等	同上	
220	善夫吉父鬲	12.4	17	6.9		16	卷体兽面纹	乙类A型III式	五期	1940年陕西岐山任家村窖藏	河南博物院	铭图02969，陕青1.218，考古1966.4	同上	

续表

序号	器名	通高（厘米）	口径（厘米）	腹深（厘米）	重量（千克）	铭文	花纹	类型	分期	出土地点	收藏地点	资料来源	图片	备注
221	善夫吉父鬲	11.3	16.7	6.8		17	卷体兽面纹	乙类A型Ⅲ式	五期	1940年陕西岐山任家村窖藏	中国文字博物馆	铭图02970		
222	善夫吉父鬲	12	16.7	6.6		17	卷体兽面纹	乙类A型Ⅲ式	五期	1940年陕西岐山任家村窖藏	中国文字博物馆	铭图02971	同上	
223	善夫吉父鬲	12	16.8	6.8		17	卷体兽面纹	乙类A型Ⅲ式	五期	1940年陕西岐山任家村窖藏	中国文字博物馆	铭图02972	同上	
224	善夫吉父鬲					17	卷体兽面纹	乙类A型Ⅲ式	五期	1940年陕西岐山任家村窖藏	首都博物馆	铭图02973，陕青1.219，集成00703等	同上	
225	善夫吉父鬲					17	卷体兽面纹	乙类A型Ⅲ式	五期	1940年陕西岐山任家村窖藏		铭图02974，集成00704	同上	
226	伯先父鬲（76FZJ1：37，总0046）	12.8	16.6	7.4	1.17	14	重环纹，直线纹	乙类A型Ⅱ式	五期	1976年陕西扶风庄白一号窖藏	周原博物馆	文物1978.3，周原5	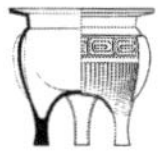	

续表

序号	器名	通高（厘米）	口径（厘米）	腹深（厘米）	重量（千克）	铭文	花纹	类型	分期	出土地点	收藏地点	资料来源	图片	备注
227	伯先父鬲（76FZJ1：50，总0059）	13.2	16.5	7.9	1.04	14	重环纹，直线纹	乙类A型Ⅱ式	五期	1976年陕西扶风庄白一号窖藏	周原博物馆	文物1978.3，周原5		
228	伯先父鬲（76FZJ1：40，总0049）	12.9	16.8	7.8	1.07	15	重环纹，直线纹	乙类A型Ⅱ式	五期	1976年陕西扶风庄白一号窖藏	周原博物馆	文物1978.3，周原5	同上	
229	伯先父鬲（76FZJ1：46，总0055）	12.3	16.1	7.4	1.08	15	重环纹，直线纹	乙类A型Ⅱ式	五期	1976年陕西扶风庄白一号窖藏	周原博物馆	文物1978.3，周原5	同上	
230	伯先父鬲（76FZJ1：51，总0060）	12.6	16.6	7.5	1.13	15	重环纹，直线纹	乙类A型Ⅱ式	五期	1976年陕西扶风庄白一号窖藏	周原博物馆	文物1978.3，周原5	同上	
231	伯先父鬲（76FZJ1：49，总0058）	12.4	16.7	7.5	1.12	14	重环纹，直线纹	乙类A型Ⅱ式	五期	1976年陕西扶风庄白一号窖藏	周原博物馆	文物1978.3，周原5	同上	
232	伯先父鬲（76FZJ1：54，总0063）	12.4	16.7	7.6	1.31	14	重环纹，直线纹	乙类A型Ⅱ式	五期	1976年陕西扶风庄白一号窖藏	周原博物馆	文物1978.3，周原5	同上	

续表

序号	器名	通高（厘米）	口径（厘米）	腹深（厘米）	重量（千克）	铭文	花纹	类型	分期	出土地点	收藏地点	资料来源	图片	备注
233	伯先父盨（76FZJ1：70，总0079）	12.9	16.8	7.5	1.17	15	重环纹、直线纹	乙类A型II式	五期	1976年陕西扶风庄白一号窖藏	周原博物馆	文物1978.3，周原5		
234	伯先父盨（76FZJ1：35，总0044）	12.8	16.7	7.8	1.02	14	重环纹、直线纹	乙类A型II式	五期	1976年陕西扶风庄白一号窖藏	周原博物馆	文物1978.3，周原5	同上	
235	伯先父盨（76FZJ1：68，总0077）	12.4	16.7	7.6	1.23	15	重环纹、直线纹	乙类A型II式	五期	1976年陕西扶风庄白一号窖藏	周原博物馆	文物1978.3，周原5	同上	
236	斜角云纹盨（76FZJ1：38，总0047）	11.4	16	7.2	1.1	1	斜角云纹、直线纹	乙类A型II式	五期	1976年陕西扶风庄白一号窖藏	周原博物馆	文物1978.3；周原5，933页；铭图02617	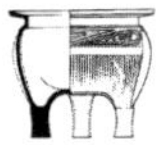	
237	斜角云纹盨（76FZJ1：55，总0064）	10.9	15.7	7.1	0.97	无	斜角云纹、直线纹	乙类A型II式	五期	1977年陕西扶风庄白一号窖藏	周原博物馆	文物1978.3，周原5	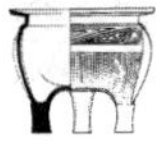	
238	环带纹盨（总12）	12.1	15.8	7.6	1.218	无	环带纹	乙类A型II式	五期	1972年陕西岐山京当乔家村征集	岐山县博物馆	周原9	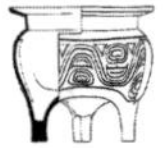	

续表

序号	器名	通高（厘米）	口径（厘米）	腹深（厘米）	重量（千克）	铭文	花纹	类型	分期	出土地点	收藏地点	资料来源	图片	备注
239	叔皇父盉	13.8	18.3		3	8	鸟纹	乙类A型II式	五期	1975年陕西长武武方庄	咸阳市文管会	考与文1981.1，陕青1.194，集成00588，总集1426，铭图02803		
240	它盉（总五九353）	15.4	14	8	1.59	1	重环纹，兽面纹	乙类A型II式	五期	1958年陕西扶风齐家村窖藏	陕西历史博物馆	文物1959.11；周原1，13页；陕青2.127；铭图02615	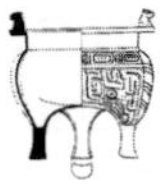	
241	它盉（总五九352）	15.1	17.4	8	1.74	1	重环纹，兽面纹	乙类A型II式	五期	1958年陕西扶风齐家村窖藏	陕西历史博物馆	文物1959.11；周原1，10页；陕青2.126；铭图02616	同上	
242	于叔赢盉	12.2	16.2	8.2	1.5	6	直线纹	乙类A型II式	五期	1976年陕西洋县张铺	洋县文化馆	陕青4.197		

续表

序号	器名	通高（厘米）	口径（厘米）	腹深（厘米）	重量（千克）	铭文	花纹	类型	分期	出土地点	收藏地点	资料来源	图片	备注
243	单叔鬲	19.8	15		2.4	17	夔龙纹、窃曲纹	乙类A型II式	五期	2003年陕西眉县杨家村窖藏	宝鸡青铜器博物院	文物2003.6		
244	单叔鬲	19.8	15		2.4	17	夔龙纹、窃曲纹	乙类A型II式	五期	2003年陕西眉县杨家村窖藏	宝鸡青铜器博物院	文物2003.6	同上	
245	单叔鬲	19.8	15		2.4	17	夔龙纹、窃曲纹	乙类A型II式	五期	2003年陕西眉县杨家村窖藏	宝鸡青铜器博物院	文物2003.6	同上	
246	单叔鬲	19.8	15		2.4	17	夔龙纹、窃曲纹	乙类A型II式	五期	2003年陕西眉县杨家村窖藏	宝鸡青铜器博物院	文物2003.6	同上	
247	单叔鬲	19.8	15		2.4	17	夔龙纹、窃曲纹	乙类A型II式	五期	2003年陕西眉县杨家村窖藏	宝鸡青铜器博物院	文物2003.6	同上	
248	单叔鬲	19.8	15		2.4	17	夔龙纹、窃曲纹	乙类A型II式	五期	2003年陕西眉县杨家村窖藏	宝鸡青铜器博物院	文物2003.6	同上	

续表

序号	器名	通高（厘米）	口径（厘米）	腹深（厘米）	重量（千克）	铭文	花纹	类型	分期	出土地点	收藏地点	资料来源	图片	备注
249	单叔盨	19.8	15		2.4	17	夔龙纹、窃曲纹	乙类A型II式	五期	2003年陕西眉县杨家村窖藏	宝鸡青铜器博物院	文物2003.6	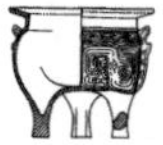	
250	单叔盨	19.8	15		2.4	17	夔龙纹、窃曲纹	乙类A型II式	五期	2003年陕西眉县杨家村窖藏	宝鸡青铜器博物院	文物2003.6	同上	
251	单叔盨	19.8	15		2.4	17	夔龙纹、窃曲纹	乙类A型II式	五期	2003年陕西眉县杨家村窖藏	宝鸡青铜器博物馆	文物2003.6	同上	
252	虢仲盨					6	重环纹、兽面纹	乙类A型II式	五期	1958年岐山县博物馆征集	宝鸡青铜器博物馆	古文7辑，185页；铭图02739		
253	中生父盨	13	17.5	8		19	弦纹	乙类A型III式	五期	1981年甘肃宁县宇村		考古1985.4		
254	伯邦父盨（60.0.205）	12.4	19.4	8.2	1.89	6	窃曲纹	乙类A型II式	五期	1960年陕西扶风齐家村窖藏	陕西历史博物馆	周原1，陕青2.164	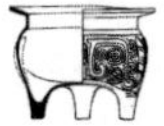	

序号	器名	通高(厘米)	口径(厘米)	腹深(厘米)	重量(千克)	铭文	花纹	类型	分期	出土地点	收藏地点	资料来源	图片	备注
255	兽面纹附耳鬲 M91：68	16.6	17			无	兽面纹	乙类A型 II式	五期	1994年山西天马曲村 M91		文物1995.7	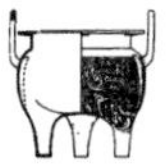	
256	兽面纹附耳鬲	16.6	17			无	兽面纹	乙类A型 II式	五期	1994年山西天马曲村 M91		文物1995.7	同上	
257	绳纹鬲	13.2	16.8			无	绳纹	乙类A型 II式	五期	山东龙口徐家村	龙口市博物馆	文物2004.8		
258	祝姬鬲	12.5	15.5			9	重环纹、直线纹	乙类A型 II式	五期	1993年山东泰安龙门口	泰安市博物馆	文物2004.12		
259	祝姬鬲	12.5	15.5			9	重环纹、直线纹	乙类A型 II式	五期	1993年山东泰安龙门口	泰安市博物馆	文物2004.12	同上	
260	侯氏鬲	10.8	14.4			12	环带纹	乙类A型 II式	五期	河南平顶山应国墓地 M95	河南博物院	华夏1992.3		

续表

序号	器名	通高（厘米）	口径（厘米）	腹深（厘米）	重量（千克）	铭文	花纹	类型	分期	出土地点	收藏地点	资料来源	图片	备注
261	侯氏盨	10.8	14.4			12	环带纹	乙类A型Ⅱ式	五期	河南平顶山应国墓地M95	河南博物院	华夏1992.3		
262	侯氏盨	10.8	14.4			12	环带纹	乙类A型Ⅱ式	五期	河南平顶山应国墓地M95	河南博物院	华夏1992.3	同上	
263	侯氏盨	10.8	14.4			12	环带纹	乙类A型Ⅱ式	五期	河南平顶山应国墓地M95	河南博物院	华夏1992.3	同上	
264	长社盨	10.5	11.5	7		6	长冠夔鸟纹	乙类A型Ⅱ式	五期	1983年河南确山竹沟镇窖藏	确山县文管所	考古1993.1，近出124，新收588		
265	芮叔盨	11.5	16.6	7.8	1.44	5	波曲纹	乙类A型Ⅱ式	五期	1988年陕西延长安沟乡岔口村	延长文管会	考与文1993.5，陕北青2，近出119，新收676	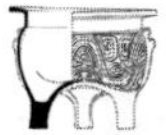	
266	象首纹盨	10.9	14.2	6.2	1.06	无	象首纹	乙类A型Ⅱ式	五期	1988年陕西延长安沟乡岔口村	延长文管会	考与文1993.5，陕北青2	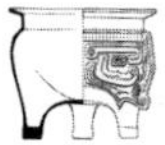	

续表

序号	器名	通高（厘米）	口径（厘米）	腹深（厘米）	重量（千克）	铭文	花纹	类型	分期	出土地点	收藏地点	资料来源	图片	备注
267	仲枏父鬲	14	19.4	8.6	1.89	38	夔龙纹	乙类A型III式	五期	陕西永寿好畤村	美籍华人范季融藏	首阳吉金，96页		
268	仲枏父鬲（84W23）	14.4	19.3	9.1	2.49	38	夔龙纹	乙类A型III式	五期	陕西永寿好畤村	武功县文化馆	考与文1985.4	同上	
269	仲枏父鬲（七三51）	14	19	8.3	1.9	39	夔龙纹	乙类A型III式	五期	1967年陕西永寿好畤村	陕西历史博物馆	考古1979.2，陕青4.183	同上	
270	仲枏父鬲（七五100）	14.9	19.8	8.8	2.56	39	夔龙纹	乙类A型III式	五期	1967年陕西永寿好畤村	陕西历史博物馆	考古1979.2，陕青4.181	同上	
271	仲枏父鬲（84W22）	14.9	19.8	8.8	2.56	39	夔龙纹	乙类A型III式	五期	1984年陕西武功征集	武功县文化馆	考与文1985.4	同上	
272	仲枏父鬲（七三50）	14.4	19.3	9.1	2.49	39	夔龙纹	乙类A型III式	五期	1967年陕西永寿好畤村	陕西历史博物馆	考古1979.2，陕青4.182	同上	

续表

序号	器名	通高（厘米）	口径（厘米）	腹深（厘米）	重量（千克）	铭文	花纹	类型	分期	出土地点	收藏地点	资料来源	图片	备注
273	仲柟父盙	14.2	19.8		2.26	39	夔龙纹	乙类A型III式	五期	1968年陕西永寿好畤村	上海博物馆	夏商周309.1		
274	仲柟父盙	14.4	19.7		2.32	39	夔龙纹	乙类A型III式	五期	1969年陕西永寿好畤村	上海博物馆	夏商周309.2	同上	
275	仲柟父盙	14.1	19.6		2.33	39	夔龙纹	乙类A型III式	五期	陕西永寿好畤村	西安博物院	考与文1990.5	同上	
276	翏王盙（78.048）	12	16.3		1.5	6	重环纹，直线纹	乙类A型II式	五期	1978年陕西眉县	西安市文物交流中心	考与文1990.5，陕青1.185，近出125，新收742，西铜23		
277	翏王盙（78.049）	12	16.5		1.5	6	涡纹，直线纹	乙类A型II式	五期	1978年陕西眉县	西安市文物交流中心	考与文1990.5，近出126，新收743		

续表

序号	器名	通高（厘米）	口径（厘米）	腹深（厘米）	重量（千克）	铭文	花纹	类型	分期	出土地点	收藏地点	资料来源	图片	备注
278	作册封鬲	13.5	18.5			51	垂鳞纹	乙类A型Ⅲ式	五期	2000年陕西岐山仓颉村	中国国家博物馆	历文2002.2，新收1556		有烟炱
279	作册封鬲	13.5	18.5			51	垂鳞纹	乙类A型Ⅲ式	五期	2000年陕西岐山仓颉村	中国国家博物馆	历文2002.2，新收1557	同上	
280	应姚鬲	11	16.1			12	窃曲纹	乙类A型Ⅲ式	五期	1988年河南平顶山M96	河南省文物考古研究院	考古2003.3	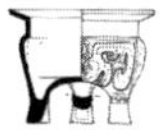	
281	应姚鬲	11	16.1			13	窃曲纹	乙类A型Ⅲ式	五期	1988年河南平顶山	平顶山文物局	考古2003.3	同上	
282	应姚鬲	12	17.1			14	窃曲纹	乙类A型Ⅲ式	五期	1989年河南平顶山	私人藏	铭图续0253	同上	
283	应姚鬲M13：00759	10.9	16.5			13	窃曲纹	乙类A型Ⅲ式	五期	河南平顶山应国墓地M13	平顶山博物馆	铜全9·238河南上	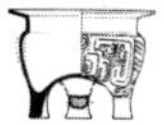	

续表

序号	器名	通高（厘米）	口径（厘米）	腹深（厘米）	重量（千克）	铭文	花纹	类型	分期	出土地点	收藏地点	资料来源	图片	备注
284	窃曲纹鬲南M6∶90	10.9	16.1			无	窃曲纹	乙类A型Ⅲ式	五期	河南平顶山应国墓地M6	平顶山博物馆	铜全9·239河南上		
285	芮公鬲M19∶261	11.8	11.6			13	环带纹	乙类A型Ⅲ式	六期	2005年陕西韩城梁带村M19	陕西省考古研究院	考与文2007.2	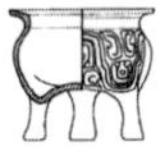	
286	芮太子鬲M19∶260	11.8	11.6			13	环带纹	乙类A型Ⅲ式	六期	2005年陕西韩城梁带村M19	陕西省考古研究院	考与文2007.2	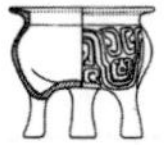	
287	芮太子鬲M19∶258	11.8	11.6			14	环带纹	乙类A型Ⅲ式	六期	2005年陕西韩城梁带村M19	陕西省考古研究院	考与文2007.2	同上	
288	芮太子鬲M19∶259	11.8	11.6			14	环带纹	乙类A型Ⅲ式	六期	2005年陕西韩城梁带村M19	陕西省考古研究院	考与文2007.2	同上	
289	芮太子鬲M26∶150	11.6	15.8			18	环带纹	乙类A型Ⅲ式	六期	2005～2006年陕西韩城梁带村M26	陕西省考古研究院	文物2008.1		

续表

序号	器名	通高（厘米）	口径（厘米）	腹深（厘米）	重量（千克）	铭文	花纹	类型	分期	出土地点	收藏地点	资料来源	图片	备注
290	芮太子白鬲 M26：131	11.6	15.8			17	环带纹	乙类A型 III式	六期	2005~2006年陕西韩城梁带村M26	陕西省考古研究院	文物2008.1		
291	芮太子白鬲 M26：149	11.6	15.8			18	环带纹	乙类A型 III式	六期	2005~2006年陕西韩城梁带村M26	陕西省考古研究院	文物2008.1	同上	
292	芮太子白鬲 M26：150	11.6	15.8			17	环带纹	乙类A型 III式	六期	2005~2006年陕西韩城梁带村M26	陕西省考古研究院	文物2008.1	同上	
293	芮太子白鬲 M26：148	11.6	15.8			17	环带纹	乙类A型 III式	六期	2005~2006年陕西韩城梁带村M26	陕西省考古研究院	文物2008.1	同上	
294	芮太子白鬲 M26：147	18.5	14.8		4.82	15	环带纹	乙类A型 III式	六期	2005~2006年陕西韩城梁带村M26	陕西省考古研究院	文物2008.1	同上	
295	环带纹鬲M28：89	11.8	11.6			无	环带纹	乙类A型 III式	六期	2007年陕西韩城梁带村M28	陕西省考古研究院	考古2009.4		

续表

序号	器名	通高（厘米）	口径（厘米）	腹深（厘米）	重量（千克）	铭文	花纹	类型	分期	出土地点	收藏地点	资料来源	图片	备注
296	环带纹鬲M28：78	12.8	12.6			无	环带纹	乙类A型III式	六期	2007年陕西韩城梁带村M28	陕西省考古研究院	考古2009.4		
297	环带纹鬲M28：74	13.8	13.6			无	环带纹	乙类A型III式	六期	2007年陕西韩城梁带村M28	陕西省考古研究院	考古2009.4	同上	
298	环带纹鬲M28：85	14.8	14.6			无	环带纹	乙类A型III式	六期	2007年陕西韩城梁带村M28	陕西省考古研究院	考古2009.4	同上	
299	窃曲纹鬲M2006：51	13	15.4	7.8		无	斜角云纹，窃曲纹	乙类A型III式	六期	河南三门峡上村岭M2006		文物1995.1		
300	虢季鬲M2001：70	13.1	17.6	8.2	1.85	16	雷纹，夔龙纹	乙类A型III式	六期	河南虢国M2001	三门峡市文物工作队	虢国		
301	虢季鬲M2001：110	12.8	18.6	8.1	1.85	16	雷纹，夔龙纹	乙类A型III式	六期	河南虢国M2001	三门峡市文物工作队	虢国		

续表

序号	器名	通高（厘米）	口径（厘米）	腹深（厘米）	重量（千克）	铭文	花纹	类型	分期	出土地点	收藏地点	资料来源	图片	备注
302	虢季鬲M2001：85	12.5	18.1	7.5	2.1	16	雷纹、夔龙纹	乙类A型Ⅲ式	六期	河南虢国M2001	三门峡市文物工作队	虢国		
303	虢季鬲M2001：73	12.8	18.4	8	2.1	16	雷纹、夔龙纹	乙类A型Ⅲ式	六期	河南虢国M2001	三门峡市文物工作队	虢国		
304	虢季鬲M2001：74	12.6	18.1	7.4	1.85	16	雷纹、夔龙纹	乙类A型Ⅲ式	六期	河南虢国M2001	三门峡市文物工作队	虢国	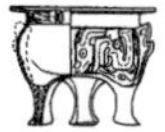	
305	虢季鬲M2001：68	12.6	18	7.4	1.6	16	雷纹、夔龙纹	乙类A型Ⅲ式	六期	河南虢国M2001	三门峡市文物工作队	虢国	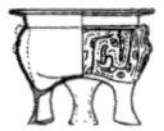	
306	虢季鬲M2001：116	13.2	18.4	7.6	1.6	16	雷纹、夔龙纹	乙类A型Ⅲ式	六期	河南虢国M2001	三门峡市文物工作队	虢国		
307	虢季鬲M2001：69	13.5	18	7.9	1.85	14	雷纹、夔龙纹	乙类A型Ⅲ式	六期	河南虢国M2001	三门峡市文物工作队	虢国	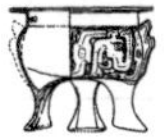	

续表

序号	器名	通高（厘米）	口径（厘米）	腹深（厘米）	重量（千克）	铭文	花纹	类型	分期	出土地点	收藏地点	资料来源	图片	备注
308	顾首龙纹鬲 M2012：68	10.2	15.8	6.2	1.4	无	顾首龙纹	乙类A型 Ⅲ式	六期	河南虢国 M2012	三门峡市文物工作队	虢国	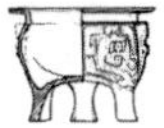	
309	顾首龙纹鬲 M2012：45	10.2	15.8	6.2		无	顾首龙纹	乙类A型 Ⅲ式	六期	河南虢国 M2012	三门峡市文物工作队	虢国	同上	
310	顾首龙纹鬲 M2012：43	10.2	15.8	6.2		无	顾首龙纹	乙类A型 Ⅲ式	六期	河南虢国 M2012	三门峡市文物工作队	虢国	同上	
311	顾首龙纹鬲 M2012：18	10.2	15.8	6.2		无	顾首龙纹	乙类A型 Ⅲ式	六期	河南虢国 M2012	三门峡市文物工作队	虢国	同上	
312	顾首龙纹鬲 M2012：80	10.2	15.8	6.2		无	顾首龙纹	乙类A型 Ⅲ式	六期	河南虢国 M2012	三门峡市文物工作队	虢国	同上	
313	顾首龙纹鬲 M2012：79	10.2	15.8	6.2		无	顾首龙纹	乙类A型 Ⅲ式	六期	河南虢国 M2012	三门峡市文物工作队	虢国	同上	

续表

序号	器名	通高(厘米)	口径(厘米)	腹深(厘米)	重量(千克)	铭文	花纹	类型	分期	出土地点	收藏地点	资料来源	图片	备注
314	颐首龙纹甬 M2012:44	10.2	15.8	6.2		无	颐首龙纹	乙类A型III式	六期	河南虢国 M2012	三门峡市文物工作队	虢国	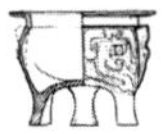	
315	颐首龙纹甬 M2012:42	10.2	15.8	6.2		无	颐首龙纹	乙类A型III式	六期	河南虢国 M2012	三门峡市文物工作队	虢国		
316	颐首龙纹甬 M2011:40	12	17.4	6.6	1	无	颐首龙纹	乙类A型III式	六期	河南虢国 M2011	三门峡市文物工作队	虢国	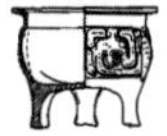	
317	颐首龙纹甬 M2011:340	11	17.4	7	15	无	颐首龙纹	乙类A型III式	六期	河南虢国 M2011	三门峡市文物工作队	虢国	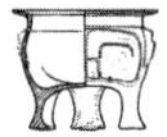	
318	颐首龙纹甬 M2011:173	10.3	14.6	6.6	1	无	颐首龙纹	乙类A型III式	六期	河南虢国 M2011	三门峡市文物工作队	虢国	同上	
319	颐首龙纹甬 M2011:341	10.3	14.6	6.6		无	颐首龙纹	乙类A型III式	六期	河南虢国 M2011	三门峡市文物工作队	虢国	同上	

续表

序号	器名	通高（厘米）	口径（厘米）	腹深（厘米）	重量（千克）	铭文	花纹	类型	分期	出土地点	收藏地点	资料来源	图片	备注
320	顾首龙纹盉 M2011：283	10.3	14.6	6.6		无	顾首龙纹	乙类A型 III式	六期	河南虢国 M2011	三门峡市文物工作队	虢国		
321	顾首龙纹盉 M2011：81	10.3	14.6	6.6		无	顾首龙纹	乙类A型 III式	六期	河南虢国 M2011	三门峡市文物工作队	虢国	同上	
322	顾首龙纹盉 M2011：88	10.3	14.6	6.6		无	顾首龙纹	乙类A型 III式	六期	河南虢国 M2011	三门峡市文物工作队	虢国	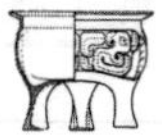	
323	顾首龙纹盉 M2011：174					无	顾首龙纹	乙类A型 III式	六期	河南虢国 M2011	三门峡市文物工作队	虢国	同上	
324	王作盉 C1M10122：96	10.8	14.8			4	顾首龙纹	乙类A型 III式	六期	河南洛阳体育场 M10122		文物2011.5		
325	王作盉 C1M10122：97	10.8	14.8			4	顾首龙纹	乙类A型 III式	六期	河南洛阳体育场 M10122		文物2011.5		

续表

序号	器名	通高（厘米）	口径（厘米）	腹深（厘米）	重量（千克）	铭文	花纹	类型	分期	出土地点	收藏地点	资料来源	图片	备注
326	龙纹鬲C1M9934：25	12	16			无	龙纹	乙类A型Ⅲ式	六期	河南洛阳润阳广场C1M9934		考古2010.12	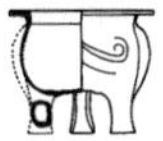	
327	龙纹鬲C1M9934：59	12	16			无	龙纹	乙类A型Ⅲ式	六期	河南洛阳润阳广场C1M9934		考古2010.12	同上	
328	象首纹鬲C1M9950：47	12	17			无	象首纹	乙类A型Ⅲ式	六期	河南洛阳润阳广场C1M9950		考古2009.12	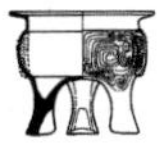	
329	象首纹鬲C1M9950：53	12	17			无	象首纹	乙类A型Ⅳ式	六期	河南洛阳润阳广场C1M9950		考古2009.12	同上	
330	象首纹鬲C1M9950：54	12	17			无	象首纹	乙类A型Ⅳ式	六期	河南洛阳润阳广场C1M9950		考古2009.12	同上	
331	象首纹鬲C1M9950：57	12	17			无	象首纹	乙类A型Ⅳ式	六期	河南洛阳润阳广场C1M9950		考古2009.12	同上	

续表

序号	器名	通高（厘米）	口径（厘米）	腹深（厘米）	重量（千克）	铭文	花纹	类型	分期	出土地点	收藏地点	资料来源	图片	备注
332	兽面纹鬲	10.9	16.1			无	兽面纹		六期	河南平顶山应国墓地M6	平顶山市文物局	中原大典		
333	兽面纹鬲	10.9	16.1			无	兽面纹		六期	河南平顶山应国墓地M6	平顶山市文物局	古应国访问记		
334	兽面纹鬲	10.9	16.1			无	兽面纹		六期	河南平顶山应国墓地M6	平顶山市文物局	古应国访问记		
335	兽面纹鬲	10.9	16.1			无	兽面纹		六期	河南平顶山应国墓地M6	平顶山市文物局	古应国访问记		
336	鬲								六期	河南平顶山应国墓地M7	平顶山市文物局	古应国访问记	共4件，具体资料未公布	
337	魏季子鬲	10.4	15.3			16	象首纹	乙类A型Ⅲ式	六期	河南三门峡上村岭M1631	三门峡市文物工作队	上村岭		

续表

序号	器名	通高（厘米）	口径（厘米）	腹深（厘米）	重量（千克）	铭文	花纹	类型	分期	出土地点	收藏地点	资料来源	图片	备注
338	象纹甬	11.4	11.5			无	象首纹	乙类A型Ⅳ式	六期	1955年河南三门峡上村岭M1810	三门峡市文物工作队	上村岭		
339	象纹甬	11.4	11.5			无	象首纹	乙类A型Ⅳ式	六期	1955年河南三门峡上村岭M1810	三门峡市文物工作队	上村岭	同上	
340	象纹甬	11.4	11.5			无	象首纹	乙类A型Ⅳ式	六期	1955年河南三门峡上村岭M1810	三门峡市文物工作队	上村岭	同上	
341	象纹甬	11.4	11.5			无	象首纹	乙类A型Ⅳ式	六期	1955年河南三门峡上村岭M1810	三门峡市文物工作队	上村岭	同上	
342	象纹甬M1820：17	11	14.8			无	象首纹	乙类A型Ⅳ式	六期	1955年河南三门峡上村岭M1820	三门峡市文物工作队	上村岭		
343	象纹甬	11	14.8			无	象首纹	乙类A型Ⅳ式	六期	1955年河南三门峡上村岭M1820	三门峡市文物工作队	上村岭	同上	

续表

序号	器名	通高（厘米）	口径（厘米）	腹深（厘米）	重量（千克）	铭文	花纹	类型	分期	出土地点	收藏地点	资料来源	图片	备注
344	顾首龙纹鬲 M2118:1	11.5	13.5			无	顾首龙纹	乙类A型 IV式	六期	河南虢国 M2118	三门峡市文物工作队	虢国		
345	顾首龙纹鬲SG:046	11.5	13.5			无	顾首龙纹	乙类A型 IV式	六期	河南虢国 M2118	三门峡市文物工作队	虢国		
346	顾首龙纹鬲SG:047	11.6	13.4	6.2		无	顾首龙纹	乙类A型 IV式	六期	河南虢国 M2118	三门峡市文物工作队	虢国		
347	国子硕父鬲SG:044	13.4	18	7.7		14	雷纹，夔龙纹	乙类A型 III式	六期	河南虢国追缴	深圳博物馆	虢国		
348	国子硕父鬲SG:045	13.3	17.8	8		14	雷纹，夔龙纹	乙类A型 III式	六期	河南虢国追缴	三门峡市文物工作队	虢国		
349	虢宫父鬲SG:049	12.6	17.5	7.5		9	夔龙纹	乙类A型 III式	六期	河南虢国 M2008	三门峡博物馆	虢国		

续表

序号	器名	通高（厘米）	口径（厘米）	腹深（厘米）	重量（千克）	铭文	花纹	类型	分期	出土地点	收藏地点	资料来源	图片	备注
350	颐首龙纹甗SG：050	12	17.6	6.6		无	颐首龙纹	乙类A型IV式	六期	河南虢国追缴		虢国		
351	颐首龙纹甗	12	17.6	6.6		无	颐首龙纹	乙类A型IV式	六期	河南虢国追缴		虢国	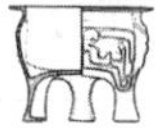	
352	颐首龙纹甗	12	17.6	6.6		无	颐首龙纹	乙类A型IV式	六期	河南虢国追缴		虢国		
353	颐首龙纹甗	11.6	13.4	6.2		无	颐首龙纹	乙类A型IV式	六期	河南虢国追缴		虢国		
354	釐伯甗	19.5	16	9	1.5	13	重环纹，环带纹	乙类A型IV式	六期	1976年山东日照崮河崖M1		考古1984.7		
355	釐伯甗	19.5	16	9	1.5	13	重环纹，环带纹	乙类A型IV式	六期	1976年山东日照崮河崖M1		考古1984.7	同上	

续表

序号	器名	通高（厘米）	口径（厘米）	腹深（厘米）	重量（千克）	铭文	花纹	类型	分期	出土地点	收藏地点	资料来源	图片	备注
356	齑伯鬲	19.5	16	9	1.5	13	重环纹，环带纹	乙类A型IV式	六期	1976年山东日照崮河崖M1		考古1984.7		
357	齑伯鬲	19.5	16	9	1.5	13	重环纹，环带纹	乙类A型IV式	六期	1976年山东日照崮河崖M1		考古1984.7	同上	
358	邾友父鬲	11.5	15.6	6.8	1.6	16	夔龙纹	乙类A型III式	六期	2002年山东枣庄小邾国墓地M1	枣庄市博物馆	历文2003.5		
359	邾友父鬲					16	顾首龙纹	乙类A型III式	六期	2002年山东枣庄小邾国墓地M1	枣庄市博物馆	历文2003.5	同上	
360	邾友父鬲					16	顾首龙纹	乙类A型III式	六期	2002年山东枣庄小邾国墓地M1	枣庄市博物馆	历文2003.5		
361	邾友父鬲					16	顾首龙纹	乙类A型III式	六期	2002年山东枣庄小邾国墓地M1	枣庄市博物馆	历文2003.5	同上	

续表

序号	器名	通高（厘米）	口径（厘米）	腹深（厘米）	重量（千克）	铭文	花纹	类型	分期	出土地点	收藏地点	资料来源	图片	备注
362	倪庆簠	15.5	19.6	8	2.94	11	顾首龙纹	乙类A型Ⅲ式	六期	2002年山东枣庄小邾国墓地M2	枣庄市博物馆	历文2003.5		
363	倪庆簠	15.5	19.6	8	2.94	11	顾首龙纹	乙类A型Ⅲ式	六期	2002年山东枣庄小邾国墓地M2	枣庄市博物馆	历文2003.5	同上	
364	倪庆簠	15.5	19.6	8	2.94	11	顾首龙纹	乙类A型Ⅲ式	六期	2002年山东枣庄小邾国墓地M2	枣庄市博物馆	历文2003.5	同上	
365	倪庆簠	15.5	19.6	8	2.94	11	顾首龙纹	乙类A型Ⅲ式	六期	2002年山东枣庄小邾国墓地M2	枣庄市博物馆	历文2003.5	同上	
366	倪庆簠	15.5	19.6	8	2.94	11	顾首龙纹	乙类A型Ⅲ式	六期	2002年山东枣庄小邾国墓地M3	枣庄市博物馆	历文2003.5		
367	倪庆簠	15.5	19.6	8	2.94	11	顾首龙纹	乙类A型Ⅲ式	六期	2002年山东枣庄小邾国墓地M3		历文2003.5	同上	

续表

序号	器名	通高（厘米）	口径（厘米）	腹深（厘米）	重量（千克）	铭文	花纹	类型	分期	出土地点	收藏地点	资料来源	图片	备注
368	华妊盉	15.6	18.5			6		乙类A型Ⅲ式	六期	山东小邾国墓地盗卖追回	安徽博物院	小邾国		
369	华妊盉					6		乙类A型Ⅲ式	六期	山东小邾国墓地盗卖追回	安徽博物院	小邾国	同上	
370	郳庆作秦妊盉	15.8	19.5			7	顾首龙纹	乙类A型Ⅲ式	六期	山东小邾国墓地盗卖追回	安徽博物院	小邾国		
371	郳庆作秦妊盉	15.8	19.5			7	顾首龙纹	乙类A型Ⅲ式	六期	山东小邾国墓地盗卖追回	安徽博物院	小邾国	同上	
372	郳友父盉	9.3	14.9	5		16	兽面纹	乙类A型Ⅲ式	六期	山东小邾国墓地盗卖追回	故宫博物院	小邾国		
373	象纹盉	11	12.3			无	象首纹	乙类A型Ⅳ式	六期	河南三门峡市上村岭M1052	三门峡市文物工作队	上村岭		

续表

序号	器名	通高（厘米）	口径（厘米）	腹深（厘米）	重量（千克）	铭文	花纹	类型	分期	出土地点	收藏地点	资料来源	图片	备注
374	象纹盂	11	12.3			无	象首纹	乙类A型IV式	六期	河南三门峡上村岭M1052	三门峡市文物工作队	上村岭		
375	象纹盂	11	12.3			无	象首纹	乙类A型IV式	六期	河南三门峡上村岭M1052	三门峡市文物工作队	上村岭	同上	
376	象纹盂M1062：151	9.5	12.5			无	象首纹		六期	河南三门峡上村岭M1602	三门峡市文物工作队	上村岭	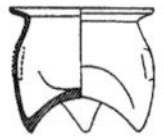	
377	象纹盂	9.5	12.5			无	象首纹		六期	河南三门峡上村岭M1602	三门峡市文物工作队	上村岭	同上	
378	素面盂	17.8	腹径23.5			无	无		六期	1955年河南三门峡上村岭M1704	三门峡市文物工作队	上村岭		
379	象纹盂M1706：101	11.7	16			无	象首纹	乙类A型IV式	六期	1955年河南三门峡上村岭M1706	三门峡市文物工作队	上村岭		

续表

序号	器名	通高（厘米）	口径（厘米）	腹深（厘米）	重量（千克）	铭文	花纹	类型	分期	出土地点	收藏地点	资料来源	图片	备注
380	象纹甗	11.7	16			无	象首纹	乙类A型IV式	六期	1955年河南三门峡上村岭M1706	三门峡市文物工作队	上村岭		
381	象纹甗	11.7	16			无	象首纹	乙类A型IV式	六期	1955年河南三门峡上村岭M1706	三门峡市文物工作队	上村岭	同上	
382	象纹甗	11.7	16			无	象首纹	乙类A型IV式	六期	1955年河南三门峡上村岭M1706	三门峡市文物工作队	上村岭	同上	
383	象纹甗					无	象首纹	乙类A型IV式	六期	1955年河南三门峡上村岭M1777		上村岭	同上	
384	象纹甗					无	象首纹	乙类A型IV式	六期	1955年河南三门峡上村岭M1777		上村岭	同上	
385	樊夫人甗	12	15			12	窃曲纹	地方型Db型	六期	1978年河南信阳平西M1		文物1981.1		

续表

序号	器名	通高（厘米）	口径（厘米）	腹深（厘米）	重量（千克）	铭文	花纹	类型	分期	出土地点	收藏地点	资料来源	图片	备注
386	窃曲纹簠	12	15			12	窃曲纹	地方型 Db型	六期	1978年河南信阳平西M1		文物1981.1		
387	黄夫人簠	11	13.8			16	窃曲纹	地方型 Db型	六期	1983年河南信阳光山宝相寺		考古1984.4		
388	黄夫人簠	10.7	14.2			10	窃曲纹	地方型 Db型	六期	1983年河南信阳光山宝相寺		考古1984.4	同上	
389	鄂姜簠M5：1	14.4	20.6	8		5	顾首龙纹	乙类A型 Ⅲ式	六期	河南南阳夏饷铺鄂国墓地M5		江汉2020.3		
390	鄂姜簠M5：2	14.7	20.9	8.2		5	顾首龙纹	乙类A型 Ⅲ式	六期	河南南阳夏饷铺鄂国墓地M5		江汉2020.3	同上	
391	窃曲纹簠M16：19	12	14.7	5.9	1.24	有字不清	窃曲纹	地方型 Db型	六期	河南南阳夏饷铺鄂国墓地M16		江汉2019.8	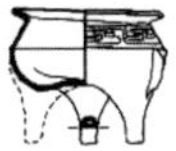	

续表

序号	器名	通高(厘米)	口径(厘米)	腹深(厘米)	重量(千克)	铭文	花纹	类型	分期	出土地点	收藏地点	资料来源	图片	备注
392	窃曲纹盉南M16:20	12	14.7	5.9	1.24	有字不清	窃曲纹	地方型Db型	六期	河南南阳夏饷铺鄂国墓地M16		江汉2019.8		
393	窃曲纹盉南M16:21	12	14.7	5.9	1.24	有字不清	窃曲纹	地方型Db型	六期	河南南阳夏饷铺鄂国墓地M16		江汉2019.8	同上	
394	窃曲纹盉南M16:22	12	14.7	5.9	1.24	有字不清	窃曲纹	地方型Db型	六期	河南南阳夏饷铺鄂国墓地M16		江汉2019.8	同上	
395	鄂侯夫人盉M1:8	11.6	14.3	6.3		12	顾首龙纹	乙类A型Ⅳ式	六期	河南南阳夏饷铺鄂国墓地M1		江汉2019.8	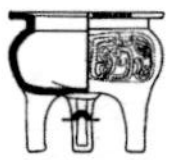	
396	鄂侯夫人盉M1:9	11.2	14.1	6.2		12	顾首龙纹	乙类A型Ⅳ式	六期	河南南阳夏饷铺鄂国墓地M1		江汉2019.8	同上	
397	鄂侯夫人盉M1:10	11.4	14.1	6.1		12	顾首龙纹	乙类A型Ⅳ式	六期	河南南阳夏饷铺鄂国墓地M1		江汉2019.8	同上	

续表

序号	器名	通高（厘米）	口径（厘米）	腹深（厘米）	重量（千克）	铭文	花纹	类型	分期	出土地点	收藏地点	资料来源	图片	备注
398	雷纹鬲	39.5	32	15.3		无	雷纹		六期	1982年江苏大港母子墩	镇江博物馆	文物1984.5	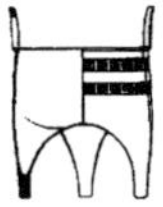	
399	圆饼纹鬲30YPM：5	28.2	腹径17.7			无	无		六期	1930年江苏仪征破山口	南京博物院	文物1956.12	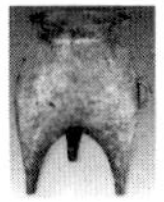	
400	弦纹鬲	20.3	17.2	11.9		无	弦纹	地方型Da型	六期	1930年江苏仪征破山口	南京博物院	文物1956.12		
401	重环纹鬲	16	17.2			无	弦纹，重环纹	地方型Da型	六期	山东蓬莱周墓M6		丛刊第二辑		
402	象纹鬲	11.8	16.3			无	象首纹，垂鳞纹	乙类A型IV式	六期	1974年河南新野小西关墓葬		丛刊第二辑		
403	象纹鬲	12.8	17.3			无	象首纹，垂鳞纹	乙类A型IV式	六期	1975年河南新野小西关墓葬		丛刊第二辑	同上	

续表

序号	器名	通高（厘米）	口径（厘米）	腹深（厘米）	重量（千克）	铭文	花纹	类型	分期	出土地点	收藏地点	资料来源	图片	备注
404	象纹鬲	13.8	18.3			无	象首纹、垂鳞纹	乙类A型IV式	六期	1976年河南新野小西关墓葬		丛刊第二辑		
405	象纹鬲	14.8	19.3			无	象首纹、垂鳞纹	乙类A型IV式	六期	1977年河南新野小西关墓葬		丛刊第二辑	同上	
406	重环纹鬲	11.2	14.4			无	重环纹	地方型Db型	六期	1986年河南信阳平西M5		考古1989.1	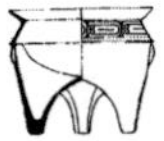	
407	素面鬲	8.9	13.7			无	无	地方型Db型	六期	1975年河南桐柏县	桐柏县文化馆	考古1983.8		
408	素面鬲	8.9	13.7			无	无	地方型Db型	六期	1975年河南桐柏县	桐柏县文化馆	考古1983.8	同上	
409	王姬鬲M3：2	13.2	17.4			8	象首龙纹	乙类A型III式	六期	1976年河南新郑唐户M3		丛刊第二辑，集成00584，总集1434		
410	王姬鬲M3：3	13.2	17.4			8	象首龙纹	乙类A型III式	六期	1976年河南新郑唐户M3		丛刊第二辑	同上	

续表

序号	器名	通高（厘米）	口径（厘米）	腹深（厘米）	重量（千克）	铭文	花纹	类型	分期	出土地点	收藏地点	资料来源	图片	备注
411	重环纹鬲	10.5	13.7			无	重环纹，直线纹	地方型Db型	六期	1978年河南信阳明港三官庙		中原1981.4	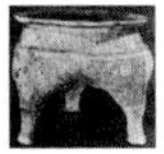	
412	重环纹鬲	10.5	13.7			无	重环纹，直线纹	地方型Db型	六期	1978年河南信阳明港三官庙		中原1981.4	同上	
413	素面鬲	10.9	14.7			无	无	地方型Db型	六期	1981年河南信阳明港钢铁厂		中原1981.5		
414	素面鬲	10.9	14.7			无	无	地方型Db型	六期	1981年河南信阳明港钢铁厂		中原1981.5	同上	
415	垂鳞纹鬲M4：2	10.5	13.5			无	重环纹，垂鳞纹	地方型Db型	六期	2001年河南桐柏月河墓地M4		文物2005.8	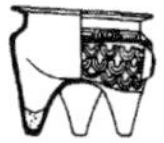	
416	垂鳞纹鬲M4：4	10.5	13.5			无	重环纹，垂鳞纹	地方型Db型	六期	2001年河南桐柏月河墓地M4		文物2005.8	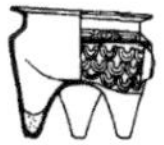	
417	鲁宰驷父鬲	11.2	16.2			15	卷夔纹	乙类A型III式	六期	1965年山东邹县七家峪	邹城市博物馆	考古1965.11		

续表

序号	器名	通高（厘米）	口径（厘米）	腹深（厘米）	重量（千克）	铭文	花纹	类型	分期	出土地点	收藏地点	资料来源	图片	备注
418	环带纹鬲	11.5	11	6		无	环带纹	乙类A型IV式	六期	1966年山东邹县七家峪		考古1965.11		
419	环带纹鬲	11.5	11	6		无	环带纹	乙类A型IV式	六期	1966年山东邹县七家峪		考古1965.11	同上	
420	环带纹鬲	11.5	11	6		无	环带纹	乙类A型IV式	六期	1966年山东邹县七家峪		考古1965.11	同上	
421	环带纹鬲	11.5	11	6		无	环带纹	乙类A型IV式	六期	1966年山东邹县七家峪		考古1965.11	同上	
422	婴士父鬲	12.7				18	卷夔纹	乙类A型III式	六期	1963年山东肥城小王庄	山东博物馆	文物1972.5		
423	婴士父鬲	12.7				18	卷夔纹	乙类A型III式	六期	1963年山东肥城小王庄		文物1972.5	同上	

续表

序号	器名	通高（厘米）	口径（厘米）	腹深（厘米）	重量（千克）	铭文	花纹	类型	分期	出土地点	收藏地点	资料来源	图片	备注
424	甗								六期	1966年山东临沂傥庄花园		文物1972.5	形制，尺寸不祥	
425	窃曲纹甗	11.5	15.2	6.5		无	窃曲纹	地方型Da型	六期	1980年山东滕县后荆沟M1		文物1981.9		
426	窃曲纹甗	12.5	16.2	7.5		无	窃曲纹	地方型Da型	六期	1980年山东滕县后荆沟M1		文物1981.9	同上	
427	象纹甗	11	17.5		1.4	无	象首纹	乙类A型Ⅲ式	六期	1977年山东临朐胸泉头村甲墓		文物1983.12		
428	象纹甗	11	17.5		1.4	无	象首纹	乙类A型Ⅲ式	六期	1977年山东临朐胸泉头村甲墓		文物1983.12	同上	
429	象纹甗	11	17.5		1.4	无	象首纹	乙类A型Ⅲ式	六期	1977年山东临朐胸泉头村甲墓		文物1983.12	同上	

续表

序号	器名	通高（厘米）	口径（厘米）	腹深（厘米）	重量（千克）	铭文	花纹	类型	分期	出土地点	收藏地点	资料来源	图片	备注
430	象纹甗	11	17.5		1.4	无	象首纹	乙类A型III式	六期	1977年山东临朐泉头村甲墓		文物1983.12		
431	象纹甗	11	17.5		1.4	无	象首纹	乙类A型III式	六期	1977年山东临朐泉头村甲墓		文物1983.12	同上	
432	齐籍父甗	11.9	17.5		1.4	18	象首纹	乙类A型III式	六期	1978年山东临朐泉头村乙墓	山东临朐山旺古生物博物馆	文物1983.12		
433	齐籍父甗	11	17.5	11	1.4	18	象首纹	乙类A型III式	六期	1978年山东临朐泉头村乙墓		文物1983.12	同上	
434	窃曲纹甗	20.5	26.4			无	窃曲纹，乳丁纹，鸟纹，儿何纹	地方型Da型	六期	1988年山东枣庄两河叉		考古1996.5	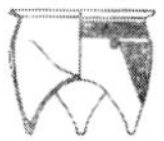	
435	圆肩甗	20	20.3			无	斜角云纹	地方型Da型	六期	1988年山东枣庄两河叉		考古1996.5		

序号	器名	通高（厘米）	口径（厘米）	腹深（厘米）	重量（千克）	铭文	花纹	类型	分期	出土地点	收藏地点	资料来源	图片	备注
436	圆唇鬲	26.5	30		5.8	无	无	地方型Da型	六期	1976年山东平邑蔡庄		考古1986.4	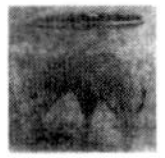	
437	涡纹鬲	21.4	25.3			无	涡纹、窃曲纹	地方型Da型	六期	2001年山东临沂莒南县大山空	莒县文管所	铜全5·山东上	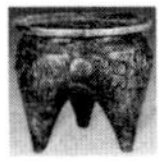	
438	素面鬲M1：4	15.6	15.6			无	素面	地方型Da型	六期	1996年山东莒县西大庄M1		考古1999.7		
439	圆饼纹鬲	19.6	20.2	12	2.7	无	圆饼纹	地方型Da型	六期	1981年安徽宣城孙埠镇	宣城市博物馆	文物1991.8		
440	繁伯武君鬲	13	15.6		0.88	16	窃曲纹	地方型Da型	六期	1987年安徽宿县谢芦村	安徽博物院	文物1991.1		
441	窃曲纹鬲	25.4	25			无	窃曲纹	地方型Da型	六期	1993年安徽滁州章广	滁州市博物馆	铜全8·安徽		

续表

序号	器名	通高（厘米）	口径（厘米）	腹深（厘米）	重量（千克）	铭文	花纹	类型	分期	出土地点	收藏地点	资料来源	图片	备注
442	刿曲纹鬲	16.4	18.3			无	刿曲纹	地方型Da型	六期	安徽宿州泗县	泗县博物馆	铜全8·安徽		
443	素鬲	17.3	13.3			无	素面	地方型Da型	六期	安徽滁州来安县顿丘山遗址	来安县博物馆	铜全8·安徽		
444	素鬲	13.4	14			无	素面	地方型Db型	六期	安徽潜山市梅城镇七里村	潜山市博物馆	铜全8·安徽		
445	曾伯鬲	13	16.9		1.12	11	弦纹、重环纹	乙类A型II式	六期	1993年湖北随州又地岗墓葬M83	随州市博物馆	江汉1994.2		
446	重环纹鬲	11.6	12.8			无	重环纹	地方型Db型	六期	1991年湖北应城市孙堰村		江汉1996.4		
447	黄朱祇鬲	20.5	25.5		4.19	9	重环纹	地方型Db型	六期	1966年湖北京山苏家垄	湖北省博物馆	文物1972.2，集成00609，总集1444		

续表

序号	器名	通高（厘米）	口径（厘米）	腹深（厘米）	重量（千克）	铭文	花纹	类型	分期	出土地点	收藏地点	资料来源	图片	备注
448	黄禾瓶鬲	20.6	25.5		3.54	9	重环纹	地方型 Db型	六期	1966年湖北京山苏家垄	湖北省博物馆	文物1972.2，集成00610，综览·鬲87，曾铜22页		
449	重环纹鬲	11.2	15.2			无	重环纹，弦纹	地方型 Da型	六期	1978年湖北随州何店贾庄		考古1982.2		
450	重环纹鬲	11.2	15.2			无	重环纹，弦纹	地方型 Da型	六期	1978年湖北随州何店贾庄		考古1982.2	同上	
451	重环纹鬲					无	重环纹，弦纹		六期	1978年湖北随州何店贾庄		考古1982.2	残缺不明	
452	重环纹鬲	18	22.4		2.95	无	重环纹，弦纹	地方型 Da型	六期	1978年湖北随州何店贾庄		考古1982.2		
453	龙纹鬲	9	12.5			无	龙纹	地方型 Da型	六期	湖北随州安居桃花坡M1		文物1982.12	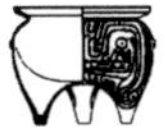	

续表

序号	器名	通高（厘米）	口径（厘米）	腹深（厘米）	重量（千克）	铭文	花纹	类型	分期	出土地点	收藏地点	资料来源	图片	备注
454	龙纹鬲	9	12.5			无	龙纹	地方型Da型	六期	湖北随州安居桃花坡M1		文物1982.12		
455	龙纹鬲	9	12.5			无	龙纹	地方型Da型	六期	湖北随州安居桃花坡M1		文物1982.12	同上	
456	龙纹鬲	9	12.5			无	龙纹	地方型Da型	六期	湖北随州安居桃花坡M1		文物1982.12	同上	
457	窃曲纹鬲	12	14.5			无	窃曲纹	地方型Db型	六期	湖北随州安居桃花坡M2		文物1982.12		
458	窃曲纹鬲	12	14.5			无	窃曲纹	地方型Db型	六期	湖北随州安居桃花坡M2		文物1982.12	同上	
459	重环纹鬲GM17：3	16.3	19.2		2.70	无	重环纹	地方型Db型	六期	湖北枣阳郭家庙M17		枣阳64页		
460	曾伯秦鬲								六期	湖北京山苏家垄M79		江汉2017.6		共4件，具体资料未公布

续表

序号	器名	通高（厘米）	口径（厘米）	腹深（厘米）	重量（千克）	铭文	花纹	类型	分期	出土地点	收藏地点	资料来源	图片	备注
461	鬲					无			六期	湖北京山苏家垄M88		江汉2017.6		共5件，具体资料未公布
462	曾子单鬲	19.8	25.6	10.2	4.71	10	重环纹	地方型Db型	六期	1973年湖北京山坪霸镇罗新村	京山县博物馆	曾铜集成00625		
463	重环纹鬲	11	14.5			无	重环纹	地方型Da型	六期	1966年湖北京山苏家垄	湖北省博物馆	文物1972.2		
464	重环纹鬲	11	14.5			无	重环纹	地方型Da型	六期	1966年湖北京山苏家垄	湖北省博物馆	文物1972.2	同上	
465	重环纹鬲	11	14.5			无	重环纹	地方型Da型	六期	1966年湖北京山苏家垄	湖北省博物馆	文物1972.2	同上	
466	重环纹鬲	11	14.5			无	重环纹	地方型Da型	六期	1966年湖北京山苏家垄	湖北省博物馆	文物1972.2	同上	
467	重环纹鬲	11	14.5			无	重环纹	地方型Da型	六期	1966年湖北京山苏家垄	湖北省博物馆	文物1972.2	同上	

续表

序号	器名	通高（厘米）	口径（厘米）	腹深（厘米）	重量（千克）	铭文	花纹	类型	分期	出土地点	收藏地点	资料来源	图片	备注
468	重环纹盉	11	14.5			无	重环纹	地方型Da型	六期	1966年湖北京山苏家垄	湖北省博物馆	文物1972.2		
469	重环纹盉	11	14.5			无	重环纹	地方型Da型	六期	1966年湖北京山苏家垄	湖北省博物馆	文物1972.2	同上	
470	夔龙竖耳盉M8501:16	21.5	15.4		3.25	无	夔龙纹		六期	内蒙古赤峰宁城甸子乡小黑石沟M8501:16	赤峰博物院	小黑石沟	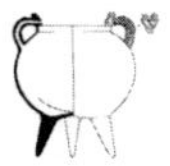	
471	双鋬盉M101:7	13.2				无	夔龙纹		六期	内蒙古赤峰宁城南山根M101:7	赤峰博物院	学报1973.2		
472	伯戟盉	10.5	14		0.9	8	重环纹	地方型Db型	七期	1976年湖北随州万店周家岗	襄阳博物馆	考古1984.6，集成00592，近出129，曾铜278页		
473	伯戟盉	10.8	11		0.9	6	重环纹	地方型Db型	七期	1976年湖北随州万店周家岗	襄阳博物馆	考古1984.6	同上	

续表

序号	器名	通高（厘米）	口径（厘米）	腹深（厘米）	重量（千克）	铭文	花纹	类型	分期	出土地点	收藏地点	资料来源	图片	备注
474	素面甗	6	10			无	无		七期	1980年湖北随州刘家崖		考古1982.2	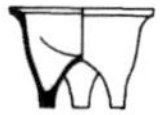	
475	蟠螭纹甗留:2	21	19			无	蟠螭纹	地方型Da型	七期	山东潍坊留村		考古1993.9		
476	顾龙纹甗	16	18.9			五	顾龙纹	地方型Da型	七期	1994年山东潍坊安丘柘石镇东古庙村		铜全5·山东 上	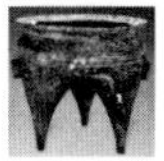	
477	夔龙纹甗	15.4	16	7.2		无	夔龙纹	地方型Da型	七期	1984年山东临沂中洽沟M1	临沂市博物馆	考古1987.8		
478	云纹甗	21	25			无	云纹	地方型Da型	七期	1982年山东沂水黄山铺		考古1986.8	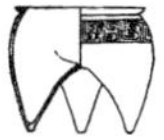	
479	重环纹甗	18	17.8			无	重环纹	地方型Db型	七期	1990年山东日照童家滩		文物1990.6		
480	重环纹甗	18	17.8			无	重环纹	地方型Db型	七期	1990年山东日照童家滩		文物1990.6	同上	

续表

序号	器名	通高（厘米）	口径（厘米）	腹深（厘米）	重量（千克）	铭文	花纹	类型	分期	出土地点	收藏地点	资料来源	图片	备注
481	窃曲纹鬲	17.6	15.6			无	窃曲纹	地方型Da型	七期	1990年山东日照赵家庄		文物1990.6	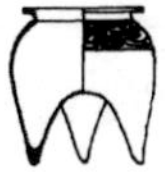	3件
482	回首龙纹鬲	16	18.9			无	顾首龙纹	地方型Da型	七期	1987年山东安丘	安丘市博物馆	文物1989.1		
483	纪侯鬲HG53	10.8			0.96	14	素面	乙类A型Ⅲ式	七期	50年代山东黄县归城遗址	烟台市博物馆	考古1991.10	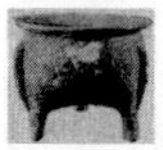	
484	重环纹鬲	17.5	18.5			无	重环纹	地方型Da型	七期	1977年江苏南京浦口		文物1980.8		
485	兽面纹鬲	22.4	21			无	重环纹，卷云纹，兽面纹	地方型Da型	七期	1978年江苏南京浦口		文物1980.8		
486	垂鳞纹鬲	22.5	19			无	垂鳞纹，雷纹	地方型Da型	七期	1979年江苏南京浦口		文物1980.8		

序号	器名	通高（厘米）	口径（厘米）	腹深（厘米）	重量（千克）	铭文	花纹	类型	分期	出土地点	收藏地点	资料来源	图片	备注
487	弦纹甗	36.3	40.2		10	无	弦纹	地方型Da型	七期	1960年江苏南京江宁陶吴墓		考古1960.6		
488	素面甗	20.4	21.5			无	无	地方型Da型	七期	1990年山东日照陶家村		文物1990.6	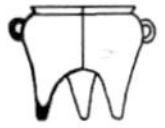	3件，有烟炱
489	平盖甗M1：45	21	18			无	顾首龙纹	地方型Da型	七期	山东沂水刘家店子M1	山东省文物考古研究院	文物1984.9		共9件
490	平盖甗	21	18			无	窃曲纹	地方型Da型	七期	山东沂水刘家店子车马坑		文物1984.9	同上	
491	蟠螭纹甗M1：70	10.5	13			无	蟠螭纹		七期	山东薛国故城M1		学报1991.4		共6件
492	蟠螭纹甗M2：114	10	12			无	蟠螭纹	地方型Db型	七期	山东薛国故城M2		学报1991.4	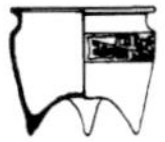	共6件

续表

序号	器名	通高（厘米）	口径（厘米）	腹深（厘米）	重量（千克）	铭文	花纹	类型	分期	出土地点	收藏地点	资料来源	图片	备注
493	鬲					无		地方型Da型	七期	山东薛国故城M4		学报1991.4		共6件
494	斜云纹鬲	15	18		1.5	无	斜角云纹	地方型Db型	七期	山东沂水李家坡		考与文1992.2	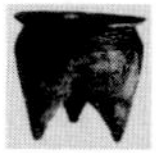	
495	夔龙纹鬲	11.9	19.8	5.8	1.2	无	顾首龙纹	乙类A型IV式	七期	河南郑国祭祀K2	河南省文物考古研究院	郑国祭祀	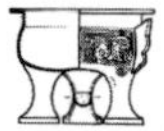	
496	夔龙纹鬲	12	19.8	5.7	1.1	无	顾首龙纹	乙类A型IV式	七期	河南郑国祭祀K2	河南省文物考古研究院	郑国祭祀	同上	
497	夔龙纹鬲	11.4	17.9		0.75	无	顾首龙纹	乙类A型IV式	七期	河南郑国祭祀K2	河南省文物考古研究院	郑国祭祀	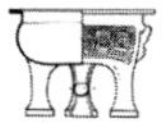	
498	夔龙纹鬲K2：21	11.4	17.4		0.6	无	顾首龙纹	乙类A型IV式	七期	河南郑国祭祀K2	河南省文物考古研究院	郑国祭祀	同上	

续表

序号	器名	通高（厘米）	口径（厘米）	腹深（厘米）	重量（千克）	铭文	花纹	类型	分期	出土地点	收藏地点	资料来源	图片	备注
499	夔龙纹甗	11.1	17.6		0.6	无	顾首龙纹	乙类A型IV式	七期	河南郑国祭祀K2	河南省文物考古研究院	郑国祭祀	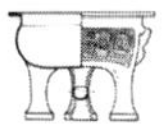	
500	夔龙纹甗	11.4	17.7		0.65	无	顾首龙纹	乙类A型IV式	七期	河南郑国祭祀K2	河南省文物考古研究院	郑国祭祀	同上	
501	夔龙纹甗	10.8	17.6		0.9	无	顾首龙纹	乙类A型IV式	七期	河南郑国祭祀K2	河南省文物考古研究院	郑国祭祀	同上	
502	夔龙纹甗K2：23	11.2	17.6		0.95	无	顾首龙纹	乙类A型IV式	七期	河南郑国祭祀K2	河南省文物考古研究院	郑国祭祀	同上	
503	夔龙纹甗	11.7	17.4		0.85	无	顾首龙纹	乙类A型IV式	七期	河南郑国祭祀K2	河南省文物考古研究院	郑国祭祀	同上	
504	夔龙纹甗	11.6	17.5	5.9	1.1	无	顾首龙纹	乙类A型IV式	七期	河南郑国祭祀K6	河南省文物考古研究院	郑国祭祀		

续表

序号	器名	通高（厘米）	口径（厘米）	腹深（厘米）	重量（千克）	铭文	花纹	类型	分期	出土地点	收藏地点	资料来源	图片	备注
505	夔龙纹匜	12	17.5	5.8	1.05	无	顾首龙纹	乙类A型IV式	七期	河南郑国祭祀K6	河南省文物考古研究院	郑国祭祀		
506	夔龙纹匜	12.3	17.5	5.8	1	无	顾首龙纹	乙类A型IV式	七期	河南郑国祭祀K6	河南省文物考古研究院	郑国祭祀	同上	
507	夔龙纹匜	11.6	17.5	5.2	0.9	无	顾首龙纹	乙类A型IV式	七期	河南郑国祭祀K6	河南省文物考古研究院	郑国祭祀	同上	
508	夔龙纹匜	11.6	17.4	5.2	0.9	无	顾首龙纹	乙类A型IV式	七期	河南郑国祭祀K6	河南省文物考古研究院	郑国祭祀	同上	
509	夔龙纹匜	11.7	17.4	5.4	1	无	顾首龙纹	乙类A型IV式	七期	河南郑国祭祀K6	河南省文物考古研究院	郑国祭祀	同上	
510	夔龙纹匜	11.5	17.5	5.1	1.1	无	顾首龙纹	乙类A型IV式	七期	河南郑国祭祀K6	河南省文物考古研究院	郑国祭祀	同上	

续表

序号	器名	通高（厘米）	口径（厘米）	腹深（厘米）	重量（千克）	铭文	花纹	类型	分期	出土地点	收藏地点	资料来源	图片	备注
511	夔龙纹盂	11.2	17.3	5.3	1	无	颐首龙纹	乙类A型IV式	七期	河南郑国祭祀K6	河南省文物考古研究院	郑国祭祀		
512	夔龙纹盂	11.6	17.7	5	0.9	无	颐首龙纹	乙类A型IV式	七期	河南郑国祭祀K6	河南省文物考古研究院	郑国祭祀	同上	
513	夔龙纹盂	12	17.2	5.7	0.85	无	颐首龙纹	乙类A型IV式	七期	河南郑国祭祀K3	河南省文物考古研究院	郑国祭祀	同上	
514	夔龙纹盂	11.4	17.4	5.1	0.9	无	颐首龙纹	乙类A型IV式	七期	河南郑国祭祀K3	河南省文物考古研究院	郑国祭祀	同上	
515	夔龙纹盂	11.4	17.4	5.5	0.95	无	颐首龙纹	乙类A型IV式	七期	河南郑国祭祀K3	河南省文物考古研究院	郑国祭祀	同上	
516	夔龙纹盂	11.4	17.4	5.4	1.15	无	颐首龙纹	乙类A型IV式	七期	河南郑国祭祀K3	河南省文物考古研究院	郑国祭祀	同上	

续表

序号	器名	通高（厘米）	口径（厘米）	腹深（厘米）	重量（千克）	铭文	花纹	类型	分期	出土地点	收藏地点	资料来源	图片	备注
517	夔龙纹盨	11.4	17.4	5.5	1.05	无	顾首龙纹	乙类A型IV式	七期	河南郑国祭祀K3	河南省文物考古研究院	郑国祭祀	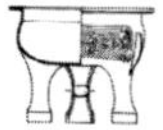	
518	夔龙纹盨	11.2	17.7	6	1.04	无	顾首龙纹	乙类A型IV式	七期	河南郑国祭祀K3	河南省文物考古研究院	郑国祭祀		
519	夔龙纹盨	10.9	17.8	5.4	1	无	顾首龙纹	乙类A型IV式	七期	河南郑国祭祀K3	河南省文物考古研究院	郑国祭祀	同上	
520	夔龙纹盨	11.3	17.3	5.6	0.86	无	顾首龙纹	乙类A型IV式	七期	河南郑国祭祀K3	河南省文物考古研究院	郑国祭祀	同上	
521	夔龙纹盨	11.2	17.7	5.4	1.2	无	顾首龙纹	乙类A型IV式	七期	河南郑国祭祀K3	河南省文物考古研究院	郑国祭祀	同上	
522	夔龙纹盨	14.2	18.4	6.7	0.95	无	顾首龙纹	乙类A型IV式	七期	河南郑国祭祀K10	河南省文物考古研究院	郑国祭祀	同上	

序号	器名	通高（厘米）	口径（厘米）	腹深（厘米）	重量（千克）	铭文	花纹	类型	分期	出土地点	收藏地点	资料来源	图片	备注
523	夔龙纹匜	13.2	17.4	7.1	1.05	无	顾首龙纹	乙类A型Ⅳ式	七期	河南郑国祭祀K10	河南省文物考古研究院	郑国祭祀		
524	夔龙纹匜	14.2	19.2	7.3	1.15	无	顾首龙纹	乙类A型Ⅳ式	七期	河南郑国祭祀K10	河南省文物考古研究院	郑国祭祀	同上	
525	夔龙纹匜	14.1	19	6.9	1.4	无	顾首龙纹	乙类A型Ⅳ式	七期	河南郑国祭祀K10	河南省文物考古研究院	郑国祭祀		
526	夔龙纹匜	14.4	18.9	7.5	1.4	无	顾首龙纹	乙类A型Ⅳ式	七期	河南郑国祭祀K10	河南省文物考古研究院	郑国祭祀	同上	
527	夔龙纹匜	14.5	19.4	7.4	1.15	无	顾首龙纹	乙类A型Ⅳ式	七期	河南郑国祭祀K10	河南省文物考古研究院	郑国祭祀	同上	
528	夔龙纹匜	14.8	19.6	7.3	1.05	无	顾首龙纹	乙类A型Ⅳ式	七期	河南郑国祭祀K10	河南省文物考古研究院	郑国祭祀	同上	

续表

序号	器名	通高（厘米）	口径（厘米）	腹深（厘米）	重量（千克）	铭文	花纹	类型	分期	出土地点	收藏地点	资料来源	图片	备注
529	夔龙纹鬲	14.7	19.2	7.4	1.2	无	顾首龙纹	乙类A型IV式	七期	河南郑国祭祀K10	河南省文物考古研究院	郑国祭祀	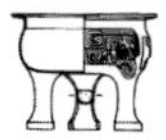	
530	夔龙纹鬲	14.8	18	7.8	1.1	无	顾首龙纹	乙类A型IV式	七期	河南郑国祭祀K10	河南省文物考古研究院	郑国祭祀	同上	
531	夔龙纹鬲	12	16.7		1.06	无	顾首龙纹	乙类A型IV式	七期	河南郑国祭祀K15	河南省文物考古研究院	郑国祭祀	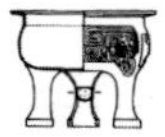	
532	夔龙纹鬲	12.2	16.8		1.25	无	顾首龙纹	乙类A型IV式	七期	河南郑国祭祀K15	河南省文物考古研究院	郑国祭祀	同上	
533	夔龙纹鬲	12.1	16.7		1.15	无	顾首龙纹	乙类A型IV式	七期	河南郑国祭祀K15	河南省文物考古研究院	郑国祭祀	同上	
534	夔龙纹鬲	12.2	16.7		1.03	无	顾首龙纹	乙类A型IV式	七期	河南郑国祭祀K15	河南省文物考古研究院	郑国祭祀	同上	

续表

序号	器名	通高(厘米)	口径(厘米)	腹深(厘米)	重量(千克)	铭文	花纹	类型	分期	出土地点	收藏地点	资料来源	图片	备注
535	夔龙纹甗	12.2	16.8		1.06	无	顾首龙纹	乙类A型Ⅳ式	七期	河南郑国祭祀K15	河南省文物考古研究院	郑国祭祀	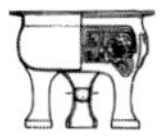	
536	夔龙纹甗	12.1	16.6		1.07	无	顾首龙纹	乙类A型Ⅳ式	七期	河南郑国祭祀K15	河南省文物考古研究院	郑国祭祀	同上	
537	夔龙纹甗	12.2	16.8		1.02	无	顾首龙纹	乙类A型Ⅳ式	七期	河南郑国祭祀K15	河南省文物考古研究院	郑国祭祀	同上	
538	夔龙纹甗	12.2	16.6		1.26	无	顾首龙纹	乙类A型Ⅳ式	七期	河南郑国祭祀K15	河南省文物考古研究院	郑国祭祀	同上	
539	夔龙纹甗	12.2	16.8		1.26	无	顾首龙纹	乙类A型Ⅳ式	七期	河南郑国祭祀K15	河南省文物考古研究院	郑国祭祀	同上	
540	夔龙纹甗					无	顾首龙纹	乙类A型Ⅳ式	七期	河南新郑李家楼大墓		新郑李家楼		共9件

续表

序号	器名	通高（厘米）	口径（厘米）	腹深（厘米）	重量（千克）	铭文	花纹	类型	分期	出土地点	收藏地点	资料来源	图片	备注
541	重环纹甗	17.3	22.4×22.6		2.92	无	重环纹	地方型Db型	七期	1978年湖北随州何店何家台		曾铜		
542	重环纹甗	11.3	14.2		1.36	无	重环纹	地方型Db型	七期	1978年湖北随州何店何家台		曾铜	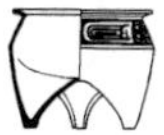	
544	重环纹甗	10.5	14.2		1.01	无	重环纹	地方型Db型	七期	1978年湖北随州何店何家台		曾铜	同上	
544	重环纹甗	10.5	14.2		1.01	无	重环纹		七期	1979年湖北随州何店何家台		曾铜	残	
545	素面甗M30：22	8.5	10.3			无	素面	乙类D型	七期	山西临汾隰县M30		考古2017.5		
546	素面甗M30：23	8.5	10.3			无	素面	乙类D型	七期	山西临汾隰县M30		考古2017.5		
547	素面甗M30：24	8.5	10.3			无	素面	乙类D型	七期	山西临汾隰县M30		考古2017.5	同上	

续表

序号	器名	通高(厘米)	口径(厘米)	腹深(厘米)	重量(千克)	铭文	花纹	类型	分期	出土地点	收藏地点	资料来源	图片	备注
548	弦纹鬲	13.9	14.3			无	弦纹	地方型Da型	七期	安徽当涂县	当涂县文管所	东南1988.6		
549	素面鬲	12.2	15.2			无	无	地方型Db型	七期	1959年安徽舒城凤凰嘴		考古1964.10		
550	素面鬲	12.3	15.4			无	无	地方型Db型	七期	1959年安徽舒城凤凰嘴		考古1964.10		
551	素面鬲	12.2	15.1			无	无	地方型Db型	七期	1959年安徽舒城凤凰嘴		考古1964.10	同上	
552	素面鬲	14.8	11.3			无	无	乙类A型IV式	七期	1986年湖南岳阳莲塘村		铜全14湖南		
553	窃曲纹鬲	14.4	16.5			无	窃曲纹	地方型Da型	七期	山东安丘柘山镇春秋墓		文物2012.7		
554	窃曲纹鬲	14.7	16.2			无	窃曲纹	地方型Da型	七期	山东安丘柘山镇春秋墓		文物2012.7		
555	蟠螭纹鬲	9	12.6			无	蟠螭纹	乙类A型IV式	七期	山西侯马上马村M13		考古1963.5		

续表

序号	器名	通高（厘米）	口径（厘米）	腹深（厘米）	重量（千克）	铭文	花纹	类型	分期	出土地点	收藏地点	资料来源	图片	备注
556	夔纹鬲	10.8	13.4			无	夔纹，三角纹	乙类A型Ⅳ式	七期	山西侯马上马村M13	山西博物院	考古1963.6		
557	蟠虺纹鬲	15	13			无	蟠虺纹	乙类D型	七期	山西侯马上马村M11		考古1963.5		
558	蟠虺纹鬲	15	13			无	蟠虺纹	乙类D型	七期	山西侯马上马村M11		考古1963.5	同上	
559	残鬲		20.8			无		地方型Da型	七期	1993年江苏邳州九女墩三号墩		考古2002.5	仅存口沿	
560	龙纹鬲	13.6~15.9	14.1~15.7			无	吐舌龙纹	地方型Da型	七期	山东沂水纪王崮M1		考古2013.7		共7件，简报未发布详细信息。
561	曾叔孙湛鬲M81：17	10.5	13.7	6.4	1.2	8		地方型E型	八期	湖北随州汉东路M81		学报2021.1		
562	重环纹鬲M81：16	10.8	13	6.2	1.2	无		地方型E型	八期	湖北随州汉东路M81		学报2021.1	同上	
563	重环纹鬲M81：18	10.6	13.3	6.3	1.25	无		地方型E型	八期	湖北随州汉东路M81		学报2021.1		

续表

序号	器名	通高（厘米）	口径（厘米）	腹深（厘米）	重量（千克）	铭文	花纹	类型	分期	出土地点	收藏地点	资料来源	图片	备注
564	重环纹甗M81：19	10.7	13	6.1	1.25	无		地方型E型	八期	湖北随州汉东路M81		学报2021.1		
565	蟠螭纹甗M81：15	13.4	17.9	7.6	1.57	无		地方型E型	八期	湖北随州汉东路M81		学报2021.1		
566	季嬴甗M110：4	10.5	13.2	6.4	0.89	9		地方型E型	八期	湖北随州汉东路M110		学报2021.1		
567	三角云纹M110：3	10.5	13.3	6.1	0.8	无		地方型E型	八期	湖北随州汉东路M110		学报2021.1	同上	
568	三角云纹M110：5	10.4	13.1	6.2	0.8	无		地方型E型	八期	湖北随州汉东路M110		学报2021.1	同上	
569	三角云纹M110：6	10.5	13.3	6.8	0.85	无		地方型E型	八期	湖北随州汉东路M110		学报2021.1		
570	甗								八期	湖北随州汉东路M85		江汉2018.1		4件，未发布具体信息
571	甗								八期	湖北随州汉东路M118		江汉2018.1		5件，未发布具体信息

续表

序号	器名	通高（厘米）	口径（厘米）	腹深（厘米）	重量（千克）	铭文	花纹	类型	分期	出土地点	收藏地点	资料来源	图片	备注
572	龙纹甗	13.6~15.9	14.1~15.7			无	吐舌龙纹	地方型Da型	八期	山东沂水纪王崮M1		考古2013.7	同上	
573	龙纹甗	13.6~15.9	14.1~15.7			无	吐舌龙纹	地方型Da型	八期	山东沂水纪王崮M1		考古2013.7	同上	
574	龙纹甗	13.6~15.9	14.1~15.7			无	吐舌龙纹	地方型Da型	八期	山东沂水纪王崮M1		考古2013.7	同上	
575	龙纹甗	13.6~15.9	14.1~15.7			无	吐舌龙纹	地方型Da型	八期	山东沂水纪王崮M1		考古2013.7		
576	龙纹甗	13.6~15.9	14.1~15.7			无	吐舌龙纹	地方型Da型	八期	山东沂水纪王崮M1		考古2013.7	同上	
577	龙纹甗	13.6~15.9	14.1~15.7			无	吐舌龙纹	地方型Da型	八期	山东沂水纪王崮M1		考古2013.7	同上	
578	双环耳甗K1:1	19.2	19.6			无	吐舌龙纹	地方型Da型	八期	山东沂水纪王崮K1		考古2013.7		
579	素面甗	10	15.5	5.8		无	无	乙类D型	八期	1955年安徽寿县蔡侯墓		蔡侯墓		附1匕
580	夔龙纹甗	11	14.4	8	0.87	无	夔龙纹		八期	1987年山西太原金胜村M251	山西博物院	赵卿墓		

续表

序号	器名	通高（厘米）	口径（厘米）	腹深（厘米）	重量（千克）	铭文	花纹	类型	分期	出土地点	收藏地点	资料来源	图片	备注
581	夔龙纹甬	10.8	14.2		0.8	无	夔龙纹		八期	1987年山西太原金胜村M251		赵卿墓		
582	夔龙纹甬	10.8	14		1.05	无	夔龙纹		八期	1987年山西太原金胜村M251		赵卿墓	同上	
583	夔龙纹甬	10.9	14		0.91	无	夔龙纹		八期	1987年山西太原金胜村M251		赵卿墓		
584	夔龙纹甬	10.9	14.2		0.96	无	夔龙纹		八期	1987年山西太原金胜村M251		赵卿墓	同上	
585	素面甬	14.9	16.7			无	无	乙类C型	八期	山西长治分水岭M269		学报1974.2		
586	素面甬	14.9	16.7			无	无	乙类C型	八期	山西长治分水岭M269		学报1974.2		
587	素面甬	14.9	16.7			无	无	乙类C型	八期	山西长治分水岭M269		学报1974.2		

续表

序号	器名	通高（厘米）	口径（厘米）	腹深（厘米）	重量（千克）	铭文	花纹	类型	分期	出土地点	收藏地点	资料来源	图片	备注
588	素面鬲	14.9	16.7			无	无	乙类C型	八期	山西长治分水岭M269		学报1974.2		
589	素面鬲M15∶1	13.2	16.8			无	无	乙类A型IV式	八期	1980年河北怀来甘子堡M15	张家口市博物馆	春秋1993.2		
590	鬲	12.6	15.5		残2.08	15	蟠螭纹	乙类A型III式	八期	河南淅川下寺M2	河南省文物考古研究院	下寺		
591	鬲	12.6	15.6		残2.42	15	蟠螭纹	乙类A型III式	八期	河南淅川下寺M2	河南省文物考古研究院	下寺	同上	
592	江叔鬲	10.2	14.7		1.8	15	蟠螭纹	乙类A型III式	八期	河南淅川下寺M1	河南省文物考古研究院	下寺	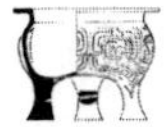	
593	蟠螭纹鬲	28	27.4		5.9	无	无	地方型D型	八期	河南淅川下寺M1	河南省文物考古研究院	下寺	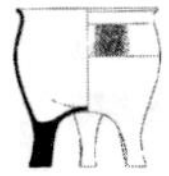	
594	素面鬲	11.5	16.5			无	无	乙类C型	八期	河南辉县琉璃阁甲墓		琉璃阁		共5件

续表

序号	器名	通高（厘米）	口径（厘米）	腹深（厘米）	重量（千克）	铭文	花纹	类型	分期	出土地点	收藏地点	资料来源	图片	备注
595	素面甬	11	16			无	无	乙类C型	八期	河南辉县乙墓		琉璃阁		共5件
596	波曲纹甬					无			八期	河南辉县琉璃阁M80		山彪镇		共6件
597	甬								八期	河南辉县琉璃阁M55		山彪镇	共6件	
598	甬								八期	河南辉县琉璃阁M60		山彪镇	共6件	
599	素面甬M395：72					无	无	乙类C型	八期	河南洛阳解放路M395		学报2002.3		有烟炱
600	素面甬	7.6	9.8			无	无	乙类A型V式	八期	山西侯马上马村M5218	山西省考古研究院	上马	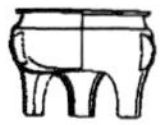	有烟炱
601	素面甬	7.6	9.8			无	无	乙类A型V式	八期	山西侯马上马村M5218	山西省考古研究院	上马	同上	
602	素面甬	8.4	13.4		0.88	无			九期	河南汲县山彪镇M1		山彪镇		

续表

序号	器名	通高（厘米）	口径（厘米）	腹深（厘米）	重量（千克）	铭文	花纹	类型	分期	出土地点	收藏地点	资料来源	图片	备注
603	素面匜	8.9			1.13	无			九期	河南汲县山彪镇M1		山彪镇		
604	素面匜	4.4	2.8	3.7		无	无		九期	陕西凤翔南指挥乡八旗屯村		考与文1991.2		
605	莲子受匜	10.5	13.5			6	夔龙纹	地方型D型	九期	河南淅川徐家岭M9		参考1958.12		
606	云纹匜	8.5	10.4			无	云纹	地方型D型	九期	河南淅川徐家岭M9		和尚岭		
607	云纹匜	8.4	10.1			无	云纹	地方型D型	九期	河南淅川徐家岭M9		和尚岭	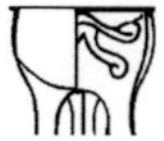	
608	景孙也匜					41			九期	2005年河南上蔡郭庄春秋M1		铭图03036	共5件，未公布资料	
609	夔龙纹匜	11.6	13.5			无	夔龙纹	地方型Ba型	九期	河南淅川徐家岭M10		和尚岭		
610	夔龙纹匜	12.2	13.3			无	夔龙纹	地方型Ba型	九期	河南淅川徐家岭M10		和尚岭	同上	

续表

序号	器名	通高（厘米）	口径（厘米）	腹深（厘米）	重量（千克）	铭文	花纹	类型	分期	出土地点	收藏地点	资料来源	图片	备注
611	夔龙纹簋	11.8	13.3			无	夔龙纹	地方型Ba型	九期	河南淅川徐家岭M10		和尚岭		
612	夔龙纹簋	11.1	13.4			无	夔龙纹	地方型Ba型	九期	河南淅川徐家岭M10		和尚岭	同上	
613	兽面纹簋	12.3	12.8			无	夔龙纹	地方型Ba型	九期	河南淅川徐家岭M10		和尚岭	同上	
614	簋M11:12								九期	河南淅川徐家岭M11		考古2008.5		尺寸、形制未发布
615	兽面纹簋M4:92	13.2	18.4			无	兽面纹	乙类A型III式	九期	1973～1974年河南洛阳西郊M4		丛刊第九辑		
616	素面簋	8	14			无	无		九期	山西潞城潞河M7		文物1986.6		
617	卷云纹簋M1:14	24	28.8			2	网格纹、卷云纹	地方型E型	九期	湖北随州文峰塔M1	随州市博物馆	江汉2014.4	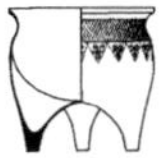	
618	曾侯與簋M1:19	11.6	14.4			6	夔龙纹	地方型E型	九期	湖北随州文峰塔M1	随州市博物馆	江汉2014.4		

续表

序号	器名	通高（厘米）	口径（厘米）	腹深（厘米）	重量（千克）	铭文	花纹	类型	分期	出土地点	收藏地点	资料来源	图片	备注
619	绳纹鬲	36.3	40.2		10	无	绳纹	地方型F型	九期	湖北随州擂鼓墩M1	湖北省博物馆	曾侯		
620	曾侯乙鬲	12.95	15.5	7.2	2.5	7	鸟首龙纹	地方型E型	九期	湖北随州擂鼓墩M1	湖北省博物馆	曾侯乙		
621	曾侯乙鬲	12.9	15.3	6.7	2.2	7	鸟首龙纹	地方型E型	九期	湖北随州擂鼓墩M1	湖北省博物馆	曾侯乙		
622	曾侯乙鬲	12.7	15	7.2	2.5	7	鸟首龙纹	地方型E型	九期	湖北随州擂鼓墩M1	湖北省博物馆	曾侯乙		
623	曾侯乙鬲	12.2	15.5	6.7	2	7	鸟首龙纹	地方型E型	九期	湖北随州擂鼓墩M1	湖北省博物馆	曾侯乙		
624	曾侯乙鬲	12.1	15.4	6.7	2	7	鸟首龙纹	地方型E型	九期	湖北随州擂鼓墩M1	湖北省博物馆	曾侯乙		
625	曾侯乙鬲	12.6	15.6	7.1	2.2	7	鸟首龙纹	地方型E型	九期	湖北随州擂鼓墩M1	湖北省博物馆	曾侯乙		
626	曾侯乙鬲	12.6	15.5	7	2.4	7	鸟首龙纹	地方型E型	九期	湖北随州擂鼓墩M1	湖北省博物馆	曾侯乙		

续表

序号	器名	通高（厘米）	口径（厘米）	腹深（厘米）	重量（千克）	铭文	花纹	类型	分期	出土地点	收藏地点	资料来源	图片	备注
627	曾侯乙盂	12.5	15.2	6.8	2.25	7	鸟首龙纹	地方型E型	九期	湖北随州擂鼓墩M1	湖北省博物馆	曾侯乙		
628	曾侯乙盂	12.5	15.2	7	2.25	7	鸟首龙纹	地方型E型	九期	湖北随州擂鼓墩M1	湖北省博物馆	曾侯乙		
629	绳纹盂	24	25.2			无	绳纹	地方型F型	九期	湖北随州擂鼓墩M2	随州市博物馆	文物1985.1		
630	素面盂	10	9			无	无	地方型G型	九期	湖北随州擂鼓墩M2	随州市博物馆	文物1985.1		共8件
631	左使车工盂	15.7	15.4		3.7	5	无	乙类C型	九期	河北平山中山王M1	河北省文物考古研究院	中山国		
632	左使车工盂	15.7	15.4		3.7	5	无	乙类C型	九期	河北平山中山王M1	河北省文物考古研究院	中山国	同上	
633	左使车工盂	15.7	15.6		3.36	5	无	乙类C型	九期	河北平山中山王M1	河北省文物考古研究院	中山国	同上	

续表

序号	器名	通高（厘米）	口径（厘米）	腹深（厘米）	重量（千克）	铭文	花纹	类型	分期	出土地点	收藏地点	资料来源	图片	备注
634	左使车工鬲	15.4	15.4		3.5	5	无	乙类C型	九期	河北平山中山王M1	河北省文物考古研究院	中山国		
635	左使车工鬲	16.7	15.6		3.37	5	无	乙类C型	九期	河北平山中山王M1	河北省文物考古研究院	中山国	同上	
636	弦纹鬲					无	弦纹		九期	河北平山M6	河北省文物考古研究院	中山国	同上	
637	蟠螭纹鬲M126：204	11.6	16			无	蟠螭纹	乙类A型IV式	九期	山西长治分水岭M126	山西博物院	分水岭	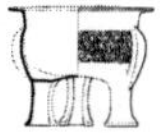	
638	蟠螭纹鬲M126：205	12.2	16			无	蟠螭纹	乙类A型IV式	九期	山西长治分水岭M126	山西博物院	分水岭	同上	
639	素面鬲M14：26	12.5	15.8			无	无	乙类A型IV式	九期	山西长治分水岭M14		分水岭	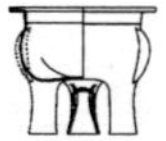	共3件
640	素面鬲M25：44	11.8	15.3			无	无	乙类C型	九期	山西长治分水岭M25		分水岭	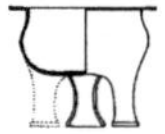	

序号	器名	通高（厘米）	口径（厘米）	腹深（厘米）	重量（千克）	铭文	花纹	类型	分期	出土地点	收藏地点	资料来源	图片	备注
641	素甗					无	素面		九期	山西长子牛家坡M7		学报1984.4	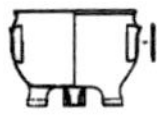	
642	素甗					无	素面		九期	河南山彪镇M1	山彪镇			共6件
643	蟠螭纹甗M1：D120	12.8	14.6			无			十期	湖北荆州望山桥M1		文物2017.2	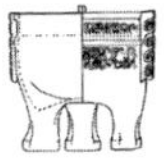	
644	龙纹甗	12	15.8			无	龙纹		十期	湖北荆州天星观M2	荆州博物馆	文物2001.9	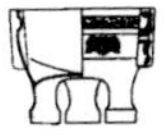	共5件
645	素面甗	11.1	15.3			无	素面		十期	湖北枣阳九连墩M1	湖北省博物馆	铜全13·湖北下		
646	甗								十期	湖北文峰塔M29		考古2014.7	未发布具体信息	共4件
647	甗								十期	湖北文峰塔M33		考古2014.7	未发布具体信息	共4件
648	甗								十期	湖北文峰塔M35		考古2014.7	未发布具体信息	共4件
649	索纹甗M2040：59	8.87	12.1	5.1		无	绹索纹	乙类C型	十期	河南陕县后川M2040		陕县		共3件

续表

序号	器名	通高（厘米）	口径（厘米）	腹深（厘米）	重量（千克）	铭文	花纹	类型	分期	出土地点	收藏地点	资料来源	图片	备注
650	素面鬲					无			十期	河南陕县后川M2041		陕县		共2件
651	素面鬲	10	12			无	无	乙类A型V式	十期	1958年山西万荣庙前村		参考1958.12	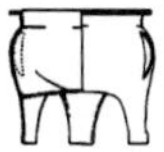	共3件
652	弧线纹鬲M14：2	15	13			无	弦纹、弧线蛇纹	地方型H型	十期	甘肃马家塬战国墓地M14		文物2009.10		
653	弧线纹鬲M18：4	13.4	13			无	弦纹、弧线蛇纹	地方型H型	十期	甘肃马家塬战国墓地M18		文物2012.8		
654	弧线纹鬲M18：7					无	弦纹、弧线蛇纹	地方型H型	十期	甘肃马家塬战国墓地M18		文物2012.8	同上	
655	弧线纹鬲	15.5	12.2			无	弦纹、弧线蛇纹	地方型H型	十期	甘肃庆阳征集		考古1988.3		
656	弦纹鬲	19.5	17.5	15.4		无	弦纹		十期	河南辉县赵固M1		辉县		

附表2　传世青铜鬲高统计表

序号	器名	通高（厘米）	口径（厘米）	腹深（厘米）	重量（千克）	铭文	花纹	时代	收藏地点	著录情况	图片	备注
1	亘鬲	22	15.4			1	弦纹	商早	中国国家博物馆	文物1961·1，集成00447，总集1338，中历博28，美全4.23，铭图02601		
2	弦纹鬲	21	13.2		1.55	无	弦纹，双线人字纹	商早	上海冶炼厂拣选，上海博物馆	夏商周025		
3	弦纹鬲	15.8					无	商早	京都大学文学部博物馆	综览·鬲鼎3		
4	弦纹鬲	23.5					无	商早	牛津大学阿什莫尔博物馆	综览·鬲鼎7		
5	兽面纹鬲	17.2					夔纹，兽面纹	商早	上海博物馆	综览·鬲鼎12		
6	兽面纹鬲	19.7	14.3		0.89	无	夔纹，兽面纹	商早	上海博物馆	夏商周026		

序号	器名	通高（厘米）	口径（厘米）	腹深（厘米）	重量（千克）	铭文	花纹	时代	收藏地点	著录情况	图片	备注
7	直棱纹鬲	17.3					无	商晚		综览·鬲鼎37		
8	兽面纹鬲	18.5					无	商晚		综览·鬲鼎22		
9	兽面纹鬲	14					无	商晚		综览·鬲鼎16		
10	兽面纹鬲						无	商晚		综览·鬲鼎19		
11	兽面纹鬲						无	商晚		综览·鬲鼎20		
12	兽面纹鬲	28.8					无	商晚		综览·鬲鼎23		

续表

序号	器名	通高（厘米）	口径（厘米）	腹深（厘米）	重量（千克）	铭文	花纹	时代	收藏地点	著录情况	图片	备注
13	兽面纹鬲	26.8					无	商晚		综览·南鼎45		
14	兽面纹鬲	16.5	14		0.867		无	商晚		淮南		
15	兽面纹鬲	19.4	14.6		1.06	无	联珠纹、夔纹、兽面纹	商晚	上海博物馆	夏商周027		
16	兽面纹鬲	15.2					无	商晚	美国旧金山亚洲艺术博物馆	铜全1.57		
17	兽面纹鬲	28.8					无	商晚	安阳出土，现藏美国赛克勒美术馆	铜全2.71		
18	兽面纹鬲	18.2					无	商晚	出于安阳，现藏瑞典国立艺术博物馆	铜全2.72		

续表

序号	器名	通高（厘米）	口径（厘米）	腹深（厘米）	重量（千克）	铭文	花纹	时代	收藏地点	著录情况	图片	备注
19	㽙鬲	15.1	11.5			2	弦纹	商晚	加拿大多伦多皇家安大略博物馆	铭图续0233		
20	兽面纹鬲	20	14.6		1.5	无	雷纹、兽面纹	商晚	上海博物馆	夏商周217		
21	先鬲	19.5	26			1	兽面纹	商晚	东京出光美术馆	铭图02602，集成00445，汇编12565，综览·鬲鼎44，考古1988.3		
22	鱼鬲	17.5	14		1.17	1	弦纹、双线人字纹	商晚	台北故宫博物院	三代5.13.1，贞松4.1.1，续殷上27.1，小校3.52.2，故图下F4，集成00441，总集1333，国史金2356，铭图02603		
23	奴鬲					1		商晚	上海博物馆	铭图02604，集成00449		
24	东鬲	18.4	12.6		0.115	1	雷纹	商晚	台北故宫博物院	铭图02605，西乙14.1，故图下F5，集成00442，综览·鬲鼎20	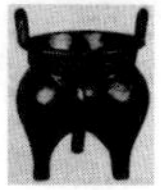	

续表

序号	器名	通高（厘米）	口径（厘米）	腹深（厘米）	重量（千克）	铭文	花纹	时代	收藏地点	著录情况	图片	备注
25	皇鬲					1		商晚	原藏丁彦辰	铭图02606，三代5.13.3，总集1335，殷存上9.1，国史金2355.1		
26	救鬲					1		商晚		铭图02607，集成00444，总集1334，三代5.13.3		
27	母柰鬲					3		商晚		近出00484，续殷下53.4，铭图02660		
28	煲鬲					1		商晚		积古2.20.2，集成00446，铭图02608		
29	亚口其鬲					3		商晚		三代5.13.9，贞松4.2.1，小校3.53.2，总集1348，铭图02640		
30	享祖癸鬲	13.5	13.5	9.5	1.35	3	夔龙纹	商晚	原藏清宫	西清31.1，集成00473		
31	重父丙鬲					3		商晚	多伦多皇家安大略博物馆	汇编1279，集成00478，总集1357，铭图02649		
32	妇鬣鬲					2		商晚		集成00463，铭图02619，小校3.52.6		
33	冉父癸鬲					3		商晚	原藏叶志诜	攈古1之2.36.3-37.1，筠清2.8，集成00483，铭图02659		

续表

序号	器名	通高（厘米）	口径（厘米）	腹深（厘米）	重量（千克）	铭文	花纹	时代	收藏地点	著录情况	图片	备注
34	鸟父乙簋	20	15			3	列旗兽面纹	商晚	首都师范大学历史博物馆	三代11.7.5，集成00476，总集4574，铭图02644等		
35	啓父己簋	15.5	14.5	10.5	1.225	3	兽面纹带	商晚	台北故宫博物院	三代5.13.12，贞朴上15.1，小校3.53.7，续殷上14.9，集成00481，总集1356，综览·簋12，铭图02654		
36	丙父己簋							商晚		薛氏46.1，集成00482，铭图02655		
37	鸟宁祖癸簋					4		商晚	故宫博物院	集成00496，铭图02762		
38	母乙簋	14.4	12.9	8.9	1	4	兽面纹	商晚	原藏王晋玉	博古19.6，薛氏46.3，续考2.3，积古2.20.1，攗古1之2.80.1，集成00505，铭图02673		
39	亚牧父戊簋					4		商晚		薛氏45.5，集成00502，铭图02678		
40	亚𣪊父己簋					4		商晚	故宫博物院	集成00503，铭图02679		
41	叔父丁簋	14.5				3	兽面纹	周早	1985年现苏富比	近出232，流散欧46，铭图02652		

续表

序号	器名	通高(厘米)	口径(厘米)	腹深(厘米)	重量(千克)	铭文	花纹	时代	收藏地点	著录情况	图片	备注
42	父丁盉					6		商晚		汇编997，集成00539，总集1470，铭图02729		
43	祖辛父甲盉	18.8	14.5			6	弦纹、双线人字纹	商晚	原藏刘体智、罗振玉，现藏旅顺博物馆	三代5.18.3，著高上25，著斋3.20，殷续上27.11，小校3.59.4，总集1410，旅顺铜07，集成00538，铭图02728		
44	兽面纹盉	28				无	兽面纹、目纹	商晚	美国塞克勒美术馆	全集2.71		
45	兽面纹盉	18.2				无	兽面纹、目纹	商晚	瑞典国立艺术博物馆	全集2.72		
46	鲁侯熙盉	17.1	14.5			13	兽纹	周早	美国波士顿美术博物馆	美集R442，A123，铜全6.64，断代647页66，考与文1991.1，三代补442，三代414，汇编414，总集1465，综览·盉8，铭文00648，集成00648，山东成217.2，综览选59，铭图02876		宝鸡戴家湾出土
47	辛盉					1		周早	私人藏	集成00450，铭图02609		
48	冉盉					1	三角列旗兽面纹	周早	私人藏	铭图02611		

续表

序号	器名	通高（厘米）	口径（厘米）	腹深（厘米）	重量（千克）	铭文	花纹	时代	收藏地点	著录情况	图片	备注
49	史鬲	17.3	14.3			1	目雷纹	周早	柏林东亚艺术博物馆	新收1834，铭图02614		
50	冀母鬲	16.1	13.4	9.2	31.16	2	无	周早	台北故宫博物院	三代5.13.8，贞松4.1.4，武英36，小校3.53.3，集成00461，总集1346，铭图02620		
51	史秦鬲	19.3				2	列旗兽面纹	周早	斯德哥尔摩远东古物馆	三代5.13.7，贞松4.1.3，希古3.1.1，集成00468，总集1345，铭图06622		
52	康侯鬲	18.4	11.4	16.6	2.18	2	兽面纹	周早		宁寿12.26，集成00464，铭图02623		
53	伯作鬲	11.7	12.6	6.8	0.9	2	象首纹	周早		西清3.16，集成00465，铭图02624		
54	祖辛鬲	18.5				2	弦纹	周早	私人藏	汇编930，集成01254，流散欧30，铭图02625		
55	父丁鬲					2	兽面纹	周早	原藏刘体智	三代5.13.5，贞松4.1.2，小校3.52.3，集成00458，总集1343，铭图02626		
56	父辛鬲	15.2	13.9		1.29	2	列旗兽面纹	周早	台北故宫博物院	三代5.13.6，贞续上25.1，集成00459，铭图总集1344，综览·兩鬲635，铭图02627等		

续表

序号	器名	通高（厘米）	口径（厘米）	腹深（厘米）	重量（千克）	铭文	花纹	时代	收藏地点	著录情况	图片	备注
57	癸父盉	11.1	12.6	6.8	0.83	2	象首纹	周早		西甲14.4，集成00460，铭图02628		
58	作旅盉					2		周早	上海博物馆	小校3.53.1，集成00469，铭图02629		
59	兑盉					13	弦纹	周早	私人藏	铭图续0252		
60	作棄盉					2		周早		集成00471，铭图02630		
61	盉					2	兽面纹	周早	原藏荣厚	冠斝上40，集成00454，铭图02631		
62	亚憂盉					2		周早		三代5.13.4，集成00455，总集1342，铭图02632		
63	尊盉	11.7	15.7	6.8	1.5	2	卷体兽面纹	周早		西乙14.2，宝蕴36，铭图02635		
64	齐妇盉	18.5	14.1		1.65	3	联珠纹，斜角云纹，兽面纹	周早早段	上海博物馆	三代5.14.5，恒轩95，小校3.53.8，集成00486，总集1360，夏商周070，铭图02641		

续表

序号	器名	通高（厘米）	口径（厘米）	腹深（厘米）	重量（千克）	铭文	花纹	时代	收藏地点	著录情况	图片	备注
65	父乙盉					3	列旗兽面纹	周早	多伦多皇家安大略博物馆	汇编1496，集成00477，总集1362，铭图02645		
66	父乙盉					3		周早	中国国家博物馆	集成00474，铭图02646		
67	叔父乙盉	16.3	14.1			3		周早	浙江省博物馆	集成00475，铭图02647		
68	古父丁盉	15.2	13.7			3	斜角云纹	周早	故宫博物院	故精品323，铭图02648		
69	父丁盉					3		周早	西安市文物保护考古所	三代5.13.11，小校3.53.6，集成00479，总集1350，铭图02650等		
70	亚父辛盉	14.2	10.6		0.55	3	无	周早		西铜22，铭图02656		
71	伯作彝盉					3		周早	上海博物馆	集成00494，铭图02662		
72	叔作彝盉					3		周早	故宫博物院	三代5.14.3，摅古1之2.37.2，贞松9.7.1，集成00489，总集1358，铭图02663		

续表

序号	器名	通高（厘米）	口径（厘米）	腹深（厘米）	重量（千克）	铭文	花纹	时代	收藏地点	著录情况	图片	备注
73	濂季甗	13.2	12.9	8.0	1.3	3	列旗兽面纹	周早		博古19.5，薛氏157.2，集成00495，铭图02665		
74	作宝彝甗	23.6	18.4	11.4	1.2	3	兽面纹	周早	故宫博物院	三代5.14.4，攗古1之2.30.1，汇编884，集成00493，总集1355，铭图02666		
75	作宝彝甗	16.8	14			3	兽面纹	周早	台北历史博物馆	新收1687，历博铜38页，铭图02667		
76	作尊彝甗	25.8	19.6	12.9	1.8	3	弦纹	周早	故宫博物院	三代5.14.2，攗古1之2.3.2，希古3.1.2，小校2.23.6，集成00491，总集1354，铭图02668		
77	作尊彝甗					3		周早	故宫博物院	集成00492，铭图02669		
78	弘甗					3		周早		三代5.14.1，集成00488，总集1357，铭图02670		
79	申崇父丁甗	21.5	17.2	11.2		4	无	周早	原藏衡水孙氏	三代5.14.6，贞朴上15.2，续殷上27.9，小校3.54.1，集成00500，总集1363，铭图02676		

续表

序号	器名	通高(厘米)	口径(厘米)	腹深(厘米)	重量(千克)	铭文	花纹	时代	收藏地点	著录情况	图片	备注
80	[族徽]系父丁盉								故宫博物院	三代5.14.7, 贞松4.2.3, 续殷上27.10, 贞图上26, 集成00501, 总集1364, 综览·盉14, 国史金2366, 铭图02677		
81	作宝尊彝盉	16	13.5		0.92	4	兽面纹	周早	故宫博物院	故铜104, 新收1637, 铭图02680		
82	作父辛盉	18.2	14.2			4	象首纹	周早	美国哈佛福格美术博物馆	美集R252, 欧精华2.95, 汇编807, 三代补252, 集成00504, 总集1365, 综览·盉19, 铭图02681	传出洛阳	
83	竟盉	15.8				4	兽面纹	周早	加拿大多伦多皇家安大略博物馆	汇编810, 三代补594, 集成00497, 综览·盉38, 铭图02683		
84	竟盉					4	无	周早	加拿大多伦多皇家安大略博物馆	汇编809, 三代补593, 集成00498, 总集1372, 铭图02684		
85	开誉盉					4	无	周早	原藏日本私人	三代5.15.1, 贞松4.2.4, 集成00508, 总集1368, 铭图02685		
86	叙					4	兽面纹	周早	私人藏	2010年4月见于西安民间博物馆藏品展览, 铭图02686		
87	伯盉	14.1	14.1			4		周早	原藏端方	陶续1.49, 文物2010.5, 铭图02687		

序号	器名	通高（厘米）	口径（厘米）	腹深（厘米）	重量（千克）	铭文	花纹	时代	收藏地点	著录情况	图片	备注
88	北伯鬲					4		周早	原藏叶志诜	三代5.14.8、筠清4.35.1、攗古1之2.53.4、缀遗4.14.2、周金2补14.3、小校3.54.5、集成00506、总集1366、鬱华阁241.2、铭图02688		
89	仲鬲	14.1	14.7	8.9	1.39	4	弦纹	周早	原藏清宫	西清31.7、集成00509、铭图02690		
90	仲姬鬲	9.2	12.9	5.5		4	绳纹	周早	原藏刘体智、容庚	愙斋17.18.1、善斋3.15、颂续23、小校3.5.1、陕清2.92、集成00510、总集1369、综览·鬲51、铭图02291		
91	父己鬲	16.2	13.6			5	兽面纹	周早	旅顺博物馆	旅顺博17、47页、旅顺铜06、铭图02698		
92	伯作鬲	17.9	15			5	雷纹	周早	1927年陕西宝鸡戴家湾	《考与文》1991.1、近出122、新收838	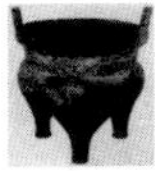	
93	父乙鬲	14.3	15.7			3	兽面纹	周早	1927年陕西宝鸡戴家湾	《考与文》1991.1、铭图02564		
94	素面鬲	15.3	25			无	无	周早	1927年陕西宝鸡戴家湾	《考与文》1991.1		

续表

序号	器名	通高（厘米）	口径（厘米）	腹深（厘米）	重量（千克）	铭文	花纹	时代	收藏地点	著录情况	图片	备注
95	戒鬲	6寸	5.5寸			7	弦纹	周早	原藏李山农、刘体智	三代5.19.1，周金2.59.4，贞松4.5.3，著斋3.19，希古3.4.1，小校3.60.2，集成00566，总集1413，鬱华阁241.3，国史金2111，铭图02767	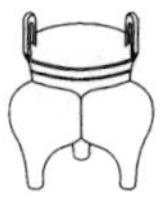 <图片>	
96	坰鬲					7		周早		录遗107，集成00568，铭图02768		
97	宗鬲	17.3	18.2	12.1	1.165	5	目雷纹	周早	台北故宫博物院	故周金1，三代5.16.1，贞松4.3.2，武英37，小校3.55.3，故图下下6，集成00530，综览·鬲13，铭图02710	 <图片>	
98	又季鬲	12.7	11.3	6.6		5	无	周早	私人藏	铭图02711	 <图片>	
99	爰人守鬲	21.3				5	弦纹	周早	浙江省博物馆	三代5.15.7，贞松4.3.4，希古3.1.3，小校3.55.2，集成00529，总集1378，铭图02712	 <图片>	
100	齀鬲							周早	原藏潘祖荫	三代5.15.8，愙斋17.17.2，缀遗27.2.1，周金2.85.3，小校3.54.7，集成00528，周金1379，鬱华阁241.1，铭图02713		

续表

序号	器名	通高（厘米）	口径（厘米）	腹深（厘米）	重量（千克）	铭文	花纹	时代	收藏地点	著录情况	图片	备注
101	季执匜					6		周早	上海博物馆	集成00541，铭图02759		
102	倗匜					7		周早	原藏潘祖荫	三代5.18.6，愙斋17.16.2，缀遗27.1，周金2.82.2，小校3.60.3，集成00586，总集1412，鬱华阁241.4，铭图02786		
103	子出匜	17.4	13.9			8	兽面纹	周早	日本出光美术馆	出光藏11，新收1797，铭图02787		
104	荣子旅匜					8		周早	上海博物馆	集成00582，铭图02788		
105	荣子旅匜					8		周早	上海博物馆	三代5.21.2，集成00583，总集1424，铭图02789		
106	林钼匜	11.7	12.9	7.7	1.1	10	兽面纹	周早	上海博物馆	三代5.24.1，宁寿12.27，贞续上26.1，续殷上27.12，小校3.62.2，集成00613，总集1440，铭图02827		
107	叔儡匜					10		周早		录遗109，集成00614，总集1447，铭图02828		

续表

序号	器名	通高（厘米）	口径（厘米）	腹深（厘米）	重量（千克）	铭文	花纹	时代	收藏地点	著录情况	图片	备注
108	弦纹鬲	19.3	15.1	9.5		10	弦纹	周早	私人藏	铭图02829		
109	大鬲	6.7寸	5.9×5.7寸	2.9寸		6	素面	周早	辽宁省博物馆	三代5.18.2，贞续上25.3，双吉上9，集成00540，总集1401，综览·鬲24，铭图02730	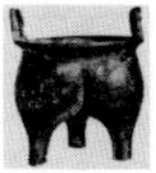	
110	奮鬲	24.4	17.8	16.9		6	弦纹	周早	上海博物馆	摅古1之3.59.1，求古1.15，集成00576，铭图02731		
111	芳姬鬲	16	14			6	列旗兽面纹	周早	私人藏	铭图02733		
112	鷃妼鬲	14.5				6	目雷纹	周早	不知所踪	三代3.7.2，贞松2.35.2，汇编635，集成02193，总集0799，综览·鬲15，国史金2101.2，铭图02733		
113	辙伯鬲	17.1				6	斜角目雷纹	周早	曾藏奈良宁乐美术馆，1999年出现苏富比拍卖行	三代5.16.2，贞朴上15.4，汇编654，集成02190，总集1388，流散欧61，铭图02738		

续表

序号	器名	通高（厘米）	口径（厘米）	腹深（厘米）	重量（千克）	铭文	花纹	时代	收藏地点	著录情况	图片	备注
114	䚄簋					15		周早	原藏袁理堂、丁彦臣	三代5.30.3、攈古2之2.32.2、缀遗27.1.2、殷存上9.5、小校3.70.2、总集466、山东存下4.1、铭图00688、集成02907		
115	濒吏簋	19	14.1		1.75	12	兽面纹	周早	上海博物馆	三代7.26.1、缀遗26.28.1、周金3.111.4、贞续上37.4、铜全5.41、总集2373、夏商周218、国史金1546、铭图02869		
116	父辛簋	18	15.2			2	兽面纹	周早	黑龙江省博物馆	铭图续0234		
117	举母簋					2	兽面纹	周早	私人藏	铭图续0235		
118	郑师簋	12.9	17.2	7.7	1.9	17	兽面纹	周早	原藏清宫后归潘祖荫	三代5.38.2-3、西甲14.3、周金2.71.2-3、贞松4.13.1、希古3.8.2、小校3.80.1、集成00731、总集1504、鬱华阁249.1、铭图02978		
119	荀侯簋	12.7	18.2	7.4		5	斜线纹	周中	私人藏	铭图续0238		

续表

序号	器名	通高（厘米）	口径（厘米）	腹深（厘米）	重量（千克）	铭文	花纹	时代	收藏地点	著录情况	图片	备注
120	仲枏父鬲					6	兽面纹	周中	原藏程瑶田、罗振玉	三代5.18.1，周金2.83.3，希古3.2.2，小校3.57.2，集成00544，总集1400，综览·鬲72，铭图02745		
121	戏伯鬲					16		周中		三代5.37.2，贞续上26.3，集成00697，总集1500，铭图02932		
122	姬姙旅鬲					4		周中	上海博物馆	周金2，补27.3，集成00511，铭图02692		
123	王伯姜鬲					8	卷鼻兽纹	周中		三代5.24.5，贞松4.6.2，希古3.4.3，陕青2.107，集成00647，总集1439，铭图02816		
124	旅姙鬲					5		周中		贞续上25.2，周金2补26.1，集成00532，铭图02716		
125	犟鬲	32	37.1	19.8		11	夔纹	周中	原藏端方	三代5.28.3，陶续1.48，周金2.79.2，小校3.67.2，集成00633，总集1454，铭图02847		
126	荣伯鬲					11	直线纹	周中	原藏陈介祺，现藏东京根津美术馆	三代5.28.2，奇觚17.16.1，缀遗27.22.2，奇觚8.3.1，周金2.79.1，小校3.68.2，日精华4.309，上汇编457，集成00632，总集1455，断代763页151，鬱华阁240.4，铭图02848		

续表

序号	器名	通高（厘米）	口径（厘米）	腹深（厘米）	重量（千克）	铭文	花纹	时代	收藏地点	著录情况	图片	备注
127	康姬鬲		17.5			11	弦纹、直线纹	周中	原藏刘鹗、丁麟年	三代5.26.3，愙斋17.9.1，缀遗27.15.2，周金2补23.1，小校3.65.2，集成00637，总集1450，铭图02849	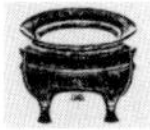	
128	羍伯鬲	12.9	16.3		1.18	17	重环纹、兽面纹	周中	上海博物馆	集成00696，铭文选379，夏商周373，铭图02954	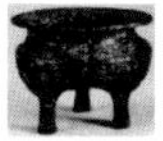	
129	叔父鬲	15				2	卷体兽面纹	周中		综览·鬲25，集成00466，铭图02633		
130	康姬鬲					11	弦纹、直线纹	周中	上海博物馆	三代5.27.1，攈古2之1.61.2，集成00638，总集1451，铭图02850		
131	康姬鬲					11	弦纹、直线纹	周中	原藏南浔顾氏	三代5.27.2，攈古2.78.2，小校3.67.1，集成00639，总集1452，铭图02851		
132	康姬鬲					11	弦纹、直线纹	周中	济南市博物馆	集成00640，铭图02852		
133	叔父丁鬲	10	13.4	9.2	0.495	3	绳纹	周中	台北故宫博物院	三代5.13.10，贞松4.2.2，续殷上27.7，集成00480，总集1349，综览·鬲33，铭图02653		
134	叔丰庆鬲	10	13.2			11	绳纹	周中	私人藏	铭图02853	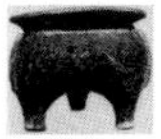	

续表

序号	器名	通高（厘米）	口径（厘米）	腹深（厘米）	重量（千克）	铭文	花纹	时代	收藏地点	著录情况	图片	备注
135	京盖木母匜	10.4	10.4	6.8	0.94	11	直线纹	周中		博古19.18，薛氏160.1，积古7.20-21，攈古2之1.61.1，集成00641，总集1456，铭图02858	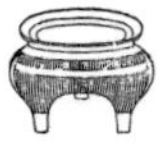	
136	作宝彝匜					7		周中		三代5.18.4，筠清4.39.1，集成00569，总集1409，铭图02770		
137	王伯姜匜	13.6	18.5			8	卷鼻兽纹	周中	现藏美堪莎斯纳尔逊美术馆	三代5.24.3，筠清4.35.2，缀遗27.14.1，陶斋2.56，美集R411，A130，汇编500，集成00607，总集1438，综览·匜56，鬱华阁250.2，铭图02814	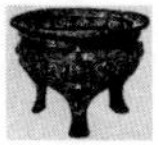	
138	作尊匜					9		周中	私人藏	铭图02817		
139	王伯姜匜					8	卷鼻兽纹	周中	上海博物馆	三代5.24.4，攈古2之1.41.4，愙斋17.7.3，缀遗27.15.1，小校3.63.1，集成00606，总集1436，鬱华阁150.1，铭图02815		
140	作宝彝匜					7		周中	原藏阮元	积古7.25.2，攈古2之1.13.3，奇觚18.20.2，集成00570，铭图02771		

续表

序号	器名	通高（厘米）	口径（厘米）	腹深（厘米）	重量（千克）	铭文	花纹	时代	收藏地点	著录情况	图片	备注
141	伯戈父甗					15		周中	原藏吴式芬	集成00671，攈古2之2.18，铭图02913		
142	求姜甗					4	绳纹	周中	私人藏	2008年3月见于中华青铜器网		
143	师趛父甗	50.8	47		48.8	29	夔龙纹	周中	故宫博物院	三代4.10.3，从古12.2.1，攈古2之3.54.1，愙斋5.17.1，周金2.35.1，小校3.3.4，故铜146，集成00745，总集1213，综览·甗44，美全4.224，铭图03025		
144	公姞甗						兽面纹	周中	美国旧金山亚洲美术博物馆	美集R400，A128，断代685页，汇编176，三代补400，铜全5.43，集成00753，总集1528，综览·甗42，铭图03035		
145	尹姞甗	34	28.8			64	兽面纹	周中	美国纽约奥尔布来特·诺克斯美术陈列馆	缀遗97，美集R399，A127，集成00754，总集1284，汇编98，三代补399，综览·甗43，铭文选1.316，铭图03039		
146	尹姞甗					64	兽面纹	周中	原藏荣厚	冠斝上12，断代648页，汇编99，集成00755，总集11534，三代补801，铭文选316，铭图03040		

续表

序号	器名	通高（厘米）	口径（厘米）	腹深（厘米）	重量（千克）	铭文	花纹	时代	收藏地点	著录情况	图片	备注
147	伯□父盨					6	直线纹	周中	私人藏	铭图续0243		
148	姞盨	12.7	18.2	7.4		7	直线纹	周中	私人藏	铭图续0244		
149	番伯盨	11	14		1.08	8	直线纹	周中	私人藏	铭图续0246		
150	水姬盨					8	夔龙纹	周中	私人藏	铭图续0247		
151	晋侯盨					16	直线纹	周中	私人藏	铭图续0257		
152	孟妣盨					5		周中晚		小校3.56.3，周金2补34.2，集成00534，铭图02722		
153	伯家父盨	11.65	16.45		0.884	10	重环纹 直线纹	周中	台北"中研院"历史语言研究所	三代5.26.2，攈古2之1.54.2，缀遗27.10.1，集成00615，总集1446，铭图02830		
154	樊君盨					10		周晚	原藏罗振玉	三代5.26.1，小校3.64.2，集成00626，总集1445，综览·盨91，铭图02839		
155	丰侯母盨	11.7	15.4	7	1.31	10	重环纹 直线纹	周晚	台北故宫博物院	故宫金84，新收1673，铭图02840		

续表

序号	器名	通高（厘米）	口径（厘米）	腹深（厘米）	重量（千克）	铭文	花纹	时代	收藏地点	著录情况	图片	备注
156	姬萲母簋					10		周晚		积古7.21.3，攈古2之1.53.3，集成00628，铭图02841		
157	姬萲母簋					10		周晚		积古7.22.1，攈古2之1.53.4，集成00629，铭图02842		
158	毕伯硕父簋					11		周晚	原藏叶志诜	攈古2之2.9.2，缀遗27.7.2，集成00642，铭图02859		
159	郘祁簋	18.5	19.5		2.86	11	环带纹	周晚	原藏李勤伯、咨庚，现藏广州市博物馆	三代5.28.1，佰轩97，奇觚8.2.1，小校3.68.1，颂续19，集成00634，总集1453，综览高73，铭图02860		
160	虢姞簋					4	兽面纹	周晚	原藏薄伦延鸿阁	三代5.14.9，贞松4.3.1，小校3.54.4，尊古2.20，集成00512，总集1367，综览·簋71，铭图02694		
161	季真簋	17	11.7×9.1			5	蟠龙纹	周晚	美哈佛大学福格美术博物馆	三代5.15.4，贞松4.3.3，希古3.2.3，美集R416，三代朴416，集成00531，总集1376，汇编749，综览方鼎9，铭图02717		
162	同姜簋	21.8	27.8	13.4		5	直线纹	周晚	原藏端方	三代5.15.2，愙斋17.14.2，陶斋2.58，三代2.58.4，小校3.55.6，周金3.55.6，集成00522，铭图02718		

续表

序号	器名	通高(厘米)	口径(厘米)	腹深(厘米)	重量(千克)	铭文	花纹	时代	收藏地点	著录情况	图片	备注
163	仲姜甗					5		周晚	原藏吴式芬	攈古1之3.31.2, 缀遗27.6.2, 小校3.56.1, 集成00523, 铭图02719		王国维定伪
164	虢叔甗	13.5	6.3×7	7.4		5	重环纹、直线纹	周晚	原藏衡水孙氏	三代5.15.3, 十二式9, 小校3.55.4, 集成00524, 总集1374, 铭图02720		
165	虢叔甗	13.8	16.9	8.0	2.2	5	直线纹	周晚		考古图2.6, 薛氏158.3, 集成00525, 铭图02721		
166	额甗					5	兽面纹	周晚		三代5.15.5, 贞松2.26.4, 汇编746, 集成00526, 总集1377, 国史金2068.1, 铭图02723		
167	曾姒甗	16.6	23.7			5	兽面纹	周晚	原藏刘体智, 现藏故宫博物院	三代5.15.6, 贞补上15.3, 小校3.55.5, 善斋3.16, 集成00536, 总集1375, 铭文选781, 铭图02724		
168	帛女甗	12.3	12.3	7.4	1.2	5	直线纹	周晚		博古19.11, 薛氏158.1, 积古7.20.2, 集成00535, 攈古1之3.31.1, 铭图02725		
169	师口作宝甗	9.5	9.5	6.8	0.98	5	直线纹	周晚		博古19.12, 薛氏158.2, 集成00533, 铭图02726		

续表

序号	器名	通高（厘米）	口径（厘米）	腹深（厘米）	重量（千克）	铭文	花纹	时代	收藏地点	著录情况	图片	备注
170	鲁侯盨	13.4				6	卷鼻象纹	周晚	原藏程洪溥	三代5.17.7，周金2.84.1，贞松4.5.1，希古3.3.6，小校3.57.1，山东存鲁2.2，集成00545，总集1399，流散欧1，山东224，铭图02735		
171	晋侯盨	12.1	17.2	7.5	1.51	6	重环纹	周晚	台北故宫博物院	故周金82，新收1671，铭图02736		
172	晋侯盨	12.2	17.3	7.5	1.465	6	重环纹	周晚	台北故宫博物院	故周金83，新收1672，铭图02737	同上	
173	虢仲盨					6	兽面纹	周晚	澳大利亚买买氏	澳铜选6，汇编655，集成00562，总集1403，铭图02740		
174	仲姞盨	11.3	15.9		0.98	6	直线纹	周晚	京都泉屋古馆	贞松4.4.4，海外吉8，泉博9，汇编657，集成00558，综览·盨61，铭图02746		
175	仲姞盨					6	直线纹	周晚	上海博物馆	三代5.16.6，贞松4.4.2，希古3.2.4，陕青2.98，集成00547，总集1392，铭图02747	同上	
176	仲姞盨					6	直线纹	周晚	上海博物馆	三代5.17.4，周金2.84.3，希古3.3.2，陕青2.103，集成00554，总集1396，铭图02748	同上	

续表

序号	器名	通高（厘米）	口径（厘米）	腹深（厘米）	重量（千克）	铭文	花纹	时代	收藏地点	著录情况	图片	备注
177	仲姞盨	15.4	15.7	9.6		6	直线纹	周晚	原藏端方、刘体智	三代5.16.5、贞松4.4.3、陶斋2.59、周金2.85.2、希古3.3.2、希古3.58.3、陕青2.97、集成00550、总集1391、铭图02749		
178	仲姞盨	11.1	15			6	直线纹	周晚	美国波士顿顿美术馆	三代5.17.3、贞松4.4.5、陕青2.102、希古3.3.4、小校3.58.2、欧精华2.96、美集R414、下汇编656、陕青2.97、集成00553、总集1395、铭图02750		
179	仲姞盨					6	直线纹	周晚	湖南博物院	三代5.17.5、周金2补26.2、陕青2.95、希古3.3.1、小校3.58.2、古文字研究10、陕青2.97、集成00555、总集1397、铭图02751	同上	
180	仲姞盨					6	直线纹	周晚	开封市博物馆	中原文物2011.5、铭图02752		
181	仲姞盨					6	直线纹	周晚	故宫博物院	周金2补27.2、集成00548、铭图02753	同上	
182	仲姞盨					6	直线纹	周晚	故宫博物院	周金2补27.1、集成00549、铭图02754	同上	
183	仲姞盨					6	直线纹	周晚	原藏潘祖荫、现藏故宫博物院	三代5.17.1、周金2.85.1、希古3.2.5、贞松4.4.1、小校3.57.3、陕青2.100、集成00541、总集02755	同上	

续表

序号	器名	通高（厘米）	口径（厘米）	腹深（厘米）	重量（千克）	铭文	花纹	时代	收藏地点	著录情况	图片	备注
184	仲姞鬲					6	直线纹	周晚	故宫博物院	三代5.17.2, 周金2.85.1, 希古3.3.3, 陕青2.101, 集成00552, 总集1394, 铭图02756		
185	仲姞鬲					6	直线纹	周晚	原藏盛昱	三代5.16.4, 奇觚8.1.1, 小校3.57.4, 陕青2.96, 集成00556, 总集1398, 铭图02757	同上	
186	仲姞鬲					6	直线纹	周晚		三代5.16.7, 贞松4.4.6, 希古3.3.5, 陕青2.99, 集成00557, 总集1390, 铭图02758	同上	
187	季右父鬲	12.2	17	7.7		6	重环纹	周晚	原藏孙壮，现藏故宫博物院	三代5.17.6, 贞补上16.1, 集成00559, 总集1398, 铭图02760		
188	姬芳母鬲	4.7寸	6寸	3.2寸		6	斜线纹	周晚	中国国家博物馆	三代5.16.3, 陶斋2.57, 周金2.84.2, 小校3.59.3, 集成00546, 总集1387, 铭图02761		
189	许姬鬲					7		周晚	原藏端方	三代5.19.2, 贞松4.6.1, 希古3.4.2, 集成00575, 总集1414, 铭图02778		
190	伯郎父鬲					7		周晚	原藏刘鹗及吴兴程氏	周金2.83.1, 小校3.60.1, 集成00576, 铭图02779		

续表

序号	器名	通高（厘米）	口径（厘米）	腹深（厘米）	重量（千克）	铭文	花纹	时代	收藏地点	著录情况	图片	备注
191	成母鬲					7		周晚	原藏朱善旂	三代5.18.5，缀遗27.30，周金2.83.2，集成00571，总集1411，铭图02780		
192	周口鬲					7		周晚		薛氏159.1，集成00578，铭图02781		
193	芮公鬲					21	卷体夔龙	周晚	原藏金兰坡	缀遗27.19，集成00743，铭图03012		
194	先父鬲	12.2	15.4		1.2	22	直线纹	周晚	日本京都泉屋古馆	泉博8，铭图03014		
195	王母鬲	12	16.5			8		周晚		积古7.22.2，攈古之2.1.28.2，集成00602，铭图02792		
196	召伯毛鬲					8	重环纹	周晚	北京大学赛克勒考古艺术博物馆	录遗108，集成00587，总集1433，燕园聚珍67，铭图02793		
197	郑登伯鬲					8	窃曲纹	周晚	原藏刘喜海、陈介祺，现藏故宫博物院	三代5.22.2，攈古之2.27.1，愙斋17.15.1，缀遗27.27.1，奇觚8.4.1，周金2.81.2，小校3.60.5，集成00597，总集1427，郁华阁249.2，综览·鬲58，铭图02794		

续表

序号	器名	通高（厘米）	口径（厘米）	腹深（厘米）	重量（千克）	铭文	花纹	时代	收藏地点	著录情况	图片	备注
198	郑登伯鬲					8	窃曲纹	周晚	原藏章乃器，现藏故宫博物院	集成00598，铭图02795		
199	郑登伯鬲					8		周晚	南京博物院	集成00599，铭图02796	同上	
200	寺伯鬲					8		周晚	1933年出土于山东滕县安上村现藏中国国家博物馆	三代5.20.1，山东存寺2.1，集成00589，总集1421，山东成221，铭图02797		
201	寺伯鬲					8		周晚	1933年出土于山东滕县安上村现藏中国国家博物馆	三代5.21.1，山东存寺2.2，集成00590，总集1423，山东成222，铭图02798		
202	寺伯鬲					8		周晚	1933年出土于山东滕县安上村，现藏中国国家博物馆	三代5.20.2，山东存寺3.1，集成00591，总集1422，山东成223，铭图02799		
203	郜季鬲					16		周晚	原藏方濬益，现藏上海博物馆	三代5.37.1，缀遗27.10，周金2.72.2，贞松4.11.2，希古3.8.1，小校3.78.2，集成00718，张1499，山东存邿3.2，铭图02935		
204	虢叔鬲					8	直线纹	周晚		薛氏158.4，陕青2.93，集成00603，铭图02800		

续表

序号	器名	通高（厘米）	口径（厘米）	腹深（厘米）	重量（千克）	铭文	花纹	时代	收藏地点	著录情况	图片	备注
205	鲁姬盨					8		周晚		三代5.22.3，山存存鲁2.3，集成00593，总集1429，总集成233，铭图02801		
206	卫姒盨	11.5	6.8			8	夔龙纹	周晚	出土于河南凌县辛村，现藏清华大学图书馆	三代5.23.1，贞补上16.3，著斋3.21，小校3.62.1，颂续21，集成00594，总集1431，综览·盨80，铭图02802		
207	伯姛子盨					9		周晚		缀遗27.31.1，集成00612，铭图02820		
208	伯姜盨					8	卷鼻兽纹	周晚		缀遗27.3.1，周金2补13.3，小校3.61.3，集成00605，铭图02804		
209	聿造盨					8		周晚		薛氏158.5，集成00604，铭图02805		
210	贾子伯戾父盨					8	直线纹	周晚	私人藏	铭图02807		
211	贾子伯戾父盨					8	直线纹	周晚	私人藏	铭图02808	同上	
212	王盨					12		周晚	原藏叶志诜	缀遗27.4.1，金索1.78，攈古2之1.74.1，积古7.21.2，集成00645，铭图02870		

续表

序号	器名	通高（厘米）	口径（厘米）	腹深（厘米）	重量（千克）	铭文	花纹	时代	收藏地点	著录情况	图片	备注
213	郑羌伯鬲					12	夔龙纹	周晚	原藏罗振玉	三代5.29.1, 小校3.68.3, 集成00660, 总集1460, 铭图02871		
214	郑羌伯鬲					12		周晚	见于滬市	积古7.25.1, 攈古2之1.74.2, 周金2.78.1, 小校3.69.1, 集成00659, 铭图02872		
215	伯上父鬲	14.1	22.1	9.6		12	直线纹	周晚	原藏刘体智、容庚	三代5.28.5, 缀遗27.3.2, 贞松4.6.3, 希古3.5.1, 善斋3.22, 小校3.69.2, 颂续22, 集成00644, 总集1459, 铭图02874		
216	孜父鬲	11.7	17.2	9.8		12	环带纹	周晚	凤翔周至出土, 原藏南张氏	考古图2.7, 薛氏160.2, 陕青2.109, 集成00627, 铭图02875		
217	吕王鬲	12.5	18		1.86	13	卷体鸟纹	周晚	原藏金兰坡费念慈、现藏上海博物馆	三代5.30.1, 缀遗27.11, 希古3.5.2, 周金2.77.4-5, 小校3.70.1, 唐群6.105, 集成00635, 铭文选502, 总集1463, 夏商周368, 铭图02877		
218	吕雠姬鬲	18	17.1			13	直线纹	周晚	出土于陕西永寿好畤河、现藏陕西历史博物馆	陕青1.220, 缀遗110, 陕图88, 集成00636, 总集1467, 铭图02878		

续表

序号	器名	通高（厘米）	口径（厘米）	腹深（厘米）	重量（千克）	铭文	花纹	时代	收藏地点	著录情况	图片	备注
219	右戲仲夏父鬲					15		周晚	原藏周梦坡、李国松，现藏上海博物馆	三代3.35.1，周金2补28.1，贞松4.11.1，希古3.6.1，小校3.71.1，集成00668，总集1477，铭图02883		
220	虢季子组鬲	9.5	14.7	8.9	1.8	12	兽面纹	周晚		西甲14.2，集成00661，铭图01887		
221	虢季子组鬲					14		周晚		汇编395，铭图02888		
222	王鬲					14	重环纹、兽面纹	周晚	原藏罗振玉	三代5.30.2，愙斋17.17.1，贞图上27，西甲3.69.3，集成00646，总集1464，综览·鬲69，铭图02891		
223	戲伯鬲	17.6	19.3		2.56	14	直线纹	周晚	上海博物馆	三代5.31.1，积古7.23.1，攈古2之2.10.1，缀遗27.13.1，敬吾下48.1，周金2.77.1，小校3.70.3，集成00666，总集1469，铭文选334，夏商周374，铭图02893		
224	戲伯鬲	19.5	24.3		4.1	15	重环纹、直线纹	周晚	日本京都泉屋博物馆	海外吉9，泉屋8，泉博7，日精华4.308，汇编396，集成00667，总集1470，铭图02894		

续表

序号	器名	通高（厘米）	口径（厘米）	腹深（厘米）	重量（千克）	铭文	花纹	时代	收藏地点	著录情况	图片	备注
225	伯家父簋	17.3	18.6	13.4		14	重环纹，直线纹	周晚	原藏端方，现藏故宫	三代5·30.4-5，陶斋2.55，周金2.77.2-3，小校3.76.4，集成00682，总集1468，铭图02900		
226	郑伯簋	11.3	15			15	斜角龙纹	周晚	中国国家博物馆	三代5.34.3，攈古2之2.17，愙斋17.8.2，大系221.2，小校3.75.1，山东存邾1.2-2.1，集成00669，总集1476，铭图02909等		
227	曾伯宫父穆簋	11.5	14.3		1.8	15	卷体夔纹	周晚	1973年废铜中拣选，现藏上海博物馆	江汉考古1980.1，集成00699，铭文选695，曾铜430页，铭图02910		
228	曾伯宫父穆簋	12.2	15.4			22	卷体夔纹	周晚	私人藏	江汉2015.4	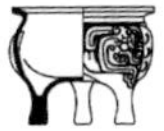	
229	召仲簋					15	重环纹，直线纹	周晚	原藏刘喜海，潘祖荫	长安1.25，攈古上51，愙斋17.13，缀遗27.17.2，周金2.16.1，金2.73.2-3，小校3.75.2，集成00673，鬱华阁251.2，铭图02911		
230	召仲簋					15	重环纹，直线纹	周晚	原藏刘喜海	三代5.34.1，攈古2之2.16.2，周金2.74.1-2，小校3.76.1，汇编381，陕青2.110/2.111，集成00672，鬱华阁251.1，铭图02912		

续表

序号	器名	通高（厘米）	口径（厘米）	腹深（厘米）	重量（千克）	铭文	花纹	时代	收藏地点	著录情况	图片	备注
231	仲父盨	12.3	12.6	6.8	1.2	15	环带纹	周晚		博古19.13，薛氏159.3，集成00681，铭图02924		
232	郑铸友父盨					15		周晚		集成00684，铭图02925		
233	齐不楫盨	14.4	14.6			15	夔龙纹	周晚		三代5.35.2，贞松4.10，善斋3.23，小校3.78.1，山东存齐11，总集1486，山东成235，铭图02926	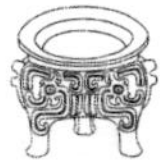	
234	杜伯盨	13.2	17.5		1.58	17	重环纹、直线纹	周晚	故宫博物院	三代5.39.1，周金2补9.1，贞松4.13.2，希古3.8.3，大系144.1，小校3.82.2，善斋3.25，汇编338，故铜182，陕青2.113，集成00698，总集1506，铭文选527，铭图02955		
235	虢伯盨					18		周晚		三代5.41.1-2，小校3.85.2，缀遗27.21.1，周金2.88.1-2，集成00709，总集1512，铭图02983		
236	虢仲盨	13.2	18		1.89	6	卷体夔龙纹	周晚	上海博物馆	三代5.36.3-4，怀米下F15，攈古2之2.32.1，签斋17.13.1，缀遗22.22.1，敬吾下47.1-2，周金2.70.2-3，小校3.76.2，山东成郱16.1，集成00708，总集1497，铭文选419，铭图02956		

续表

序号	器名	通高（厘米）	口径（厘米）	腹深（厘米）	重量（千克）	铭文	花纹	时代	收藏地点	著录情况	图片	备注
237	仲剌大屯盨					18		周晚		薛氏162.1，集成00710，铭图02984		
238	芮公盨	10.7	14.1	6.8	1.2	18	卷体夔龙	周晚	原藏清宫后归吴大澂，现藏美国旧金山亚洲美术博物馆	三代5.40.1，西清31.2，恒轩96，愙斋17.10.2，缀遗27.18.1，周金2.69.2，小校3.84.2，集成00711，总集1510，汇编325，铭图02989		
239	翏盨	12.2	17.1		1.18	19	重环纹、直线纹	周晚	上海博物馆	集成00725，夏商周371.1，铭图02994		
240	伯夏父盨	12.3	17		1.55	19	重环纹、直线纹	周晚	上海博物馆	三代5.24.3-4，小校3.81.1，集成00723，总集1519，夏商周371.2，铭图02996		
241	伯夏父盨	12.6	17.2			17	重环纹、直线纹	周晚	南京大学考古与艺术博物馆	缀遗27.9.2，小校3.80.2，集成00728，南大文物25，铭图00997		
242	伯夏父盨					19	重环纹、直线纹	周晚	原藏罗振玉，现藏瑞典斯德哥尔摩远东博物馆	三代5.41.7-8，贞松4.15.1，希古3.9.1，集成00721，总集1516，综览·盨68，铭图01998		

续表

序号	器名	通高（厘米）	口径（厘米）	腹深（厘米）	重量（千克）	铭文	花纹	时代	收藏地点	著录情况	图片	备注
243	伯夏父鬲	15.7	24.9	9.8		19	重环纹、直线纹	周晚	原藏张廷济、端方、章乃器，现藏故宫博物院	三代5.42.5-6，从古3.33.1，愙斋17.12.2，缀遗27.8.2，陶斋2.52，周金2.67.5-6，清仪1.46，小校3.80.4，集成00724，总集1518，铭图02999		
244	伯夏父鬲					19		周晚	原藏刘喜海、潘伯寅	三代5.41.5-6，清爱29，攈古2之2.75.1，愙斋17.12.1，缀遗27.8.1，周金2.68.1-2，小校3.82.1，总集1515，攈华阁248.2，铭图03000		
245	伯夏父鬲					19		周晚	原藏潘祖荫	三代5.24.1-2，周金2.68.2-3，贞松4.14.3，希古3.9.2，集成00722，总集1517，铭图03001		
246	伯夏父鬲					19		周晚	原藏瞿中溶，现藏故宫博物院	周金2.67.7-8，集成00726，铭图03002		
247	伯夏父鬲					19		周晚	原藏潘祖荫，现藏上海博物馆	三代5.41.3-4，缀遗27.9.1，贞松4.14.2，希古3.9.3，小校3.80.3，集成00727，总集1514，攈华阁248.1，铭图03003		
248	伯夏父鬲					19		周晚		集成00719，铭图03004		

续表

序号	器名	通高（厘米）	口径（厘米）	腹深（厘米）	重量（千克）	铭文	花纹	时代	收藏地点	著录情况	图片	备注
249	郑伯荀父鬲					19		周晚	原藏颐和园，现藏故宫博物院	三代5.24.7-8，集成00730，总集1520，铭图03006		
250	单伯原父鬲					20	兽面纹	周晚	原藏刘喜海、李山农，现藏故宫博物院	三代5.24.1-2，长安1.24，攈古2之2.85.2，缀遗27.12，敬吾下47.3-4，周金2.67.2，小校3.85.3，汇编298，北图拓81，集成00737，总集1521，铭文选1.358，铭图03007		
251	盂辛父鬲	12.8	17	10		20	环带纹	周晚	原藏刘体智、容庚、于省吾，现藏中国国家博物馆	三代5.43.3-4，小校4.15.2，善斋3.27，善图47，小校3.86.1，颂续20，集成00739，总集1522，综览·高60，铭图03008		
252	盂辛父鬲	17.6	18	11.2		21	环带纹	周晚	原藏端方，现藏中国国家博物馆	三代5.43.5-6，陶斋2.54，周金2.67.1-2，小校3.86.2，北图拓80，集成00738，总集1532，铭图03009		
253	盂辛父鬲	13	17.5		1.52	20	环带纹	周晚	光绪二十年出于岐山	集成00740，铭图03010		
254	相姬鬲	11.5	15.4			5	环带纹	周晚	私人藏	铭图续0241		

续表

序号	器名	通高（厘米）	口径（厘米）	腹深（厘米）	重量（千克）	铭文	花纹	时代	收藏地点	著录情况	图片	备注
255	相姬簋	11.5	15.4			5	环带纹	周晚	私人藏	铭图续0242		
256	外伯簋		17			8	环带纹	周晚	私人藏	铭图续0248		
257	邦伯簋					11	兽面纹	周晚	私人藏	铭图续0249		
258	虢文公子簋					18	兽面纹	周晚		三代5.39.2-3，贞松4.14.1，贞图上28，集成00736，总集1509，综览·簋77，断代864页，铭图02987		
259	芮公簋	10.5	15		1.45	19	卷体夔龙	周晚	原藏潘祖荫，现藏上海博物馆	三代5.40.2，愙斋17.10.1，缀遗27.20，周金2.69.1，小校3.84.1，集成00712，总集1512，铭文选510，夏商周372，鬱华阁247，铭图02988		
260	兽面纹簋	16.9	24.5		2.49	无	卷龙纹	周晚	上海博物馆	夏商周370		
261	陈侯簋					14	兽面纹	周晚	私人藏	铭图续0254		

续表

序号	器名	通高（厘米）	口径（厘米）	腹深（厘米）	重量（千克）	铭文	花纹	时代	收藏地点	著录情况	图片	备注
262	郑邢叔㲃					8		春早	故宫博物院	三代5.22.1，周金2.82.1，贞补上16.2，小校3.60.4，集成00580，总集1430，铭文选458，铭图02809		
263	郑邢叔㲃					8		春早	故宫博物院	集成00581，铭图02810		
264	宋眉父㲃		18.4			8		春早	上海博物馆	三代5.25.2，攈古2之1.54.1，大系205.3，小校3.61.2，集成00601，总集1443，铭文选786，铭图02811		
265	邿㚢遟母㲃					8		春早	原藏陈介祺	三代5.23.2，攈古2之1.28.3，愙斋17.14.1，缀遗27.28.1，奇觚8.4.2，周金2.81.1，小校3.61.1，山东存邿16.2，集成00596，总集1432，鬱华阁242，山东成247，铭文选833，铭图02813		
266	王作㙤母㲃	18.6	26	11.8		9	夔纹	春早	光绪年间岐山出土，原藏端方	三代5.25.1，陶斋2.53，小校3.63.3，陕青2.104，集成00611，总集1442，铭图02821		
267	戴叔庆父㲃					9		春早		三代5.24.2，愙斋17.15.2，大系264.2，小校3.63.2，集成00608，总集1441，铭文选785，铭图02824		

续表

序号	器名	通高（厘米）	口径（厘米）	腹深（厘米）	重量（千克）	铭文	花纹	时代	收藏地点	著录情况	图片	备注
268	繁伯鬲									集成00630，铭图02843		
269	卫夫人鬲	10.6	16.3			15	解体兽面纹	春早	南京博物院	铜全6.29		
270	昶仲无龙鬲					15		春早	原藏罗振玉，现藏故宫博物院	三代5.35.3，贞松4.12.2，希古3.7.2，小校3.76.3，集成00714，总集1481，铭图02928		
271	昶仲无龙鬲					17		春早	原藏罗振玉，现藏故宫博物院	三代5.36.1-2，贞松4.12.3，希古3.7.3，集成00713，总集1482，铭图02977	同上	
272	鲁伯愈父鬲	12.3	16.1	6.9	1.34	14	卷体夔龙纹	春早	原藏潘祖荫，现藏上海博物馆	三代5.31.2，愙斋17.11.2，缀遗27.25，周金2.75.1，大系230.1，小校3.73.2，集成00690，总集1471，铭图02901等		
273	鲁伯愈父鬲	12.5	16.2		1.3	15	卷体夔龙纹	春早	原藏潘祖荫，现藏上海博物馆	三代5.31.2，愙斋17.11.1，缀遗27.23，大系230.2，小校3.73.1，集成00692，总集1473，铭图02902等	同上	
274	鲁伯愈父鬲					15	卷体夔龙纹	春早	原藏山西张子	三代5.32.1，筠清4.32，大系229.2，小校2.16.3，希古3.6.3，攈古2之3.73.1，集成00691，总集1472，铭图02903等	同上	

续表

序号	器名	通高（厘米）	口径（厘米）	腹深（厘米）	重量（千克）	铭文	花纹	时代	收藏地点	著录情况	图片	备注
275	鲁伯厚父簋					15	卷体夔龙纹	春早	原藏丁彦臣	三代5.33.1，缀遗17.16，周金2.76.1，贞松4.8，希古3.6.2，大系229.1，小校3.74.2，集成00693，总集1474，铭图02904等		
276	鲁伯愈父簋					15	卷体夔龙纹	春早	原藏潘祖荫	三代5.33.2，缀遗27.24.1，周金2.74.2，贞松4.9，希古3.6.4，大系228.2，小校3.71.2，集成00694，总集1475，铭图02905等	同上	
277	鲁伯愈父簋					15	卷体夔龙纹	春早		集成00695，山东存245，铭图02906	同上	
278	邾来隹簋					13		春早		三代5.29.2，希古3.5.3，山东存邾14.2，集成00670，总集1461，山东成248，铭图02885		
279	虢季子组簋	10				15	鸟纹	春早	故宫博物院	陕青2.112，集成00662，总集1483，综览·簋78，塞克勒（1990）96页，铭文选523，铭图02886		
280	叔牙父簋					15		春早		集成00674，铭图02929		

续表

序号	器名	通高（厘米）	口径（厘米）	腹深（厘米）	重量（千克）	铭文	花纹	时代	收藏地点	著录情况	图片	备注
281	郑叔匜					7		春早	上海博物馆	三代5.21.3, 积古7.22.3, 攈古2之1.13.2, 集成00579, 总集1425, 山东成232, 铭图20783		
282	郜友父匜					16	兽面纹	春早	2009年见于中华青铜器网	铭图02942		
283	郜友父匜					17	兽面纹	春早	故宫博物院	三代5.36.5, 从古7.24, 攈古2之2.30.2, 愙斋17.8.1, 缀遗27.29, 敬吾下49.1, 周金2.27.1, 大系221.1, 小校3.79.1, 山东成邾16.1, 集成00717, 总集1498, 山东成495, 铭文选02943		
284	陈侯匜					17		春早	中国国家博物馆	周金2补25.2, 集成00706, 山东成239, 铭图02975		
285	陈侯匜					17		春早		周金2补25.1, 集成00705, 山东成238, 铭图02976		
286	铸子叔黑臣匜					17		春早		集成00735, 铭图02979		
287	芮公匜	11.8	16		1.46	18	卷体夔龙	春早	故宫博物院	故铜218, 周金2补14.1, 集成00733, 小校3.83.1, 铭文选618		

续表

序号	器名	通高（厘米）	口径（厘米）	腹深（厘米）	重量（千克）	铭文	花纹	时代	收藏地点	著录情况	图片	备注
288	番君鬲	17	20.5			18	云纹	春早	原藏张廷济、顾寿康、邹安、刘体智	三代5.38.4，从古3.32.1-2，攈古2之2.53.1，愙斋17.12.3，缀遗27.4.2，敬吾下50.1，陶续1.46，周金2.71.1，清仪1.47，善斋3.24，小校3.83.2，集成00732，总集1505，铭图02991		
289	番君鬲					17	窃曲纹	春早		集成00734，铭图02992		
290	番君鬲					18	窃曲纹	春早		缀遗112，集成00678，总集1524，铭图02993		
291	司工单鬲	20.5	20.5			19	云雷纹	春早	原藏陶祖光、刘体智	三代5.38.1，贞松4.12.1，小校3.79.2，集成00741，总集1503，铭图02994		
292	奠伯鬲	13.2	20	6.6		22	重环纹襄纹	春早	原藏叶恭绰、现藏故宫博物院	三代5.43.7-8，十二器8，山东存鬲8.1，集成00742，总集1525，综览·鬲81，山东成246，铭图03011		
293	杞伯双联鬲	10.5	13～13.4			23	重环纹	春早	中国国家博物馆	百年141页，甲金粹267页，铭图续0262		

续表

序号	器名	通高（厘米）	口径（厘米）	腹深（厘米）	重量（千克）	铭文	花纹	时代	收藏地点	著录情况	图片	备注
294	三鸠鬲	21.4	14.3		2.26	无	重环纹、鸠鸟纹	春早	上海博物馆	夏商周447		
295	曾卿事鬲					11	窃曲纹	春早	私人藏	铭图续0250		
296	曾卿事鬲					11	窃曲纹	春早	私人藏	铭图续0251	同上	
297	昶仲鬲	11.5	14.5			15	兽面纹	春早	私人藏	铭图续0255		
298	昶仲鬲	11.5	14.5			15	兽面纹	春早	私人藏	铭图续0256	同上	
299	于犯鬲	10.9	14.7	6.9	1.115	5	卷体龙纹	春中	美籍华人范季融藏	首阳吉金144，铭图02727		
300	竞之定鬲					22	夔龙纹	春晚	崇源国际澳门拍卖公司	文物2008.1、江汉考古2008.1，铭图03015		
301	竞之定鬲					22	夔龙纹	春晚	崇源国际澳门拍卖公司	铭图03016	同上	

续表

序号	器名	通高（厘米）	口径（厘米）	腹深（厘米）	重量（千克）	铭文	花纹	时代	收藏地点	著录情况	图片	备注
302	竞之定鬲					22	夔龙纹	春晚	崇源国际澳门拍卖公司	铭图03017		
303	竞之定鬲					22	夔龙纹	春晚	崇源国际澳门拍卖公司	铭图03018	同上	
304	竞之定鬲					22	夔龙纹	春晚	崇源国际澳门拍卖公司	铭图03019	同上	
305	竞之定鬲					22	夔龙纹	春晚	崇源国际澳门拍卖公司	文物2008.1，江汉2008.1，铭图03020	同上	
306	竞之定鬲					22	夔龙纹	春晚	崇源国际澳门拍卖公司	铭图03021	同上	
307	竞之定鬲					22	夔龙纹	春晚	私人藏	铭图03022	同上	
308	齐侯子仲姜鬲					20	夔龙纹	春晚	私人藏	铭图续0260		
309	齐侯子仲姜鬲					20	夔龙纹	春晚	私人藏	铭图续0261	同上	
310	曾仲鬲	9.5	14			11	无	春晚	私人藏	铭图02862		

附表3-1　甲类分裆鬲的型式分期表

型式 \ 分期	Aa型 I	Aa型 II	Aa型 III	Ab型 I	Ab型 II	Ab型 III	Ab型 IV	Ab型 V	Ac型 I	Ac型 II	Ac型 III	Ac型 IV
一期早段	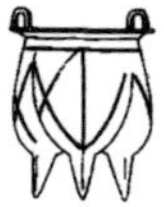 1	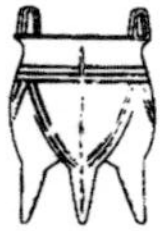		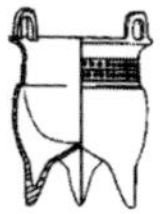								
一期晚段		 2　3	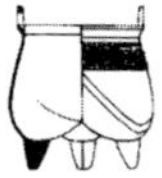						12			
二期			 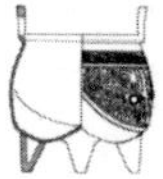 4　5　6	7	 8	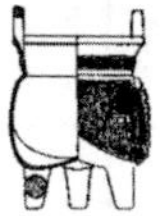 9			 13			
三期早段							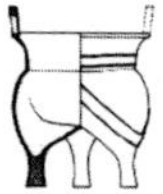 10			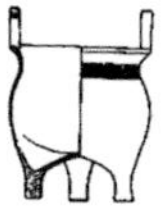 14		

续表

分期\型式	Aa型			Ab型					Ac型			
	I	II	III	I	II	III	IV	V	I	II	III	IV
三期晚段								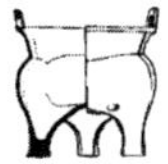 11			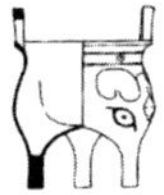 15	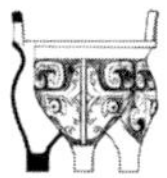 16
四期早段												 17

注: 1.河南郑州杨庄铜鬲　2.河南郑州商城97ZSC8ⅡT143M1:1鬲　3.河南郑州出土弦纹鬲　4.河南郑州白家庄C8M3:3鬲　5.河北武安赵窑商墓铜鬲　6.江西新干大洋洲XDM:32鬲

7.河南郑州杜岭张寨南街铜鬲　8.安徽阜南月牙河铜鬲　9.江西新干大洋洲XDM:36鬲　10.山东滕州前掌大M38:51鬲　11.陕西扶风前掌M5:7鬲

12.河南郑州博弦纹鬲　13.河南灵宝东桥铜鬲　14.北京琉璃河M251:16鬲　15.湖北随州叶家山M65:52鬲　16.陕西扶风齐家村M1鬲　17.陕西宝鸡茹家庄M1:33

附表3-2　乙类联裆鬲的型式分期表

型式 分期	A型					B型	C型
	Ⅰ	Ⅱ	Ⅲ	Ⅳ	Ⅴ		
四期 早段	 1	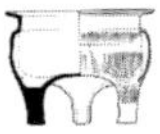 2				 10  11	
四期 晚段		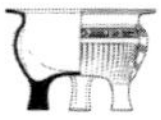 3					
五期		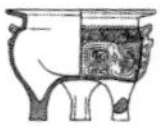 4	 5				
六期			 6				
七期				 7			 12
八期				8			 13
九期				9	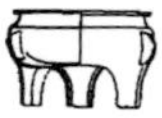		
十期							

注：1.陕西茹家庄M1乙：32鬲　2.微伯鬲　3.成伯孙父鬲　4.单叔鬲　5.善父吉父鬲　6.虢季鬲　7.河南新郑郑国祭祀遗址K2：21鬲　8.山西太原金胜村M251鬲　9.山西侯马上马村M5218鬲　10.陕西长安普渡村M1：13鬲　11.陕西长安普渡村M2铜鬲　12.河南辉县琉璃阁甲墓28号鬲　13.山西长治分水岭M269：67鬲

附表3-3　地方鬲的型式分期表

分期＼型式	A	B	C	D Da	D Db	E	F	G	H
一期	 1								
二期		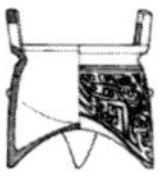 2 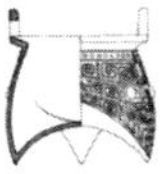 3	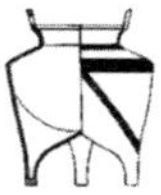 4						
六期				 5	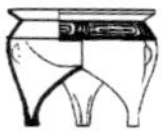 7				
七期				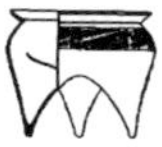 6	 8				
九期						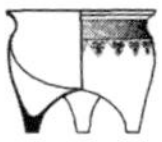 9	 10	 11	
十期									 12

注：1. 陕西岐山京当铜鬲　2. 江西新干大洋洲DXM：33鬲　3. 江西新干大洋洲DXM：34鬲　4. 江西新干大洋洲DXM：37鬲　5. 山东莒县西大庄M1：4鬲　6. 山东临沂中洽沟铜鬲　7. 湖北京山苏家垅铜鬲　8. 湖北随州周家岗铜鬲　9. 湖北随州文峰塔M1：14鬲　10. 曾侯乙墓绳纹鬲　11. 湖北随州擂鼓墩M2鬲　12. 甘肃马家塬M18MS：4鬲

简 称 说 明

铭　文

《二百》　《二百兰亭斋收藏金石记》

《贞松》　《贞松堂集古遗文》

《贞图》　《贞松堂吉金图》

《贞补》　《贞松堂集古遗文补遗》

《贞续》　《贞松堂集古遗文续编》

《十二》　《十二家吉金图录》

《澂秋》　《澂秋馆吉金图》

《奇觚》　《奇觚室金文述》

《恒轩》　《恒轩所藏所见吉金录》

《陶斋》　《陶斋吉金录》

《陶续》　《陶斋吉金续录》

《善斋》　《善斋吉金录》

《筠清》　《筠清馆金石》

《愙斋》　《愙斋集古录》

《郁华阁》　《郁华阁金文》

《薛氏》　《薛氏钟鼎彝器款识》

《啸堂》　《啸堂集古录》

《积古》　《积古斋钟鼎彝器款识》

《希古》　《希古斋钟鼎彝器款识法帖》

《攀古》　《攀古楼彝器款识》

《攗古》　《攗古录金文》

《海外》　《海外吉金图录》

《集成》　《殷周金文集成》

《总集》　《金文总集》

《三代》　《三代吉金文存》

《三代补》　《三代吉金文存补》

《大系》　《两周金文辞大系图录》

《小校》　　《小校经阁金石拓本》
《缀遗》　　《缀遗斋彝器款识考释》
《周金》　　《周金文存》
《录遗》　　《商周金文录遗》
《山东成》　　《山东金文集成》
《山东存》　　《山东金文集存·先秦编》
《殷存》　　《殷文存》
《陕金志》　　《陕西金石志》
《近出》　　《近出殷周金文集录》
《安徽金》　　《安徽金文》
《续殷》　　《续殷文存》
《汇编》　　《中日欧美澳纽所见所拓所摹金文汇编》
《铭文选》　　《商周青铜器铭文选》
《陕金》　　《陕西金文集成》

图　　像

《博古》　　《博古图》
《两罍》　　《两罍轩彝器图释》
《武英》　　《武英殿彝器图录》
《宝蕴》　　《宝蕴楼彝器图录》
《故图》　　《故宫青铜器图录》
《善图》　　《善斋彝器图录》
《西清》　　《西清古鉴》
《西甲》　　《西清古鉴甲编》
《西乙》　　《西清古鉴乙编》
《宁寿》　　《宁寿鉴古》
《西拾》　　《西清彝器拾遗》
《郑冢》　　《郑冢古器图考》
《新郑》　　《新郑彝器》
《冠斝》　　《冠斝楼吉金图》
《双剑》　　《双剑誃吉金图录》
《梦坡室》　　《梦坡室获古丛编》
《宝蕴楼》　　《宝蕴楼彝器图录》
《商周》　　《商周彝器通考》
《海外铜器》　　《海外中国铜器图录》

《日精华》　《日本蒐储支那古铜精华》

《欧精华》　《欧米蒐储支那古铜精华》

《美集》　《美帝国主义劫掠的我国殷周铜器集录》

《综览》　《殷周时代青铜器の研究·殷周青铜器综览》

《新收》　《新收殷周青铜器铭文暨器影汇编》

《遗珠》　《欧洲所藏中国青铜器遗珠》

《中铜》　《中国古铜器》

《中铜展》　《中华人民共和国古代铜器展》

《古文明》　《古代文明通讯》

《文物报》　《中国文物报》

《流散欧》　《流散欧美殷周有铭青铜器集录》

《夏商周》　《夏商周青铜器研究》

《铜全》　《中国青铜器全集》

《国史金》　《国史金石志稿》

《故铜》　《故宫青铜器》

《旅顺》　《旅顺博物馆馆藏文物选粹：青铜器卷》

《上藏》　《上海博物馆藏青铜器》

《历博》　《中国历史博物馆馆藏青铜器》

《河南（一）》　《河南出土商周青铜器》（一）

《陕铜》　《陕西出土商周青铜器》

《陕北铜》　《陕北出土青铜器》

《辞典》　《中国文物精华大辞典·青铜器卷》

《扶风》　《扶风齐家村出土青铜器群》

《殷新》　《殷墟新出土青铜器》

《奇珍》　《晋国奇珍——山西晋侯墓群出土文物精品》

《图录》　《中国青铜器图录》

《山西文》　《山西出土文物》

《山西珍》　《山西文物馆藏珍品·青铜器》

《山西精》　《山西省博物馆馆藏文物精华》

《故精品》　《故宫博物院50年入藏文物精品集》

《美全》　《中国美术全集·工艺美术·青铜器》

《西铜》　《西安文物精华·青铜器》

《楚文图》　《楚文物图典》

《商礼》　《故宫商代青铜礼器图录》

《周青》　《周原出土青铜器》

《陕图》　　《陕西省博物馆陕西省文物管理委员会藏青铜器图释》

《北京文》　　《北京文物精粹大系·青铜器卷》

《张家坡》　　《长安张家坡西周青铜器群》

《晋西》　　《晋西商代青铜器》

《安阳》　　《安阳殷墟青铜器》

《中原大典》　　《中原文化大典·青铜器》

《铭图》　　《商周青铜器铭文暨图像集成汇编》

《铭图续》　　《商周青铜器铭文暨图像集成续编》

《淮南》　　《淮南市博物馆集珍》

《群舒》　　《江淮群舒青铜器》

报　　告

《郭家庄》　　《安阳殷墟郭家庄商代墓葬》

《戈国》　　《高家堡戈国墓》

《盘龙城》　　《盘龙城：1963年～1994年考古发掘报告》

《城洋》　　《城洋青铜器》

《弓鱼国》　　《宝鸡弓鱼国墓地》

《前掌大》　　《滕州前掌大墓地》

《郑商》　　《郑州商城》

《新干》　　《新干商代大墓》

《琉璃阁》　　《辉县琉璃阁甲乙二墓》

《枣阳》　　《枣阳郭家庙曾国墓地》

《虢国》　　《三门峡虢国墓》

《小邾国》　　《小邾国遗珍》

《上村岭》　　《上村岭虢国墓地》

《曾侯乙》　　《曾侯乙墓》

《赵卿墓》　　《太原晋国赵卿墓》

《鲁国》　　《曲阜鲁国故城》

《临淄》　　《临淄齐墓》

《上马》　　《上马墓地》

《下寺》　　《淅川下寺春秋楚墓》

《和尚岭》　　《淅川和尚岭与徐家岭楚墓》

《临沂》　　《临沂凤凰岭东周墓》

《辉县》　　《辉县发掘报告》

《鹿邑》　　《鹿邑太清宫长子口墓》

《琉璃河》　《琉璃河西周燕国墓地》

《曾铜》　《曾国青铜器》

《蔡候墓》　《寿县蔡侯墓出土遗物》

《徽铜》　《安徽省博物馆藏青铜器》

《张家坡墓》　《张家坡西周墓地》

《天马曲村》　《天马—曲村（1980—1989）》

《小黑石沟》　《小黑石沟——夏家店上层文化遗址发掘报告》

《郑国祭祀》　《新郑郑国祭祀遗址》

《新郑李家楼》　《新郑李家楼大墓青铜器》

《山彪镇》　《山彪镇与琉璃阁》

《中山国》　《战国中山国国王之墓》

《陕县》　《陕县东周秦汉墓》

《分水岭》　《长治分水岭东周墓地》

期刊、报纸

《学报》　《考古学报》

《考与文》　《考古与文物》

《中原》　《中原文物》

《春秋》　《文物春秋》

《江汉》　《江汉考古》

《华夏》　《华夏考古》

《参考》　《文物参考资料》

《文物报》　《中国文物报》

《故宫刊》　《故宫博物院院刊》

《古文明》　《古代文明通讯》

《古文》　《古文字研究》

《丛刊》　《文物资料丛刊》

《国博》　《中国国家博物馆馆刊》

《历文》　《中国历史文物》

《东南》　《东南文化》

参 考 文 献

一、历 史 文 献

［ 1 ］　（晋）郭璞注，（宋）邢昺疏.尔雅注疏［Ｍ］.北京：北京大学出版社，1999年.
［ 2 ］　（汉）班固.汉书［Ｍ］.北京：中华书局，1962年.
［ 3 ］　（汉）许慎.说文解字［Ｍ］.北京：中华书局，1963年.
［ 4 ］　（汉）司马迁.史记［Ｍ］.北京：中华书局，1982年.
［ 5 ］　（汉）郑玄注，（唐）贾公彦疏.仪礼注疏［Ｍ］.上海：中华书局，1936年.
［ 6 ］　（清）孙诒让.周礼正义［Ｍ］.北京：中华书局，1979年.
［ 7 ］　王文锦.礼记译解［Ｍ］.北京：中华书局，2001年.

二、工 具 书

［ 1 ］　容庚.金文编［Ｍ］.北京：中华书局，1985年.
［ 2 ］　徐中舒.甲骨文字典［Ｍ］.四川：四川辞书出版社，1989年.
［ 3 ］　陈初生.金文常用字典［Ｍ］.西安：陕西人民出版社，2004年.
［ 4 ］　孙稚雏.青铜器论文索引［Ｍ］.北京：中华书局，1986年.
［ 5 ］　张懋镕、张仲立.青铜器论文索引（1983～2001）［Ｍ］.香港：明石馆，2005年.

三、图　　录

［ 1 ］　（宋）吕大临.考古图［Ｍ］.北京：中华书局影印本，1987年.
［ 2 ］　（宋）吕大临、赵九成.续考古图［Ｍ］.北京：中华书局影印本，1987年.
［ 3 ］　（宋）王黼.宣和博古图录［Ｍ］.宝古堂刻本，清乾隆十八年（1753）.
［ 4 ］　（宋）薛尚功.历代钟鼎彝器款识法帖［Ｍ］.阮氏刻本，清嘉庆二年（1797）.
［ 5 ］　（宋）王俅.啸堂集古录［Ｍ］.涵芬楼影印本，民国十一年（1922）.
［ 6 ］　（宋）王厚之.钟鼎款识［Ｍ］.阮元积古斋藏宋拓摹，清嘉庆九年（1804）.

［7］　（清）梁诗正等. 西清古鉴［M］. 乾隆十四年敕编，辽宋书馆铜版影印本，清光绪十四年（1888）.

［8］　（清）王杰等. 西清续鉴甲编［M］. 乾隆五十八年敕编，涵芬楼石印宁寿宫写本影印本，清宣统三年（1911）.

［9］　（清）王杰等. 西清续鉴乙编［M］. 乾隆年间敕编，宝蕴楼钞本石印本，民国二十年（1931）.

［10］　（清）梁诗正等. 宁寿鉴古［M］. 涵芬楼依宁寿宫写本石印本，民国二年（1913）.

［11］　（清）陈经. 求古精舍金石图［M］. 说剑楼木刻本，清乾隆十八年（1753）.

［12］　（清）钱坫. 十六长乐堂古器款识考［M］. 清嘉庆元年（1796）.

［13］　（清）阮元. 积古斋钟鼎彝器款识［M］. 清嘉庆九年（1804）.

［14］　（清）吴云. 二百兰亭斋收藏金石记［M］. 吴让之写刻本，清咸丰六年（1856）.

［15］　（清）潘祖荫. 攀古楼彝器款识［M］. 滂喜斋木刻本，清同治十一年（1872）.

［16］　（清）曹载奎. 怀米山房吉金图［M］. 文石堂翻木刻本，日本明治十五年（1882）.

［17］　（清）吴大澂. 恒轩所见所藏吉金录［M］. 清光绪十一年（1885）.

［18］　（清）吴式芬. 攈古录金文［M］. 吴氏家刻本，清光绪二十一年（1895）.

［19］　（清）刘心源. 奇觚室吉金文述［M］. 石印本，清光绪二十八年（1902）.

［20］　（清）刘喜海. 长安获古编［M］. 刘鹗补刻标题本，清光绪三十一年（1905）.

［21］　（清）盛昱. 郁华阁金文［M］. 上海：有正书局，1905年.

［22］　（清）端方. 陶斋吉金录［M］. 石印本，清光绪三十四年（1908）.

［23］　（清）朱善旂. 敬吾心室彝器款识［M］. 朱之溱石印本，光绪三十四年（1908）.

［24］　（清）端方. 陶斋吉金续录［M］. 石印本，清宣统元年（1909）.

［25］　（清）丁麟年. 梭林馆吉金图识［M］. 石印本，清宣统二年（1910）.

［26］　（清）刘体智. 善斋吉金录［M］. 庐江刘氏，1912～1949年.

［27］　（清）吴大澂. 愙斋集古录［M］. 涵芬楼影印本，1930年.

［28］　（清）张廷济. 清仪阁所藏古器物文［M］. 涵芬楼石印本，1925年.

［29］　（清）方濬益. 诂籀诐吉金彝器款识［M］. 商务印书馆，1935年.

［30］　（清）方濬益. 缀遗斋彝器款识考释［M］. 商务印书馆石印本，民国二十四年（1935）.

［31］　（清）刘体智. 小校经阁金石文字［M］. 北京：中华书局，2016年.

［32］　邹安. 周金文存［M］. 上海：仓圣明智大学，1916年.

［33］　罗振玉. 雪堂金石文字跋尾［M］. 永丰乡人稿刻本，民国九年（1920）.

［34］　靳云鹗. 新郑出土古器图志［M］. 湖北：汉口中瀛照相馆，1923年.

［35］　邹安. 梦坡室获古丛编［M］. 周氏梦坡室所藏，1927年.

［36］ 容庚.宝蕴楼彝器图录［M］.北京：北平京华印书局，1929年.

［37］ 关百益.新郑古器图录［M］.上海：商务印书馆，1929年.

［38］ 孙壮.澂秋馆吉金图［M］.北京：北平商务印书馆分馆，1931年.

［39］ 罗振玉.贞松堂集古遗文［M］.蟫隐庐石印本，民国十九年（1930）.

［40］ 罗振玉.贞松堂集古遗文补遗［M］.蟫隐庐石印本，民国二十年（1931）.

［41］ 容庚.颂斋吉金图录［M］.北京：燕京大学考古学社，1933年.

［42］ 于省吾.双剑誃吉金图录［M］.北京：来薰阁，1934年.

［43］ 罗振玉.贞松堂集古遗文续编［M］.蟫隐庐石印本，民国二十三年（1934）.

［44］ 容庚.武英殿彝器图录［M］.北京：燕京大学哈佛燕京学社，1935年.

［45］ 武树善.陕西金石志［M］.陕西通志单行铅印本，1934年.

［46］ 郭沫若.两周金文辞大系图录考释［M］.东京文求堂印本，1935年.

［47］ 商承祚.十二家吉金图录［M］.北京：燕京大学哈佛燕京学社，1935年.

［48］ 容庚.海外吉金图录［M］.北京：燕京大学考古学社，1935年.

［49］ 徐乃昌.安徽通志金石古物考稿［M］.安徽：安徽通志馆，1936年.

［50］ 容庚.善斋彝器图录［M］.北京：燕京大学哈佛燕京学社，1936年.

［51］ 孙海波.新郑彝器［M］.考古学社专刊第十九种，1937年.

［52］ 容庚.颂斋吉金续录［M］.北京：燕京大学考古学社，1938年.

［53］ 曾毅公.山东金文集存·先秦编［M］.山东：齐鲁大学国学研究院，1940年.

［54］ 陈梦家：海外中国铜器图录［M］.北京：国立北平图书馆，1946年.

［55］ 中国科学院考古研究所.美帝国主义劫掠的我国殷周铜器集录［M］.北京：
科学出版社，1962年.

［56］ 中国青铜器全集编辑委员会.中国青铜器全集［M］.北京：文物出版社，
1996年.

［57］ 河南出土青铜器编辑组.河南出土商周青铜器（一）［M］.北京：文物出版
社，1981年.

［58］ 陕西出土商周青铜器编辑组.陕西出土商周青铜器［M］.北京：文物出版
社，1979～1984年.

［59］ 罗振玉.三代吉金文存［M］.北京：中华书局，1983年.

［60］ 林巳奈夫.殷周青铜器综览［M］.日本：吉川弘文馆，1984年.

［61］ 安徽省博物馆.安徽省博物馆藏青铜器［M］.上海：上海人民美术出版社，
1987年.

［62］ 李学勤、艾兰.欧洲所藏青铜器遗珠［M］.北京：文物出版社，1995年.

［63］ 故宫博物院.故宫青铜器［M］.北京：紫禁城出版社，1999年.

［64］ 高至喜.楚文物图典［M］.武汉：湖北教育出版社，2000年.

［65］ 河南博物院、台北历史博物馆.辉县琉璃阁甲乙二墓［M］.郑州：大象出版

社，2003年.

[66] 河南博物院、台北历史博物馆. 新郑郑公大墓青铜器 [M]. 郑州：大象出版社，2001年.

[67] 《北京文物精粹大系》编委会、北京市文物局. 北京文物精粹大系·青铜器卷 [M]. 北京：北京出版社，2002年.

[68] 刘雨、卢岩. 近出殷周金文集录 [M]. 北京：中华书局，2002年.

[69] 陈佩芬. 夏商周青铜器研究 [M]. 上海：上海古籍出版社，2004年.

[70] 曹玮. 周原出土青铜器 [M]. 成都：四川出版集团巴蜀书社，2005年.

[71] 安徽大学、安徽省文物考古研究所. 皖南商周青铜器 [M]. 北京：文物出版社，2006年.

[72] 枣庄市博物馆等. 小邾国遗珍 [M]. 北京：中国文史出版社，2006年.

[73] 山东省博物馆. 山东金文集成 [M]. 济南：齐鲁书社，2007年.

[74] 中国社会科学院考古研究所. 殷周金文集成 [M]. 北京：中华书局，2007年.

[75] 湖北省文物考古研究所. 曾国青铜器 [M]. 北京：文物出版社，2007年.

[76] 曹玮. 陕北出土青铜器 [M]. 成都：四川出版集团巴蜀书社，2009年.

[77] 淮南市博物馆. 淮南市博物馆文物集珍 [M]. 北京：文物出版社，2010年.

[78] 吴镇烽. 商周青铜器铭文暨图像集成 [M]. 上海：上海古籍出版社，2012年.

[79] 安徽博物院. 江淮群舒青铜器 [M]. 合肥：安徽美术出版社，2013年.

[80] 齐国故城遗址博物馆. 齐国故城遗址博物馆馆藏青铜器精品 [M]. 北京：文物出版社，2015年.

[81] 吴镇烽. 商周青铜器铭文暨图像集成续编 [M]. 上海：上海古籍出版社，2016年.

[82] 张天恩. 陕西金文集成 [M]. 西安：三秦出版社，2016年.

[83] 天津博物馆. 天津博物馆藏青铜器 [M]. 北京：文物出版社，2018年.

四、考 古 报 告

[1] 中国科学院考古研究所. 辉县发掘报告 [M]. 北京：科学出版社，1956年.

[2] 中国科学院考古研究所. 寿县蔡侯墓出土遗物 [M]. 北京：科学出版社，1956年.

[3] 郭宝钧. 山彪镇与琉璃阁 [M]. 北京：科学出版社，1959年.

[4] 中国科学院考古研究所. 上村岭虢国墓地 [M]. 北京：科学出版社，1959年.

[5] 陕西省博物馆、陕西省文物管理委员会. 扶风齐家村青铜器群 [M]，北京：文物出版社，1963年.

［６］　郭宝钧.浚县辛村［Ｍ］.北京：科学出版社，1964年.

［７］　中国科学院考古研究所.长安张家坡西周铜器群［Ｍ］.北京：文物出版社 1965年.

［８］　山东省兖石铁路文物考古工作队.临沂凤凰岭东周墓［Ｍ］.济南：齐鲁书社， 1988年.

［９］　卢连成、胡智生.宝鸡强国墓地［Ｍ］.北京：文物出版社，1988年.

［10］　湖北省博物馆.曾侯乙墓［Ｍ］.北京：文物出版社，1989年.

［11］　河南省文物研究所等.浙川下寺春秋楚墓［Ｍ］.北京：文物出版社，1991年.

［12］　中国社会科学院考古研究所.陕县东周秦汉墓［Ｍ］.北京：科学出版社， 1994年.

［13］　山西省考古研究所.上马墓地［Ｍ］.北京：文物出版社，1994年.

［14］　陕西省考古研究所.高家堡戈国墓［Ｍ］.西安：三秦出版社，1995年.

［15］　北京市文物研究所.琉璃河西周燕国墓地（1973—1977）［Ｍ］.北京：文物 出版社，1995年.

［16］　山西省考古研究所、太原市文物管理委员会.太原晋国赵卿墓［Ｍ］.北京： 文物出版社，1996年.

［17］　江西省博物馆、江西省文物考古研究所、新干县博物馆.新干商代大墓［Ｍ］. 北京：文物出版社，1997年.

［18］　中国社会科学院考古研究所.安阳殷墟郭家庄商代墓葬——1982～1992年考古 发掘报告［Ｍ］.北京：中国大百科全书出版社，1998年.

［19］　中国社会科学院考古研究所.张家坡西周墓地［Ｍ］.北京：中国大百科全书 出版社，1999年.

［20］　河南省文物考古研究所、三门峡市文物工作队.三门峡虢国墓［Ｍ］.北京： 文物出版社，1999年.

［21］　河南省文物考古研究所、郑州市文物考古研究所.郑州商代铜器窖藏［Ｍ］. 北京：科学出版社，1999年.

［22］　北京大学考古学系商周组、山西省考古研究所.天马—曲村（1980—1989） ［Ｍ］.北京：科学出版社，2000年.

［23］　河南省文物考古研究所、周口市文化局.鹿邑太清宫长子口墓［Ｍ］.郑州： 中州古籍出版社，2000年.

［24］　湖北省文物考古研究所.盘龙城——一九六三年——一九九四年考古发掘报告 ［Ｍ］.北京：文物出版社，2001年.

［25］　河南省文物考古研究所.郑州商城——1953—1985年考古发掘报告［Ｍ］.北 京：文物出版社，2001年.

［26］　湖北省荆州博物馆.荆州天星观二号楚墓［Ｍ］.北京：文物出版社，2003年.

［27］ 河南省文物考古研究所、南阳市文物考古研究所、淅川县博物馆. 淅川和尚岭
与徐家岭楚墓［M］. 郑州：大象出版社，2004年.

［28］ 中国社会科学院考古研究所. 滕州前掌大墓地［M］. 北京：文物出版社，
2005年.

［29］ 襄樊市考古队、湖北省文物考古研究所、湖北孝襄高速公路考古队. 枣阳郭家
庙曾国墓地［M］. 北京：科学出版社，2005年.

［30］ 河南省文物考古研究所. 新郑郑国祭祀遗址［M］. 郑州：大象出版社，2006年.

［31］ 山东省文物考古研究所. 临淄齐墓［M］. 北京：文物出版社，2007年.

［32］ 内蒙古自治区文物考古研究所、宁城县辽中京博物馆. 小黑石沟——夏家店上
层文化遗址发掘报告［M］. 北京：科学出版社，2009年.

［33］ 山西省考古研究所、山西博物院、长治市博物馆. 长治分水岭东周墓地［M］.
北京：文物出版社，2010年.

［34］ 河南省文物考古研究所、平顶山市文物管理局. 平顶山应国墓地［M］. 郑州：
大象出版社，2012年.

五、考 古 简 报

［1］ 陕西省文物管理委员会. 长安普渡村西周墓的发掘［J］. 考古学报，1957年第
1期.

［2］ 畅文齐. 山西长治市分水岭古墓的清理［J］. 考古学报，1957年第1期.

［3］ 葛介屏. 安徽阜南发现殷商时代的青铜器［J］. 文物，1959年第1期.

［4］ 段绍嘉. 陕西蓝田县出土弭叔等彝器简介［J］. 文物，1960年第2期.

［5］ 李蔚然. 南京发现周代铜器［J］. 考古，1960年第6期.

［6］ 杨富斗. 山西万荣庙前村东周墓地调查发掘简讯［J］. 考古，1963年第5期.

［7］ 边成修、叶学明、沈振中. 山西长治分水岭战国墓第二次发掘［J］. 考古，
1964年第3期.

［8］ 王儒林. 河南桐柏发现周代青铜器［J］. 考古，1965年第7期.

［9］ 王轩. 山东邹县七家峪村出土的西周铜器［J］. 考古，1965年第11期.

［10］ 湖北省博物馆. 湖北京山发现曾国铜器［J］. 文物，1972年第2期.

［11］ 齐文涛. 概述近年来山东出土的商周青铜器［J］. 文物，1972年第5期.

［12］ 辽宁省昭岛达盟文物工作站、中国科学院考古研究所东北工作队. 宁城县南山
根的石椁墓［J］. 考古学报，1973年第2期.

［13］ 郑杰祥. 河南新野发现的曾国铜器［J］. 文物，1973年第5期.

［14］ 边成修、李奉山. 长治分水岭269、270号东周墓［J］. 考古学报，1974年第2期.

［15］ 陕西省博物馆、陕西省文物管理委员会.陕西岐山贺家村西周墓葬［J］.考古，1976年第1期.

［16］ 河南省博物馆.郑州新出土的商代前期大铜鼎［J］.文物，1975年第6期.

［17］ 王光永.陕西省岐山县发现商代铜器［J］.文物，1977年第12期.

［18］ 喀左县文化馆、朝阳地区博物馆、辽宁省博物馆.辽宁省喀左县山湾子出土殷周青铜器［J］.文物，1977年第12期.

［19］ 罗西章.扶风美阳发现商周铜器［J］.文物，1978年第10期.

［20］ 开封地区文管会等.河南省新郑县唐户两周墓葬发掘简报［J］.文物资料丛刊（第二辑），北京：文物出版社，1978年.

［21］ 陕西周原考古队.陕西扶风庄白一号西周青铜器窖藏发掘简报［J］.文物，1978年第3期.

［22］ 张守中、郑名桢、刘来成.河北省平山县战国时期中山国墓葬发掘简报［J］.文物，1979年第1期.

［23］ 滕县文化馆.山东滕县出土西周滕国铜器［J］.文物，1979年第4期.

［24］ 随县擂鼓墩一号墓考古发掘队.湖北随县曾侯乙墓发掘简报［J］.文物，1979年第7期.

［25］ 北京市文物管理处.北京市平谷县发现商代墓葬［J］.文物，1977年第11期.

［26］ 信阳地区文管会、潢川县文化馆.河南潢川县发现黄国和蔡国铜器［J］.文物，1980年第1期.

［27］ 新郑县文化馆.新郑望京楼出土一批商代铜器和玉器［J］.中原文物，1980年第1期.

［28］ 陕西周原考古队.扶风云塘西周墓［J］.文物，1980年第4期.

［29］ 魏正瑾.南京浦口出土一批青铜器［J］.文物，1980年第8期.

［30］ 河南省博物馆、信阳地区文管会、信阳市文化局.河南信阳市平桥春秋墓发掘简报［J］.文物，1981年第1期.

［31］ 河南省博物馆、淅川县文管会、南阳地区文管会.河南淅川县下寺一号墓发掘简报［J］.考古，1981年第2期.

［32］ 杨育彬、赵灵芝、孙建国、郭培育.近几年来在郑州新发现的商代青铜器［J］.中原文物，1981年第2期.

［33］ 新郑县文化馆.河南新郑县望京楼出土的铜器和玉器［J］.考古，1981年第6期.

［34］ 万树瀛.滕县后荆沟出土不其簋等青铜器群［J］.文物，1981年第9期.

［35］ 陈骏.山东济阳刘台子西周早期墓发掘简报［J］.文物，1981年第9期.

［36］ 黄敬刚.湖北随县刘家崖发现古代青铜器［J］.考古，1982年第2期.

［37］ 随州市博物馆.湖北随县安居出土青铜器［J］.文物，1982年第12期.

［38］ 许俊臣.甘肃庆阳地区出土的商周青铜器［J］.考古与文物，1983年第3期.

［39］　黄运甫. 河南桐柏县发现一批春秋铜器［J］. 考古，1983年第8期.

［40］　朱帜. 北舞渡商代铜扁［J］. 考古，1983年第9期.

［41］　临朐县文化馆、潍坊地区文物管理委员会. 山东临朐发现齐、鄀、曾诸国铜器［J］. 文物，1983年第12期.

［42］　陈庆峰、万树瀛. 山东滕县发现滕侯铜器墓［J］. 考古，1984年第4期.

［43］　肖梦龙. 江苏丹徒大港母子墩西周铜器墓发掘简报［J］. 文物，1984年第5期.

［44］　宝鸡市考古工作队. 陕西武功郑家坡先周遗址发掘简报［J］. 文物，1984年第7期.

［45］　杨深富. 山东日照崮河崖出土一批青铜器［J］. 考古，1984年第7期.

［46］　罗勋章. 山东沂水刘家店子春秋墓发掘简报［J］. 文物，1984年第9期.

［47］　河南信阳地区文管会等. 春秋早期黄君孟夫妇墓发掘报告［J］. 考古，1984年第4期.

［48］　许俊臣等. 甘肃宁县宇村出土西周青铜器［J］. 考古，1985年第4期.

［49］　湖北省博物馆、随州市博物馆. 湖北随县擂鼓墩二号墓发掘简报［J］. 文物，1985年第1期.

［50］　李常松. 平邑蔡庄出土一批青铜器［J］. 考古，1986年第4期.

［51］　曹永斌、樊维岳. 蓝田泄湖镇发现的西周车马坑［J］. 文博，1986年第5期.

［52］　姚生民. 陕西淳化县出土的商周青铜器［J］. 考古与文物，1986年第5期.

［53］　山西省考古研究所、山西省晋东南地区文化局. 山西省潞城县潞河战国墓［J］. 文物，1986年第6期.

［54］　山西省文物工作队. 山西洪洞永凝堡西周墓葬［J］. 文物，1987年第2期.

［55］　周原扶风文管所. 陕西扶风强家一号西周墓［J］. 文博，1987年第4期.

［56］　临沂市博物馆. 山东临沂中洽沟发现三座周墓［J］. 考古，1987年第8期.

［57］　许俊臣、刘得祯. 介绍一件春秋战国铲足铜扁［J］. 考古，1988年第3期.

［58］　刘士莪、宋新潮. 西安老牛坡商代墓地的发掘［J］. 文物，1988年第6期.

［59］　赵化成. 甘肃甘谷毛家坪遗址发掘报告［J］. 考古学报，1987年第3期.

［60］　山西省考古研究所、太原市文物管理委员会. 太原金胜村251号春秋大墓及车马坑发掘简报［J］. 文物，1989年第9期.

［61］　王长启. 西安市文物中心收藏的商周青铜器［J］. 考古与文物，1990年第5期.

［62］　山东省济宁市文物管理局. 薛国故城勘察和墓葬发掘报告［J］. 考古学报，1991年第4期.

［63］　李国梁. 安徽宿县谢芦村出土周代青铜器［J］. 文物，1991年第11期.

［64］　中国社会科学院考古研究所二里头工作队. 河南偃师二里头遗址发现新的铜器［J］. 考古，1991年第12期.

［65］　魏国. 山东新泰出土商周青铜器［J］. 文物，1992年第3期.

［66］ 陈惠、江达煌.武安赵窑遗址发掘报告［J］.考古学报，1992年第3期.

［67］ 河南省文物考古研究所.平顶山应国墓地九十五号墓的发掘［J］.华夏考古，1992年第3期.

［68］ 北京大学考古系.陕西扶风县壹家堡遗址发掘简报［J］.考古，1993年第1期.

［69］ 姬乃军、陈明德.陕西延长出土一批西周青铜器［J］.考古与文物，1993年第5期.

［70］ 宁景通.河南伊川县发现商墓［J］.文物，1993年第6期.

［71］ 滕州市博物馆.山东滕州市发现商代青铜器［J］.文物，1993年第6期.

［72］ 黄冈地区博物馆、黄州市博物馆.湖北省黄州市下窑嘴商墓发掘简报［J］.文物，1993年第6期.

［73］ 山西省考古研究所、北京大学考古学系.天马—曲村遗址北赵晋侯墓地第四次发掘［J］.文物，1994年第8期.

［74］ 河南省文物考古研究所、三门峡市文物工作队.上村岭虢国墓地M2006的清理［J］.文物，1995年第1期.

［75］ 王龙正.平顶山应国墓地九十五号墓年代、墓主及相关问题［J］.华夏考古，1995年第4期.

［76］ 马琴莉.三原县博物馆收藏的商周铜器和陶器［J］，文博，1996年第4期.

［77］ 李光雨.山东枣庄两河叉出土周代铜鬲［J］.考古，1996年第5期.

［78］ 山东省文物考古研究所.山东济阳刘台子西周六号墓清理报告［J］.文物，1996年第12期.

［79］ 南阳市文物研究所、桐柏县文管办.桐柏月河一号春秋墓发掘简报［J］.中原文物，1997年第4期.

［80］ 莒县博物馆.山东莒县西大庄西周墓葬［J］.考古，1999年第7期.

［81］ 北京大学考古系商周组、陕西省考古研究所.陕西礼泉朱马嘴商代遗址试掘简报［J］.考古与文物，2000年第5期.

［82］ 周原考古队等.2001年周原遗址（王家嘴、贺家地点）发掘简报［A］.古代文明（第2辑）［C］，北京：文物出版社，2003年.

［83］ 周原考古队.2002年周原遗址（齐家村）发掘简报［J］.考古与文物，2003年第4期.

［84］ 陕西省考古研究所、宝鸡市考古工作队、眉县文化馆.陕西眉县杨家村西周青铜器窖藏［J］.考古与文物，2003年第3期。

［85］ 河南省文物考古研究所.郑州商城新发现的几座商墓［J］.文物，2003年第4期.

［86］ 李光雨、张云.山东枣庄春秋时期小邾国墓地的发掘［J］.中国历史文物，2003年第5期.

［87］ 陕西省考古研究所、宝鸡市考古工作队、眉县文化馆、杨家村联合考古队.陕

西眉县杨家村西周青铜器窖藏发掘简报［J］.文物，2003年第6期.

［88］ 马志敏.山东省龙口市出土西周铜簋［J］.文物，2004年第8期.

［89］ 泰安市博物馆.山东泰安市龙门口遗址调查［J］.文物，2004年12期.

［90］ 河南省文物考古研究所、桐柏县文物管理委员会.河南桐柏月河墓地第二次发掘［J］.文物，2005第8期.

［91］ 山西省考古研究所、运城市文物工作站、绛县文化局.山西绛县横水西周墓地［J］.考古，2006年第7期.

［92］ 陕西省考古研究所等.陕西韩城梁带村遗址M19发掘简报［J］.考古与文物，2007年第2期.

［93］ 陕西省考古研究所等.陕西韩城梁带村遗址M26发掘简报［J］.文物，2008年第1期.

［94］ 安阳市文物考古研究所.河南安阳市殷墟郭家庄东南五号商代墓葬［J］.考古，2008年第8期.

［95］ 付仲杨、宋江宁、徐良高.陕西扶风县周原遗址庄李西周墓发掘简报［J］.考古，2008年第12期.

［96］ 陕西省考古研究院.陕西韩城市梁带村芮国墓地M28的发掘［J］.考古，2009年第4期.

［97］ 早期秦文化联合考古队、张家川回族自治县博物馆.张家川马家塬战国墓地2007～2008年发掘简报［J］.文物，2009年第10期.

［98］ 洛阳市文物工作队.河南洛阳市润阳广场C1M9950号东周墓葬的发掘［J］.考古，2009年第12期.

［99］ 中国社会科学院考古研究所周原考古队.2004年秋季周原老堡子遗址发掘简报［J］.考古学集刊（第17辑），北京：科学出版社，2010年.

［100］ 山西大学历史文化学院、洛阳市文物工作队.河南洛阳市润阳广场东周墓C1M9934发掘简报［J］.考古，2010第12期.

［101］ 湖北省文物考古研究所、随州市博物馆.湖北随州叶家山M65发掘简报［J］.江汉考古，2011年第3期.

［102］ 洛阳市文物工作队.洛阳体育场路东周墓发掘简报［J］.文物，2011年第5期.

［103］ 山西省考古研究所大河口墓地联合考古队.山西翼城县大河口西周墓地［J］.考古，2011年第7期.

［104］ 枣庄市博物馆.枣庄市东江周代墓葬发掘报告［J］.海岱考古（第四辑），北京：科学出版社，2011年.

［105］ 湖北省文物考古研究所、随州市博物馆.湖北随州叶家山西周墓地发掘简报［J］.文物，2011年第11期.

［106］ 湖北省文物考古研究所、随州市博物馆.湖北随州市叶家山西周墓地［J］.

考古，2012年第7期.

［107］ 早期秦文化联合考古队、张家川回族自治县博物馆.张家川马家塬战国墓地2010～2011年发掘简报［J］.文物，2012年第8期.

［108］ 湖北省文物考古研究所、随州市博物馆.湖北随州叶家山M28发掘报告［J］.江汉考古，2013第4期.

［109］ 湖北省文物考古研究所、随州市博物馆.湖北随州市文峰塔东周墓地［J］.考古，2014年第7期.

［110］ 湖北省文物考古研究所、随州市博物馆.湖北随州叶家山M107发掘简报［J］.江汉考古，2016年第3期.

［111］ 湖北省文物考古研究所.湖北随州文峰塔墓地考古发掘的主要收获［J］.江汉考古，2013年第1期。

［112］ 山东省文物考古研究所、临沂市文物考古队、沂水县博物馆.山东沂水县纪王崮春秋墓［J］.考古，2013年第7期.

［113］ 方勤、胡长春等.湖北京山苏家垄遗址考古收获［J］.江汉考古，2017年第6期.

［114］ 湖北省文物考古研究所、随州市博物馆、随州市曾都区考古队.随州汉东东路墓地2017年考古发掘收获［J］.江汉考古，2018年第1期.

［115］ 山西省考古研究所、临汾市文物局、翼城县文物旅游局.山西翼城大河口西周墓地1017号墓发掘［J］.考古学报，2018年第1期.

［116］ 山西省考古研究所、临汾市文物局、翼城县文物旅游局.山西翼城大河口西周墓地2002号墓发掘［J］.考古学报，2018年2期.

［117］ 山西省考古研究所、运城市文物工作站、绛县文物局联合考古队等.山西绛县横水西周墓地M2158发掘简报［J］.考古，2019年第1期.

［118］ 山西省考古研究所、运城市文物工作站、绛县文物局联合考古队、山西大学北方考古研究中心等.山西绛县横水西周墓地M2531发掘报告［J］.考古学报，2020年第1期.

［119］ 河南省文物局南水北调文物保护办公室、南阳市文物考古研究所.河南南阳夏饷铺鄂国墓地M1发掘简报［J］.江汉考古，2019年第4期.

［120］ 河南省文物局南水北调文物保护办公室、南阳市文物考古研究所.河南南阳夏饷铺鄂国墓地M7、M16发掘简报［J］.江汉考古，2019年第4期.

［121］ 孙明、何佳、李乔生.湖南宁乡市文物管理局收藏的几件商周铜器［J］.文物，2020年第2期.

［122］ 河南省文物局南水北调文物保护办公室、南阳市文物考古研究所.河南南阳夏饷铺鄂国墓地M5、M6发掘简报［J］.江汉考古，2020年第3期.

［123］ 山西省考古研究院、山西大学北方考古研究中心、运城市文物保护中心、绛县文物局.山西绛县横水西周墓地M2055发掘简报［J］.江汉考古，2022年第2期.

六、研 究 专 著

［ 1 ］　容庚.商周彝器通考［M］.北京：哈佛燕京学社，1941年.

［ 2 ］　马衡.中国金石学概要［M］.北京：中华书局，1977年.

［ 3 ］　北京大学历史系考古教研室商周组.商周考古［M］.北京：文物出版社，1979年.

［ 4 ］　邹衡.夏商周考古学论文集［C］.北京：文物出版社，1980年.

［ 5 ］　郭宝钧.商周铜器群综合研究［M］.北京：文物出版社，1981年.

［ 6 ］　容庚、张维持.殷周青铜器通论［M］.北京：文物出版社，1984年.

［ 7 ］　苏秉琦.苏秉琦考古学论述选集［M］.北京：文物出版社，1984年.

［ 8 ］　李学勤.东周与秦代文明［M］.北京：文物出版社，1984年.

［ 9 ］　唐兰.西周青铜器铭文分代史征［M］.北京：中华书局，1986年.

［10］　李学勤.新出青铜器研究［M］.北京：文物出版社，1990年.

［11］　尹盛平.西周微氏家族青铜器群研究［M］.北京：文物出版社，1992年.

［12］　王迅.东夷文化与淮夷文化研究［M］.北京：北京大学出版社，1994年.

［13］　刘彬徽.楚系青铜器研究［M］.武汉：湖北教育出版社，1995年.

［14］　朱凤瀚.古代中国青铜器［M］.天津：南开大学出版社，1995年.

［15］　李伯谦.中国青铜文化结构体系研究［M］.北京：科学出版社，1998年.

［16］　王世民、陈公柔、张长寿.西周青铜器分期断代研究［M］.北京：文物出版社，
1999年.

［17］　王青.海岱地区周代墓葬研究［D］.济南：山东大学出版社，2002年.

［18］　张懋镕.古文字与青铜器论集［C］.北京：科学出版社，2002年.

［19］　杨宝成.殷墟文化研究［M］.武汉：武汉大学出版社，2002年.

［20］　刘士莪.老牛坡［M］.西安：陕西人民出版社，2002年.

［21］　王国维.观堂集林［M］.石家庄：河北教育出版社，2003年.

［22］　马承源.中国青铜器［M］.上海：上海古籍出版社，1988年.

［23］　彭裕商.西周青铜器年代综合研究［M］.成都：巴蜀书社，2003年.

［24］　施劲松.长江流域青铜器研究［M］.北京：文物出版社，2003年.

［25］　陈梦家.西周铜器断代［M］.北京：中华书局，2004年.

［26］　曹玮.周原遗址与西周铜器研究［M］.北京：科学出版社，2004年.

［27］　张天恩.关中商代文化研究［M］.北京：文物出版社，2004年.

［28］　赵瑞民、韩炳华.晋系青铜器研究：类型学与文化因素分析［M］.太原：山
西人民出版社，2005年.

［29］　吴镇烽.金文人名汇编［M］.北京：中华书局，2006年.

［30］　张懋镕.古文字与青铜器论集（第二辑）［C］.北京：科学出版社，2006年.

［31］　赵丛苍.城洋青铜器［M］.北京：科学出版社，2006年.

［32］　岳洪彬.殷墟青铜礼器研究［M］.北京：中国社会科学出版社，2006年.

［33］　陈英杰.西周金文作器用途铭辞研究［M］.北京：线装书局，2008年.

［34］　朱凤瀚.中国青铜器综论［M］.上海：上海古籍出版社，2009年.

［35］　张昌平.曾国青铜器研究［M］.北京：文物出版社，2009年.

［36］　张懋镕.古文字与青铜器论集（第三辑）［C］.北京：科学出版社，2010年.

［37］　张懋镕.古文字与青铜器论集（第四辑）［C］.北京：科学出版社，2014年.

［38］　严志斌.商代青铜器铭文分期断代研究［M］.北京：社会科学文献出版社，
　　　　2014年.

［39］　张闻捷.楚国青铜礼器制度研究［M］.厦门：厦门大学出版社，2015年.

［40］　张翀.中国古代青铜器整理与研究·青铜豆卷［M］.北京：科学出版社，2015年.

［41］　陆勤毅、宫希成.皖南商周青铜器研究［M］.北京：文物出版社，2016年.

［42］　黄薇.中国古代青铜器整理与研究·特殊鼎类卷［M］.北京：科学出版社，
　　　　2016年.

［43］　雒有仓.商周青铜器族徽文字综合研究［M］.合肥：黄山书社，2017年.

［44］　王恩田.商周铜器与金文辑考［C］.北京：文物出版社，2017年.

［45］　路国权.东周青铜容器谱系研究［M］.上海：上海古籍出版社，2018年.

［46］　曹锦炎.披沙拣金——新出青铜器铭文论集［C］.杭州：浙江人民美术出版社，
　　　　2019年.

［47］　毕经纬.问道于器：海岱地区商周青铜器研究［M］.上海：上海古籍出版社，
　　　　2019年.

七、研 究 论 文

［1］　安特生著，袁复礼译.中华远古之文化［J］.地质汇报，第五号第一册.农商部
　　　　地质调查所，1923年.

［2］　郭沫若.三门峡出土铜器二三事［J］.文物，1959年第1期.

［3］　郭沫若.长安县张家坡铜器群铭文汇释［J］.考古学报，1962年第1期.

［4］　俞伟超、高明.周代用鼎制度研究［J］.北京大学学报（哲学社会科学版），
　　　　1978年第1、2期；1979年第1期.

［5］　李学勤、李零.平山三器与中山国史的若干问题［J］.考古学报，1979年第2期.

［6］　李学勤.西周中期青铜器的重要标尺——周原庄白、强家两处青铜器窖藏的综
　　　　合研究［J］.中国历史博物馆馆刊，1979年第1期.

［7］　　于省吾. 释举［J］. 考古，1979年第4期.

［8］　　黄盛璋. 战国中山国墓葬几个问题［J］. 史学月刊，1980年第2期.

［9］　　黄盛璋. 再论平山中山国墓若干问题［J］. 考古，1980年第5期.

［10］　邹衡. 论先周文化［A］. 夏商周考古学论文集［C］，北京：文物出版社，
　　　　1980年.

［11］　杜廼松. 青铜器的分期与断代［J］. 故宫博物院院刊，1982年第4期.

［12］　黄盛璋. 释旅彝——铜器中"旅彝"问题的一个全面考察［A］. 历史地理与考
　　　　古论丛［C］，济南：齐鲁书社，1982年.

［13］　李伯谦. 城固青铜器群与早期蜀文化［J］. 考古与文物，1983年第2期.

［14］　唐金裕. 汉水上游巴文化的探讨［J］. 文博，1984年创刊号.

［15］　秦建明、张懋镕. 说举［J］. 考古与文物，1984年第6期.

［16］　尹盛平、任周芳. 先周文化的初步研究［J］. 文物，1984年第7期.

［17］　裴文中. 中国古代陶鬲及陶鼎之研究［A］. 裴文中史前考古学论文集［C］，
　　　　北京：文物出版社，1987年.

［18］　苏秉琦. 瓦鬲之研究［A］. 苏秉琦考古学论述选集［C］，北京：文物出版社，
　　　　1984年.

［19］　苏秉琦. 陕西省宝鸡县斗鸡台发掘所得瓦鬲的研究（节选）［A］. 苏秉琦考古
　　　　学论述选集［C］，北京：文物出版社，1984年.

［20］　李伯谦. 从灵石旌介商墓的发现看晋陕高原青铜文化的归属［J］. 北京大学学
　　　　报（哲学社会科学版），1988年第2期.

［21］　王寿芝. 陕西城固出土的商代青铜器［J］. 文博，1988年第6期.

［22］　张政烺. 矢王簋盖跋——评王国维《古诸侯称王说》［J］. 古文字研究（第13
　　　　辑），北京：中华书局，1986年.

［23］　张长寿、梁星彭. 关中先周青铜文化的类型与周文化的渊源［J］. 考古学报，
　　　　1989年第1期.

［24］　渠川福. 太原金胜村大墓年代的推定［J］. 文物，1989年第9期.

［25］　赵化成. 甘肃东部秦和羌戎文化的考古学探索［A］. 考古类型学的理论与实践
　　　　［C］，北京：文物出版社，1989年.

［26］　张懋镕. 西周南淮夷称名与军事考［J］. 人文杂志，1990年第4期.

［27］　尹玮璋、曹淑琴. 灵石商墓与丙族铜器［J］. 考古，1990年第5期.

［28］　吴振武. 释鬲［A］. 文物研究（第6辑）［C］，合肥：黄山书社，1990年.

［29］　李学勤. 三门峡虢墓新发现与虢国史［N］. 中国文物报，1991年2月3日.

［30］　张亚初. 殷周青铜鼎器名、用途研究［J］. 古文字研究（第18辑），北京：中
　　　　华书局，1992年.

［31］　姑射. 太原金胜村251号墓墓主及年代［J］. 北方文物，1992年第1期.

［32］ 李水城. 中国北方地带的蛇纹器研究［J］. 文物, 1992年第1期.

［33］ 尹盛平. 巴文化与巴族的迁移［J］. 文博, 1992年第5期.

［34］ 王恩田. 湖南出土商周青铜器与殷人南迁［A］. 中国考古学第七次年会论文集［C］, 文物出版社, 1992年.

［35］ 蔡运章. 论虢仲其人——三门峡虢国墓地研究之一［J］. 中原文物, 1994年第2期.

［36］ 胡盈谦. 姬周陶鬲研究——周族起源探索之一［A］. 胡盈谦周文化考古研究选集［C］, 成都: 四川大学出版社, 1996年.

［37］ 邹衡. 论古代器物的形式分类［A］. 夏商周考古学论文集（续集）［C］, 北京: 科学出版社, 1998年.

［38］ 王正龙、赵成玉. 季嬴铜鬲与虢石父及虢国墓地年代［N］. 中国文物报, 1998年11月8日.

［39］ 陈晓华: 戈器 戈国 戈人［J］. 人文杂志, 1999年第4期.

［40］ 曹兆兰. 从金文看周代的媵妾婚制［J］. 深圳大学学报（人文社会科学版）, 2001年第6期.

［41］ 杨建华. 燕山南北商周之际青铜器遗存的分群研究［J］. 考古学报, 2002年第2期.

［42］ 黄尚明. 城固洋县商代青铜器群族属再谈［J］. 考古与文物, 2002年第5期.

［43］ 娄金山. 河南平顶山市出土的应国青铜器［J］. 考古, 2003年第3期.

［44］ 郑小炉. 试论青铜瓿（鬲）形盉［J］. 南方文物, 2003年第3期.

［45］ 董珊. 略论西周单氏家族窖藏青铜器铭文［J］. 中国历史文物, 2003年第4期.

［46］ 王蕴智. 释"豕""希"及与其相关的几个字［A］. 字学论集［C］, 郑州: 河南美术出版社, 2004年.

［47］ 傅聚良. 盘龙城、新干和宁乡——商代荆楚青铜文化的三个阶段［J］. 中原文物, 2004年第1期.

［48］ 张懋镕. 西周青铜器断代两系说刍议［J］. 考古学报, 2005年第1期.

［49］ 向桃初. 湘江流域商周青铜文明研究的重要突破［J］. 南方文物, 2006年第5期.

［50］ 陈昭容. 两周婚姻关系中的"媵"与"媵器"——青铜器铭文研究中的性别、身份与角色研究［J］. "中研院"历史语言研究所集刊（第七十七本第二分）, 2006年.

［51］ 李光雨、刘爱民. 枣庄东江小邾国贵族墓地发掘的意义及相关问题［J］. 东岳论丛, 2007年第2期.

［52］ 陈剑. 金文"豢"字考释［A］. 甲骨金文考释论集［C］, 北京: 线装书局, 2007年.

［53］ 唐际根、荆志淳. 商时期赣江流域的青铜文化格局［A］. 考古与文化遗产论集

　　　　　　　［C］，北京：科学出版社，2008年.

［54］　刘绪.晋乎？卫乎？——琉璃阁大墓的国属［J］.中原文物，2008年第3期.

［55］　何景成.商末周初的举族研究［J］.考古，2008年第11期.

［56］　向桃初.宁乡铜器群与新干铜器群比较研究［J］.江汉考古，2009年第1期.

［57］　梁彦民.论商周礼制文化中的青铜鬲［J］.考古与文物，2009年第5期.

［58］　王辉.张家川马家塬墓地相关问题初探［J］.文物，2009年第10期.

［59］　禚柏红.莒文化研究［J］.东方考古（第6辑），北京：科学出版社，2009年.

［60］　吴镇烽、李娟.扶风任家村西周遗宝离合记［J］.文博，2010年第1期.

［61］　陈学强.青铜折肩鬲渊源初探［J］.苏州文博论丛（总第2辑），北京：文物
　　　　出版社，2011年.

［62］　罗卫东.单叔鬲"𩵋"字及相关问题考释［J］.古文字研究（第29辑），北
　　　　京：中华书局，2012年.

［63］　苏秉琦.陕西省宝鸡县斗鸡台发掘所得瓦鬲的研究［A］.苏秉琦百年诞辰纪念
　　　　文集·卷二［C］，北京：科学出版社，2012年.

［64］　邹芙都.铜器用途铭辞考辨二题［J］.求索，2012年第7期.

［65］　高明.论墙盘铭文中的微氏家族［J］.考古，2013年第3期.

［66］　张爱冰.也谈曲柄盉的年代及相关问题［J］.文物，2014年第3期.

［67］　黄凤春、胡刚.说西周金文中的"南公"——兼论随州叶家山西周曾国墓地的
　　　　族属［J］.江汉考古，2014年第2期.

［68］　王恩田.随州叶家山西周曾国墓地的族属［J］.江汉考古，2014年第3期.

［69］　黄凤春、胡刚.再说西周金文中的"南公"——二论叶家山西周曾国墓地的族
　　　　属［J］.江汉考古，2014年第5期.

［70］　杨秀恩.殷周金文"尊"字用义新考［J］.兰台世界，2015年第33期.

［71］　齐浩、张天宇等.周原遗址新见京当型铜器墓浅识［J］.中国国家博物馆馆
　　　　刊，2015年第11期.

［72］　牛世山.商文化京当类型的形成背景分析——关于考古学文化空间分布特殊模
　　　　式的思考［J］.考古与文物，2015年第6期.

［73］　路国权.论太原金胜村1988M251铜器群的年代及相关问题［J］.考古与文物，
　　　　2016年第1期.

［74］　张懋镕.再谈随州叶家山西周曾国墓地［J］.江汉考古，2016年第3期.

［75］　马江波、金正耀、范安川等.湖南宁乡县炭河里遗址出土青铜器的科学分析
　　　　［J］.考古，2016年第7期.

［76］　刘丽."一器媵二女"现象补说［J］.古文字研究（第31辑），北京：中华书
　　　　局，2016年.

［77］　刘树满.青铜鬲自名与分类研究［J］.考古与文物，2017年第2期.

［78］ 黄尚明.从青铜器铭文看曾国贵族的婚姻关系［J］.江汉考古，2017年第3期.

［79］ 郭军涛.商周时期青铜分裆鼎初探［J］.文物，2017年第10期.

［80］ 吴镇烽.再谈所谓的"周代女性称名原则"——答李峰教授［J］.武汉大学简帛网简帛文库，2017年10月21日.

［81］ 陈小三."其金孔吉"展出中国国家博物馆藏青铜器札记［J］.中国国家博物馆馆刊，2017年第11期.

［82］ 杨华."大行"与"行器"——关于上古丧葬礼制的一个新考察［J］.湖南大学学报（社会科学版），2018年第2期.

［83］ 施劲松.论湖南商周青铜器的来源［J］.南方文物，2018年第3期.

［84］ 彭裕商、韩文博、田国励.商周青铜盉研究［J］.考古学报，2018年第4期.

［85］ 孙卓.江淮地区中商时期的青铜器［J］.中国国家博物馆馆刊，2021年第12期.

［86］ 王震.山西长治分水岭墓地初步研究［J］.边疆考古研究，2022年第2期.

［87］ 杨习良、张礼艳.淮河流域西周至春秋时期陶鬲研究［J］.东南文化，2022年第5期.

［88］ 滕铭予.长治分水岭墓地的分区、年代及相关问题［J］.考古学报，2023年第1期.

八、硕 博 论 文

［1］ 何景成.商周青铜器族氏铭文研究［D］.吉林大学，2005年.

［2］ 王长丰.殷周金文族徽整理与研究［D］.郑州大学，2006年.

［3］ 谢尧亭.晋南地区西周墓葬研究［D］.吉林大学，2010年.

［4］ 豆海锋.长江中游地区商文化研究［D］.吉林大学，2011年.

［5］ 梁彦民.商周青铜鼎研究［D］.陕西师范大学，2012年.

［6］ 毕经纬.海岱地区商周青铜器研究［D］.陕西师范大学，2013年.

［7］ 刘树满.霸国、倗国青铜器整理与研究［D］.陕西师范大学，2013年.

［8］ 李树浪.应国青铜器研究［D］.陕西师范大学，2013年.

［9］ 方勤.曾国历史与文化研究［D］.武汉大学，2018年.

［10］ 查飞能.商周青铜器自名疏证［D］.西南大学，2019年.

［11］ 陈志强.两周时期折肩高弧裆铜鬲研究［D］.辽宁师范大学，2019年.